D1731780

III METROPOLITAN
Publishing & Marketing

Beate Voltz wurde 1931 in Köln geboren. Sie wuchs in Berlin auf. Nach dem 2. Weltkrieg lebte sie mit ihren Eltern einige Jahre in Frankreich und ging dort zur Schule. Zurück in Deutschland machte sie eine Ausbildung zur Modegrafikerin. Im Sommer 1957 lernte sie ihren Mann kennen, der als Architekt und Industriedesigner zusammen mit Max Bill einer der ersten Verfechter des Mottos „Form follows function" war und als Dozent der Architekturabteilung an das Technical College von Kuala Lumpur gesandt wurde. Hier beginnt die Geschichte.

Die Autorin lebt heute an der Hessischen Bergstrasse, hat vier Söhne und sieben Enkelkinder.

Beate Voltz

Briefe aus Malaya

November 1957 - April 1960

III METROPOLITAN
Publishing & Marketing

Originalausgabe im Verlag METROPOLITAN Publishing & Marketing,
Claudia Voltz (Hrsg.), München
www.metropolitanpublishing.de

1. Auflage März 2011
Papier: Munken Print
Druck und Bindearbeiten: CPI buch bücher.de gmbh
Printed in Germany

Originalaufzeichnungen
Autor: Beate Voltz
Bildnachweis: Beate Voltz
Titelgestaltung: Agentur DeussenKoch, München

ISBN 978-3-942852-09-8

Für meine Kinder

Tomas
Timothy
Michael
und
Stefan

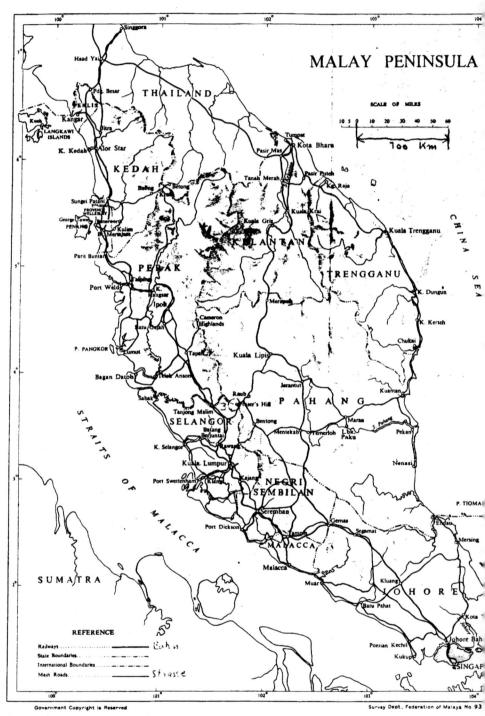

MALAY PENINSULA

SCALE OF MILES

100 Km

Im März 1957 fuhr Euer Vater, der sich damals C.W. nannte, mit dem 2 jährigen Tomas, seinem Zeichenbrett und einem Philodendron im Auto von Kaiserslautern nach Darmstadt, hinter sich eine berufliche Enttäuschung und eine zerbrochene Ehe, um völlig neu zu beginnen, und das möglichst weit weg. Diese Chance kam im Frühsommer dieses Jahres auf ihn zu in Gestalt eines Angebotes, in Kuala Lumpur, Malaya, als Dozent oder "Senior Lecturer" für Architektur zu lehren.

Julius Posener,- heute Prof. em. Dr.h.c. der Hochschule für Bildende Künste in Berlin – der vor 1933 aus Berlin über Paris nach London emigriert war und nach dem Krieg in Leeds, in England, Baugeschichte lehrte, war unter den Bedingungen des Colombo Plans nach Malaya gegangen, um dort die Architekturabteilung am Technical College von Kuala Lumpur aufzubauen. Der Colombo Plan war ein Programm aus dem das Commonwealth Entwicklungshilfe für die ehemaligen englischen Kolonien finanzierte. Da Malaya in nächster Zukunft aus den Kolonien in die Selbstständigkeit entlassen und ins Commonwealth aufgenommen werden sollte, war der Aufbau dieser Architekturklassen am Technical College für junge Leute des Landes echte Entwicklungshilfe. Bis dahin fuhren die Söhne reicher Chinesen und Inder in das "United Kingdom " oder Australien, um dort zu studieren. Julius Posener suchte einen Kollegen, der ihm beim Aufbau helfen sollte und wandte sich deshalb an den Schweizer Architekten Max Bill, der ein Mitbegründer der "Hochschule für Gesaltung" in Ulm war. C.W. war im Aufbaustab dieser Schule gewesen und Max Bill bestens bekannt. Da dieser mit Poseners Brief nicht allzuviel anfangen konnte, leitete er ihn an C.W. weiter, der auf eine solche Gelegenheit gewartet hatte. Die Verhandlungen begannen. Da C.W. als Deutscher nicht unter Colombo Plan Bedingungen nach Malaya gehen konnte, wandte sich Posener an die Deutsche Botschaft in Malaya, die sich wiederum dafür einsetzte, dass Bonn die Kosten eines solchen Mannes übernahm. Schliesslich erklärte sich das Auswärtige Amt in Bonn bereit, die Kosten der Überfahrt und des Aufenthaltes, als eine Art "Geschenk" für Malaya zu übernehmen.

Anfang Juli wurde C.W. in Darmstadt von einem befreundeten Architekten zu einer Party eingeladen, zu der ich, als Tochter eines Bauherrn, ebenfalls gebeten war. Und hier beginnt unsere gemeinsame Zukunft. 24 Stunden später fragte mich C.W. ob ich mit ihm nach Malaya gehen würde und ich sagte, verliebt und verrückt, was sowieso das gleiche ist, "warum nicht ?". Um dann aber sofort in einem Atlas nachzusehen, wo denn dieses Malaya liegt.

Am 12. Oktober heirateten wir und am 12. November bestiegen wir, Tomas an der Hand, in Frankfurt eine Maschine, die uns nach Rom brachte, von wo wir mit dem TurboProp "Britannia" über Beirut, Basra, Karachi, Neu Delhi, Rangoon nach Kuala Lumpur flogen.

Zu dieser Zeit war man in Deutschland noch mit dem Aufbau
beschäftigt und die Ansprüche waren nicht so hoch
geschraubt wie heute. Urlaub machte man bestenfalls in
Italien, und der Lebensstandard war noch nicht so hoch. Ich
glaube, es ist wichtig, dies zu erwähnen, weil die
Bezahlung, die wir aus Bonn bekamen, mehr als bescheiden
war. Wir empfanden das aber damals gar nicht so und für uns
stand im Vordergrund das Abenteuer, das uns in den Fernen
Osten brachte.

Malaya war wenige Wochen vor unserer Ankunft, im September
1957, in die Unabhängigkeit, auf malayisch Merdeka –
Freiheit, entlassen worden. Es war aus der Kolonialzeit
englisch geprägt, hauptsächlich in seiner administrativen
und wirtschaftlichen Struktur. Die Politik ging dahin, die
ehemaligen englischen Kolonialbeamten den Einheimischen als
Berater zu Seite zu stellen um sie dann nach etwa 2-3
Jahren Übergangszeit endgültig nach Hause zu schicken.

Das also war die Situation, die wir in Malaya, das sich
jetzt "Federation of Malaya" nannte, vorfanden. Die
Bevölkerung hatte ihre Freiheit von den Kolonialherren
erreicht, konnte aber noch nicht recht damit umgehen. Sie
war entsprechend unselbstständig, empfindlich und brauchte
noch viele Jahre, um "erwachsen" zu werden.

Auf uns kam eine exotische, schöne und aufregende Welt zu,
die wir mit offenen Augen bestaunten. Es liegt nahe, dass
wir unseren Eltern zu Hause davon berichten wollten. Aber
natürlich nicht nur von Land und Leuten, sondern von
unserem Leben überhaupt. Und deshalb wird auch viel
alltägliches, von Haus, Kindern und Dienstboten berichtet.
Aber es hat sich wirklich alles so und in dieser
Reihenfolge zugetragen.

Und das sind sie nun, die Briefe aus Malaya :

Rom, 12-11-57

Meine lieben, lieben Eltern und Omi,

der Flug hierher ging sehr schnell, wir sind 50 Minuten
nach München geflogen und knapp 1 1/4 Stunden weiter nach
Rom. So waren wir also schon kurz nach halb drei hier.
Tomas war schrecklich aufgeregt und nur unter grossem
Protest und mit viel Tränen ins Bett zu bringen. C.W. ging
in die Stadt und nachdem ich mich zum Kleinen ins Bett
legte - mir hat meine Mutti auch gefehlt - kuschelte er
sich ganz zu mir und schlief endlich ein. Jetzt ist er
wieder putzmunter und will "wieder ganz hoch hinauf
fliegen". Der "kleine Polo" von der "alten Omi" ist grosser
Favorit. In einer Stunde geht es weiter.

Das Essen im Hotel war sehr gut und reichlich. Das Hotel
selber ist so eine alte Pracht. Ich kann mir vorstellen, so
wird das Hotel in Kuala Lumpur aussehen. Der Speisesaal
selbst ist so wundervoll mit verzierten Gipssäulen
dekoriert, wie ich es nur aus dem Kino kenne. Ich bin noch
nie in so einem Hotel abgestiegen. Mindestens 6 Ober
sprangen um mich herum und da wir wegen des Kindes einzeln
gegessen haben, habe ich natürlich mit dem Maitre d'Hotel
geflirtet. Als er hörte, wohin wir fliegen, hat er mir sehr
liebevoll das Essen zusammengestellt und gemeint, das sei
nun für lange Zeit meine letzte europäische Mahlzeit.

Den nächsten Bericht bekommt Ihr aus Karatschi. Bis dahin
seid alle tausendmal umarmt und geküsst von Eurer

Beate, die die ganze Zeit an Euch denkt. C.W. schliesst
sich allen Grüssen an.

7

Karatschi, 14-11-57

Liebe Eltern und Omi,

wir haben hier schon so viel erlebt, dass ich unbedingt
einen Brief schreiben muss.

Gestern morgen sind wir von Rom kommend als erstes in
Beirut gelandet und haben dort gefrühstückt. Es war
auffallend warm und schon der erste Eindruck des Orients.
Ein paar verschleierte Frauen und einige komische männliche
Gestalten. Dann sind wir weiter geflogen und waren
vormittags in Basrah.

Dort hatte das ganze Personal nur mehr Shorts an. Was mir
am meisten auffiel : ein ganz helles Licht und so viel
Sonne, wie wir es gar nicht gewöhnt sind. Dazu etwa 30°.
Das eingeborene Personal hätte bestimmt Muttis Herz
entzückt. Über zweifelhaft sauberen Hosen hatten sie lange
Oberhemden, an der Seite geschlitzt, also richtige
Herrenoberhemden, aber bis in die Kniekehlen, und auf dem
Kopf karierte Küchentücher, ziemlich zerrissen, als Turban
drapiert. Dazu Gesichter wie Räuber aus 1001 Nacht.

Wir sind dann weiter geflogen und kamen in der Dämmerung in
Karrachi an. Auf meiner Uhr war es erst 3/4 2 h und hier
bereits 5 Stunden später, und es war auf einmal schlagartig
dunkel. Auch hier wurden wir von einer indischen Stewardess
am Flugplatz empfangen, die uns sofort als Mr. und Mrs.
Voltz begrüsste und durch den Zoll schleuste. Das Ganze
dauerte 1 Stunde. Wir mussten das Radio und einen Teil des
Geldes gegen Quittung abgeben. Das Radio erregte
Riesenaufsehen, so eines hatten sie noch nie gesehen. Es
war hier noch heisser und überall Ventilatoren an der
Decke. Dann wurden wir zum Hotel der BOAC gebracht. Ein
langgestreckter Bau, in jedem Zimmer Klimaanlage und
Ventilator, Dusche und sehr harte Betten, auf denen man
herrlich schläft. Im Speisesaal erwartete uns eine Schar
von indischen Kellnern mit Turban. Der Obermaker hatte
Achselklappen und weisse Schuhe und legte jedem die
Serviette eigenhändig auf den Schoss. Ein Ober bleibt immer
daneben stehen und rückt Tassen und Gläser zurecht, damit
man besser dran kann. Ein Service, wie wir es gar nicht
kennen. Wenn C.W. nicht dabei ist, geht es prima mit meinem
englisch, weil ich dann sprechen muss. Es ist wirklich
nicht schwer, ich bin selbst erstaunt, wie mir die Worte
alle einfallen.

Heute nacht haben wir herrlich geschlafen, ganze 12
Stunden. Das Wetter ist wunderschön, blauer Himmel und
leichter Wind. In der Nacht hat es sich kaum abgekühlt,
aber Euer Coco brauchte trotz der leichten Wolldecke noch
C.W.'s Mantel, weil mir kalt wurde. Vor dem Frühstück kam
dann noch eine Tasse Tee ans Bett, ganz englisch.

Ich habe hier im Garten hängende Pflanzen gesehen, die die Mutti auch in ihrem Blumenfenster hat. Aber sonst gibt es wunderschöne Blumen, die ich gar nicht kenne.

Heute abend fliegen wir wieder weiter. Ich habe mir hier die Strümpfe fast vom Leib gerissen, aber heute abend muss ich sie doch wieder anziehen. Im Flugzeug ist es nachts etwas kalt, mir jedenfalls und Decken gibt es keine in der Touristenklasse. Nur als ich eine verlangt habe, bekam ich sie.

Unser Sohn Tomas ist sehr lieb, will nur nie schlafen gehen und schläft dann sofort ein. C.W. ist rührend besorgt um uns Beide.

Den nächsten langen Brief bekommt Ihr dann aus Kuala Lumpur. Ich denke viel an Euch und möchte Euch so gerne alles zeigen.

Seid für heute herzlichst umarmt und geküsst von Euren C.W., Tomas und vor allem Beate

15-11-57

Liebe Eltern,

heute nur ganz in Eile unsere gute Ankunft. Wir kamen etwa
um 12:30 hier an, nach Eurer Zeit war es erst 6 Uhr
morgens. Herr Posener und ein Landsmann von der Botschaft
waren am Flugplatz.

Es ist wunderschön hier. Von der Farbenpracht könnt Ihr
Euch keine Vorstellung machen. Es ist sehr heiss, so etwa
35 °, aber nicht feucht.

Heute abend waren wir bei Herrn Posener zum Essen. Das Haus
ist wundervoll, wir kriegen auch so eines. Herr P. hat mir
einen kleinen schwarzen Hund geschenkt, gerade 4 Wochen
alt. Ich war ganz selig. Könnt Ihr Euch vorstellen.

Morgen kommt ein langer Bericht. Ich bin sehr müde.

Tausend Bussi an alle und Grüsse von C.W.

Eure Beate

PROPRIETORS
IE HOTEL MAJESTIC LTP

TELEPHONE 4225-6
TELEGRAMS
"HOTMAJ"

16-11-57

Meine lieben Eltern,

meinen kurzen Brief von gestern habt Ihr ja sicher schon
bekommen. Heute schreibe ich den versprochenen
maschinegeschriebenen Brief.

Unsere neue Adresse wisst Ihr ja. Das Hotel Majestic liegt
direkt neben dem Bahnhof, der aussieht wie eine Moschee.
Wir haben zwei grosse Zimmer bekommen. Ein Schlafzimmer und
eine Art Salon. Das ist natürlich übertrieben. Es stehen
ein paar kleine Tischchen, ein paar Sessel, ein Diwan und
ein Schreibtisch drin. Und dann der hier unvermeidliche
Propeller, vielmehr ein Ventilator, in beiden Räumen.
Ausserdem haben wir noch ein Bad. Seltsamerweise, das ist
hier überall so, an keinem Fenster Glas, nur Fensterläden,
die man gegen die Sonne schliesst. Über den Betten sind
Moskitonetze, meins ist einen Dreck wert. Es ist teilweise
so zerrisen, dass ein Vogel durchfliegen könnte. Aber man
hat uns erzählt, dass die Fliege, welche die Malaria
überträgt, hier gar nicht mehr vorhanden ist, man kennt
keinen Fall von Malaria. Das Netz ist nur wichtig für
sonstige Mückenviecher, die einen stören könnten.

Geschlafen habe ich bis jetzt wundervoll. Meine beiden
Männer schlafen ohne Decke aber ich brauche schon eine. Es
ist eine ganz leichte Wolldecke und das Bett ist herrlich.

Gestern war sehr, sehr heisses Wetter, nachmittags fing es
an zu regnen, mit Gewitter, und heute ist der Himmel schon
den ganzen Tag bedeckt. Es geht ein leichter Wind und es
ist nicht zu heiss oder schwül.

Das erste, was mich hier beeindruckt hat, sind die enorm
intensiven Farben. Ihr könnt Euch so etwas gar nicht
vorstellen. Vom sattesten Grün bis zum knalligsten Rot ist
alles vorhanden. Von meinem Fenster aus sehe ich eine
leichte Bergkette, dort oben sind Kurorte, wo ein richtiges
europäisches Klima herrscht, wie man uns gesagt hat. In
Rangoon hatten wir auf dem Flug eine Zwischenlandung und
dort fiel uns ein seltsamer feucht-muffiger Geruch auf, der
in Kuala Lumpur eigentlich nicht da ist. Unsere bisherige
Vorstellung von Treibhausluft müssen wir richtiggehend
korrigieren. Vielleicht ist dies im Djungel so, in der
Stadt ist es jedenfalls durchaus erträglich.

Gestern abend waren wir, wie ich schon schrieb, bei
Poseners. Das Haus würde Euch sehr gut gefallen. Es hat
unten einen grossen Wohnraum, als Wohn- und Speisezimmer
mit drei grossen Türen zum Garten hinaus. Die Türen
bestehen auch hier nur aus zusammenklappbaren Fensterläden
ohne jegliches Glas. Der Hauseingang führt direkt in dieses
Zimmer, ebenfalls ohne Haustüre. Anschliessend kommt ein
Wirtschaftsraum in dem ein Tisch und der Kühlschrank
stehen, dann kommt die Küche. Daneben wieder 2 Räume für
die Dienstboten und eine Türe in die Garage. Vom Wohnraum
aus ein kleines Zimmer mit Bad und dann eine Treppe in den
ersten Stock wo sich noch einmal 2 Schlafzimmer mit
eingebauten Schränken und je einem Bad befinden. Ich
schildere das so genau, weil diese Häuser alle ziemlich
gleich sind und wir auch so eines bekommen werden.

C.W. war heute im Erziehungsministerium und im College.
Danach hat ihm Herr Posener noch den Bungalow gezeigt,
inden wir, zunächst vorübergehend, hoffentlich schon bald,
einziehen können. Er ist möbliert und hat einen Wohnraum,
zwei Schlafzimmer mit Bad und ein Zimmer für die Amah, das
ist ein Dienstmädchen. Dieser Bungalow befindet sich direkt
neben einem Club in dem wir essen werden, weil wir in
diesem Haus noch keine Küche haben. Ausserdem ist ein
grosser Garten rings herum. Man kann hier durchaus in der
Sonne liegen und darauf freue ich mich schon sehr.

C.W. grübelt gerade darüber, ob er sich einen Ford Consul
oder einen Zephir kaufen soll. Wir haben uns inzwischen für
einen englischen Wagen entschieden, sie sind enorm billiger
als andere europäische Autos.

Herr Posener ist übrigens sehr nett und ich glaube, wenn
C.W. ihn richtig nimmt, werden sie sich gut verstehen. Ich
hatte ja gestern schon geschrieben, dass er uns einen Hund
geschenkt hat. Er hat eine Hündin, zwar nicht rasserein
oder besser gesagt überhaupt gar keine Rasse aber

12

wunderschön und sehr lieb. Sie hat zwei Junge und wenn wir
nicht das eine davon nehmen, müsste es sterben. Der kleine
Hund ist ganz schwarz mit einem kleinen weissen Fleck auf
der Brust. Im Moment sieht er noch aus wie jeder junge
Hund, mit dickem Kopf und grossen Pfoten. Wir nehmen ihn
gleich wenn wir in den Bungalow ziehen. Einen Namen hat er
auch schon : Mecki.

Eben hat C.W. eine Notiz über sich in der Zeitung gefunden,
die ich Euch beilege. Er ist schrecklich aufgeregt darüber
und will sofort noch ein halbes Dutzend Exemplare von der
Zeitung kaufen.

Von der Stadt selber habe ich leider noch nichts gesehen.
C.W. erzählte mir, dass es überall nach Fisch stinkt, die
Leute trocknen die Fische nämlich auf der Strasse. Dabei
fällt mir noch etwas ein : seit wir von zu Hause weg sind
haben wir bereits 4 x Hendl bekommen (natürlich mit
Knochen) und Meiniger frisst selbiges mit wachsender
Begeisterung. Ebenso Fisch, den es auch täglich gibt.
Natürlich ganz frisch und sehr gut. Es wäre eine helle
Freude für den Vater.

Die Bedienung im Hotel ist ausschliesslich chinesisch, wie
auch das Geschäftsviertel hauptsächlich von Chinesen
bevölkert wird, während die Malayen die Landbevölkerung
ausmachen. Das weiss ich von unserem Landsmann, der rechten
Hand des Botschafters, ein Berliner, der auch in unserem
Hotel wohnt und meistens mit uns isst. Übrigens ein
Deutscher vom Scheitel bis zur Sohle. Den Botschafter haben
wir leider noch nicht gesehen, er ist zu irgendeinem Sultan
eingeladen worden. Eben fällt mir noch ein, morgens um
sieben Uhr klopft ein chinesischer Boy an die Tür und
bringt eine Tasse Tee und Orangen. Das ist eine typisch
englische Sitte und ich finde sie herrlich. Es ist
übringens schwer übertrieben, dass man mit dem Obst so
vorsichtig sein muss. Man isst hier die Bananen und Orangen
wie bei uns.

Entschuldigt, dass mein Brief so etwas durcheinander ist
aber in meinem Kopf ist halt im Moment von all dem Neuen
auch noch alles durcheinander.

Affen haben wir noch keine gesehen und Tomas erzählt allen
Leuten, dass er bald wieder mit dem grossen Flieger
weiterfliegen wird. Er fragt oft nach seiner Oma, nach der
alten Oma und nach der Kiki.

Morgen werde ich auch etwas von der Stadt sehen, dann kann
ich wieder mehr berichten.

Seid für heute alle tausendmal umarmt und geküsst von Eurem

Coco

13

German to lecture

KUALA LUMPUR, Fri. — The Technical College here is to have its first German lecturer on Monday.

He is Mr. L.W. Voltz, 35, who was formerly attached to the School of Designing, in Ulm, South Germany.

Mr. Voltz will lecture in architecture and will be in Malaya for three years.

The secondment here is a goodwill gesture from the West German Government towards Malaya.

Drivers warned

14

22-11-57

Meine lieben Eltern,

ich nehme an, dass die Post doch etwas länger dauert, als
wir es uns vorgestellt haben, denn ich habe bis jetzt noch
nichts von Euch bekommen. Aber vielleicht ist heute etwas
dabei.

Gestern abend hat der Botschafter uns zu Ehren ein
"Willkommens-Abendessen" gegeben. Dazu waren alle
diejenigen eingeladen, die an unserem Kommen beteiligt
waren : das Ehepaar Posener, der deutsche Wirtschaftsmann
aus Singapore, der Principal des Colleges, die "rechte
Hand" des Botschafters - unser Landsmann, das ist so eine
richtige Flasche, aber natürlich, wie alle hier, sehr
freundlich. Und dann noch der englische Verbindungsoffizier
mit seiner Frau, einer Engländerin die wirklich sehr schön
ist und eine vollendete Lady. Sie wird zwar kaum älter als
ich sein. Übrigens war sie die Einzigste die Strümpfe
anhatte !

Der Botschafter ist ein älterer Herr und sehr vornehm.
Seine Frau ist Holländerin, spricht aber sehr gut deutsch.

Die ganze Sache ging hochoffiziell vor sich. Am Dienstag
rief mich unser Landsmann Herr Pallasch an, und machte mir
die inoffizielle Mitteilung, dass wir für Donnerstag abend
beim Botschafter zum Essen eingeladen würden. Zwei Stunden
später machte C.W. seinen ersten Besuch bei ihm und wurde
nun ebenfalls mündlich eingeladen. Am folgenden Tag kam mit
der Post eine vorgedruckte Einladung, dass "der deutsche
Botschafter bei dem Malaiischen Bund und Frau Marietje
Granow Herrn und Frau C.W. Voltz zum Abendessen am 21.
November 1957 um 20.15 Uhr in ihrem Hause, dann folgt die
Adresse, bitten. Anzug : Strassenanzug", und dann noch
U.A.w.g. Nachdem wir also glücklich 3 mal eingeladen worden
waren, konnte es ja starten. Ich hatte schon ein bisschen
Angst, der Botschafter hatte nämlich gesagt, dass
meinetwegen einige Damen eingeladen würden, damit ich mich
über Haushaltsfragen informieren könne. Nun wisst Ihr ja,
dass ich so was sowieso scheusslich finde, und 2. besitze
ich im Moment gar keinen Haushalt.

In der Botschaft selbst ist anscheinend nie viel zu tun.
Alle lesen Zeitung. Der Botschafter hat in seinem Zimmer
eine Klimaanlage, so dass er immer im Rock sitzen kann.
Wenn ich Euch jetzt sage, dass sich in ganz Malaya 8
Deutsche befinden (ausgenommen die deutschen Frauen, die
mit Engländern verheiratet sind) werdet Ihr verstehen, dass
es hier etwas zwangloser zugeht als es sonst in einer
Botschaft üblich ist. Ich bin überzeugt, dass es für die
Botschaftsangehörigen eine angenehme Abwechslung war, mal
wieder ein paar Deutsche zu begrüssen.

15

Es gab zuerst einen malaiischen Drink mit allem möglichen drin, bis zu grünen Zitronenscheiben und pfefferminzartigen Blättern, Ananas, aber es war ganz gut. Der Botschafter hat sich eingehend mit mir unterhalten und mich gefragt, ob ich auch aus Darmstadt sei. Ich erzählte ihm, wo wir überall gewesen sind, habe ein bisschen mit meinem Vater angegeben, was ganz sichtlich Eindruck gemacht hat und dann haben wir noch französisch gesprochen.

Um auf die anderen Gäste zu kommen, Poseners kannte ich ja bereits. Übrigens war der gute Julius wieder einmal so formlos wie nur irgendmöglich. Immerhin erschien er nicht, wie wir erwartet hatten, in Shorts - so geht er nämlich immer ins College und dann umgeschlagene Kniestrümpfe dazu - sondern er hatte eine Krawatte um, dafür aber keinen Rock.

Ein sehr amüsantes Intermezzo : als wir vorfuhren, Herren natürlich im Jakett, sahen wir den Botschafter in Hemdsärmeln auf der Terasse sitzen. Und als er dann zu uns kam, um uns zu begrüssen, hatte er ein Jakett an. Es war ihm aber scheinbar so heiss, dass er die Herren nach einigen Minuten bereits aufforderte, ihren Rock auszuziehen.

Der Principal des Colleges ist ein Inder. Er ist vollkommen schwarz, hat sehr feine Gesichtszüge, und das schönste an ihm sind seine Zähne. Ich habe noch nie ein so herrliches Gebiss gesehen. Man muss bei einer Unterhaltung unbedingt immer auf seine Zähne sehen. Ausserdem ist er ein ganz reizender Kerl.

Beim Essen nahm das Ehepaar Voltz den Ehrenplatz ein. Das heisst, C.W. am Ende des Tisches neben Madame und ich am anderen neben dem Botschafter. Das Essen war toll. Das Beste vom Ganzen war natürlich wieder einmal eine Bemerkung von C.W. : es wurden sehr schöne Backhendl aufgetragen und nachdem sich mein lieber Mann bedient und davon gekostet hatte, meinte er zur Hausfrau, dies sei doch ein herrliches Wiener Schnitzel ! Frau Posener an seiner anderen Seite, der ich von seiner Abneigung zu Geflügel erzählt hatte, stiess ihn in die Seite und Madame Granow sagte, es seien keine Schnitzel, sondern Hühner. Worauf C.W. verbindlich meinte : "Ja, was Sie haben ist sicher Huhn, ich habe ein Schnitzel" ! Er war dann doch noch davon zu überzeugen, dass dies ein Huhn sei. Das Komische ist, dass es ihm langsam wirklich schmeckt !

Es gab eine Suppe, dann ein raffiniertes Vorgericht mit Scampi und Champignons, dazu einen Wermouth. Dann die Hendln (Mutti, Deine sind natürlich feiner) mit Kartoffeln und Erbsen. Dazu einen Rheinwein. Dr. Granow bekommt seinen Wein extra aus Deutschland geschickt. Und hinterher ein Sahneeis mit Himbeeren und Erdbeeren.

Nach dem Essen wurden die Damen, auf englische Art, von
Frau Granow in ihr Schlafzimmer gebeten, um sich im Bad und
vor dem Spiegel wieder allright zu machen. Die Herren
blieben allein sitzen. Nachdem sich die Damen die Nasen
gepudert und sich frisiert hatten, gingen wir wieder
hinunter auf die Terasse, wo ein Mokka serviert wurde. Wir
mussten uns weiter ohne männliche Gesellschaft unterhalten.
Da ich die einzige Deutsche war, wurde natürlich englisch
gesprochen. Es ging aber sehr gut. Ich bin selbst erstaunt
darüber. Die Lehrer brauchen gar nicht soviel nach neuen
Lehrmethoden zu suchen, ich kann nur immer wieder betonen,
wenn ich in der Schule nicht soviel Vokabeln hätte pauken
müssen und unregelmässige Verben stur auswendig lernen,
würde es mir nicht so leicht fallen, mich jetzt nach
wenigen Tagen bereits an einer Unterhaltung zu beteiligen.
Ich bin selbst erstaunt darüber, wie mir die Wörter von
selbst wieder einfallen.

Später kamen dann die Herren wieder zu uns. Leider mussten
wir schon kurz vor 11 Uhr gehen, weil meine Amah mir
erklärt hatte, sie wohne sehr weit weg und bekäme sonst
keinen Bus mehr. C.W. gab ihr Geld für ein Taxi, aber ich
glaube nie und nimmer, dass sie eines genommen hat. Diese
Amah soll ab nächster Woche jeden Tag von halb neun bis
abends um 6 Uhr hierherkommen. Sie soll dafür 120 Dollars
bekommen. Ich habe sie tatsächlich um 10 Dollar
runtergehandelt, ganz allein ! Sie erklärte mir, sie sei
eine Cook-Amah und keine Baby-Amah. Ich machte ihr dann
klar, dass ich aber eine solche brauche, und dass sie mir
auch die Wäsche waschen müsse. Schliesslich erklärte sie
sich dazu bereit, vorübergehend eine Baby-Amah zu sein.
Mrs. Posener hat aber inzwischen eine Neue für mich
gefunden, die noch sehr jung ist und ausserdem Cook- und
Baby-Amah ist. Diese kosten zwar mehr, es ist uns aber
lieber. Ich warte eigentlich die ganze Zeit auf einen Anruf
von Frau Posener, dass ich zu ihr kommen soll, um die neue
Amah zu sehen. Warscheinlich wird diese nur malaiisch
sprechen, aber ich glaube, das lernt man schnell. "Susu"
heisst Milch,"vole" heisst geh! Bitte und Dankeschön ist
dasselbe Wort, dies erklärt auch, warum diese chinesischen
Heinis im Speisesaal immer "Thank you" sagen, wenn sie
etwas servieren !

Im Augenblick regnet es, ein sehr warmer Regen, aber ihr
werdet es nicht glauben, Euer Coco hat seine weisse Jacke
an.

Unseren Wagen haben wir leider immer noch nicht. Ich hoffe
aber, dass es heute endlich klappt.

Übrigens ist Julius Posener einer von denen, die nie
autofahren lernen werden. Er fährt prinzipiell immer die
ersten hundert Meter mit angezogener Bremse, der
Scheibenwischer läuft auch bei Sonnenschein, bremsen tut er
mal mit dem linken, mal mit dem rechten Fuss. Wenn er mit

dem linken Fuss bremst, gibt er natürlich Gas. Wenn er
einem etwas zeigen will, bremst er ohne weiteres mitten auf
einer verkehrsreichen Strasse, so dass der Wagen hinter ihm
nur mit den grössten Schwierigkeiten vermeiden kann, in ihn
reinzufahren. Ich habe immer ein bisschen Angst mit ihm.
Sonst ist er sehr nett. Er hat mir gestern abend erzählt,
dass er vor seiner Emigration in Berlin-Lichterfelde und
später in Dahlem gewohnt hat und nach einer Weile
Unterhaltung, haben wir uns gegenseitig Komplimente
gemacht. C.W. sagt, dass er im College keine grosse Leuchte
sei, er ist mehr Bauhistoriker. Er stimmt zwar mit C.W.'s
modernem Geschmack völlig überein, soll aber von
Baukonstruktion keine Ahnung haben, so dass C.W. allen
Semestern darüber Vorlesungen halten muss.

Unserem Sohn geht es wieder gut. Er war durch eine
Magenverstimmung so verwöhnt worden, dass er überhaupt
nicht mehr gefolgt hat. Nachdem wir beide einen riesigen
Zusammenstoss hatten, in dessen Verlauf ich ihn sehr
ordentlich vermöbelt habe, geht es wieder ganz toll. Die
modernen Psychologen haben doch unrecht. Eine Tracht Prügel
im richtigen Moment kann Wunder wirken. Mich hat das
allerdings so mitgenommen, dass ich eine Stunde lang
geheult habe.- Jedenfalls habe ich jetzt das bravste Kind !

Heute ist Freitag, da hört das College um 12 Uhr auf. Ich
freue mich schon auf das Wochenende. Wir werden endlich
einmal baden gehen, es ist mir jedenfalls versprochen
worden. Und nächste Woche, wenn ich dann die Amah den
ganzen Tag hier habe, kann ich immer mal schnell in die
Stadt fahren und bin nicht mehr so ans Hotel gebunden.

Hoffentlich bekommen wir bald unseren Bungalow, so gut es
mir hier gefällt, es würde mir noch einmal so gut gefallen,
wenn ich aus diesem doofen Hotel wäre.

Der indische Principal sagte mir gestern, dass alle
Europäer, die einmal hier gewesen sind, immer wieder
herkommen wollen. Und ich glaube es auch, es ist eine so
wunderschöne Landschaft, wie Ihr sie Euch gar nicht
vorstellen könnt.

Für heute seid alle herzlichst umarmt, besonders die Mutti,
hoffentlich schreibt Ihr bad mal, Eure

Beate

25-11-57

Meine liebe Mutti, (Der Brief ist natürlich an alle
gerichtet, aber Du bist doch die aktiv Antwortende!)

Vielen Dank für den ersten Brief, ich habe mich so riesig
gefreut. Alle Deine in diesem Brief gestellten Fragen über
unser Leben hier, dürften nun wohl inzwischen beantwortet
sein, denn unsere anderen Briefe habt Ihr doch sicher
bekommen.

Ich war heute morgen in der Stadt einkaufen. C.W. liegt mit
einer Erkältung im Bett, Schnupfen und ein bisschen Husten.
Er schwitzt immer so furchtbar, dass er sich schnell
erkältet hat. Tomas ist wieder ganz O.K. und wird den
ganzen Tag von seiner Amah beschäftigt. Sie füttert ihn
beim Essen geradezu vorbildlich. C.W. und ich hatten
bereits mehrmals die Nerven verloren, weil der Kleine
geradezu kaufaul ist und 5 Minuten mit vollem Mund dasitzen
kann ohne zu kauen oder zu schlucken. Die Amah macht dies
mit soviel sanfter Gewalt, wie in Darmstadt das Mariechen.
Er scheint so etwas zu brauchen. Die Amah wäscht ausserdem
noch die ganze Wäsche und bügelt sie. Man muss hier sehr
oft die Wäsche wechseln und es ist einfacher als es vom
Hotelpersonal machen zu lassen. Es ist wundervoll, wie die
Beiden sich verständigen, sie mit ihrem Pidgin-Englisch und
er auf deutsch.

Am letzten Samstag abend waren wir zu einem Ball im
Technical College von den Studenten eingeladen. Es war
genauso ein Studentenball wie bei uns. Wir sassen am Tisch
für V.I.P.'s mit dem schönen Principal von dem ich Euch
erzählt habe. Poseners kamen auch noch. Irgendetwas muss an
dieser Ehe nicht stimmen. Sie ist bedeutend jünger als er,
ich glaube 27 Jahre jünger. Sie lässt sich von vorn und
hinten von ihm bedienen. Wenn beispielsweise die Hunde ihr
Pfützchen auf den Fussboden machen, muss er das aufwischen
und sie sitzt daneben und guckt zu. Er schmiert den Kindern
die Butterbrote, sie rührt kaum einen Finger. Ausserdem
erklärt sie jeder Zeit, dass sie sich hier nicht wohl
fühlt, obwohl sie das Leben einer Diva führt. Und er hofft
immer, dass sie auch ja bei ihm bleibt, oder mit ihm
zurückkommen wird, wenn sie von ihrem Urlaub aus England
wiederkommen. Er ist jedenfalls reizend, wenn sie nicht
dabei ist.

Wir sind natürlich mit unserem neuen Wagen hingefahren, den
wir nun endlich am Samstag bekommen haben. Er ist sehr
schön, genauso gross wie der Mercedes, hat nur drei Gänge
und natürlich Rechtssteuerung. Farbe : grau. Nachmittags
haben wir mit Posener eine Fahrt mit dem neuen Auto
gemacht. Wir fuhren erst quer durch die Stadt in einen Wald
mit Gummibäumen. Die Gummibäume sind grosse Laubbäume, mit
länglichen kleinen Blättern und silbergrauem Stamm. Dieser
wird angeschnitten und ein Töpfchen unter den Anschnitt

gehängt. So wird die Gummiflüssigkeit gewonnen, die man Latex nennt. Es gibt enorm grosse dieser Wälder und hin und wieder sieht man einen Mann, der von Baum zu Baum geht, um die Töpfchen auszuwechseln. Neben einem dieser Wälder war eine Siedlung in der die Arbeiter wohnen. Es sind kleine Holzhäuser, ziemlich primitiv. Aber die Malayen sind sehr anspruchslos.

Gestern nachmittag fuhren wir zu Poseners und gingen dann mit ihm spazieren. Am späten Nachmittag kann man dies nämlich sehr gut. Ich habe schon erzählt, dass Poseners in einem Vorort wohnen, der etwas höher gelegen ist. Dort sind viele solcher Häuser und man kann gut spazieren gehen, bis ganz hinauf auf den Hügel, von wo man eine herrliche Aussicht auf die umliegenden Berge hat. Wir haben uns den Spass gemacht, festzustellen, dass man eine solche Landschaft sehr wohl im Schwarzwald finden könnte, nur sind die Farben hier intensiver, vor allem der Kontrast des frischen Grüns zu dem tiefroten Lehmboden.

In einem dieser Häuser auf dem Hügel habe ich zwei echte, richtige und sehr freche DACKEL gesehen !!! Ich merkte sofort, wer einmal einen gehabt hat, möchte immer wieder einen ! Unser Hund, bzw. seine Mutter ist zu 80 % Spaniel, die restlichen 20 sind Promenade. Wer der Vater der jungen Hunde ist, weiss man nicht und so kann man noch nicht sagen, wie die jungen Hunde einmal aussehen werden.

Im Moment kommt ein starker tropischer Regen herunter. Es ist auch gar nicht so heiss. Man sagte uns, die grösste Hitze ohne Regen käme erst im Januar-Februar. Von Weihnachten bis Ende Januar sind hier Ferien. Ist das nicht toll ? Hoffentlich haben wir bis dahin schon ein Haus. Das Hotel hängt mir langsam zum Halse heraus.

Ich habe noch gar nichts von der Stadt, d.h. von der City erzählt. Es gibt einige Geschäftsstrassen, die ausschliesslich chinesische Läden haben. Das sind lange, aneinandergereihte einstöckige Gebäude mit Kolonaden, unter denen sich ein Laden neben dem anderen befindet. Daneben, oder vielmehr dazwischen, befinden sich grosse Geschäftshäuser, in denen die europäischen Läden untergebracht sind. Es sind richtige Warenhäuser, wo man alles kaufen kann, von Seife, Kosmetikartikeln, Stoffen, Kleidern, Postkarten, Matratzen, Vorhängen angefangen bis zum Geschirr. Die Bedienung ist chinesisch, indisch und englisch. Die Waren sind international und keineswegs teurer als bei uns, einiges sogar billiger. Zwischen den einzelnen Läden und auf dem Gehsteig liegen dann verkrüppelte Bettler oder alte Männer, die einfach schlafen. Der Verkehr ist fast unangenehm, es gibt kaum Parkplätze und das Beste ist, man nimmt ein Taxi. Die Banken sind stark bewacht. Vor den Eingängen stehen uniformierte Inder, bis zu den Zähnen bewaffnet.

Ein Viertel der Stadt stinkt so gemein, dass man sich sogar
im Auto die Nase zuhalten muss. Dort wird der Fisch auf dem
Gehsteig an der Luft getrocknet.

Mitten in der Stadt ist dann die Moschee mit vielen gelben
und grünen Kuppeln und Türmen. Leider habe ich noch nie
einen Muezzin gesehen. Gleich am Rande der Stadt beginnen
die Slums, die nur aus alten, halb zerfallenen Hütten im
Schlamm bestehen. Dazwischen einige Bananenstauden, die
hier neben fast allen Häusern stehen. Im Moment sind alle
Bananen grün, und es ist lustig, das einmal in Wirklichkeit
zu sehen. Ebenfalls am Rande der Strassen und in den Gärten
stehen Kokospalmen, die schätzungsweise 5 m hoch werden.
Die Früchte hängen ganz dicht beieinander direkt unter dem
Ansatz der Blätter.

Ausser frischen Ananas, Bananen und Orangen habe ich noch
kein Obst gesehen. Frische Ananas sind etwas viel besseres
als die aus der Dose. Sie sind herrlich erfrischend.

Ich wollte Dir noch einen Tip geben : kauf Dir einen Block
mit diesem dünnen Luftpostpapier, auf dem ich auch
schreibe. Scheinbar gehen die Briefe nach Gewicht. Papa
Voltz hat in seinem Brief auch nur einen Bogen gehabt und
hat nur DM -.80 bezahlt und Du DM 1.20.

Frau Decher habe ich vor ein paar Tagen einen Brief
geschrieben und mich für das "praktische" Hochzeitsgeschenk
bedankt. Könntest Du dieses praktische Geschenk abwiegen
und wenn es nicht zu teuer ist, herschicken ? Ich könnte es
sicher gut brauchen.

Ich habe hier solche Sandalen gesehen, wie sie die Kiki
gerne hätte, oder so ähnlich. Zwei Riemen, die zwischen der
grossen und der 2. Zehe anfangen und dann zur Ferse führen.
Ich will sehen, dass ich ihr welche schicke. Man läuft
nämlich sehr gut damit.

Liebe Mutti, schreib mir recht bald wieder einen langen
Brief. Tomas steht neben mir und "zerstreut" mich. Es ist
ganz unmöglich einen klaren Gedanken zu fassen.

Seid für heute alle recht, recht herzlich umarmt, Du aber
ganz besonders von Deinem, Dich furchtbar liebhabenden

Coco

29-11-57

Meine liebe Mutti,

nachdem ich mir heute klar gemacht habe, dass Du sicher
sehr viel zu tun hast wenn Ihr nun schon so bald umzieht,
bin ich wieder ein bisschen vernünftiger und nicht mehr so
traurig, wenn C.W. Post bekommt und ich nicht. Papa Voltz
hat auch mehr Zeit zum schreiben.

Heute morgen bin ich im Hospital bei einer französischen
Ärztin gewesen. Sie hat mir einen Brief zur Überweisung in
die "maternity" mitgegeben, wohin ich am Dienstag gehen
soll. Meine Blutwerte, die ja immer routinemässig gemacht
werden, haben ergeben, dass ich immer noch eine Anämie
habe, aber auch hier B 12 Spritzen bekommen werde. Das
Krankenhaus hier ist schon eine Schilderung wert. Das
Hospital selbst besteht aus mehreren einstöckigen
Holzhäusern, wovon eines mit einer vorgebauten Veranda die
"Dispensary", die Apotheke ist. Hinter einem Fenster in
einem Raum voller Schränken und Flaschen, hockt ein Mann,
der die Rezepte entgegen nimmt. Auf der Veranda sitzen
Malayen, Inder und Chinesen herum. Sie hocken da mit
asiatischer Ruhe und warten bis sie aufgerufen werden. Als
Europäer wird man gleich bedient. Ich bekam drei braune
Papiertütchen und eine Riesenflasche mit einer trüben
Flüssigkeit in die Hand gedrückt. Auf den Tüten stand nur,
2 x am Tag eine Pille. Das Zeug kostet nichts, da C.W. ein
Government Officer ist. Nachdem ich das Zeug eingenommen
hatte, wurde mir ganz schrecklich schlecht und mir fiel
alles wieder aus dem Gesicht. Das hat eine simple Erklärung
: wenn man mir kein Glasröhrchen gibt, auf dem genau steht,
was ich da einnehme, glaube ich, dass man mich vielleicht
vergiften will. Wer weiss, ob sich der Mann in der
Dispensary nicht geirrt hat ? Die Ärztin, der ich das heute
morgen sagte, hat sehr gelacht und mir etwas anderes
verschrieben. Jedenfalls ist es nur mehr eine Sorte Pillen,
das geht schon eher.

Das Schönste war jedoch die Blutuntersuchung. Ich musste
dafür nachmittags ins Hospital. Ich wurde ins Laboratorium
geschickt, das ebenfalls in einem Holzbau untergebracht
ist, der Innenraum etwa 3x3 m. Vor einem Mikroskop sitzt
ein Chinese und auf einer Bank an der Wand die
verschiedenen Patienten. Als Europäerin wurde ich natürlich
wieder sofort drangenommen. Nachdem er mir das Blut aus dem
Finger genommen hatte, fragte er mich, ob ich urinieren
könne. Nachdem ich das bejahte, sagte er ein paar Worte auf
malaiisch zu seinem schwarzen Gehilfen. Der nahm eine
Blechschüssel, schwenkte sie unter der Wasserleitung etwas
aus, drückte sie mir in die Hand und schickte mich in einen
Verschlag, der mitten in der Bude stand. In dem Verschlag
war ein Klo und ein Schemel. Ausserdem war oben offen,
sodass die Leute draussen jedes Geräusch mithören konnten.
Es muss sehr lustig gewesen sein, denn eine kleine, etwa 4

jährige Inderin kicherte immer vor sich hin und blinzelte
mich an, als ich wieder raus kam.

Ich bin hin und zurück mit dem Auto gefahren ! C.W. war
schrecklich aufgeregt, er konnte nicht mit, weil er mit
seiner Erkältung im Bett lag. Er hatte solche Angst, ich
könne mit dem Linksverkehr nicht zurechtkommen, dass er vor
lauter Verzweiflung wieder zu rauchen anfing. Als ich
zurückkam und alles wieder unversehrt ablieferte bekam ich
zur Belohnung die Reserveschlüssel ausgehändigt. Der Wagen
fährt sich grossartig und mit dem Linksverkehr komme ich
auch so schön langsam zurecht.

Zu Deiner Beruhigung : ich habe ganz aufgehört zu rauchen.
Es ist mir überhaupt nicht schwergefallen und ging ganz von
allein. Und wenn ich jetzt doch mal eine Zigartte nehme,
mache ich sie nach dem ersten Zug schon wieder aus, weil
sie mir nicht mehr schmeckt. C.W. wollte es mit gerne
gleichtun, bekommt es aber noch nicht fertig. Wenigstens
raucht er nicht mehr so viel.

Die Ärztin hat ausgerechnet, dass wir mit unserem Baby Ende
April, Anfang Mai rechnen können. Ihr könnt Euch also
langsam auf die Tatsache vorbereiten, dass Ihr Grosseltern
werdet. C.W. freut sich schrecklich und wünscht sich ein
Mädchen. Er hat bereits einen Namen festgesetzt : Sabine.
Ob es dabei bleibt, weiss ich nicht. Ansonsten fühle ich
mich wie zu Hause, mir wird eigentlich nie schlecht (nur
nach den blöden Pillen neulich), das einzige, was mir
augenblicklich etwas zu schaffen macht, ist meine
Müdigkeit. Ich könnte manchmal den ganzen Tag schlafen. Und
wenn ich nichts anderes bekomme, ist das wirklich nicht so
schlimm. C.W. zum Beispiel, hat sich sofort eine mächtige
Erkältung geholt, mit der er einige Tage im Bett bleiben
musste. Er schwitzt so furchtbar, dass es ihn halt gleich
erwischt hat als er in den Zug vom Ventilator kam.

Neulich zu Mittag war plötzlich ein furchtbarer Lärm im
Garten, ein Mordsgeschrei, ein dumpfer Schlag und ein
schabendes Geräusch. Wir stürzten zum Fenster. Ich dachte,
mindestens ein Kind müsse aus dem Fenster gefallen sein :
unten im Garten sassen 2 Affen und beschimpften sich ganz
fürchterlich !!!

Dabei fallen mir die neuesten Schandtaten vom Tomas ein :
seine Amah, mit Namen A-Iang, wäscht jeden Tag die Wäsche
und hat ihn dabei natürlich bei sich. Wenn es ihm gelingt
rückt er aus. Gestern hat er bei den Boys auf unserem
Stockwerk erstmal alle Klingelknöpfe betätigt. Nachdem das
ganze Hotel durch die Klingelei alarmiert war und er
weggeholt wurde, fing er fürchterlich an zu kreischen :
Tomas will zu Mutti gehen, was natürlich keiner verstand.
Dann lief er ans Telefon, das auf einem niedrigen Hocker in
der Etagenküche steht, hob ab, und als sich der Empfang
meldete rief er alles mögliche hinein. Die Amah hat mir das

natürlich alles lang und breit gepetzt. Ich hoffe immer,
sie schmeissen uns eines Tages raus und wir bekommen
endlich unser Haus.

Unsere Amah spricht ein schauderhaftes englisch, auf das
sie schrecklich stolz ist. Und da sie gerne viel und
schnell spricht, kann man froh sein, wenn man mal ein Wort
aufschnappt, mit dem man sich dann einen Reim machen kann.
Meistens ist auch dieses Wort so verdreht, dass man es in
keinem Wörterbuch finden würde. Wahrscheinlich wird sie
schneller deutsch sprechen als unser Tomas die
Landessprache. Er benimmt sich wie ein richtiges Herrenkind
und nimmt nichts fremdes an. Die Amah spricht immer von der
"Mutti", dem "Bettchen", "ja" und "nein". Ich glaube, bald
kann sie in ihren Referenzen auch noch hinzufügen lassen,
dass sie deutsch spricht.

Ganz grossen Spass macht mir nach wie vor die City. Ich
fahre jeden Tag mit dem Taxi in die Stadt, lasse mich
irgendwo absetzen und schlendere durch die Strassen. Wenn
ich dabei in Gegenden komme, die mir gänzlich unbekannt
sind, macht es nichts und wenn ich müde vom laufen bin,
bleibe ich stehen und halte Ausschau nach einem Taxi. Es
fahren ständig welche in allen Strassen herum und man
braucht nie lange zu warten.

Neulich war ich in einem Geschäft für Singer-Nähmaschinen.
Es gibt aber nur solche Modelle in der Ausführung wie Deine
alte Maschine, mit viel Goldmalerei dran, einige mit
Fussbetrieb und viele mit Handkurbel. Eine elektrische war
auch dabei. Als ich nach dem Preis fragte, erlebte ich eine
Überraschung : nach den handgekurbelten habe ich gar nicht
gefragt. Die Maschinen mit Fussbetrieb in einem
versenkbaren Kasten kosten etwa $ 800, das sind etwa DM
1100. Die elektrische hingegen kostet nur $ 700. Die
Erklärung dafür gab mir meine Amah. Handkurbel ist besser,
Fussbetrieb geht zu schnell. Jetzt verstehe ich, warum die
elektrische Maschine billiger war.

Ich ging dann in einen europäischen Laden und fragte den
Manager, wo ich japanische Nähmaschinen finden könne. Er
schrieb mir eine Adresse auf, 21, Foch Avenue, der Inhaber
hiesse Hock Chung Leong. Er telefonierte auch noch mit dem
Laden und meldete mich an. Ich nahm mir also ein Taxi und
sagte dem Chauffeur Strasse und Hausnummer. Schliesslich
verstand er. (Mein englisch ist vielleicht doch noch nicht
so gut ?!) Wir kamen in eine Strasse in der sich auch die
Markthalle befindet. Es riecht aber nicht sehr einladend
dort, deswegen habe ich mich noch nicht hineingetraut. Wir
fanden das Haus Nr. 20 und 22 und so weiter, aber nicht 21.
Er meinte, es müsse vielleicht auf der anderen Seite
liegen. Dort waren aber überhaupt keine Nummernschilder.
Ich zeigte ihm schliesslich den Zettel mit dem Namen. Nun
hielt er vor einem Laden an, in dem Fische getrocknet
wurden, es also entsprechend stank. Ich dachte mir, hier

kann es doch nie und nimmer Nähmaschinen geben. Der
Taxichauffeur rief einen dort Beschäftigten und fragte ihn
auf malayisch ob hier der Laden von Hock Ceong Leong sei.
Der sagte ein paarmal hintereinander "Hock Chung Leong" und
schüttelte traurig den Kopf. Der Chauffeur gab ihm den
Zettel in die Hand, obwohl ich sicher bin, dass der es gar
nicht lesen konnte. Dann kam noch einer dazu, der wurde
auch gefragt. Der wiederhholte ebenfalls ein paarmal "Hock
Chung Leong" und schüttelte traurig den Kopf. Schliesslich
befanden sich etwa 10 Chinesen neben dem Wagen, reichten
sich den Zettel von Hand zu Hand, riefen immer wieder
durcheinander "Hock Chung Leong, Hock Chung Leong, Hock
Chung Leong". Schliesslich bekam ich meinen Zettel wieder
und nachdem wir uns freundlich voneinander verabschiedet
hatten, fuhren wir wieder los und fanden den Laden von
Herrn Hock Chung Leong ein paar Häuser weiter. Mein
Taxichauffeur freute sich so darüber, dass er immer wieder
rief : we have find it, find it, find it.

Die japanischen Nähmaschinen waren eine Überraschung. Die
gleiche Maschine wie bei Singer kostet $ 170. Ich weiss
nicht, ob das vielleicht gebrauchte Maschinen sind ? Wenn
die japanischen Maschinen aber wirklich so viel billiger
sind, werde ich mir doch eine kaufen.

Heute ist wieder Freitag und für uns beginnt das
Wochenende. C.W. kommt um 1/2 eins nach Hause und wir haben
dann den ganzen Samstag und Sonntag zur freien Verfügung.
Poseners wollen am Sonntag mit uns einen Ausflug ans Meer
machen. Ich habe es mir so gewünscht und letzte Woche fiel
das Baden aus wegen C.W.'s Erkältung. In ein Schwimmbad
können wir noch nicht, die gibt es nämlich nur in den Clubs
und wir sind noch nirgends Mitglieder. Wenn wir wissen, wo
wir wohnen werden, können wir uns dann für einen Club
entscheiden. Die Engländer legen grossen Wert auf
Clubleben, mir ist das ganze ziemlich egal, ich will nur
ein Schwimmbad haben.

Überhaupt sind die Engländer ein furchtbar stures Volk. Sie
können, auch wenn man bereits über eine Woche im gleichen
Hotel mit ihnen wohnt, nicht eine Miene verziehen oder
etwas lächeln. Abends tun sie furchtbar fein, setzen sich
erst in einen Clubsessel neben dem Speisesaal und öden sich
an. Um Punkt 8 stehen sie dann auf und gehen essen. Smoking
habe ich hier noch keinen gesehen. C.W. hat sich schon
darüber geärgert und meint er wird seinen dem Julius
verkaufen. Der sei schuld daran, dass er sich das Ding
überhaupt gekauft hat.

Poseners sind überhaupt ein komisches Paar. Wenn sie
spricht guckt sie immer in eine Ecke, mit Vorliebe an die
Zimmerdecke und verzieht den Mund so affektiert dabei. Und
er jammert immer, er habe kein Geld. Ausserdem habe er sein
Konto überzogen und bekäme deshalb kaum etwas zu essen. Er
erzählte uns lachend, ihre Schulden kämen daher, weil sie

in der ersten Zeit über ihre Verhältnisse gelebt hätten.
Seine Frau verstünde auch nicht zu wirtschaften. Es habe
daher schon viele Szenen gegeben. Es war uns etwas peinlich
und wir wussten nicht, was wir sagen sollten.

Eben macht die Amah die Fensterläden zu, Tomas ist empört
darüber, weil er rausgucken will. Die Amah sagt dabei
wörtlich : Sonne heiss, Sonne heiss.

Heute ist der Himmel ziemlich bewölkt und es ist nicht zu
heiss. Als ich heute morgen zum Fenster hinausgesehen habe,
lag eine Stimmung über der Stadt, die an der Riviera hätte
sein können.

Liebes Mammilein, bitte, wenn Du Zeit hast, schreib mir mal
wieder. Du kannst ja der Kiki sagen, sie könne auch mal was
von sich hören lassen, ich antworte ja dann gleich, weil
ich so viel Zeit habe.

Für heute seid Alle recht herzlichst umarmt und besonders
Du von Deinem

Coco

29-11-57 abends

Heute nachmittag war ich mit C.W. noch einmal in der Stadt
und wir haben so viel erlebt, dass ich unbedingt noch ein
paar Zeilen dazu schreiben muss.

Erst einmal sind wir zur Bank gefahren um Geld zu holen.
Wir können gleich in den Büroraum gehen und bekommen ganz
schnell unseren Scheck eingelöst. Der Manager ist ein ganz
toll aussehender Engländer, sehr nett, wie fast alle, wenn
sie nicht im Hotel sind.

Dann sind wir durch die Strassen gebummelt, waren in einem
europäischen Warenhaus, das uns zu teuer war. Dann gingen
wir in eine der chinesischen Geschäftsstrassen von einem
Geschäft zum anderen. Wir haben dort für C.W. zwei leichte,
netzartige Oberhemden gekauft, das Stück für $ 5,50, das
sind DM 7,-. Im Europäischen Laden kosten die gleichen
Hemden 12 bis 15 Dollar. Dann haben wir in einem
chinesischen Schuhgeschäft für Tomas und mich ein paar
leichte Sandalen gekauft, das Stück für $ 2.50.

Weil unser Wagen irgendwo, ziemlich weit entfernt stand und
es anfing zu regnen, nahmen wir ein Taxi und fuhren zur
Vertretung von Pfaffs Nähmaschinen. Alles viel zu teuer.
Daraufhin haben wir uns von einem Taxi zu unserem Wagen
bringen lassen und fuhren zu Mr. Hock Chung Leong. Das ist
ein richtiges Fahrradgeschäft, der auch Radios verkauft,
und zwar Grundig in allen Grössen und Ausführungen. An der
Wand stehen etwa 5 Nähmaschinen. Wir probierten sie hin und
her, sie sind im Design so wundervoll, dass Deine alte

Maschine gar nicht mitkommt. C.W. war so beeindruckt davon,
dass er unbedingt eine kaufen will. Stellt Euch nur vor,
das Ding kostet 170 Dollar, einen Motor dazu für 60 Dollar,
den man an jede Maschine montieren kann. Dazu das Muster
drauf ! C.W. wollte unbedingt die Maschine haben, auf der
das unanständig halbnackte Weib, oder Sphinx, drauf ist.
Die modernen Ausführungen sind hier nicht gefragt, sagte
uns Herr Hock Chung Leong, die Leute wollen diese Muster
draufhaben. Ich glaube, so eine werden wir kaufen.

Dann gingen wir, weil es immer noch regnete, es goss
geradezu, zu einem anderen Chinesen und kauften einen
Regenschirm zu 1 Dollar. Er ist aus Ölpapier und hat einen
dicken Holzstiel. Wir wanderten unter unserem Schirm durch
ein paar Reihen Obstverkäufer, die Durianfrüchte
verkauften. Das sind etwa so grosse Früchte wie Ananas,
grün und stachelig und das ganze Viertel roch ganz einfach
nach Scheisse ! Es stimmt also wirklich, was man uns
darüber erzählt hat.

Kleider sind hier alle sehr altmodisch. Soweit die
Chinesinnen sich so kleiden, sind die Kleider für unsere
Begriffe von vorgestern. Die Schuhe ebenfalls, richtige
plumpe "tedeschi pedes"(Odenwaldtreter). Lediglich die ganz
leichten asiatischen Schuhe sind eleganter. Die Inderinnen
gehen immer in ihren sehr schönen und farbenprächtigen
Saris. Neulich war hier im Hotel auf dem Dachgarten eine
indische Hochzeitstafel. Es waren 400 Gäste. Und alle in
den tollsten indischen Brokatgewändern.

Jetzt mache ich wirklich Schluss für heute, bis morgen
fällt mir wahrscheinlich wieder so viel ein, was ich noch
zu erzählen hätte, dass ich einen neuen Brief schreiben
muss.

Sei tausendmal umarmt und alle anderen auch von Deinem

Coco

3-12-57

Meine liebe Mutti,

vielen tausend Dank für Deine lieben Briefe vom 25. und 26.
lch nehme natürlich inwischen alles längst zurück was ich
über Dein Briefeschreiben gesagt habe.

Unsere Nähmaschinensuche habe ich ja geschildert. Ich hätte
die von mir beschriebene, so "herrliche" Maschine gern
gehabt, wollte aber dennoch weiter sehen. So ging ich zu
dem einen Chinesen am Hotelempfang, der im Privatleben noch
einen Laden für Kühlschränke und Radios hat und uns immer
mit Prospekten versorgt. Dieser gab mir die Adresse eines
Ladens, in dem es alle Arten von Nähmaschinen geben soll.
Ich schleifte also C.W. gestern hin, obwohl er nicht sehr
gern ging, weil es wieder zu regnen anfing. Aber ich kann
manchmal sehr hartnäckig sein. Wir kamen auch in ein
grosses chinesisches Geschäft in dem etwa 50 Nähmaschinen
aller Arten mit Fussbetrieb standen, Grundig-Radios und
Musiktruhen, Kinderfahrräder, also genauso wie bei meinem
anderen Händler. Wir sahen uns erst die japanischen
Maschinen an, alle modernen Ausführungen. Sie kosten auch
nur 160 Dollar. Dann sah ich auf einem Regal elektrische
stehen. Diese, transportabel, in einem Koffer, moderne
Ausführung, kosten 200 Dollar. Das wären DM 260,-. Für das
Geld bekomme ich sie in Deutschland niemals. Und kann sie
ausserdem überallhin mitnehmen. Nun bekomme ich diese.

Inzwischen träume ich schon fast jede Nacht wir wären
endlich aus dem Hotel ausgezogen. Einen Hoffnungsstrahl
habe ich allerdings schon. Alle Familien im Hotel die schon
vor uns da waren, sind gestern ausgezogen. Also sind wir
die nächsten. Und so hoffe ich, kann es sich nur mehr um
Stunden handeln.

Du fragst nach unserem tollen Principal. Natürlich sind die
Zähne echt. Wir wollten ihn neulich fotografieren, hatten
aber leider keinen Blitz dabei. Aber Du bekommst ihn sicher
noch zu sehen.

Und nun zu der weiteren Fragen-Beantwortung :

erst einmal, was die Moskitonetze betrifft, möchte ich Dich
beruhigen. Sie werden zweimal in der Woche ausgewechselt,
genau wie die Bettwäsche. Ausserdem leben wir nicht mehr
wie vor 50 Jahren, als hier noch viel Sumpfgebiet war,
sondern tatsächlich, ob Ihr es Euch vorstellen könnt oder
nicht, in einer vollkommen hygienisch sauberen und
zivilisierten Stadt. Die Strassen könnten es an Sauberkeit
mit denen in der Schweiz aufnehmen. Ich habe hier noch nie
Schmutz auf den Strassen liegen gesehen. Und was hier an
Viehzeug herumfliegt, ist ziemlich harmlos. Es kommt auch
nur herein, wenn man abends beim Regen vergisst die
Fensterläden zu schliessen. Dann kann man die seltsamsten

Viecher und Schmetterlinge bewundern. Von den Mücken
zerstochen ist nur der Tomas, dessen Netz ich allerdings
jeden Abend sehr sorgfältig unter die Matratze stopfe, aber
scheinbar erwischt es ihn auch tagsüber. Er hat übrigens
auch schon einen Hitzeausschlag bekommen, den ich aber mit
einer Puderbehandlung wieder weggebracht habe.

Kopfschmerzen habe ich, toi, toi, toi im Moment gar keine
mehr, nur eben etwas müde. Aber ich kann mich ja hinlegen.

Was Du über die Rezepte sagst, muss ich unbedingt noch
ausführlich beantworten. Ich glaube, man muss die Küche
hier im Hotel mit sehr viel Vorsicht geniessen. Wir
bekommen sehr oft chinesisch zu essen. Jeden Sonntag gibt
es zu Mittag ausser der Suppe (die schmeckt, als hätte man
einen alten Fetzen mitgekocht) und dem Vorgericht,
Chickencurry mit Reis. Der Reis schmeckt wie bei uns, aber
das Huhn in der Currysauce ist so scharf, dass man sich
erst daran gewöhnen muss. Es ist in dieser Sauce gekocht,
wahrscheinlich so ähnlich wie Du ein Paprikahendl machst.
Dazu gibt es Erdnüsse, geraspelte Kokosnuss, hartgekochte
Eier, Ingwer und kleingeschnittene frische Gurken und
Ananas. Um den scharfen Geschmack zu nehmen, bekommt man
gleich ein matzenähnliches Gebäck dazu. Wenn man sich an
den Curry gewöhnt hat, schmeckt er sehr gut. Als Nachtisch
gibt es dann einen Sagopudding mit Kokosmilch und Sirup.
Das nennt sich Gula Malakka, ist eigenartig im Geschmack
und löscht die Schärfe vom Curry völlig. Dies ist ein
essbares Gericht.

Neulich gab es etwas, was sich "Chinese Mie" nannte. Es kam
als undefiernierbares Etwas auf den Tisch, mit einigen
Pfefferminzblättern garniert. Zuerst schmeckte es mir noch.
Aber als C.W. auf einmal meinte, es schmecke wie es früher
bei armen Leuten gerochen hat, ging es nicht mehr. Du
kennst ja die Wirkung von solchen Reden. Es war ganz
unmöglich, weiter zu essen.

Ansonsten kochen die Leute im Hotel englisch. Ich glaube,
dass die Engländer keinen besonders guten Geschmack in
Bezug auf ihr Essen haben. Sie schlingen es runter,
ausserdem ist das Fleisch regelmässig verbrannt und zäh wie
Leder.

Was die hiesige Mode betrifft, so ist das leider
katastrophal. Es gibt mehrere Modesalons oder "dress-
designer" mit grossartigen Geschäften aber furchtbar
altmodischen Kleidern. Es wird allerhöchste Zeit, dass ich
meine Nähmaschine bekomme, damit ich mir ein paar moderne
Kleider machen kann, mir passt nämlich im Moment nichts
mehr. Auch die Frauen in den Umstandskleidern sind derart
verheerend, dass man sagen muss, so etwas sieht man in
Deutschland nicht, obwohl die deutsche Frau auch nicht
gerade den besten Geschmack hat. Die Engländerin ist halt
noch spiessiger. Wenn man einmal eine elegante Frau sieht,

hat sie trotzdem kein modernes Kleid an. Wir spielen
deshalb mit dem Gedanken, dass ich mich hier schon
erfolgreich betätigen könnte, wenn mein englisch etwas
besser ist. Vielleicht mit kleinen Artikeln und Zeichnungen
in der Zeitung und später als freie Mitarbeiterin in irgend
so einem Salon. Ich hoffe, dass es sich machen lässt. Ich
habe ja Zeit im Überfluss.

Das ist überhaupt etwas, an das ich mich erst einmal
gewöhnen muss. Bisher habe ich immer nach einer ziemlich
festen Arbeitszeit, und sogar darüber, gearbeitet und auf
einmal soll ich gar nichts tun, wie es sich für eine "Mem"
gehört. Meine Amah will sogar kochen, also muss ich mich
schon irgendwie betätigen. Aber auf keinen Fall darf sie
uns etwas englisches kochen ! Vielleicht kann ich ihr ja
mit meinen geringen Kenntnissen und einem guten Kochbuch,
unsere Küche beibringen ? Auf jeden Fall bestimmt einen
Apfelstrudel. Wie sollte es anders sein ?

Das muss ich noch erzählen. Im hiesigen Bahnhof hängen
Werbeplakate von Berlin, München und Freiburg. Es mutet
eigenartig an, wenn man plötzlich so etwas altbekanntes an
den Bahnhofswänden hängen sieht.

Vorgestern waren wir auf dem Flugplatz um die Britannia zu
fotografieren, die nach Europa zurückflog. Sie kam aus
Singapore und es stiegen einige mohamedanische Frauen aus,
die ein weisses Gewand vom Scheitel bis zu den Sohlen
hatten. Nur an den Augen hatten sie eine Netzöffnung, damit
sie etwas sehen konnten. Sie sahen etwa so aus, wie wir uns
ein Schlossgespenst vorstellen. C.W. versuchte sie zu
knipsen, in dem er so tat als ob er mich aufnähme, bekam
sie aber nicht gut ins Bild. Sie verzogen sich gleich
hinter eine Häuserecke, wo sie von den sie Erwartenden
begrüsst wurden. Dazu hoben sie zwar ihre Verschleierung
auf, hielten sich aber immer ein Tusch vors Gesicht, bis
sie dann in ein Auto stiegen und fortfuhren.

Im Augenblick ist jeden Nachmittag gegen 4 Uhr der grosse
Regen fällig. Dann giesst es aber auch was das Zeug hält.
Unsere ärgsten Wolkenbrüche zu Hause sind gar nichts
dagegen. Darum haben die Häuser hier auch keinerlei
Dachrinnen sondern schmale tiefe Gräben drumherum in denen
das Wasser gleich abfliesst. Der Regen hält dann die halbe
Nacht an, am Morgen ist der Himmel bewölkt und vormittags,
so gegen 9 Uhr wird es wieder wunderschön und heiss. Es
scheint so eine Art Regenzeit zu sein. Wenn man bei solch
einem Regen aus einem gekühlten Geschäft herauskommt, hat
man den Eindruck einer Waschküche. Dies ist der Moment, wo
hier wirklich Treibhausluft herrscht. Man gewöhnt sich aber
sehr rasch daran und wenn es aufhört zu regnen, merkt man
nichts mehr von der relativ hohen Luftfeuchtigkeit.

Für heute, meine liebe Familie, seid alle recht herzlichst
umarmt von Eurem Coco.

31

Nachmittags

Ich muss unbedingt noch einiges dazuschreiben. Heute
nachmittag sollte ich in die maternity kommen und nahm mir
C.W. als Dolmetscher mit, da ich nicht weiss, ob der Dokter
französisch oder deutsch spricht. Leider war er nicht da
und man hat uns für nächsten Freitag wieder bestellt, weil
man wünscht, dass ich von ihm untersucht werde. Diese
Klinik ist eine Abteilung eines grossen Krankenhauses. Auch
in diesem Krankenhaus sind die einzelnen Abteilungen in
verschiedenen, alleinstehenden Häusern untergebracht. Die
maternity – Mütterklinik – ist auch wieder ein
langgestreckter, ebenerdiger Bau auf Pfosten mit einer
rundherumlaufenden Veranda. Von dieser Veranda aus kann man
in die einzelnen Zimmer gehen. Jedes Zimmer hat ausser der
Tür noch ein Fenster auf die Veranda. Vor diesem Fenster
steht ein kleines Bettchen in dem das Baby liegt. Jedes
Bettchen hat ein am Tage geöffnetes Moskitonetz. Und jede
Mutter versorgt selbst ihr Kind, da sie anscheinend fast
sofort wieder aufstehen darf. Es machte einen so reizenden
Eindruck, so hell und freundlich. Ich wünschte, Du könntest
es sehen.

Anschliessend bin ich mit C.W. ins College gefahren. Es
goss so gemein, dass ich zuerst nicht ausgestiegen bin.
Später, als es aufgehört hatte, holte er mich und zeigte
mir seine Schulräume. Wir kamen auch zu seinen Studenten,
es sind im ganzen 21, alle zusammen aus den drei
Jahrgängen. Sie hatten irgendeine Konstruktion zu zeichnen.
Danach fuhren wir zu den Bungalows, von denen wir
wahrscheinlich einen bekommen werden. Sie gefallen mir sehr
gut. Es sind etwa 6 oder 7 Häuser, in der Mitte der Anlage
ein für hier typisches Holzhaus, in dem die Kantine
untergebracht ist, denn die Bungalows haben ja keine Küche.
Eine überdachte Garage, viel Rasen für die Kinder zum
spielen und grosse Bäume, die Schatten geben. Dort werden
wir einige Wochen wohnen um dann endlich in unser
endgültiges Heim einziehen zu können. Wir werden so
ziemlich alles kaufen müssen, was an Haushaltsgegenständen
gebraucht wird. Wenn ich vorher gewusst hätte, dass es hier
hauptsächlich Kitsch gibt, hätte ich etwas von zu Hause
mitgenommen. Bitte schicke mir ja das praktische
Hochzeitsgeschenk von Frau Decher, die Handtücher. Das
Geschirr, das man hier kaufen kann ist so schrecklich, dass
wir Beide wahrscheinlich lieber von Papptellern essen
würden. In den englischen Läden, wie in den chinesischen.
Ich muss mich jetzt mal umsehen, vielleicht finde ich doch
noch etwas annehmbares.

Julius Posener brachte uns heute die traurige Nachricht,
dass unser kleiner Hund tot ist. Er brachte ihn zum
Tierarzt. Eines der Kinder hatte ihn einmal fallen
gelassen. Der Tierarzt sagte, der Hund habe einen Bruch und
er könne nichts dagegen machen, er ginge ein. Da hat er ihm

eine Spritze gegeben. Julius hat uns dafür den anderen
angeboten. Wir könnten ihn, bzw. sie, entweiben lassen.
Dieser Eingriff würde hier vom Tierarzt sehr häufig
gemacht. Er meinte, wir könnten uns die Kosten ja teilen.
Eine Hündin zu haben bei stets offenen Türen ist kein
Spass. Und der andere Hund ist auch sehr lieb.

In banger Erwartung dessen, was uns heute abend im
Speisesaal bevorsteht, werden wir jetzt hinunter gehen.
Immerhin bin ich jetzt draufgekommen, dass man ja nicht das
ganze Menu essen muss. Seitdem schlafe ich nachts auch
besser.

Mein Schwiegervater hat uns neulich einige Seiten vom Darm-
Echo geschickt. Es hat riesigen Spass gemacht zu lesen,
dass die Ecke Heinrichstrasse-Eschollbrückerstrasse
umgebaut wird, und dass in Darmstadt die elektrische
Eisenbahn fährt und die Fortsetzung vom Roman. Wenn Ihr mal
so etwas findet, könnt Ihr es uns auch schicken ?

Das "Geschenk der deutschen Regierung an die Federation of
Malaya" meint eben, Ihr solltet doch mal öfters die Briefe
mit meinen Schwiegereltern austauschen.

Seid für heute von uns allen umarmt, aber besonders von
mir,

EuerCoco

10-12-57

Meine liebste Mutti,

jetzt wohnen wir schon den 6. Tag in unserem Chalet und es
gefällt uns immer besser. Euer Umzug kommt auch langsam
immer näher und Du wirst viel Arbeit haben. Könnt Ihr uns
auch einmal ein paar Fotos von Euch und dem neuen Haus
schicken ? Ich möchte Euch auch manchmal anschauen können.

Hier gibt es wieder mal viel Neues. Also unser Haus ist
prima. Tomas spielt den ganzen Tag im Garten und sieht sehr
gut aus. Unser neuer Hund Kiki ist äusserst munter,
besonders morgens hat er die Vorliebe einem immer hinterher
zu laufen und in die Waden und Fersen zu beissen. Sämtliche
Schuhe sind im Haus zu suchen wenn man aufstehen will.
Fressen könnte er für drei und wir haben ihn schon fast
stubenrein. Es ist allerdings ein schreckliches Bild, wenn
Tomas laut brüllend in einer Ecke steht und der Hund zerrt
ihm die Hosen runter.

Gestern haben wir unsere Amah weggeschickt. Stell Dir mal
folgende Unverschämtheit vor : als sie hier ihr Amahzimmer
sah, sagte sie das sei erstens zu heiss ohne Ventilator und
zweitens könne sie nicht ohne Matratze schlafen. Nun ist es
hier üblich, dass in einem Amahzimmer lediglich ein
breites, etwa 40 cm hohes Brett ist. Auf so einem Brett
schlafen hier alle Chinesen und Malayen. Wenn eine Amah
eine Matratze will, muss sie sich selbst besorgen.
Unsere versuchte uns einzureden, wir müssten ihr eine
kaufen, wir könnten sie ja dann nach Europa mitnehmen. Und
einen Ventilator hat hier keine Eingeborenenwohnung. Dann
verlangte sie, wir müssten ihr Essen hier in der Messe
bezahlen. Es sei ein Gesetz, dass das Gouvernement die
Hälfte des Gehalts für die Amah bezahlen würde. Im College
hat man herzlich darüber gelacht, denn eine Amah sorgt
selbst für ihr Essen und bezahlt es auch von ihrem Lohn.
Dann trat sie auf, als sei sie die Hauptperson in der
Familie und alle Boys hier schüttelten schon den Kopf.
Schliesslich tat sie nie, was ich ihr auftrug und machte
immer, was sie wollte. Es ist halt so mit diesen Weibern,
entweder sie sprechen englisch, was ihnen dann so gewaltig
zu Kopf steigt, dass sie meinen, sie könnten einen
ausnützen, oder sie sind brav und können kein Wort
englisch.

Nachdem ich Poseners mein Leid geklagt hatte und deren Amah
das mitangehört hatte, sagte sie, ihre Schwägerin könne
alles machen, was ich von einer Amah verlange.

Die Vorstellung war eine Schilderung wert. Nachmittags rief
Charmian an, wir sollten schnell kommen, die Amah sei bei
ihnen. Wir fuhren also hin. Du musst Dir vorstellen, wir
sassen nun alle in dem grossen Raum, die beiden Herren,
Charmian und ich. Dann kam Poseners A-Wong mit ihrer

34

Schwägerin herein. Sie setzte sich auf den Rand eines
Stuhles. Mir fiel sofort auf, wie aufgeregt sie war, sie
zerdrückte sich fast die Finger und lächelte immer
schüchtern. A-Wong stellte sich hinter sie als Dolmetscher.
Charmian fing nun an mit ihrem pidgin-malayisch, denn die
neue Amah kann vielleicht drei Worte englisch. Wenn das
malayisch zu unverständlich war oder Charmian sich nicht
ausdrücken konnte, übersetzte A-Wong es ins chinesische.
Das klang etwa so : "ong, ang ung, hing, heng, hang". C.W.
und ich mussten immerzu lachen. Schliesslich wurde die
Diskussion so aufregend, dass Charmian malayisch-englisch
sprach, A-Wong chinesisch, Posener und ich französisch, das
alles auf einmal, und die kleine Amah sass schüchtern
lächelnd dazwischen. Meine bessere Hälfte meinte leicht
pikiert, nun verstünde er garnichts mehr. Wir wurden uns
aber doch schnell einig. Ihr Name ist fast unaussprechlich.
Sie heisst Nian, das "an" als französischer Nasallaut.

Da sie nicht in der Stadt wohnt, hat sie heute bei Poseners
geschlafen und erschien nun vor einer Stunde mit dem Taxi
bei uns. Mit Zeichensprache gab ich ihr zu verstehen, dass
sie jetzt waschen soll. Bis jetzt ging es sehr gut. Und ich
hoffe, dass sie gut sein wird.

Etwas sehr lustiges haben wir am letzten Sonntag erlebt.
Hier in der Messe gibt es natürlich auch sonntags Curry mit
Reis und hinterher Gula Malakka, wie überall in Malaya. Als
wir uns zu Tisch setzten, fragte der Boy, ob wir auch
"kölli-kölli" essen wollten. Wir guckten erst ganz doof und
dachten, um Gottes Willen wieder so etwas neues
chinesisches, bis uns einfiel, dass die Chinesen ja kein
"R" sprechen können. Als wir dann während des Essens den
Mund nicht mehr zu bekamen, so scharf war es, verlangte
C.W. "bread", weil das am besten die Schärfe nimmt. Der Boy
wiederholte "bläd" und brachte erst mal ein neues Messer,
dann eine Serviette und als C.W. am platzen war,
wiederholte er plötzlich mit aufleuchtendem Gesicht : " oh
yes, blead." und brachte endlich das gewünschte Brot.

Ich habe solche Sehnsucht nach Deinem Essen, das kannst Du
Dir gar nicht vorstellen. Das Gemüse hat immer einen
komischen Geschmack, das Fleisch ist zäh und verbrannt und
die englischen Puddings schmecken mir auch nicht.

Über all den Neuigkeiten habe ich jetzt meine neue
Nähmaschine vergessen. Ich habe sie am Samstag bekommen.
Eine japanische, elektrische Maschine. Sie ist sehr schön,
näht ganz herrlich und ist so schwer, dass ich sie nicht
alleine heben darf. Ich habe mir sofort ein paar Sachen
genäht. Es macht so viel Spass, weil man hier schöne Stoffe
bekommt, ziemlich billig. Es ist ja alles Baumwolle oder
Popeline.

Unser Tagesablauf hier im Chalet ist ziemlich einfach.
Morgens um 3/4 7 Uhr bringt ein Boy den Tee mit Obst. Er

stellt das Tablett auf den Tisch im ersten Zimmer, er hat
nämlich einen Hauptschlüssel für alle Chalets, dann schlägt
er solange mit der Faust an die Wohnungstür bis man ganz
schlaftrunken "ja" schreit. Dann sagt er "good morning" und
geht. Ich stehe dann auf und nachdem ich mir die
verschiedenen nächtlichen Bescherungen in allen Grössen von
unserem Kiki angesehen habe, bringe ich denselbigen in den
Garten. Beim Öffnen der Falttüren klemme ich mir meistens
die Finger. Etwas später bringe ich dann den Tee für C.W.
ans Bett und lege mich selbst noch einmal hin. C.W. steht
dann auf und geht frühstücken, während ich versuche, noch
einmal zu schlafen. Das scheitert meistens an Tomas, der
auch unbedingt in meinem Bett schlafen will, was so viel
heisst, wie toben. Um 9 Uhr erscheinen wir zum Frühstück in
der Messe. Vormittags fahre ich entweder in die Stadt etwas
einkaufen oder ich bleibe zu Hause und nähe oder schreibe.
Die Amah wäscht die Wäsche und Tomas spielt im Garten. Ein
Boy macht die Betten und die Zimmer sauber. Mittags um 1/2
1 Uhr kann Tomas essen und wir zwischen 1 und 2 Uhr. C.W.
kommt meist um 1 Uhr und geht, wenn er nicht frei hat,
wieder gegen 2 Uhr weg. Der Nachmittag verläuft so ähnlich
wie der Vormittag. Zwischen 3 und 4 Uhr kommt ein Boy mit
dem Nachmittagstee mit Obst und Keksen. Tomas bekommt sein
Abendessen um 1/2 7 Uhr und wir um 8 Uhr. C.W. kommt etwa
um 1/2 5 Uhr nach Hause. Es macht so viel Spass, dass die
Chalets in einer so schönen Umgebung liegen, man hat immer
grünes vor Augen, einen Garten und viele Blumen. Die wollen
wir nächstens einmal farbig aufnehmen, damit Ihr sie sehen
könnt. Es sind ganz fremde Blumen, es gibt aber auch
Grünpflanzen, die ich aus Deinem Blumenfenster kenne.
Leider kenne ich von all diesen Pflanzen die Namen nicht.

Morgen bekommen wir die Abzüge von unserem schwarz-weiss
Film. Es sind sehr nette Bilder geworden und werden Euch
den ersten Eindruck vermitteln können.

Schreib mir recht bald wieder und sei tausendmal umarmt,
ebenso der Rest der Familie, von Deinem

Coco

4 Stunden später :

Die Amah ist eben wieder gegangen. Sie verstand den Tomas
nicht und der spricht sehr viel. Sie kann kein englisch.
Der Head-boy - Boy number one - will uns jetzt eine
besorgen, die jung ist und englisch kann. C.W. meint, wir
hätten einen "Amah-Verschleiss"

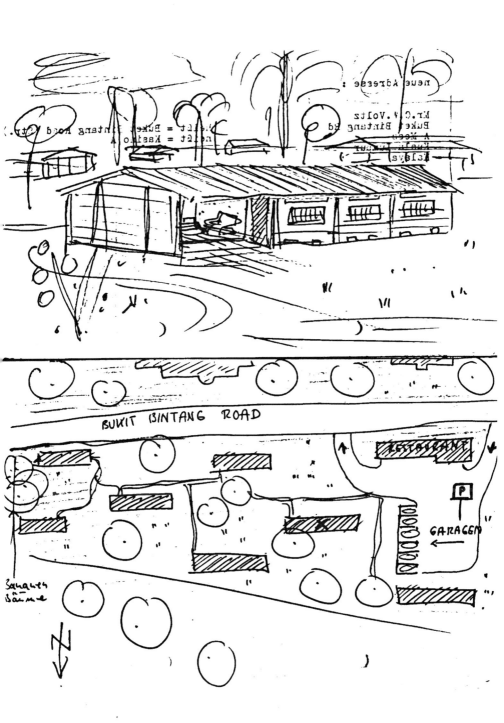

BUKIT BINTANG ROAD

RESTAURANT

P

GARAGEN

Bananen-
Bäume

N

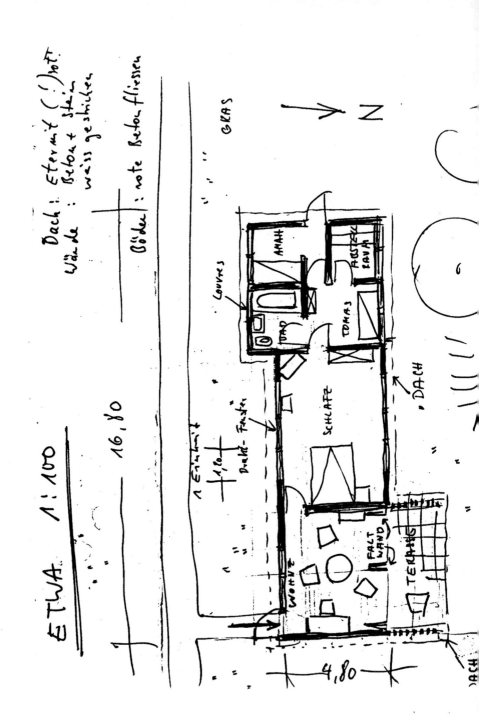

ETWA 1:100

16,80

4,80

Dach: Eternit (!) hell.
Wände: Beton + Stein
weiss gestrichen

Böden: rote Beton fliessen

GRAS

N

LOUVRES

ANAH

ROSTEN RAUM

TIMAS

DACH

SCHLAFF

Dreh-Fenster
1,40
1 ERMET

FALT WAND

WOHNE

TERRASSE

DACH

38

11-12-57

Liebe Mutti,

gestern abend kam Dein Brief, den Du am 2.12. am
Frankfurter Flughafen aufgegeben hast. Er brauchte also
genau 8 Tage und dies erscheint mir doch recht lang.
Vielleicht hat das auch mit der Indonesien-Affaire zu tun
und dass die Post vielleicht in KLM Maschien transportiert
wird.

Morgen früh nun tritt meine dritte Perle ihren Dienst an.
Unser Head-boy hat sie mir besorgt und heute morgen kam sie
zu mir. Ein richtiger chinesischer Teenager mit
Pferdeschwanz, Pickeln im Gesicht und für hiesige
Verhältnisse lang aufgechossen und schlaksig. Das Ganze ist
17 Jahre alt, spricht recht gut englisch und als ich nach
ihrem Namen fragte, sagte sie so etwas wie : aua. Sie
meinte aber, sie habe noch einen englischen Namen und so
könne ich sie rufen : Jean. Sie arbeitet im Moment in der
uns benachbarten Messe. Dass sie so jung ist, stört mich
nicht im geringsten, so wird sie wenigstens das tun, was
ich ihr sage.

Unsere Mitbewohner sind im grossen und ganzen alle sehr
nett. Man sieht sich hauptsächlich beim Essen. Da ist
zunächst ein Oberst mit seiner Frau. Sie ist recht dick,
hat einen enormen Busen und trägt immer glockige Kleider.
Manchmal erscheint sie auch mit einem langen Gartenkleid.
Er kommt morgens und mittags in Uniform, kurzen Hosen und
Kniestrümpfen, hat einen Schnurrbart und wenn er die Suppe
löffelt, zieht er die Ohren so unnachahmlich hoch, dass ich
meine Blicke kaum von ihm lösen kann. Dann ist da noch ein
weiteres Ehepaar, etwas jünger, die beide sehr nett sind,
sich aber zum Essen jeder ein Buch mitbringen, in dem sie
die ganze Zeit lesen. Ein weiteres junges Paar, sie ganz
entzückend und nett angezogen, er farblos und blond und
steif. Unsere direkten Nachbarn sind gerade aus Singapore
gekommen, wo sie bereits seit 4 Jahren gewesen sind. Er ist
auch an der Universität. Sie haben zwei Kinder in Tomas
Alter und spielen mit ihm. Die Frau ist der so entsetzlich
vollkommene Ty Frau und Mutter. Dann ist noch ein einzelner
Mann da, von dem wir nicht wissen, ob seine Frau abwesend
ist, oder ob er Junggeselle ist. Er bewohnt ein ganzes Haus
für sich allein. Er hat immer einen Shawl im Kragen und
sieht aus wie Clark Gable. Natürlich gibt es noch einige
Familien mehr, aber im Grunde genommen sind sie sich alle
gleich.

Ganz reizend sind auch unsere chinesischen Boys. Unser
spezieller, der unser Haus sauber macht und beim Essen
serviert, ist derjenige, der so Schwierigkeiten mit dem "R"
hat. Er ist aber so nett, dass ich ihn gut leiden kann. Der
Koch ist ein dicker Chinese, der immer in kurzen Hosen
rumläuft und morgens die Badezimmer in den Chalets

saubermacht, so dass man glaubt, man schwimme gleich weg.
Mittags kocht er und nachmittags wäscht er Autos. Er ist
eben ein vielseitiger Mann. Der Head-boy hat einen
schwarzen Leinenanzug an und führt die Aufsicht. Er kommt
wenn irgendetwas zu klären oder zu regeln ist und manchmal
serviert er auch beim Essen. Er spricht sehr gut englisch.
Sie sind alle sehr lustig und lachen viel, aber in ihrem
Lachen ist immer ein bisschen Schadenfreude. Sie freuen
sich wie die Kinder, wenn einem anderen etwas schief geht.
Als gestern meine Amah mit dem Taxi kam und ich hinausging
um es zu bezahlen, kam einer der Boys und fragte mich
lachend : Amah no speak english ? Ich sagte, she must learn
it. Da schlug er sich freudig auf die Schenkel und konnte
sich gar nicht bruhigen vor Lachen, dass wir uns nun gar
nicht verständigen können. Als sie dann zu Mittag wieder
gehen wollte, sie hatte sich dazu den Head-boy als
Dolmetscher geholt, und auch ging, rief mir jeder Boy, dem
ich begegnete lachend zu : Amah is gone, hahaha !
Andererseits haben sie mir ja dann auch geholfen, eine neue
zu finden.

Wir fahren jetzt in die Stadt und holen die ersten Fotos,
die wir Euch schicken wollen, damit Ihr einen Eindruck von
hier bekommt.

Bis bald

Coco (schreib bald wieder)

K.L. 13-12-57   CW

Liebe Mutti,

ich greife zur Maschine, um besorgte Mütterherzen zu
beruhigen ! Im übrigen ist es gar kein Fehler, wenn Dir
Dein Schwiegersohn (wie komisch das klingt) einmal
schreibt.

Ich schreibe, weil wir glauben, dass Ihr noch ein bisschen
falsche Vorstellungen von hier habt. Es geht uns allen
ausgezeichnet. Ich glaube nicht, dass wir es in Deutschland
so angetroffen hätten wie hier. Mit Ach und Krach hätten
wir eine Mietwohnung gefunden, und es ist nicht sicher, ob
wir uns dort (möglicherweise in Offenbach) so wohl gefühlt
hätten. Dort würden zwar keine Eidechsen an der Wand
herumlaufen, aber dafür müssten wir vielleicht Kohlen über
4 Treppen hochtragen. Die Eidechsen übrigens, die ganz
liebe, saubere Tierchen sind, fangen die Fliegen und
Mücken.

Lass mich auf ein paar Dinge antworten, von denen Du
geschrieben hast. Die ärztliche Versorgung ist sehr gut.
Die Hospitäler sind keine grossen Gebäude, sondern
zusammenhängende Holzbungalows. Ich bin sehr für diese
Bauart, die in ganz Ostasien verbreitet ist. Die Häuser
sind absolut sauber und hygienisch, wahrscheinlich besser
als in Frankreich. Es arbeiten hier englische Ärzte. Die
Behandlung ist sehr persönlich, vor allem da ich
Regierungs-"Official" bin. Beate hat sich ein bisschen
geärgert, weil sie ihre Pillen gewissermassen "empfangen"
hat, und das in einer grauen Einheitspackung. Ich finde das
gut. Es kostet nämlich nichts ! Im übrigen geht es Coco
viel besser als in Deutschland. Ihre Kopfschmerzen sind
nahezu verschwunden ! Wir alle fühlen uns sehr wohl. Und
damit komme ich zum Klima.

Beate schwitzt gar nicht einmal sehr. Ich natürlich mehr,
aber ich habe mich sehr schnell daran gewöhnt und möchte
gar nicht mehr in das feuchtkalte Europaklima zurück. Nur
wenn ich eine Stunde Vorlesung hinter mir habe, bin ich
nass. Dagegen gibt es ein herrlisches Mittel : ich gehe
nach der Vorlesung 10 Minuten über die Sportwiesen des
Colleges, mit der Sonne im Rücken - und ich bin wieder
trocken. Das ist alles. In unseren Räumen drehen sich
überall die Propeller, die man regeln kann. Heute haben wir
die Badewanne voll Wasser laufen lassen und einige
Eisbrocken hineingetan. Es war herrlich. Es ist einfach
immer Sommer. Abends kühlt es fühlbar ab. Schon 2 Grad
weniger empfindet man als Kühlung.

Die Geschäfte haben Waren aus aller Welt. In den Apotheken
bekommt man nicht irgenwelche komischen Mixturen, sondern
es sind alles einwandfrei verpackte Waren aus England oder
Australien. Die Lebensmittel kommen aus Amerika oder

England, Dänemark oder Australien. Stoffe aus Japan, China und USA. Getränke werden in Singapore hergestellt. Noch etwas : es gibt hier überhaupt keinen Staub. Das Wasser kann aus der Leitung getrunken werden, und die Luft ist ganz klar und sauber. Die Menschen sind sauberer angezogen als bei uns.man sieht keine schmutzigen Gestalten in den Geschäften und Büros. Natürlich sind die chinesischen Läden sozusagen offene Löcher mit Waren drin. Aber das Zeug ist sauber. Die Menschen sind sehr freundlich. Was hier so entsetzlich stinkt, sind die verschiedenen, auf Holzkohlefeuer im Freien zubereiteten Fische und Gemüse. Aber davon essen wir ja nichts.

Die Sicherheit im Lande ist bald wiederhergestellt. Man weiss heute bereits, dass in einer bestimmten Gegend noch 12, in einer anderen 48 Terroristen sind. Aber da kommen wir ja nicht hin. Die Roten sind am Verhungern und ständig werden Truppen und Flugzeuge gegen sie eingesetzt. Der Schrecken auf den deutschen Autobahnen ist viel grösser als die Gefahr hier. Der Autoverkehr und das Unwesen der Radfahrer und Fussgänger (ausser im Zentrum gibt es nirgends Fusswege !) sind viel stärker als in Darmstadt. Aber es passiert so gut wie nichts. Es gibt hier keine verrückten Autoflitzer.

Ich sags nochmal, es ist schön hier. Heute ist Freitag und um 12 Uhr habe ich schon frei gehabt : Wochenende 2 1/2 Tage. Ab nächste Woche sind für 4 Wochen Ferien. Im Sommer noch einmal 3 Monate. Wir haben endlich eine gute "Perle", bekommen bald ein sehr grosses Haus, die Sonne scheint immer (Regen nur stundenweise). Beruflich kann man unter Umständen allerhand machen. Das kann ich heute noch nicht übersehen.

Das wär alles für heute. Beate will sicher noch einen Gruss drunter setzen. Euch allen herzliche Grüsse Euer
C.W.

Meine liebste Mutti,

zunächst lass Dir den Brief vom 6.12. bestätigen. Ich glaube, ich habe es auch immer getan. Ich war richtig bedrückt heute über Deinen Brief. Bestimmt wollte ich Dich nicht kränken. Ich habe nur geschrieben, dass ich keine Post von Dir bekäme, weil ich damals wirklich keine bekommen und doch so gewartet habe. Ich freue mich auch über einen kurzen Brief von Dir, Hauptsache es ist überhaupt ein Gruss.

Hoffentlich hat Dich nun der Bericht von C.W. etwas beruhigt. Ich glaube, Du musst Dir furchtbare Sorgen machen, aber, glaub mir, sie sind wirklich umsonst. Es geht mir gesundheitlich so gut wie schon lange nicht mehr, ich habe ja auch nicht viel zu tun. Meine neue Amah ist sehr gut. Sie ist ein herziger Teenager, der heisse Musik und

Rock and Roll liebt, Tomas ganzes Herz erobert hat und ist
so schnell und flink, wie die erste Amah es nicht einmal am
ersten Tag war. Ausserdem spricht sie sehr gut englisch und
ist sogar mit Erfolg dabei, es Tomas zu lehren.

Nun drücke ich Euch beide Daumen für den baldigen Einzug,
wir werden in den kommenden Tagen die ganze Zeit an Euch
und das Haus denken.

Tausend Bussis Dir vor allem Dein lieber Coco

17-12-57

Liebe Eltern und Schwiegereltern,

heute einmal ein Brief mit Durchschlag. Meine liebe bessere
Hälfte liegt im Bett und ist auf Diät, beziehungsweise auf
hungern gesetzt worden. Die Ärztin wird am Nachmittag
kommen, bis dahin bekommt er nichts als Tee. Ich bin
überzeugt, dass es von dem Widerwillen kommt, mit dem er
hier das meiste Essen zu sich nimmt. Ausgelöst durch das
Abendessen bei Poseners.

Dieses Essen ist es wert erzählt zu werden.Es waren lauter
Architekten mit Frauen eingeladen worden und wir sind beide
nicht mit allzu grosser Begeisterung hingegangen. Da
Poseners von C.W.'s Abneigung gegen das malayische Essen
wissen, hatte Julius gesagt, es gäbe etwas indisches. Er
muss seine Frau aber wohl missverstanden haben, oder wieder
einmal alles verkehrt gesagt haben, es gab nämlich etwas
indonesisches. Das ist ungefähr dasselbe wie malayisch.
Mich hat etwas gestört, dass kein Tischtuch auf dem Tisch
lag und dass der Wein aus Schnapsgläsern getrunken wurde
(dies wohl damit die Gäste nicht so viel trinken). Ich
glaube, das dies aber englische Sitten sind. Scheinbar
auch, dass Mrs. Posener jedem einfach den ganzen Teller
vollklatschte, ob man nun wollte oder nicht. Also das
Essen. Zuerst bekam jeder, schon auf dem Teller ein Stück
Lachs und ein kleines Butterbrot dazu. Schon fertig. Dann
kam ein, wie gesagt, indonesisches Gericht auf den Tisch,
bestehend aus Nudeln, Krabben und irgendwelchen Kräutern,
es roch typisch für hier. Dazu Reis, darüber eine rote
Sauce und obendrauf so viele kleine Schnitzelchen, wie
Leute da waren. Dies wurde nun auf die Teller gehäuft. Ich
bekam noch quer über den Tisch zugerufen, vergessen Sie ja
nicht, dass Sie für zwei essen müssen und bekam, klatsch,
noch was auf den Teller. Ich bemühte mich und bekam den
Teller wirklich leer, war aber ziemlich verärgert über
diese Vergewaltigung. C.W. entschuldigte sich, aber er
könne das nicht essen. Ich fürchte allerdings, dass die
stille Liebe Charmians zu ihm daraufhin einen gewaltigen
Knacks bekommen hat.

Am nächsten Morgen fuhren wir dann mit Poseners nach Port
Dickson zum baden. Es war eine schöne Fahrt durch
Gummiwälder und Djungel. Die Strassen sind fabelhaft zu
fahren, keinerlei Schlaglöcher. Von Zeit zu Zeit kam eine
Polizeikontrolle in einer kleinen Wellblechhütte. Man
musste anhalten und wurde gefragt, wo man hinfährt und ob
man etwas zu essen mithat. Man fährt dann durch die
sogenannte schwarze Zone, in der es möglicherweise noch
Rebellen gibt, die die Autofahrer anhalten und nach
essbarem suchen. Da sie ausgehungert werden sollen, darf
man nichts zu essen mitnehmen. Wir sind aber keinen
begegnet und in Kürze sollen die Kontrollpunkte aufgehoben
werden.

Die kürzeste Strecke der Fahrt führt durch Djungel, danach
wechseln sich Ortschaften mit Gummiwäldern ab. Neben den
Ortschaften kleine Reisfelder. Sie sind quadratisch
angelegt, begrenzt durch einen kleinen Erdwall, sodass
dieses Quadrat wie ein Bassin mit Wasser gefüllt ist. Darin
wachsen büschelweise die Reispflanzen, die aussehen wie
lange Grashalme.

Nach 2 1/2 stündiger Fahrt kamen wir nach Port Dickson und
waren zunächst tief enttäuscht über das Meer : es war grau.
Der Strand ist ein schmaler, etwa 20 m breiter Streifen
heller, schöner Sand neben der Strasse. Dort lässt man sich
nieder. Da es viele Palmen gibt, braucht man sich der Sonne
nicht auszusetzen. Das Wasser ist sehr flach und man kann
sehr weit hineingehen. Tomas war nicht mehr aus dem Wasser
herauszubekommen und da es am Ufer nicht tiefer als 40 cm
wurde, konnte er sehr schön spielen. Wir fanden sehr
hübsche Muscheln, Schwämme und Korallen. Plötzlich kam der
schönste Guss, den man sich vorstellen kann. Wir konnten
uns gerade noch in die Autos retten und zu einem Hotel
fahren, wo wir das Essen bestellt hatten. Weil Sonntag war,
gab es natürlich, wie überall in Malaya, nur Curry. Zu
C.W.'s Enttäuschung war es diesmal ein Krabbencurry anstatt
mit Huhn und so streikte er wieder einmal. Mrs. Posener
konnte sich die spitze Bemerkung nicht verkneifen, sie
bedaure mich jetzt schon wenn ich meinem Mann mal kochen
müsse. Er sei ja so wählerisch, dass man nie wisse, ob er
auch ässe, was auf den Tisch kommt.

Beide Männer hatten am nächsten Morgen einen Sonnenbrand,
bei Tomas war es schnell wieder gut und jetzt wird er
herrlich braun.

Ich bin heute wieder einmal ganz allein in der Stadt mit
dem Wagen gewesen. Das geht nur, wenn mein armer Mann krank
im Bett liegt. Es ging so gut, dass ich sehr frech in der
Stadt herumkurvte um mir einen Parkplatz zu suchen, was mir
auch gelang. An den Linksverkehr habe ich mich auch schon
gewöhnt.

Meine neue Nähmaschine ist in Hochbetrieb. Ich habe mir
gerade ein "Sackkleid" genäht, das ich zu der
Weihnachtsfeier in der Botschaft anziehen will. Ich habe so
etwas hier noch nicht gesehen.

Wir werden Weihnachten überhaupt ganz unter den Tisch
fallen lassen, es kommt keine Weihnachtsstimmung bei uns
auf.

Und nun die herzlichsten Grüsse

Beate mit Anhang

Jetzt noch ein paar private Zeilen an Dich, liebe Mutti. Ich bin in Gedanken die ganze Zeit bei Eurem grossen Umzug und bin Dir auch ganz bestimmt nicht böse, wenn Du jetzt keine Zeit zum schreiben findest. Schreib mir erst wieder, wenn Du klar siehst mit Deinem ganzen neuen Haushalt.

Mein Alter ist "schrecklich" krank. Du kannst Dir sicher vorstellen, wie das ist, wenn ein Mann krank ist. Gestern abend, als er feststellte, dass er Fieber hat, wurde es so schlimm, dass er immer glaubte, er müsse nun jeden Moment sterben und es sei kein Arzt da um dieses zu verhindern. Heute kommt nun einer, dann wird es ihm wieder besser gehen.

Sei tausendmal umarmt von Deinem Coco

20-12-57

Liebe Eltern und Schwiegereltern,

nun muss ich unseren Weihnachtsbrief doch mit Durchschlag
schreiben. C.W. ist zwar wieder soweit in Ordnung, fühlt
sich aber noch schwach. Wenn man 5 Tage nichts in den Bauch
bekommen hat, ist man halt zu schwach zum schreiben, sagt
er.

Er wurde im Tanglin-Hospital untersucht und es wurde
festgestellt, dass er keinerlei bösartige Bazillen in
seinem Bauch hat und das Ganze nur eine unangenehme
Darminfektion ist.

Tomas hingegen hat eine richtige Ess-Tour. Man bekommt ihn
überhaupt nicht mehr satt. Ich weiss nicht, ob es Jeans
Einfluss ist, oder der Ausflug ans Meer, oder beides. Ich
glaube halt, er hat sich jetzt endgültig aklimatisiert und
sieht braun und rund aus.

Eben kommen in der Heidelbergerstrasse die Möbelleute ! Ich
habe schon den ganzen Morgen daran gedacht. Ich kann mir
wohl vorstellen, wie das zugeht. Wir würden so gerne sehen,
wie es im neuen Haus aussieht. Schickt uns ja bald ein paar
Bilder.

Heute morgen hat Tomas ein Auto bekommen. Er hatte sich so
sehr eines gewünscht, in das er selbst steigen kann. Sein
kleiner Nachbar hat so eines. Ich fuhr also in Stadt, um es
zu besorgen. Im Chinesenviertel sah ich wundervolle
Tretautos und schliesslich fand ich eines, das unseren
Vorstellungen entsprach. Nun wusste ich aber nicht, ob
Tomas da hinein passt. Die Verkäuferin fragte, wie gross er
sei, und als ich die ungefähre Höhe zeigte, rief sie ein
paar Worte ins Dunkel. Gleich darauf erschien ein Rudel
kleiner Chinesen in allen Grössen- und Altersstufen. Einer,
der etwa Tomas' Grösse hatte, kletterte sofort in den Wagen
und kurvte stolz zwischen den anderen, schreienden und
balgenden Kindern, den Fahrrädern und Rollern in dem
dunklen Ladenraum herum. Jetzt war ich von dem Auto
überzeugt und kaufte es. Leider war mein grosses Auto am
anderen Ende der City, sodass ich es erst einmal holen
musste. Ich nahm dazu einen anderen Weg als gewöhnlich und
kam durch eine richtige Marktstrasse. Die Läden bestehen
aus Bretterbuden und man kann dort auch alles kaufen, wie
in den grossen Geschäften. Etwas weiter, hinter den Läden,
führt der Weg am "Klang-river" vorbei, der zur Strasse hin
mit einem Maschenzaun geschützt ist. Im Abstand von 2
Metern hängen an diesem Zaun Handspiegel, davor je ein
Stuhl auf dem Chinesen sich im Freien von einem Inder
rasieren lassen ! Und 1 Meter davon entfernt rollt der
Autoverkehr.

Hier in der Messe gehen grossartige
Weihnachtsvorbereitungen vor sich. Meine Perle Jean und
Tomas sind gerade dabei, ihrem Freund, dem Boy Nr One, bei
der Dekoration zu helfen. Bei den Engländern ist
Weihnachten so etwas ähnliches wie Karneval. In der Messe
gibt es am Weihnachtstag ein grosses Turkey-Essen. Und
nachher den berühmten Plumpudding. Gestern hat der Boss der
Messe, ein Chinese mit einem unaussprechlichen Namen, jeder
Familie einen wunderschönen rosa und weissen Kuchen
geschickt, auf dem "merry X-mas and a happy new year"
steht. Dazu eine wundervolle Weihnachtskarte mit Schnee und
Glitzer drauf und ein Biedermeierpaar, das in ein
hellerleuchtetes Haus geht. Es ist schon sehr grotesk, von
einem Chinesen, der in seinem Leben noch nie Schnee gesehen
hat, eine solche Karte zu bekommen. Das ganze hier ist so
unwahrscheinlich, aber dennoch nett.

Und damit wäre ich bei unserem heutigen Thema. Wir nehmen
an, dass Ihr diesen Brief gerade noch zu Weihnachten
bekommen werdet. Wir werden an diesem Tag natürlich
besonders viel an Euch denken, obwohl wir uns hier keinen
Baum aufstellen. Man bekommt hier natürliche und unechte.
Das heisst, eine Art Tannenbäume von Fraser's Hill, die
aber nicht sehr beliebt sind. Erstens machen sie den
Hausfrauen mehr Arbeit und dann, obwohl sie billiger sind
als die unechten, kann man sie ja nur einmal gebrauchen,
während man die anderen mehrere Jahre haben kann. So stand
es neulich in der Zeitung.

Also wir werden in diesem Jahr weder einen echten noch
einen unechten hier stehen haben, weil wir einfach keine
Weihnachtsstimmung haben. Und wenn wir wieder bei Euch
sind, werden unsere Kinder auch einen richtigen Baum haben
und vom Christkind erzählt bekommen.

Seid für heute tausendmal umarmt und herzlichst geküsst von
Euren Dreien

C.W., Beate + Tomas

24-12-57

Meine lieben Eltern und Schwiegereltern,

C.W. findet unsere neue Einrichtung mit den Durchschlägen
so angenehm, dass er mich heute wieder gebeten hat,
zumindest den Anfang zu machen. Er sitzt neben mir, die
Füsse auf dem Tisch unter laufendem Ventilator, schwitzt
als wenn er dafür bezahlt würde und stöhnt natürlich
dementsprechend. Es sind gerade 31 Grad und draussen regnet
es. Tomas freut sich über die Dusche und fragt gerade zum
10. Mal woher das Wasser kommt.

Das Weihnachtsessen in der Messe hat so grosse
Vorbereitungen in Anspruch genommen, dass wir in den
letzten 3 Tagen schon nichts anständiges mehr zu essen
bekommen haben. Es wurde, nach C.W.'s Ansicht, für heute
abend gespart. Heute mittag gab es eine "cold Collation".
Das ist eine Platte mit Büchsenfleisch, ein paar Scheiben
Gurken, ein paar trockenen Blättern Salat, ein paar
Scheiben Toamten und eine kalte Pellkartoffel in der
Schale. Als Nachspeise einen Pudding in Merdekafarben
hellgrün, rosa und weiss (Merdeka heisst Freiheit auf
malayisch, und ist im September ausgerufen worden, als
Malaya aus den Kolonien entlassen wurde), der nach gar
nichts schmeckte. Sogar der Nescafé schmeckte heute wie
Aufguss, in unserer Familie als Negerschweiss bekannt. Wir
machten in unserem Chalet als erstes ein Dose Pfirsiche
auf, damit wir doch wenigstens eine Freude hätten. Einen
Vorteil hat das ganze natürlich auch für mich. C.W. wird
hoffentlich nicht zu enttäuscht sein, wenn meine Kochkünste
nicht so toll sind.

Kennt Ihr den Albtraum eines Ästheten ? C.W. wachte nachts
stöhnend auf und sagte, er habe einen furchtbaren Traum
gehabt : der autowaschende Koch sei, um Kartoffelpüree zu
machen, in den Kochtopf gestiegen, um es mit den Füssen zu
stampfen.

Gestern abend war die Weihnachtsfeier in der Botschaft. Es
waren sehr viele Leute da. Die meisten waren Gäste,
Engländer und Chinesen, die in irgendeiner Beziehung zu
Deutschland stehen. Entweder, sie haben eine Deutsche
geheiratet oder, wie ein älterer Chinese, in Deutschland
studiert. Dieser hat nach dem 1. Weltkrieg an der TH in
Berlin studiert und spricht sehr gut deutsch. Zuerst wurden
Getränke und so richtige deutsche Weihnachtskekse
herumgereicht. Man stand so rum und unterhielt sich. Das
offizielle Programm begann erst später. In einem der
grossen Räume stand in der Ecke der Weihnachtsbaum. Es ist
aber keine Tanne sondern eine Art Zypresse, die so
annähernd den Eindruck von Weihnachten vermittelt. Der
Botschafter erzählte mir, dass der deutsche Konsul in
Singapore sich eine richtige Tanne mit dem Schiff aus
Deutschland kommen lässt. Die Zypresse war mit

Rauschgoldengeln, Lametta und elektrischen Kerzen
geschmückt und es war so viel Bemühen darin, dass es trotz
der Hitze etwas Rührendes hatte. Als erstes legte Herr
Pallasch die Platte auf : "es ist ein Ros entsprungen" und
alle Leute mussten die 4 oder 5 Strophen mitsingen. Da die
Platte sehr langsam lief, musste auch sehr langsam gesungen
werden. Danach las eine der Sekretärinnen das Lied "Vom
Himmel hoch da komm ich her " vor und anschliessend die
Tochter eines Engländers und einer Deutschen das Gedicht
"Du lieber, frommer heilger Christ", aufgeregt und mit
englischem Akzent. Jetzt der Höhepunkt des Abends : der
Botschafter spielte auf der Querflöte und Herr Pallasch auf
der Geige eine Sonatine von Mozart. Dem Botschafter sah man
so richtig die Freude an der Liebhaberei an. Herr Pallasch
machte dabei allerdings so ein Gesicht, als müsse er gerade
dringend aufs Klo und habe einige Anstrengung, sich das zu
verkneifen. Dabei quollen ihm seine Augen fast aus dem
Gesicht und er war ganz rot im Gesicht. Er tat mir fast
leid. Danach folgte eine Ansprache des Botschafters, der so
schwitzte, dass sein Kragen mitsamt der Krawatte
verrutschte und anschliessend wieder gemeinsamer Gesang
nach Schallplatte, "Stille Nacht". Die etwa aufkommende
Heimwehstimmung wurde sofort unterdrückt weil die Platte so
langsam lief, und alle aus dem Takt kamen, so dass das Lied
nach der ersten Strophe abgebrochen werden musste. Die
zweite Sekretärin las die Weihnachtsgeschichte aus der
Bibel vor. Sie tat dies mit sehr viel schauspielerischer
Ausdruckskraft. Als sie las : "und der Engel verkündete den
Hirten Friede auf Erden", hob sich ihr verklärter Blick gen
Himmel und ihre Stimme zitterte. Ich musste leider immer
auf ihr Cocktailkleid schauen, der Saum zipfelte so,
manchmal ein Unterschied von 10 cm ! Überhaupt waren die
Kleider der Damen wieder mal ganz grosse Klasse. Mit
einiger Bescheidenheit und C.W.'s Bestätigung, wage ich zu
behaupten, dass mein neues, hellgraues Sackkleid das Beste
war. Dazu hatte ich neue, weisse Sandalen, natürlich von
Bally und eine weisse Handtasche, die ich mir am Vormittag
für 3 Dollar bei einem Chinesen gekauft hatte. Zurück zur
Feier. Als Abschluss wurde noch gemeinsam "O, du fröhliche"
gesungen, ohne Schallplattenbegleitung. Der Botschafter
erklärte den offiziellen Teil der Weihnachtsfeier für
beendet und es wurde eine sehr gute Ananasbowle
herumgereicht. Wir mussten erst mal unseren Tomas loben,
weil er während der Darbietungen nur leise gesprochen hatte
und sich über alle chinesischen Figuren, die herumstehen,
amüsierte ohne laut zu lachen. Zum Schluss hatte er sogar
versucht mitzusingen. Die Kinder bekamen jedes ein Päckchen
mit Keksen, Nüssen und Äpfeln und im Nebenzimmer war ein
kaltes Büffet aufgebaut. Es war wieder eine Wucht.
Roastbeef, Zunge, kalte Ente, raffinierte Salate und Obst.
Die Botschafterin bekam von C.W. die ganze Zeit Komplimente
wegen des Essens und als er ihr sagte, er habe seit seiner
Ankunft in Malaya nur ein einziges Mal gut gegessen, und
zwar bei ihr, war sie ganz gerührt. Ihr wisst ja, dass C.W.
von einer erschreckenden Offenheit sein kann, aber in

diesem Fall war es richtig. Er erzählt allen Leuten, Chinesen und Engländern, dass die englische Küche zum furchtbarsten gehöre, was es überhaupt gibt.

Wir unterhielten uns noch eine Weile, bekamen einen sehr guten Kaffee mit Kuchen und Nürnberger Lebkuchen und gingen dann nach Hause. Es war schon sehr nett gewesen, viel ehrliches Bemühen um deutsches Ansehen im Ausland, das Programm etwas reichlich und sehr gründlich deutsch. Es ist sehr schwierig, in diesem Klima an Weihnachten zu denken, geschweige denn eine solche Stimmung hervorzurufen. Aber vielleicht sind wir noch zu kurz hier, um das zu verstehen.

Unser Festdinner in der Messe hat sich um eine weitere Stunde verschoben. Eben erschien unser "Clark Gable" um uns zu einer kleinen Party in sein Chalet einzuladen. Anschliessend ginge man dann gemeinsam um 9 Uhr zum Dinner. Es seien sechs Leute da. Und wir haben zugesagt.

Morgen abend sind wir bei Poseners wieder mal zum Abendessen eingeladen und hinterher : we will have some funny games ! Da sich C.W. strikt weigert noch irgendetwas essbares bei Poseners einzunehmen, werde ich allein hinfahren. Seit ich den Kinderschuhen entwachsen bin, habe ich eine panische Angst vor Gesellschaftsspielen, ich werde mich also nach dem Essen verabschieden, um bei meinem armen, kranken Mann am Bett zu sitzen. Neulich, als ich eine Einladung von ihr zu einem Kinoabend in ihrem Club ablehnte, weil C.W. krank war, meinte sie leicht ironisch, wir seien ja auch noch nicht lange verheiratet. Sie hat ja recht.

Sogenannter erster Feiertag   (C.W. is writing now)

Das wäre also auch ausgestanden. Es war herrlich. Meine Gattin hat des Briefes ersten Teil gestern beendet. Wir haben uns noch eine Stunde aufs Ohr gelegt. Um 20 Uhr begannen wir uns umzuziehen. Ich schlich ums Haus um festzustellen, was die anderen Männer anziehen. Es war gemischt vom Smoking bis zum bunten Anzug. Wir begaben uns zu unserem Nachbarn. 4 Gäste waren bereits beim Cocktail. Dabei auch ein sehr nettes chinesisches Paar, sie süss, wie alle chinesischen Frauen, in einem giftgrünen seitlich (sehr) hoch geschlitztn Kleid. Man trank sich bei schräger Musik (alles noch heiliger Abend) einen Leichten an. Der Chinese erzählte, bei ihnen sei das Neujahrsfest das grösste des Jahres. Es ist alle 8 Monate, d.h. 2 mal 1958 ! Die Chinesen, sagte er, sparen alles Geld für zwei Dinge : für Neujahr und für ihr eigenes Begräbnis. Nicht einmal die Lebensversicherungen seien für die Familie, sondern auch für die eigene Leiche.

Um 9 Uhr zog man in die Messe. Hier war der Karneval ausgebrochen. Dekoration mit Tannenbaum-Attrappen, statt Kugeln Luftballons, auf den Tischen Knallbonbons und andere

Attraktionen. Jeder bekam einen hohen spitzen Fastnachtshut
auf, einige machten sich spitze lange Nasen. Das Essen war
besser als erwartet. Vorspeise mit Garnelen, Lachs (nicht
essbar), hartes Ei, roher Salat, rohe Gurken, Tomaten ohne
Geschmack. Dann Schildkrötensuppe. Die Stimmung hatte schon
einen gewissen Punkt erreicht und Clark Gable goss ein Glas
Sherry in die Suppe. Das würde man in Südamerika immer so
machen. Danach kam der unvermeidliche Truthahn (schon
zerlegt) mit Schinken und Frankfurter Würstchen, dazu
Blumenkohl, eine gebackene, in die Form einer Ente
gebrachte Kartoffel, und eine Sosse, die aus Mehl und
Wasser gemacht war und bestenfalls als Kleister zu
verwenden gewesen wäre. Zum ganzen einen lauwarmen Wein,
Liebfrauenmilch genannt und Sherry. Nach diesem Erguss
folgte der sagenhafte Plum-Pudding, der brennend serviert
wird. Er war wirklich gut, wenn auch so süss, dass schnell
Wasser serviert werden musste. Ich habe alles fotografiert,
Ihr werdet es also einmal nachempfinden können.
Anschliessend zogen unsere Freunde in ein Hotel in der
Stadt, während wir guten Grund hatten uns zurückzuziehen,
um nach Kind und Hund zu sehen.

Heute morgen, als wir aufwachten, liefen bei den Nachbarn
die Schallplatten mit Weihnachtsmusik. Aus unserem
Kofferradio kam zum ersten Mal ein richtiges
Weihnachtslied. Gesungen von einem Chor aus Hongkong. Das
zweite Stück verschlug uns fast die Sprache : ein Neger
sang "Stille Nacht" in einer Mischung aus Jazz und Jodler.
Aber weitaus schlimmer waren die Gerüche vom Nachbartisch
in der Messe, dort ass die ganze Familie Fisch zum
Frühstück !

26-12-57
Heute schreibe ich weiter. "Ich" ist zwar eine etwas
ungenaue Bezeichnung, aber ich nehme an, Ihr werdet gleich
merken, wer damit gemeint ist.

Weihnachten wäre nun also auch überstanden. Gestern abend
bin ich zum Dinner zu Poseners gefahren und C.W. ging
schlafen. Bei Poseners war es soweit sehr nett. Wir waren
ganz allein und das Essen eine Wiederholung des Dinners vom
Heiligabend. Es gab zunächst einen Riesen-Turkey, den
Julius am Tisch tranchierte. Dazu gebackene Kartoffeln,
Blumkohl und Rosenkohl. Das Gemüse dünsten die Engländer
einfach so, ohne Salz und Gewürze. Als weiteres gab es eine
Madeirasauce und gekochten, warmen Schinken. Die
Frankfurter Würstchen, die scheinbar zu diesem Dinner
gehören, hätten sie leider nicht bekommen. Als Nachtisch
kamm dann der Christmas-Pudding. Ich wurde darüber
aufgeklärt, dass dieser Pudding nach Fertigstellung ein
paar Jahre in einer Dose aufbewahrt wird. Wenn man ihn
essen will, wird er noch einmal warm gemacht, mit Brandy
übergossen und angezündet. Und so wird er serviert. Im
Pudding selbst sind hauptsächlich Backpflaumen und noch so
allerhand Zeug. Die Bezeichnung Pudding hat nichts mit

unseren Puddings zu tun. Ein englischer Pudding ist so eine
Art warmer Kuchen.

Nach dem Essen musste ich dann mit Poseners doch noch zu
ihren Nachbarn, zu den "funny games". Die bestanden darin,
dass jeder einen Zettel mit einem berühmten Namen auf den
Rücken geheftet bekam und diesen mittels Fragen erraten
musste. In Kürze hat ich drei solcher Zettel wieder von
meinem Rücken entfernt und erkärte, ich müsse nun nach
meinem armen Mann sehen und verabschiedete mich. Julius
brachte mich zum Wagen. Er hat einen Hexenschuss und konnte
kaum laufen. Er wäre auch so gern ins Bett gegangen aber
seine Frau zischte ihm zu, das sei unhöflich.

Über das Autofahren muss ich auch noch erzählen. Das ist in
diesem Land ein ganz besonderes Kapitel. Wenn man noch
keinen Führerschein hat, geht man in den nächsten Laden und
kauft sich ein Schild auf dem ein rotes "L" für learning
gemalt ist. Dies steckt man an sein Fahrzeug. So passiert
einem sicher nichts, denn jeder nimmt sich schon in acht
wenn er einem "L" begegnet. Will man irgendwo mal abbiegen,
so schwenkt man am besten den Arm aus dem Fenster, egal ob
man nun nach rechts oder nach links will. Das ist auf jeden
Fall sicherer als ein Winker oder geschweige denn ein
Blinklicht, es achtet ja doch keiner drauf. Wenn man bremst
streckt man ebenfalls am besten den Arm himmelwärts aus dem
Fenster, da hier nun die wenigsten Autos ein Bremslicht
haben und auch niemand auf ein solches achtet. In der Nacht
zu fahren, ist auch nicht weiter schlimm, man wird nie
geblendet, weil alle mit dem Parklicht fahren. Das grösste
Übel sind die Radfahrer. Sie fahren zu zweit und zu dritt
nebeneinander auf der Strasse, und selbst das kräftigste
Hupen kann sie nicht davon abbringen. Mit der Vorfahrt ist
das auch so eine Sache. Niemand kann einem genaues darüber
sagen. Wir glauben, dass alles was von rechts kommt
Vorfahrt hat. Es soll aber nicht immer so sein, bloss wann,
konnte uns auch nicht gesagt werden. Wenn man ganz sicher
ist, kann man auch von links überholen und wenn man vor
einer roten Ampel steht, muss man sich ganz frech so
langsam vordrängeln, immer so zwischen durch, mal von
links, mal von rechts, sonst erreicht man die Ampel erst
gar nicht. Trotz dieses schauerlichen Berichts passiert so
gut wie gar nichts, weil niemand schneller als 20 oder 30
Meilen fährt. Und wenn mal ein kleiner Zusammenstoss
passiert, so einmal im Monat, erscheint das mit Foto als
Sensation in der Zeitung.

Ich werde jezt in die Stadt fahren um die Bilder für die
Kiki zu holen. Unser malayischer Kiki benimmt sich so
schlecht, dass wir uns wohl oder übel von ihm trennen
müssen. Er läuft mit Vorliebe in die Nachbarhäuser und
beisst kleine Kinder. Neulich hat er eine Dame so in den
Finger gebissen, dass es geblutet hat und ich selbst bin an
beiden Waden mit pfenniggrossen blauen Flecken übersät. Er
rennt sogar allein in die Messe wenn die Kinder essen und

beisst sie so in die Zehen, dass alle knieend auf ihren
Stühlen hocken. Wir haben ein junges Mädchen gefunden, die
ihn haben möchte und so werden wir uns trennen. Vielleicht
finden wir doch noch einmal einen Dackel, wäre das nicht
wundervoll ?

Für heute seid alle recht herzlich umarmt mit den besten
Wünschen für das neue Jahr Eure

Beate

1-1-58

Liebste Eltern und Schwiegereltern,

eigentlich wollte ich gestern, im alten Jahr, noch einmal
schreiben, bin aber aus mir im Augenblick unerfindlichen
Gründen nicht dazu gekommen. Wir sind wundervoll ins neue
Jahr hineingerutscht, nämlich um 9 Uhr schlafen gegangen
und um 8 Uhr morgens durch Mister Cöllis "morning" mit dem
Tee wieder aufgewacht. So gut hatten wir beide schon lange
nicht mehr geschlafen. Beim aufwachen dachten wir daran,
dass es bei Euch erst halb zwei ist und Ihr vielleicht
gerade ins Bett geht.

Vorgestern abend waren wir bei unserem indischen Principal,
Mr. Nair, zum Abendessen eingeladen. Da ich eine grosse
Schwäche für Mr. Nair habe, sah ich diesem indischen Essen
mit grosser Erwartung entgegen. Zu den Gästen gehörten
ausser uns noch Poseners, eine indische Lehrerin vom
College (in einem Sari), ein chinesisches Ehepaar und ein
neuer Mann, auf den sich Charmian sofort stürzte, um ihn
vollkommen in Beschlag zu nehmen. Mrs. Nair und ihre
Tochter sassen etwas im Hintergrund und sprachen überhaupt
nichts. Die Frauen scheinen bei den Indern eine vollkommen
untergeordnete Rolle zu spielen, denn Mr. Nair machte
alles. Er empfing die Gäste an der Haustür, organisierte
Drinks, gab Anweisungen und auch später beim Essen kamen
die Diener immer zu ihm um seine Befehle entgegen zu
nehmen. Von Mrs. Nair haben wir den ganzen Abend kein Wort
gehört. Nur beim Wegfahren stand sie mit ihrem Mann im
Garten um uns nachzuschauen. Die Mutter hatte einen Sari an
und einen roten Punkt auf der Stirn. Ich weiss aber immer
noch nicht, was das bedeutet, man sieht es hier sehr oft.
Die Tochter ist ein sehr hübsches Mädchen mit langen
Zöpfen. Sie trug einen langen weissen Musselinrock. Sie
sieht aus wie 18, Mr Nair erzählte mir aber, sie sei erst
14 Jahre alt.

Das Essen wurde erst um 9 Uhr serviert. Als wir ins
Esszimmer kamen, war da eine lange Tafel. Mr. und Mrs. Nair
je an einem Ende und die Gäste setzten sich ohne
Tischordnung. Auf jedem Teller war bereits ein riesiger
Haufen Reis, eigenartigerweise teils weiss, teils orange
gefärbt. Auf dem Tisch standen verteilt verschiedene Teller
und Schüsseln mit Fleisch, gebratenem Huhn, Salaten und
sogar ein mit Rahm angerichteter Gurkensalat. Nach diesem
Gang reichten die Diener jedem eine Schüssel mit heissem
Wasser und Tüchern, damit man sich Gesicht und Hände zur
Erfrischung waschen konnte. Als Nachtisch gab es dann eine
hiesige Frucht, gedünstet als Kompott. Den Namen werde ich
mir nie merken. Wenn man hier jemanden nach dem Namen
irgendeiner neuen Frucht fragt, kauderwelscht der sonst
langsamsprechendste Chinese Dir ein Wort dahin, das man
nicht versteht und niemals weiss, wie das Ding nun wirklich
heisst. Also lässt man es am besten.- Danach gab es

geachtelte Orangen und Trauben und einen sehr starken
Kaffee.

Am nächsten Abend, also gestern, waren wir wieder mal bei
Poseners zum Dinner (sie kann es doch nicht lassen, wenn
das keine Liebe ist !) und Silvesterabend eingeladen. Da es
uns aber beiden nicht besonders gut war, konnten wir
absagen und schliefen, wie schon gesagt, herrlich.

Heute morgen erschienen Poseners bei uns. Zu allem
Überfluss lag unsere neue Filmkamera auf dem Tisch und
während sich Julius zeigen liess, wie das Ding
funktioniert, hatte ich Zeit, ihr verkniffenes Gesicht zu
beobachten. Die Reaktion kam auch prompt. C.W. zeigte
Julius einige Dias von der Fabrik in Ahlfelden, und als er
Charmian den Diabetrachter reichte, sagte sie, dass sie das
alles gar nicht interessiere, Architekten seien die
unangenehmsten Leute und es sei sowieso völlig
uninteressant, ob ein Fenster so oder so sei. Später
zeigten wir ihr unser neues Besteck, was sie sofort ohne es
richtig anzusehen, als scheusslich ablehnte. Beim
Hinausgehen warf sie ihrem Mann noch an den Kopf, wenn sie
im März nach England fährt, könne er ja mit C.W.
fachsimpeln, fünf Monate lang, dann sei er ja in seinem
Element. Ich glaube nach 10 Jahren einer solchen Ehe kann
man krank werden.

Gestern nachmittag brachte ich unseren bissigen Hund weg.
Die Freundin unserer Amah wollte ihn gerne haben. Sie
arbeitet in einem europäischen Haus hier in der Nähe. Also
fuhr ich mit Hund und Amah hin. Nachdem mir die englische
Dame versichert hatte, dass diese Chinesin auch zu ihrem
Hund sehr lieb sei, fuhr ich beruhigt wieder fort. Es
herrscht hier jetzt eine herrliche Ruhe, keiner knurrt
mehr, keiner fällt einen mehr an beim Gehen. Kein Kind
weint mehr, weil es gerade gebissen wurde und die Zecken an
der Wand verschwinden auch langsam. So viele Zecken auf
einmal an einem Hund und an einer Wand gleichzeitig habt
Ihr alle miteinander noch nicht gesehen !

In Europa scheint man der irrigen Auffassung zu sein, dass
wir hier abends Elefanten- und Tigergebrüll hören, dass man
mit Schnürstiefeln über die Strasse gehen muss wegen der
Schlangen, und dass man überhaupt ständig von wilden Tieren
umgeben sei. Das ist tatsächlich die irrigste Meinung. Ich
habe noch nie einen Elefanten brüllen gehört oder jemals
einen Tiger gesehen. Die einzigste Schlange, die ich
gesehen habe, war zahm und von einem indischen
Schlangenbeschwörer. Dafür kenne ich mich langsam sehr gut
mit Ungeziefer aus. Denn dies ist die wirkliche Plage in
diesem Land. Beispielsweise hatte der arme Hund Zeck an
Zeck gehabt von denen ich ihm innerhalb von 10 Minuten an
die 40 Stück aus dem Fell geholt habe, dann konnte ich
nicht weiter machen, weil meine Hände verbissen waren. Den
Rest holten wir gemeinsam von der Wand. Neulich fand C.W.

eine grosse Küchenschabe in seinem Schreibtisch. Eine
Schüssel, die man 5 Minuten stehen lässt ist von Ameisen
übersät. Von den meisten Viechern im Durchmesser von ein
paar Millimetern haben wir vorher noch nichts gewusst. Auch
ganz ordinäre Stubenfliegen gibt es hier. Die grosse Hilfe
gegen diese diversen Vieher sind allein die Eidechsen. Man
kann sie dabei beobachten, wie sie Mücken und kleine Tiere
fangen. Wir haben ganze Familien von Eidechsen an den
Wänden, und sie haben teilweise schon Namen.

Tomas spielt jetzt sehr viel mit den Kindern. Die Grösseren
schicken ihn immer weg, weil er alles kaputtmacht, was
leider stimmt. Seine spezielle Freundin ist eine kleine 17
Monate alte Eurasierin (Vater Chinese, Mutter Engländerin)
ein süsses Mädchen, das sehr gerne von ihrer Haustür zu
unserer Veranda mit C.W. flirtet. Bei all den verschiedenen
Leuten lernt Tomas dann auch etwas englisch, und das Wort,
das er am besten kann, ist natürlich "NO".

Für heute wünschen Euch, wir alle drei, nochmal ein recht
gutes neus Jahr

Beate + C.W. + Tomas

K.L. 3-1-58   CW

Liebe Eltern,

wir denken nicht, dass unsere reichhaltigen Briefe im
gleichen Tempo für Monate hinaus an Euch gehen werden. Aber
im Augenblick gibt es immer noch so viel zu berichten, dass
ein neuer Brief fällig ist.

Beate, die hier eifrig an der Nähmaschine sitzt, hat heute
ihren bisher besten Wutanfall über die Engländer
losgelassen. Allerdings haben sie es nicht gehört. Es war
etwa so : diese blöde Blase, es wundert mich nur, dass sie
die Zeit nach Stunden und die Stunde mit 60 Minuten
rechnen....Geärgert haben wir uns ja nicht nur über das
Essen, sondern dass alles hier einfach englisch infiziert
ist und dass diese liederliche gelbe Gesellschaft das noch
gut findet und den Tommies am Ende noch nachtrauern wird.
Der Zorn wurde ausgelöst, als wir einen neuen
Fieberthermometer kauften. Beate hatte unseren einzigen
hingeschmissen. In der Apotheke, in der man gut einkauft,
gab es nur ein einziges Modell (made in London). Das ist
eine 8 cm lange, 5mm dicke Glasröhre mit Fahrenheit-Eichung
und nahezu unlesbar. Wir haben nun etwa heraus, dass 98,8
gleich 37° ! ist.Ich habe mich ja langsam an "Fuss"
gewöhnt. Das Mass ist zwar logischer als das Meter.
Letzterer ist ja künstlich geschaffen worden, während ein
Fuss eben ein Fuss ist. Aber die Zwischenmasse mit 12
Teilungen, oder viertel und achtel sind einfach blödsinnig,
weil es keinen Zusammenhang gibt. So ist eine Längenangabe
in der Architektur von z.B. 32 cm = 1"-1/2', oder 12 1/2'.
Blödes Volk.

Aber auch die Chinesen sind komische Leute. Wir wissen nun,
dass sie nicht nur alle verschiedene Gesichter haben,
sondern sie haben auch ganz zarte Seelchen, wie Kinder.

Leider sind unsere Koffer noch immer nicht da. Sie sollten
jetzt seit 2 1/2 Wochen ausgeladen sein. Ich habe heute bei
der Gesellschaft ernsthaft reklamiert, da man uns
offensichtlich falsche Auskünfte gegeben hat.

Eben geht Beate mit Tomas zum Essen, denn die Kinder haben
frühere Tischzeiten als die Erwachsenen. Tomas besteigt zu
diesem Zweck sein Kinderauto, fährt es in die grosse Garage
neben unseren Wagen, steigt aus und begibt sich in die
Messe.

Bei einer Party kürzlich bei Poseners waren 2 Architekten
des staatlichen Hochbauamtes, PWD, public work department,
eingeladen. Ich sagte beiläufig, wie schade es sei, dass
man keine praktischen Projekte für die Studenten habe
sondern nur erfundene Übungsaufgaben. Eine Woche später
rief einer der Architekten bei Julius an, wir möchten doch
Wohnhäuser für seinen Bezirk entwerfen und

durchkonstruieren. Baubeginn März 58. Nun werden wir also
das erste Projekt durchstudieren und werden sicher viel
Spass dabei haben. Der Mann, für dessen Bezirk diese Häuser
gebaut werden, ist übrigens der Bekannte von Prof. Jayme,
den ich besuchen soll. Wir sagen hier, ein Holzwurm, also
ein Ingenieur, der Holz auf Verwendungsfähigkeit
untersucht. Da der Bau fast ausschliesslich in Holz
konstruiert sein soll, bedeutet das für uns eine völlig
neue Konzeption. Man schwimmt dort in Holz und es wäre zu
teuer, in Stein zu bauen. Gestern nun haben Julius, Beate
und ich (und unsere diversen Kinder) das Grundstück für das
Haus besichtigt. Das Institut liegt wie ein Hotel mitten in
phantastischen Bäumen und gepflegten Wiesen und könnte in
Bad Kissingen oder Baden-Baden sein. Wir haben viele neue
Bäume und Gewächse gesehen und auch das Holzmuseum
besichtigt, das ebenso langweilig ist wie alle deutschen
Museen.

Morgen bekommen wir endlich den schon lange bestellten
Ventilator fürs Auto. Wenn man nämlich den Wagen lang
geparkt hat, es draussen regnet oder man an Verkehrsampeln
steht, steigt die Innentemparatur manchmal auf 40°. Die
Temperatur wechselt eben stark. Morgens ist es manchmal 22
Grad und nachmittags 32. Die Zeitungen schreiben, dass die
ungewöhnlich hohe Feuchtigkeit hier selten sei, und man
wundert sich, wie das plötzlich gekommen ist. Die
Vormittage sind eben wirklich wundervoll.

Heute morgen waren wir beim Zahnarzt, weil Beate wieder mit
ihrem Zahnfleisch (paradontose) zu tun hat. Wir folgten
guten Ratschlägen und suchten den Dentist Mr. Cheok, einen
Chinesen, auf. Es gibt in ganz KL scheinbar nur 3
empfohlene Zahnärzte, aber sicher ein Dutzend Bader, die
auf der Strasse arbeiten. Nun dieser Mr. Cheok hat seine
Praxis in einem grossen Bürohaus. Man kommt herein und
steht vor halben Wänden. Oben und Unten offen. An der Wand
die Zeugnisse des Colleges in Edinburgh, und dass Mr. Cheok
auch gewisslich einer der besten Studenten gewesen sei,
1935. Die Sprechstundenhilfe meinte, es sei alles
ausgebucht bis Anfang Februar. Aber der Mann hat Beate
dennoch schnell drangenommen und irgendetwas herumgetupft.
Er hatte sofort erkannt, was es ist, meinte es sei alles
schon zu spät und hat Termine für Mitte
Februar ausgemacht. Er war sehr nett zu uns aber seine
Einrichtung wäre reif für die Schrotthaufen. Vielleicht
kann man ihm eine neue Garnitur Emda für eines seiner
Praxiszimmer verkaufen. Ehe der Mann erschien und uns mit
seinem sympathischen Wesen versöhnte, habe ich auch wieder
auf die Engländer und Edinburgh geschimpft. Ich soll gesagt
haben : mirmachewiedehaam, aber es war nur ein
Augenblickszorn.

Vorhin fiel mir nichts mehr ein, was zu berichten wäre.
Aber wer Kinder hat, kann auch erzählen. Als wir nämlich
eben vom Essen aus der Messe kamen war Tomas nicht mehr da.

Wir machten sofort überall Licht, fanden ihn aber nicht. Schliesslich kam Beate auf die sinnvolle Idee zu rufen und da machte es "ja". Tomas war im Schlaf aus dem Bett gefallen, das Moskitonetz hat den Fall gebremst, er hat gar nichts gemerkt. Und weil er zwischen Wand und Bett gefallen war, konnten wir ihn auch nicht sehen. Der Schreck kam hinterher. In Beates Armen war dann alles wieder gut.

Bitte kontrolliert nochmal, ob die Post, die wir Donnerstag aufgeben, wirklich schneller geht. Den gestrigen Brief mit Datum vom 1.1. haben wir Donnerstag, den 2.1. um 5 Uhr am Flugplatz aufgegeben. Er ist wahrscheinlich mit dem Flugzeug um viertel nach 5 nach Singapore gegangen. Die Britannia aus London hatte heute nur 18 Stunden Verspätung. Wir beide bitten auch gelegentlich um Zusendung einer alten Illustrierten, Spiegel oder ähnliches. Beate bittet um ein Fieberthermometer, eine Flasche one-drop-only und ein Zentimetermass. Ihr Massband ist Kikis scharfen Zähnen zum Opfer gefallen und ist hier nicht erhältlich.

Nun unsere herzlichsten Grüsse Eurer C.W.

Meine lieben Eltern und Schiegereltern, speziell die beiden
Muttis,

zunächst einmal herzlichen Dank für den Brief vom 31-12 von
meiner Mutti und natürlich auch den von der Omi. Wir haben
uns beide so darüber gefreut, dass sie uns einen Brief
geschrieben hat und C.W. konnte sich nicht genug über die
exakte Schrift wundern und vor allem über ihren
Unternehmungsgeist. Dass sie mit 88 Jahren noch mit der
Strassenbahn in die Stadt fährt um ihre Freundinnen zu
besuchen, war für ihn kaum vorstellbar. Für mich nichts
Neues, er kennt unsere Omi halt noch nicht lange genug !

Und nun hat mir C.W. Stichwörter aufgeschrieben, was ich
alles zu beantworten und zu schreiben habe. Ich will
versuchen, mich ein bisschen daran zu halten. Wenn ich dann
im schreiben bin, fällt mir immer mehr ein.

Gestern abend kam, das erste Mal seit einer Woche, ein
wolkenbruchartiger Regen herunter. Wir dachten nämlich, die
Regenzeit habe nun endlich ein Ende, aber denkste. Die
Regenrinnen - drain genannt - die um das Haus laufen um
dann in einen Bach am Ende des Gartens zu münden, waren zu
reissenden Strömen geworden. Tomas war von diesem Anblick
so begeistert, dass er sein Wackele und den roten Frosch
nahm und sie in diesen Strom setzte. Der Papa und Tomas
meinten, sie würden schon wiederkommen. Da ich eine grosse
Anhänglichkeit für solche Veteranen habe, nahm ich kurz
entschlossen ein Tusch um den Kopf und lief dem Bach
hinterher. Den Frosch konnte ich gerade noch neben Clark
Gable's Haus erwischen und das Wackele mit dem
unbeschreiblich dummen Gesichtsausdruck war schon unterwegs
zum "grossen Wasser ", wie ich dem Tomas leider später
erzählen musste. Er fand das toll und wollte 5 Minuten
später meine Schere auch fortschwimmen lassen.

Unsere Ärztin hat der Messe das Gesundheitsamt auf den Hals
gehetzt. Vor ein paar Tagen klopfte es an unserer Tür, der
Boy No. 1 kam mit drei Indern herein, die sich als Ärzte
entpuppten und
C.W. über seine Krankheit ausfragten. Er sagte ihnen, dass
er jeden Abend leichtes Fieber habe. Sie kamen am nächsten
Morgen wieder mit einem Glasfläschchen, in welches etwas
hineinpraktiziert werden musste zur Untersuchung. Nächste
Woche werden wir das Resultat erfahren. Meiner Meinung nach
ist dies alles nur die Umstellung. Julius erzählte uns, er
habe genau das gleiche ein halbes Jahr lang gehabt. Und
Tomas ging es ja auch nicht besser, nur hat er es schneller
überwunden.

Wir haben Tomas eben gemessen, er ist 3 cm gewachsen und in
der Breite derart, dass man ihm alle Höschen weiter machen
muss. Er erzählt mir den ganzen Tag, dass er Muttis Schatz

ist und ihr Liebling. Wenn er böse war, sagt er : das macht er nicht mehr (Betonung auf nicht) um es fünf Minuten später wieder zu tun.

Von der Postzustellung muss ich Euch noch berichten, da meine Mutti schreibt, die Post brauche seit der Umsiedlung länger. Neulich lasen wir in der hiesigen Tageszeitung einen Leserbrief, dessen Schreiber sich lange gewundert hat warum er keine Post mehr bekam. Als er der Sache schliesslich nachging, musste er feststellen, dass seine Hausnummer in dieser Strasse zwei mal vorhanden war. Seine Post ging immer in das andere Haus und der dortige Bewohner behielt sie einfach ! Also gebt acht, ob es nicht noch eine Hausnummer 91 gibt.

Von C.W. soll ich berichten, dass Bonn das Geld für 1958 genehmigt hat, woran ja kein Zweifel war. Es hat den Vorteil, dass wir es nun laufend bekommen, Herr Pallasch meinte sogar, wir könnten das ganze Geld auf einmal haben !

Heute will ich Euch ein bisschen von den Viechern berichten, die hier herumkreuchen und fleuchen. Jeden Nachmittag ist die Wiese voll von kleinen Vögeln, die braun mit einem vollkommen weissen Köpfchen sind. Spatzen gibt es hier natürlich auch. "Juden und Spatzen findet man auf der ganzen Welt" sagt unser Freund Julius. Heute morgen beim Frühstück konnte ich einen kleinen Vogel beobachten, der farblich ganz entzückend war. Er hatte einen ganz gelben Bauch, einen kleinen spitzen Kopf. Oberseite des Kopfes bis zum Rücken schillerte er grün und dann wurde er wieder dunkel. Leider kenne ich die Namen noch nicht. Das Schönste, was ich bisher beobachtet habe, waren Flugdrachen. Als ich neulich zum Fenster hinaussah, lief an einem Baumstamm ein eidechsenartiges grasgrünes Tierchen hoch. Ich ging sofort hinaus und konnte es besser beobachten.Etwa 25 cm lang, der lange dünne Schwanz etwa 12-15 cm, ein länglicher schmaler Kopf und kleine Krallen. Am nächsten Tag kamen noch mehrere dieser Tiere. Diese waren allerdings braun, teilweise mit einem grasgrünen Kopf und hatten an der Kehle einen gelben Fächer den sie auf und zu klappten. Plötzlich flogen sie zum nächsten Baum. Julius Posener sagte mir, dies seien Flugdrachen, die ihre Flügel entfalten können. Es gibt hier also nicht nur Ungeziefer, wie ich im letzten Brief berichtet habe, sondern auch schöne Tiere. Das "herrlicheste" aller Tiere, unser Kiki, den wir ja verschenkten, beisst nach den neuesten Informationen nicht mehr. Dafür geht er, wenn er mal muss, ins Nachbarhaus, denn wer beschmutzt schon sein eigenes Nest ? Nicht einmal ein Chinesenhund.

Eben liest C.W. 31 Grad vom "Temperatur" sprich : Temperetscha ab.
Unsere Jean, die uns ja als Deutsche in der englischen Sprache nicht für voll nimmt, hat uns beigebracht, dass es keineswegs Thermometer heisst.- Jean jammert, es sei ihr

heiss. Leider verlieren auch hier die Perlen etwas von
ihrem Glanz, wahrscheinlich hat sie Boy-friends im Kopf.
Sie übersieht die einfachsten Dinge, wie Papier am Boden;
wenn die Wäsche noch Flecken hat, ging das eben nicht raus,
schmutzige Teller und Löffel liegen herum und die Klobrille
ist voll Asche, da sie den Aschenbecher, wenn überhaupt,
dort ausleert. Dann sperrte sie sich in ihr Zimmer ein. Ich
dachte, jetzt ist es bei ihr auch schon so weit, da sie den
ganzen Tag ein beleidigtes Gesicht gemacht hatte.
Ich klopfte an ihrer Tür und rief, aber sie machte nicht
auf. Schliesslich ging ich an die äussere Tür des Amah-
Zimmers und fand sie schlafend auf ihrem Brett. Sie hatte
zugesperrt, weil Tomas sie immer kitzeln kam. Ich sagte,
ich wünsche nicht, dass das Zimmer abgesperrt ist und nahm
den Schlüssel an mich. Heute morgen rechnete ich damit,
dass sie uns nun verlassen wird, aber sie ist wieder die
Perle von ehedem. Unter den jungen Amahs hier in der Messe
ist so etwas wie ein Revolte ausgebrochen. Alle laufen
ihren Mems weg. Die Eine, weil der Hausherr fand, sie passe
nicht gut genug auf sein Kind auf. Eine andere, deren
Stiefvater Europäer ist, hält sich für eine Lady. Sie
hörte, wie ihre Mem im Badezimmer mit ihrem Mann von der
"amah" sprach, war beleidigt und ging. Und die Gründe für
das Weglaufen erfahren die Leute immer erst hinterher oder
überhaupt nicht. Ihr seht also, nicht nur ich habe
Probleme.

Heute waren Wiener Schnitzel auf dem Speisezettel. Wir
machten uns auf ein ganz dickes Schnitzel mit irgendeiner
Sauce, wie die Engländer sie lieben, gefasst. Was kam war
allerdings erstaunlich. Oder habt Ihr jemals ein Wiener
Schnitzel mit gehacktem Ei und Kapern drauf gegessen ?

Danke der Nachfrage, die Nähmaschine ist in voller Aktion.
Ich habe mir gerade ein sehr schönes weisses Popelinkleid
genäht. Auf Zuwachs berechnet. Ich will den Engländerinnen
hier mal zeigen, dass man nicht immer diese komischen
weiten Blusen tragen muss, sondern ein Kleid viel besser
aussieht und kühler ist. Ich bin auf die Idee ganz stolz,
vielleicht kann ich einige dieser Entwürfe mal verwerten.
Die billigen Stoffe hier sind schon eine Versuchung. Ich
kann da nicht widerstehen.

Meine Müdigkeit ist wieder behoben. Ich bekomme aber
weiterhin noch B 12 Spritzen. Der HB Wert ist ziemlich
gering, bei 65, es liegt aber bestimmt an der zu
erwartenden Tochter - welche eine Enttäuschung, wenn es ein
Sohn wird !

Seid für heute alle recht herzlich umarmt

Eure Beate

Si-Rusa Inn

65

14-1-58

Liebste Eltern und Schwiegereltern,

zuerst einmal vielen Dank für den Brief, den langen von
meiner Mutti vom 7.1. Wir haben uns riesig darüber gefreut.
Wir kamen gerade von Port Dickson vom baden zurück und
hatten so eine herrliche Überaschung. Und dann leider etwas
trauriges : gestern Mittag kam das Päckchen mit dem "one
drop only", es waren aber nur mehr Scherben und ein sehr
durchdringender Geruch, und nicht einmal mehr "one drop" !
Ich war so traurig, dass ich am liebsten geweint hätte, Ihr
habt es mit so viel Liebe geschickt. C.W. tröstete mich
dann mit der Vorstellung, dass nun mindestens 100 Briefe
aus diesem Postsack herrlich nach dem Zeug duften werden !
Zu Eurer Orientierung, wir sahen einmal, wie der Postsack
aus dem Flugzeug von mindestens 2 m einfach
runtergeschmissen wurde, es muss wahrscheinlich mindestens
in Wellpappe gepackt werden.

In Port Dickson war es herrlich. Wir fuhren am Samstag
morgen um 8 Uhr sofort los, hinten drin Tomas und Jean.
Inzwischen ist die ganze Gegend "weiss" geworden, wir sahen
auf der ganzen Strecke nicht eien Kontrollpunkt. Als wir
ankamen, war gerade Flut. Clark Gable, der in Wirklichkeit
Mr. Keel heisst, wie wir inzwischen herausbekommen haben,
hat uns ein kleines indisches Restaurant ausserhalb von
P.D. verraten, gleich mit Badestrand. Es liegt ganz
entzückend. Ein typisches zweistöckiges Haus im
Bungalowstil mit Restaurant, eine lange Reihe niedriger
Bungalows, die für das Wochenende zu mieten sind. Wir haben
uns einen angesehen. Er besteht aus einem grossen
Doppelschlafzimmer mit Kinderbett, sehr hübsch und sauber,
und einem komfortablen Badezimmer, gekachelt. Es kostet 12
Dollar pro Tag. Für ein Wochenende, von Freitag abend bis
Sonntag Nachmittag ist das geradezu ideal. Hinter dem
Haupthaus ist eine sehr schöne gepflegte Rasenfläche mit
Steintischen und Bänken, bis zum Strand. Dann kann man
gleich ins Wasser, das auch hier am Anfang nicht sehr tief
ist, erst nach etwa 30 Metern, so dass man wirklich
schwimmen kann, ohne erst bis Sumatra laufen zu müssen. Wir
fühlten uns dort so wohl, wie zu Hause. Zu Mittag assen wir
an einem der Steintische. Die Rasenfläche war den ganzen
Tag im Schatten, so dass keinerlei Gefahr eines
Sonnenbrandes bestand. Leider machte sich die Ebbe sehr
bald bemerkbar und auf dem freiwerdenden Sand wimmelte es
plötzlich von tausenden kleinen Taschenkrebsen. Es waren
ganz winzige und ich habe mich wieder mal scheusslich davor
geekelt. Tomas kam plötzlich angelaufen und rief, er habe
Muschis. Als ich hinsah, hielt er in jeder Hand einen
dieser Taschenkrebse am Bein und freute sich schrecklich
darüber. Das Essen war ganz ausgezeichnet. Besonders
sympathisch war mir der Besitzer, weil er sofort sagte, für
Tomas mache er etwas Besonderes. Und er brachte wirklich
etwas, was für Kinder gut zu essen war. Wir fuhren dann

etwa um 4 Uhr zurück und kamen noch vor der Dunkelheit zu
Hause an.

Stellt euch nur vor, dass wir unsere Koffer immer noch
nicht haben ! Es ist wirklich so, wenn man einen Asiaten
fragt, geht das Schiff morgen ab ? so lacht er und
antwortet : vielleicht geht es, vielleicht nicht ! So
ähnlich ist es mit unseren Koffern. Wir beauftragten eine
hiesige Firma, die Koffer in Port Swettenham auszuladen.
Dies geschah vor 1 1/2 Monaten. Das Schiff mit dem Gepäck
kam vor 4 Wochen in Port Swettenham an. C.W. war sehr
aufgeregt und erzählte immer, er habe es im Gefühl, heute
kämen die Koffer ganz bestimmt. Nach zwei Wochen hörte er
damit auf und ging endlich zu unserer Speditionsfirma. Dort
erzählten sie ihm eine lange Geschichte, dass sie unser
Haus nicht finden könnten, er müsse nämlich noch
irgendeinen Schrieb oder vielmehr Auslieferungsschein
unterschreiben. Nachdem dies geschehen war, und wir diesem
Chinesen erklärt hatten, wo die Government-Häuser in der
Bukit Bintang Road zu finden seien, warteten wir wieder
vergeblich ein paar Tage. Schliesslich gingen wir wieder
hin. Einer der Engländer, die in diesem Büro arbeiten, nahm
sich nun der Sache an. Es war ihm, wie er uns versicherte,
sehr peinlich, und stellte fest, dass die Koffer in
Singapore seien, da sie so tief unten im Gepäckraum waren,
dass es zu schwierig war, sie auszuladen. Sie kämen aber
nun mit der "Hamburg" zurück und würden so letzten Samstag
in Port Swettenham ausgeladen, und wir hätten sie dann
spätestens gestern. Gestern Nachmittag gingen wir dann
wiederum in das Büro und mussten erfahren, dass die Koffer
unauffindbar seien ! Der Engländer telefonierte mit
Singapore und inzwischen machte ich mich darauf gefasst,
dass sie sich nun in Australien befinden. Dem war aber doch
nicht so, nach einiger Zeit wurde festgestellt, dass sie
gar nicht mit der "Hamburg" abgegangen waren, sondern immer
noch in Singapore sind. Sie wurden nun als dringendst
reklamiert und nun hoffen wir, sie heute oder morgen mit
der Bahn zu bekommen. Das ist nun die brühmte "gelbe
Gefahr". Ich habe festgestellt, dass Intelliganz und
Lerneifer nicht im geringsten etwas mit Initiative zu tun
hat. Die Chinesen sind wirklich sehr, sehr lernbegierig,
und teilweise intelligent und fähig rasch etwas aufzunehmen
und nachzumachen. So wie sie aber selbst nachdenken sollen,
versagen sie vollkommen. Zuerst dachte ich, nun, das sind
wohl die primitiveren unter den Leuten. Aber C.W. bestätigt
mir dasselbe von seinen Studenten. So wie etwas von der
normalen Bahn abweicht, wie die Engländer es ihnen
vorgemacht haben, stehen sie vollkommen hilflos da und
wissen nicht, was sie tun sollen. Wenn diese Länder jemals
von den Kommunisten überrannt werden sollten, werden sie
bedingungslos alles tun, was diese ihnen sagen.

Ich fürchte, dass wir uns wieder einmal von unserer Amah
trennen müssen. Mir hat es heute morgen direkt den Appetit
verschlagen. Es fehlen schon wieder Wäschestücke. Ich fand

sie dann in ihrem Zimmer unter Papier zerknüllt. Ich rege mich dummerweise über solche Dinge auf, weil ich Ihnen so vollkommen hilflos gegenüber stehe, es ist schliesslich das erste Mal, dass ich mich mit Personal beschäftigen muss. Es geht mir auch so schrecklich auf die Nerven, jeden Tag von Neuem sagen zu müssen, dass ich dieses und jenes so und so haben will. Manchmal möchte ich dann überhaupt keine Amah mehr haben, wenigstens hier im Chalet, aber dann sind wir wieder ans Haus gebunden, und mir fällt es jetzt schwer, die Wäsche zu waschen. Ich werde es schon noch lernen. Die Diensboten in Deutschland, oder überhaupt in Europa, haben eine ganz andere Arbeitsmoral. In Deutschland versucht ein Angestellter wirklich noch für das Geld, das er bekommt, sein Bestes zu geben. Hier hingegen, versuchen sie, möglichst schnell mit allem fertig zu werden, wie ist egal, damit sie sich hinlegen können und schlafen. Jean zum Beispiel, versteckte gestern ein Kleid von mir, das sie gewaschen hatte, in Tomas Schrank, um es nicht mehr bügeln zu müssen. Ich fand es aber zu ihrem Pech, holte es vor und legte es ihr auf den Bügeltisch. Ihr müsst nicht glauben, dass sie nun beschämt gewesen sei, sondern sie wird es bei der nächsten Gelegenheit wieder versuchen. Und so sind sie alle hier. Neulich ging ich mal um 2 Uhr mittags in die Messe, um dort zu telefonieren, weil dort der Apparat steht. Es war alles verschlossen und als ich klopfte, machte mir schliesslich einer der Boys brummend auf, er hatte auf einem der Sessel in der Lounge seinen Mittagsschlaf gehalten und zu diesem Zweck einfach alles zugemacht.

Heute hängen alle Pullover und Jacken in der Sonne und gestern hatte ich Mäntel und Anzüge draussen. Ich muss das nun jede Woche machen, es riecht doch alles sehr nach Feuchtigkeit, wenn es eine Weile verschlossen ist.

Gestern bekamen wir auch unseren ersten Film wieder. Er ist sehr nett geworden, und wir haben uns vorgenommen, Familienszenen zu filmen, schwarz-weiss, und Landschaften und Blumen farbig zu fotografieren. Wir werden jetzt noch ein paar Filme machen, dann die besten Szenen zusammensetzen und Euch eine Kopie davon schicken. Die Dias für Euch haben wir gestern zum vervielfältigen weggebracht und werden sie nächste Woche bekommen. Wir schicken sie Euch dann sofort.

Gestern Abend waren wir im College zu einem Vortrag über Städteplanung in Kuala Lumpur und einer kleinen Nachbarstadt. Der Vortragende war ein Freund von Julius aus der Stadtplanung. Er sprach so einen fürchterlichen Dialekt, dass ich nur im Prinzip verstanden habe, der Stuhl war scheusslich hart. Dann zeigte er vier Tonfilme über Städtebau. Diese waren aber über englische Städte, was für die Tropen doch in keiner Weise zutrifft. Es waren sehr alte Filme und dazu noch schlecht fotografiert. Im ersten Film waren Gegenüberstellungen der Gegenwart und den verschiedenen Jahrhunderten, also vom Mittelalter bis zum 19. Jahrhundert. Zu diesem Zweck erschien ein durchsichtiger Geist, in den Kleidern seiner Epoche in der Haustür des entsprechenden Gebäudes und verteidigte offenbar seinen Baustil. Letzteres nehme ich nur an, da er irgendwie, um das ganze gruselig zu machen, in einem Hohlraum sprach und man natürlich kein Wort davon verstand. Und natürlich ging das Ehepaar Voltz aus Protest noch während des zweiten Films nach Hause. Nicht einmal einen leidlichen Vortrag können die Engländer zusammenbringen, denn das Gequatsche vorher, was er alles abgelesen hatte, war auch ziemlich uninteressant. Und solche Filme haben sie uns während unserer Volksschulzeit für 10 Pfennige gezeigt. Wir waren jedenfalls froh, als wir wieder zu Hause waren.

Gestern nachmittag haben wir auch ein Konto in einem neuen Laden eröffnet. Dieser Laden gefällt uns viel besser, er ist nämlich sehr sauber und hell und man kann sehr schnell alles übersehen. Ausserdem habe ich festgestellt, dass er keineswegs teurer ist, wie Mrs. Posener behauptet hat. Dieses Geschäft hat in allen grossen Städten Malayas Filialen. Wir fanden sogar richtiges Maggi dort und nun ist mein C.W. wieder glücklich. Dass man auf Poseners in keiner Weise hören darf, geschweige denn, ihnen irgendeine Auskunft glauben darf, haben wir ja nun zur Genüge erfahren. Der arme Julius hat augenblicklich ein richtiges angehendes Magenleiden. Möglicherweise hat er sich so über seine Frau geärgert. Er macht ein so grantiges Gesicht, wie eben nur Magenkranke es tun. Er blüht richtig auf, wenn er im College ist, erzählt C.W.

Ich bin gerade dabei, mir noch ein Kleid zu machen, diesmal ein braunes aus Baumwolle, mit Honan-Effekt. Ich lasse mich dann fotografieren, damit Ihr es sehen könnt.

Meine ärztliche Versorgung ist ausgezeichnet. Ich bin in Deutschland als Kassenpatientin niemals so gut behandelt worden. Als ich gestern zur Spritze ins Hospital kam, liess mich meine Ärztin ins Sprechzimmer rufen, nur um zu fragen, wie es mir geht und dass ich nun bis Februar 2 mal in der Woche eine B 12-Spritze bekommen soll. Und ich muss wirklich sagen, ich fühle mich im Moment wohler, als in der letzten Zeit zu Hause. Keinerlei Müdigkeit mehr. Das "wohler" bezog sich natürlich auf die Gesundheit !!!

Es ist köstlich, wenn einem so eine gelbe Chinesin - in Wirklichkeit sind sie gar nicht gelb, sondern braun - eine Spritze verpasst. Sie stösst einem das Ding in den Oberarm und sagt gleich "sorry" dazu. Meine Mutti wäre bestimmt nicht damit einverstanden. Neulich gab sie einer Inderin eine Spritze und die stöhnte ganz schrecklich dabei und rollte fürchterlich die Augen unter vielen Ah's und Oh's. Die Schwester stiess immer fester zu und sagte, ja, ich weiss, es tut schrecklich weh, worauf die Inderin fast zu weinen anfing.

Inzwischen sind die zerknüllten Wäschestücke aus dem Amahzimmer auf dem Bügeltisch gelandet. Mal sehen, wie es weitergeht.

Seid mir nicht böse, dass ich mir den Amahärger so von der Seele geschrieben habe, aber irgendjemandem muss man es halt erzählen.

Seid für heute alle herzlichst umarmt von eurer

Beate

15-1-58

Meine allerliebste Mammy,

Vielen tausend Dank für Deinen lieben, langen Brief vom
10.1. Und nun muss ich Dich ganz schnell trösten. Wir waren
beide ganz erschrocken über die Wirkung des bewussten Satzes
in C.W.'s Brief. Das hast Du leider völlig falsch
verstanden : Du darfst bestimmt nicht glauben, dass wir die
Absicht haben weniger zu schreiben. C.W. wollte damit nur
sagen, dass Ihr nicht traurig sein sollt, wenn die Briefe
später mal nicht 5-8 Seiten sondern nur 2 Seiten haben,
weil nicht mehr so viel Neues zu berichten ist. Aber an
Häufigkeit soll es niemals mangeln, das versprechen wir
Euch alle beide. Wir können gut verstehen, dass es für Dich
ein Freudentag ist, wenn ein Brief kommt. Uns geht es ganz
genauso und wir sind ganz traurig, wenn wir mit Post
gerechnet haben und es kommt dann nichts.

Vom nächtlichen Sternenhimmel wollte ich Euch schon lange
erzählen. Wir sehen hier natürlich ganz andere Sterne als
zu Hause. Ein Sternbild habe ich wiedererkannt, das man in
Europa nur am Horizont sieht : den Drachen. Er steht hier
ganz über uns. C.W. hat mir erklärt – er kann so
wundervolle Volkshochschulerklärungen abgeben – warum wir
den Grossen Bären und den Polarstern nicht sehen können. An
klaren Abenden glänzen bei uns die Sterne und scheinen viel
näher zu sein, was natürlich Unsinn ist.

Mr. Cölly ist magenkrank und nun ist zu seiner Entlastung
ein vierter Boy eingestellt worden. Ich hoffe nicht, dass
er sich unser Gemecker am Essen so zu Herzen genommen hat !
Neulich als wir die dicke Sauce zum Braten ablehnten,
machte er ein schrecklich wütendes Gesicht und schimpfte
halblaut auf chinesisch vor sich hin. Wahrscheinlich nahm
er es persönlich. Der neue Boy ist sehr jung und erinnert
mich an den Bruder einer Schulfreundin von mir. Deshalb
habe ich ihn Jakob genannt, so heisst der Bruder nämlich.
Er kann weder R noch L aussprechen und der sonntägliche
Curry wird bei ihm zu einem Gericht, das so ähnlich klingt
wie "könny". Jakob serviert uns leider immer einen
ungeniessbaren Kaffee. Heute morgen schmeckte er so, als ob
in dem Wasser ein Stück Gummi mitgekocht worden sei. Wir
holten daraufhin unseren eigenen Kaffee und liessen uns
heisses Wasser bringen. Jakob trug es mit Gleichmut.

Dann ist noch ein ganz junger Boy in der Messe, der Tomas
erzählt hat, er sei ein monkey (Affe). Tomas missverstand
das aber und ruft, wenn er ihn sieht : guck, da geht
allemonkey ! Clark Gable heisst bei Tomas "goodboy", weil
dieser ihn immer fragt, ob er ein good boy sei. Wenn Tomas
in die Messe zum Essen kommt, schaut aus jeder Tür und
jedem Winkel irgendein Boy oder Koch oder Tellerwäscher
heraus und alle rufen dabei : esen, essen, Suppa, Suppa,
was Tomas natürlich viel Spass macht.

C.W. lässt Euch sagen wir haben bei dem Vortrag neulich
über Städteplanung gelernt, dass Kuala Lumpur
augenblicklich 320.000 Einwohner hat. Diese Zahl wächst
jährlich um 3%. Das heisst, die Stadt wird 1970
voraussichtlich 750.000 Einwohner haben.

Auf unser Haus werden wir wahrscheinlich noch ein paar
Wochen warten müssen. Jede Familie bekommt monatlich
Punkte. Die Anzahl der Punkte richtet sich nach der
Stellung des Familienvorstandes und der Anzahl der Kinder.
Wir bekommen 36 Punkte im Monat. Jede Woche wird eine Liste
veröffentlicht mit den Namen derer, die auf ein Haus
warten, an erster Stelle derjenige mit den meisten Punkten,
also etwa 200. Und der bekommt das nächste freiwerdende
Haus. Frei werden die Häuser deshalb, weil die Europäer
immer nach 2 Jahren für 6 Monate nach Hause zur Erholung
geschickt werden.
Wir haben jetzt etwa 50 Punkte. Ich bin ja sehr gerne hier
im Chalet, aber ich möchte doch gern mindestens 6-8 Wochen
vor der Entbindung ein Haus haben, damit nicht alles auf
einmal kommt.

Ach, unsere Amah. Ich habe Euch im gestrigen Brief
geschildert, dass ich sie aufgefordert habe, die Wäsche und
Taschentücher wieder in meinen Schrank zurückzulegen. Sie
sagte mir heute weinerlich, sie habe das gesuchte im ganzen
Haus nicht gefunden. Und sie habe es nicht nötig, meine
Wäsche zu nehmen, sie habe selbst welche. Als ich sagte, wo
ich alles gefunden hätte, fing sie entsetzlich an zu
weinen. Ich habe mal gehört, dass Chinesinnen alle sehr
nahe am Wasser gebaut sind. Aber man kann auch keinen
europäischen Masstab anlegen, denn sie denken und handeln
ganz anders als wir und wahrscheinlich lachen sie noch
hinter unserem Rücken über uns.

Ich weiss nicht wie in Deutschland die Beobachtung der
werdenden Mütter im Krankenhaus ist. Hier in der Maternity
ist halt ein bisschen eine Massenabfertigung. Wenn man
einmal im Monat hinkommt, wird der Blutdruck gemessen.
Wieviel es ist, sagt einem keiner. Dann wird man gewogen,
wieviel ich wiege habe ich nur zufällig mitbekommen. Das
Resultat der Blutanalyse erfährt man auch nie. Der Arzt
oder die Ärztin, wer nun gerade da ist, drückt ein bisschen
auf dem Bauch rum und sagt "gut" und dann geht man wieder.
Als ich das erste Mal kam und wegen der "Read-Methode"
fragte, sagte der Arzt, ich könne natürlich mein Kind nach
der Methode bekommen, Betäubungsmittel lägen jedenfalls
bereit, aber ich solle ja nicht glauben, dass alles stimme,
was der Dr. Read sagt. Ich habe schon keine Angst, was
andere schon so oft gemacht haben, kann ich schon lange !

Meine liebe Mutti, hoffentlich habe ich Dich nun wieder
getröstet wegen des falschverstandenen Satzes. Bis bald und
sei für heute tausend mal umarmt von Deinem Coco

20-1-58

Liebste Eltern und Schwiegereltern,

eben hat mir meine Amah die von mir in meinem Innersten so
erwünschte Nachricht gebracht, dass sie nicht länger bei
uns bleiben will. Ich habe lediglich allright gesagt.
Allerdings arbeitet sie heute noch schlechter als sonst,
und so werde ich ihr nachher sagen müssen, wenn sie sich in
den letzten 14 Tagen nicht noch ein bisschen zusammennimmt,
schicke ich sie sofort weg, ohne Nachzahlung. Das kann ich
nämlich. Meine Nachbarin, die genauso dran ist wie ich,
nimmt sich jetzt nur mehr eine Wasch-Amah, die, wenn sie
gebraucht wird, abends als Baby-sitter kommt. Ich glaube,
so werde ich es auch machen. Ich bin ja froh, dass sie
geht, aber andrerseits, was kommt jetzt ?

Ich habe eine reizende Nachbarin. Es ist eine Engländerin,
die mit einem Chinesen verheiratet ist. Es sind die
Nachbarn, die die süsse kleine Tochter haben, die so gern
mit C.W. flirtet. Er sagt immer, er möchte genauso eine
Tochter haben. Die Mutter des Kindes ist Irin und ich
verstehe sie ganz ausgezeichnet. Ich freue mich natürlich,
wenn ich mich mit ihr unterhalten kann, weil es eine gute
Übung ist. Ich verstehe und spreche zwar geradezu perfekt
pidgin-englisch, aber ich habe immer Angst, ich könnte es
einmal unter Engländern anwenden. Unsere Jean erklärte uns
beispielsweise neulich, sie ginge abends zu einer Battery-
party. Nach wiederholten Fragen bekamen wir dann raus, dass
dies eine Birthday-party war.

Heute werden nun endlich die Koffer gebracht. Wir haben sie
heute morgen am Zollamt selbst gesehen und nun glaube ich
es auch. Der malayische Zollbeamte war sehr nett. Diese
Posten werden nur von Malayen besetzt und er sprach sehr
gut englisch. Er sagte, es sei schön, dass ein Deutscher
hier ans College käme und wir brauchten nichts aufzumachen
nachdem wir ihm sagten, was alles in den Koffern ist. Ich
glaube Ihnen, sagte er, und stellte uns eine Quittung aus,
damit wir nichts zu zahlen brauchten. Wirklich, auf der
Quittung steht, dass er nichts entgegengenommen hat !

Freund Pallasch von der Botschaft hat uns drei
Verkehrswerbungsplakate geschenkt, die wir uns in der
Wohnung als Wandschmuck aufgehängt haben. So hängt jetzt im
Schlafzimmer eine Schneelandschaft von Mittenwald, im
Wohnzimmer an der einen Wand der Marktplatz von Alsfeld und
auf der anderen Seite eine Ansicht der Katharinenkirche in
Oppenheim mit dem Blick zur Bergstrasse hinüber. Der
Melibokus ist ganz links und C.W. hat die Landschaft an der
Wand mit Bleistift fortgesetzt : den Frankenstein,
Eberstadt und Darmstadt. Allerdings nur für Eingeweihte
erkennbar.

Gegen Moskitos und sonstiges Ungeziefer verwenden die Leute
hier Flit. Es erweckt geradezu Kindheitserinnerungen an den
Weingarten in mir, aber es hilft gar nix. Wir fanden hier
in einem indischen Laden ein amerikanisches Mittel, so
etwas wie D.D.T. Seither haben wir wenigstens um die Betten
herum kein Ungeziefer mehr und auch keine Ameisen im Bad.
Dieses Geschäft haben wir durch einen Zufall entdeckt, als
wir Samstag Nachmittag in der Batu-Road spazieren gingen.
Das ist eine der Geschäftsstrassen, die in ihrer Ausdehnung
länger ist als der Ku-Damm in Berlin. Natürlich ist das
kein Vergleich, aber interessant, dass es viele solcher
Geschäftsstrassen gibt und alle diese Geschäfte existieren
und sogar recht gut. Denn jeder Geschäftsmann fährt einen
grossen Wagen. Wir staunen oft, wenn neben einer alten
Holz- oder Blechhütte zwischen Bananstauden ein neuer Opel
oder Mercedes steht. Die Leute hier haben nur keinen so
hohen Wohnstandard wie wir. Und dazu kommt, dass die
einheimische Küche, ob chinesisch oder malayisch, viel
billiger ist als die europäische. Aber zurück zu unserem
Inder. Wir fanden dort alles, was wir für unser neues Haus
brauchen. Sogar ein einfaches billiges Steingutgeschirr,
Kochtöpfe, Gläser bis zu Geschirrtüchern und Besen.

Ich habe schon eine Liste gemacht von allen Dingen, die wir
wirklich notwendig brauchen. Ich bin ja bei C.W. in eine
gute Schule gegangen, was solche Listen betrifft. Meine ist
natürlich nicht so perfekt ausgearbeitet, aber wir haben
schon eine Übersicht und immer wenn mir etwas einfällt,
ergänze ich sie. Das Einzige, woran man hier wirklich
spart, ist eine Baby-Aussteuer. Was man braucht sind
Windeln, sonst haben Babies nichts an.

Das Essen gestern abend war wieder einmal eine Zumutung. Es
gab kaltes Fleisch vom Vortag, dazu immerhin geschälte,
kalte Kartoffeln, ein paar trockene Salatblätter, ein paar
Scheiben halbgrüner Tomaten und Gurken. C.W. schimpft laut
und ich zwinge so etwas wortlos in mich hinein, was aber
nun zur Folge hat, dass ich nichts mehr essen mag. Es hat
ja keinen Zweck sich bei den chinesischen Boys darüber
aufzuregen, die können ja nichts dafür. Jedemal wenn ich
einer Engländerin so etwas erzähle, findet sie nichts
dabei. Dabei fällt mir ein, Tomas war vor ein paar Tagen
von einem Baby, das weder sprechen noch laufen kann, zu
einer Party eingeladen. Ich hatte schon einmal gehört, dass
das englische Gesellschaftleben sehr früh beginnt. Ich
lieferte ihn ab und dachte, ich könne nun auch gehen. War
aber nicht an dem. Ich musste bleiben. Das Baby war gerade
1 Jahr alt geworden. Es kam noch mal so ein angesabberter,
feuchter Säugling gleichen Alters (wie wird das bloss mit
eigenen Kind ?) und ein Junge im Alter von Tomas, mit den
entsprechenden Müttern. Es gab Eis mit Gelatinepudding, was
die Engländer sehr lieben. Tomas auch. Dann einen
englischen Kuchen. Innen wie Kleister und aussen kitschig
weisse und rosa Zuckerglasur, die genauso schmeckt wie sie
aussieht. Leider wusste ich nicht, das man, wenn man nichts

haben will, dies ausdrücklich sagen muss. Als ich nämlich,
angesichts des Kuchens, auf die Frage, ob ich ein Stück
möchte, "thank you" sagte, bekam ich ein Stück auf den
Teller. Später kamen dann noch die Väter der diversen
Kinder. Es wurde mir gesagt, ich solle doch meinen husband
holen. Mir fiel zum Glück ein, dass er einen
Nachmittagsschlaf machte. Im Laufe der Unterhaltung wurde
ich gefragt, wie mir die Chalets gefallen. Ich sagte, sehr
gut, nur die Küche ist unmöglich. Ich habe ihnen ein
bisschen erzählt, wie wir auf dem Kontinent kochen, dass
man bei uns niemals ein Gemüse ohne Salz solange kocht, bis
es ausgelaugt ist und immer mit mindestens ein bisschen
Butter abschmeckt. Sie waren gar nicht beleidigt, nur
verwundert. So nach 2 Stunden konnte ich mich dann
verdrücken und Tomas kam, nachdem er noch ein paar
Spielsachen kaputtgemacht hat, hinter mir hergerannt.

Eben flog draussen im Garten ein herrlicher Vogel vorbei,
der sich einen Moment auf einen Baum vor dem Fenster
setzte. Etwa so gross wie eine Krähe mit einem langen,
roten Schnabel und türkisblauem Rücken und Schwanz. An den
Flügelspitzen waren weisse und schwarze Streifen und das
blau leuchtete wundervoll in der Sonne.

Und jetzt ist etwas schrecklich unglaubliches passiert :
unsere Koffer sind angekommen ! Mit einem Lieferwagen der
Malayan Railway. Jetzt sind C.W. und Jean dabei, sie
aufzumachen.

21-1-

Es war gestern abend noch so aufregend, dass ich nicht
weiter schreiben konnte. Jedes Stück aus den Koffern wurde
mit grosser Freude begrüsst und C.W.'s schicker blauer,
dicker Anzug sofort in die Sonne gehängt. Tomas feierte
grosses Wiedersehen mit der Eisenbahn und den anderen
Spielsachen. Sein Autositz wandert wohl jetzt in den
Schrank für das nächste Kind, denn er ist schon so gross
und vernünftig, dass man ihn ganz beruhigt so im Wagen
mitnehmen kann. Ich war ganz gerührt über die Babyhemdchen
von Tomas, aber ich glaube, ich werde sie gar nicht
brauchen. Jedenfalls sind die Koffer in tadellosem Zustand
angekommen und es hat keinerlei Scherben gegeben. Das Radio
läuft ausgezeichnet und C.W. ist glücklich, dass er so
viele Sender hören kann. Die Lampe brennt und wir konnten
uns endlich all unsere Dias mit dem Projektor ansehen.
Heute morgen fiel der erste Blick auf die Koffer, und C.W.
meinte, nun sei er endlich richtig da, bis jetzt habe eben
noch ein Stück von ihm gefehlt. Ach ja, und ich habe sofort
die karierte Decke in Beschlag genommen und als es mir
gegen Morgen kalt wurde, deckte ich mich damit zu und
musste richtig vor Behagen grunzen.

Wenn Freitag Mittag die Britannia über unserem Haus kreist,
fahren wir gerne an den Flughafen und als wir das letzte

Mal hinkamen, waren in der Halle so etwa 20 Stühle in Kreisform aufgestellt. Als das Flugzeug landete, standen am Ausgang zum Flugfeld eine Menge Chinesen die gespannt aus dem Fenster sahen und plötzlich, als ein gutangezogener Chinese ausstieg, freudig zu johlen anfingen. Ein paar Minuten später sassen sie dann alle in dem Kreis und bekamen Tee gereicht. Der Ankömmling war anscheinend gerade mit seiner Frau aus England zurückgekommen - wie man aus den warmen Kleidern schliessen konnte - und nun holte ihn die ganze Familie ab. Zu seiner Rechten sass die alte Gebieterin, zu seiner Linken seine Frau mit Kind und dann folgten sämtliche anderen Familienmitglieder mit Frauen und Kindern. Ich zählte etwa 20 Personen ohne die Kinder. Nach einer Weile fuhren sie alle miteinander nach Hause. Das Ganze war so reizend, dass ich es unbedingt erzählen musste. Die Chinesen haben wirklich ein ausgesprochen ausgeprägtes Familienleben.

Habe ich Euch schon erzählt, dass wir hier jeden Tag die Wäsche waschen, weil man manchmal sogar zweimal am Tag die Wäsche wechselt ? Wahrscheinlich geht sie auch schneller kaputt, dafür ist sie aber immer sauber. Über etwas kann ich mich allerdings nicht beruhigen : kein Mensch kocht die weisse Wäsche. Als ich mich dann danach erkundigte, weil die Taschentücher immer grauer werden, wurde mir gesagt, man koche die Wäsche hier nicht, weil die Sonne alle Keime abtöten würde. Und damit die Wäsche nicht grau wird, könne man sie ja stärken. Meine erste Amah stärkte die Wäsche derart, dass die Unterwäsche wie ein Brett war und auf der Haut wehtat. Ich denke, dass ich in unserem Haus doch wenigstens einen Teil der Wäsche kochen lassen kann.

Meine Amah ärgert sich schrecklich, dass ich die Kündigung lediglich zur Kenntnis genommen habe. Sie hatte wohl gehofft, ich würde sie darum bitten zu bleiben. Jetzt macht sie aus Provokation alles anders als sie es soll. Ich werde sie bald ohne Nachzahlung rausschmeissen. Eine unserer Nachbarinnen, die Frau Oberst, hat mir eine neue Amah genannt. Sie hat bisher bei einer Familie hier in der Messe gearbeitet und will nicht mit in deren neues Haus. Warum auch immer, wahrscheinlich, weil die Familie ein schrecklich ungezogenes Kind hat. Die Amah gefällt mir ganz gut und war mir schon vorige Woche aufgefallen. Es ist eine etwas ältere dunkle Inderin, mit einem roten Punkt auf der Stirn und einem Brillianten in je einem Nasenflügel. Sie spricht ganz gut englisch und vielleicht wäre sie etwas für uns. Als uns die Frau Oberst davon erzählte, wollte der Oberst auch mal was dazu sagen, aber sie meinte mit einem kurzen Seitenblick auf ihn : "I am speaking now, you be quiet". Worauf er sich auch ganz ruhig verhielt.

C.W. musste gestern einspringen um diplomatische Verwicklungen zu verhindern. Freund Pallasch war am Samstag abend auf einem Ball im College gewesen und in vorgerückter Stunde stellte Posener ihn zwei etwas angetrunkenen

Engländern vor, mit den Worten, dies sei der erste Sekretär der deutschen Botschaft. Pallasch muss zu dieser Zeit am Arm einer Chinesin wohl schon etwas schräg ausgesehen haben, jedenfalls hielten sich die beiden Engländer die Bäuche vor Lachen und wollten sich gar nicht mehr beruhigen. Posener war das schrecklich peinlich und so musste C.W heute in der Botschaft vermitteln. Pallasch hat es dann mit Fassung getragen.

Ausser den Früchten, von denen ich Euch schon berichtet habe, kenne ich noch keine. Also vor allem Bananen und Ananas. Die Ananassträucher sind etwa 60 cm hoch, sehen ähnlich wie ein Agave aus und haben oben auf der Spitze eine Frucht. Wir bekommen aber viel Obst aus Südafrika oder Italien, wie z.B. Orangen, Äpfel, Trauben und Tomaten. Leider ist das alles nur halbreif.

Eben höre ich, dass wir heute keine Post bekommen haben. So will ich den Brief schliessen, indem ich Euch alle herzlichst umarme mit den liebsten Grüssen Eure

Beate

25-1-58

Liebe Eltern und Schwiegereltern,

herzlichsten Dank für alle Briefe, sowohl den von meiner
Mutti als auch für die beiden Briefe vom Hölderlinweg. C.W.
meinte sofort : seine Mutti entwickelt sich zur
Briefschreiberin ! Von hier gibt es wieder einiges zu
berichten. Ich habe jetzt, wo ich gehe und stehe, immer
einen Zettel und Bleistift in der Tasche und wenn ich
irgendetwas schreibenswertes erlebe, mache ich mir Notizen.
Solch ein Zettel liegt jetzt wieder neben mir, mit etwa 9
Punkten. Mal sehen, wieviele Seiten das wieder gibt.

Was mich wieder einmal am meisten bewegt, ist das Thema
Amah. Gestern erschien sie überhaupt nicht, und der Headboy
sagte sofort, dies sei ein Grund zum Feuern. Ich solle ihn
sofort rufen, wenn sie käme, er habe auch noch Geld von ihr
zu bekommen für das Essen. In ihrem Zimmer liegen all ihre
Kleider, sauber und schmutzig durcheinander, ein paar
komische Briefe und ein Poesiealbum mit seltsamen
Widmungen, chinesisch und englisch, den Schlüssel hat sie
auch wieder mitgenommen. Da sie ein recht zweifelhaftes,
schräges Mädchen zu sein scheint, kann ja einiges passiert
sein. Unsere Omi würde sagen, man liest ja so viel in der
Zeitung, wer weiss, vielleicht ist sie einem Mädchenhändler
zum Opfer gefallen. Da kein Mensch weiss, wo sie wirklich
wohnt, wird sie wahrscheinlich kein Mensch vermissen.
Deshalb fragte ich heute unseren Boy No One, ob wir das
Verschwinden der Polizei melden sollten. Der sagte aber
ziemlich gleichmütig, das sei hier nicht üblich, die würde
schon kommen. An Jeans Stelle erschien heute ein knochiges
Mannweib unbestimmten Alters mit einer tiefen Altstimme und
auf den Namen "Ah-Noui" hörend.Leider spricht sie kein
englisch, versteht es nur wenig und da alle neuen Besen und
chinesischen Amahs am Anfang gut kehren, kann man nichts
genaues sagen. Die ersten Klagen kommen meist nach 1-2
Wochen.

Statt unseres Boys Jakob ist ein neuer erschienen. Jakob
musste zurück nach Singapore in das Kaffeegeschäft seines
Vaters. Der neue kann besser englisch und sieht so aus wie
früher die Ladenschwengel zu Grossvaters Zeiten : die Haare
ganz fest mit Pommade an den Kopf geklatscht. Er hat
bereits einen Namen - er heisst Chiu - und so brauche ich
erst gar keinen für ihn zu suchen. Bei Mr. Cölly haben wir
mit unseren Reklamationen ein Magenleiden zum Ausbruch
gebracht, Jakob brauchte über eine Woche um endlich zu
verstehen, wie ein Kaffee sein muss, ich fürchte, wir
werden jetzt den armen Chiu in der nächsten Zeit hart
drannehmen müssen, bis uns der Kaffee wieder schmeckt !!!

Vorgestern Abend war es entsetzlich schwül und C.W. schlug
deshalb, damit es nachher im Bett angeblich nicht so heiss
wird, das Moskitonetz wieder auf. Der Boy macht es nämlich

am Nachmittag schon zu. Nachdem ich fast eingeschlafen war,
entdeckte C.W. in dem halboffenen Netz tausende winzige
Fliegen. Er holte sein neues Patentmittel mit DDT und fing
an wie ein Irrer zu spritzen. Es stank so gemein und
aufdringlich, dazu wirbelte der laufende Ventilator diesen
Geruch im Zimmer herum, dass ich mich gezwungen sah, das
Bett fluchtartig zu verlassen. Die einzige Möglichkeit
weiter zu schlafen, war entweder das Amah-brett oder Tomas'
Bett. Ich zog dann letzteres vor, worüber Tomas natürlich
hellauf begeistert war. Er erzählte mir so viel, dass an
schlafen gar nicht zu denken war. Inzwischen jammerte C.W.
drüben im Schlafzimmer. Die tausend kleinen Viecher waren
natürlich alle getötet und auf die Betten gefallen. C.W.
wedelte nun mit seinem Schlafanzug bewaffnet über die
Leintücher weg, um die Fliegen - die übrigens vollkommen
harmlos sind und keinem Menschen etwas tun - wieder zu
entfernen. Dabei schimpfte er fürchterlich auf gewisse
Personen, die versprochen hätten, immer für ihn da zu sein,
im Guten wie im Bösen... und so fort, bis ich endlich
merkte, dass er mich meinte. Ich ging dann zurück, weil bei
Tomas sowieso nicht an Schlaf zu denken war und machte
unser Netz wieder zu. Darüber war so viel Zeit vergangen,
dass wir am nächsten Morgen fast verschlafen hätten.

Gestern Abend sahen wir zwei deutsche Wochenschauen in
englischer Sprache. Vorgeführt von Bruder Raffael in der
katholischen Schule von K.L. und organisiert von Herrn
Legationsrat Pallasch. Bruder Raffael ist nicht der Bruder
von Herrn Pallasch, wie C.W. zuerst dachte, sondern ein
deutscher Pfarrer. Er sieht dem Pallasch zwar sehr ähnlich,
ist noch dicker und trägt eine lange weisse Soutane. Für
tropisches Klima aus einem leichten Baumwollstoff und wenn
er gegen das Licht steht, sieht man, dass er knielange
Shorts drunter trägt. Zu den Filmen wurde Gebäck und Pepsi-
Cola gereicht. Das Gebäck war ein Reinfall, es sah so
harmlos nach deutschem Apfelkuchen aus, war aber mit Curry
gefüllt. Unsere drei Stücke verschwanden dann in meiner
Handtasche. Die muss heute lüften. Tomas durfte natürlich
mit und als in der Wochenschau das Atelier von Bernhard
Heiliger gezeigt wurde mit verschiedenen seiner Plastiken,
flüsterte der Vater seinem Sohn zu : jetzt lach mal recht
laut. Was dieser dann auch mit grosser Begeisterung tat.
Als dann noch zwei Kulturfilme kamen, wurde es Tomas sehr
langweilig und er fragte ganz laut, wann denn nun endlich
das Bild mit dem grossen Flieger käme. Dann schlief er ein
und wir hatten einen Grund zu gehen.

Heute morgen fuhren wir in die Stadt, zunächst einmal zu
unserem Photogeschäft. Der Inhaber ist ein sehr
distinguierter Chinese. Er hat einen Zwicker auf der Nase
und ich könnte ihn mir sehr gut in einer Sänfte vorstellen.
Er hat sehr viele Angestellte herumlaufen. Natürlich lauter
Chinesen. Einer beschriftete heute irgendwelche Umschläge
und hatte zu diesem Zweck an der rechten Hand, mit der er

schrieb, einen weissen Handschuh. Wahrscheinlich gegen schwitzige Hände, es sah aber sehr vornehm aus !

Das Kapitel Jean ist nun auch beendet. Vorhin, etwa um 5 Uhr nachmittags, erschien sie plötzlich. Der Headboy war zufällig da. Sie kam mit aufgelöstem Haar, zerrissenem Rock und auch sonst etwas verwüstet und knallroten Nägeln. Sie sei krank gewesen. Sie habe es mir auch durch einen Boy ausrichten lassen. Der Headboy sagte sofort, er glaube ihr kein Wort. Er rechnete ihr dann vor, wieviel Geld wir ihr für diesen Monat geben würden, dann musste sie eine Erklärung unterschreiben, warum sie ohne Kündigungsfrist entlassen wurde. Als ich ihr das Geld aushändigte, es waren genau 46 Dollar, nahm ihr Mr. Tan sofort 40 Dollar für das Essen ab. Es tat mir zwar in diesem Moment etwas leid, aber ich konnte mich da nicht mehr einmischen. Hoffentlich stellt sie sich nun nicht an die nächste Strassenecke...

Als wir heute morgen aus der Stadt nach Hause fuhren, hockte mitten auf der Mountbatten-Road ein Inder im Schneidersitz, zum Gebet erhobene Hände und starrem Blick geradeaus. Er sah aus wie im Trance und alle Autos mussten um ihn herumjonglieren. Diese Strasse entspricht etwa der Rheinstrasse am Luisenplatz um 12 Uhr mittags. Was er wollte, weiss ich nicht, es scheint auch für hiesige Verhältnisse ungewohnt gewesen zu sein, denn auf dem Bürgersteig standen viele Leute dicht gedrängt, um ihn zu sehen.

Liebe Eltern, seid für heute alle recht, recht herzlich umarmt und geküsst von Eurer

Beate

30-1-58

Liebste Eltern und Schwiegereltern,

endlich ist der Kalender angekommen. Vielen tausend Dank
dafür. Er hat ungefähr einen Monat gebraucht und kam sehr
gut an. Ich habe mich riesig darüber gefreut. Und dann
herzlichen Dank für den Brief vom 24.1. von meiner Mutti
und den Brief vom 25.1. vom Opa Voltz. Meine Amah-Erzählung
hat doch sichtlich die Gemüter erregt und ich sehe Euch
richtig beim Kaffee über unseren Mangel an Abgeklärtheit
diskutieren. Ehrlich gesagt haben wir uns gar nicht so
schrecklich darüber aufgeregt, ich berichte nur alles so
ganz genau und drastisch, weil ich denke, dass Ihr Euch
über den "Roman mit Forsetzung" freut. Ihr dürft es also
nicht so tragisch nehmen, wenn etwas mal sehr wild klingt,
im Grunde genommen finden wir auch alles aufregend amüsant
!

Eure Amah-Vorschläge waren gut gemeint, aber es ist
wirklich anders als zu Hause. Wenn einem die Amah nicht
zusagt, kann man sie mit einer kurzen Kündigungsfrist
entlassen oder wenn sie erwiesenermassen klaut, ist sie auf
der Stelle fortzuschicken. Dass man etwa einen schlechten
Ruf bekommt, weil man seine Dienstbotewn so oft wechselt,
ist nicht der Fall, sondern jeder sagt hier, man muss eben
so oft wechseln, bis man endlich die Perle gefunden hat.
Unser jetziger Dienstbolzen kann kein englisch und deshalb
haben wir jetzt ein kleines Handbuch für "kitchen-malay"
gekauft. Damit geht es bis jetzt ganz gut. Die Amah passt
sehr gut auf Tomas auf. Wenn sie morgens die Wäsche wäscht,
krempelt sie die weiten chinesischen Hosen bis über die
Knie hoch, so dass man ihre männlichen Beine sieht, hockt
sich nieder und rubbelt und bürstet die Wäsche mit Seife
auf dem Steinfussboden im Bad. Jetzt verstehe ich auch,
warum ich vormittags immer zum Klo schwimmen muss.
Möglicherweise werde ich sie behalten, da Amahs, die kein
englisch können, nicht unbedingt glauben, sie seien etwas
besseres.

Und nun zu den Erziehungsvorschlägen von meiner Mutter. Da
ich weiss, dass sie grosse Erfahrung in solchen Dingen hat,
dachte ich mir, ich könne es ja versuchen, Tomas am späten
Abend noch mal aufs Klo zu setzen. Vielleicht hatten wir
kein so ausgeprägtes Trotzalter, aber der kleine Tomas sass
mit einem jämmerlichen Gesichtchen auf dem Thron und
schüttelte unentwegt den Kopf. Er tat mir dann so leid,
dass ich ihn wieder ins Bettchen trug und dachte, nun
versuche ich es mit Hypnose. Ich nahm ihn also in den Arm
und flüsterte ihm ins Ohr : ich habe ein ganz liebes Kind,
das nicht mehr ins Bett macht, morgen früh ist das Bettchen
trocken, er macht nichts mehr ins Bett. Plötzlich antwortet
mir das kleine Biest, im Schlaf und im gleichen Tonfall :
und er macht doch ins Bett, und er macht doch ins Bett !!!
Er meint halt, er müsse seine Persönlichkeit damit

festigen, indem er gerade das tut, was eben verboten worden ist. Neulich rannte er auf die Strasse. Nachdem er unter Protestgebrüll von einem der Boys zurückgeholt worden war, bekam er einen Klaps und wurde in die Ecke gestellt. Kaum durfte er raus und ich hatte mich umgedreht, war er schon wieder auf der verkehrsreichen Strasse. Allen modernen Psychologen zum Trotz... und so weiter. Jedenfalls geht er jetzt nicht mehr auf die Strasse.

Zu seinem Geburtstag übermorgen bekommt er ein "Matorrad", das heisst Dreirad, ein paar Spielzeuge und eine Dose Erdnüsse. Um eine solche hat er sich neulich mit seinem Vater gestritten und als er den kürzeren zog, meinte er, der Tomas bekommt auch Nüsse zum Geburtstag.

Alle paar Tage kommt ein chinesischer Schuster mit dem Fahrrad vorbei und fragt, ob man irgendetwas für ihn zu reparieren habe. Für uns Europäer ist es dann allerdings teurer. Als ich ihm einmal durch Jean ein paar Schuhe zum besohlen gab, fragte er, ob es für die Mem oder für die Jean sei. Für die Mem koste es 5 Dollar, für die Amah nur 3. Denn die Europäer seien reiche Leute. Die Amah war aber auf Draht und so bezahlte ich nur 3 Dollar. Gestern brachte er mir ein Paar Schuhe zurück an denen er die Sohlen geklebt hatte. Er fragte, wo meine Amah sei, er habe gehört, sie sei fort. Nachdem ich ihm dies bestätigte, fing er an fürchterlich zu lachen und brachte unter Gelächter und Gekichere hervor, die Amah hihihi, sei, hahaha, ihm hohoho, noch hahaha, 2 Dollar fünfzig hihihi schuldig, und nun, hahaha, sei sie hohoho fort !!! Hahaha. Und damit ging er immer noch kichernd weg. Die Chinesen machen sich also nicht nur gerne über andere lustig, sondern lachen genauso schadenfreudig über sich selbst.

Wir haben hier in Kuala Lumpur einen Namensvetter ! Stellt Euch vor, neulich lasen wir in der hiesigen Zeitung einen Artikel mit "Voltz" unterschrieben. Heute morgen kam der Bibliothekar der Uni zu C.W. und sagte, er solle ihn unbekannterweise von Mr. Voltz von der Malay Mail grüssen. Er sei Neuseeländer, mit einer Chinesin verheiratet, hier an der Zeitung, und seine Vorfahren seien Deutsche. Wir möchten ihn gerne kennenlernen.

Mein englisch macht Fortschritte. Durch Tomas komme ich in die verschiedensten Chalets, wenn ich nach ihm suche und werde dann immer aufgefordert, doch ein bisschen zu bleiben. Ich könnte keine bessere Gelgenheit zum üben finden und einige Damen sind wirklich sehr nett. Tomas selbst babbelt schon sehr nett halb englisch, halb deutsch. Wenn die "drossen Kinder" nicht mit ihm spielen wollen sagen sie ihm "gon hom" oder sie müssen in "skuul". Heute legte er mir ein paar Klötze auf den Tisch und sagte, Mutti, don't touch, please. Wir werden ihn jetzt in einen Kindergarten schicken, denn er ist so gern mit anderen Kindern zusammen.

In der Messe ist wieder ein neuer Boy aufgetaucht. Er sieht
sehr distinguiert aus. Er hat silberne Knöpfe an seiner
weissen Jacke und hat ein Organ, das etwa so klingt, als ob
man einen Holzklotz in eine Blechtrommel wirft. Mr. Cölly
ist wieder gesundet zurückgekehrt. Seine weisse Jacke ist
nun so zerrissen, dass er immer ein gewöhnliches Hemd
trägt. Das habe ich übrigens an allen Chinesen bemerkt :
sie sind immer tadellos sauber und weiss angezogen, aber
wenn etwas kaputtgeht, wird es solange getragen, bis es in
Fetzen herunterhängt, ohne jemals gestopft zu werden.

Für heute seid nun alle tausendmal umarmt von eurem

Coco

5-2-58

Liebe Eltern und Schwiegereltern,

mein Notizzettel füllt sich langsam und da ich heute morgen
ganz richtig allein bin, habe ich auch Musse zum schreiben.
Tomas ist heute das erste Mal im Kindergarten. Hier in der
Bukit Bintang Road, ein paar hundert Meter von uns
entfernt, ist ein schöner Kindergarten mit Schule.
Natürlich privat, da es so etwas wie soziale Einrichtungen
in Malaya noch nicht gibt. Tomas bekam, wie das anscheinend
in England so Sitte ist, ein Hemdchen für den Kindergarten,
das ich gestern noch schnell genäht habe. Ein maisgelbes
über den Höschen zu tragendes Hemdchen, auf der rechten
Seite eine Tasche mit den Initialen der Schule "G.S." für
garden school. Er war riesig stolz und zeigte sich heute
morgen allen Leuten beim Frühstück und erzählte jedem, das
er in die "skuuhl" geht. Wir brachten ihn um 1/2 9 Uhr hin
und ich blieb noch etwas dabei. Jedes Kind bringt eine
Plastikflasche mit Saft und einen Becher mit, und ein paar
Kekse, damit sie etwas zu essen und zu trinken haben. Es
sind ganz entzückende Kinder da. Hauptsächlich kleine
Engländer und Chinesen, aber auch Holländer und eine kleine
Inderin. Die Kindergartentante würde mir auf den Wecker
fallen, wenn ich den ganzen Vormittag mit ihr zusammen sein
müsste. Sie fliesst so schrecklich über vor Freundlichkeit.
Mittags um 12 Uhr kann ich ihn dann wieder abholen.
Hoffentlich gefällt es ihm auch so gut, wie er sich darauf
gefreut hat.

Herzlichen Dank meiner Mutti für den Dackelroman, den ich
sofort verschlungen habe. Ich erklärte C.W. hinterher
gleich, dass mein Herzenswunsch ein Dackel sei, er meinte
aber, so etwas müsse man überschlafen, das sei etwas sehr
schwerwiegendes.

Wir haben ein ausgedehntes Weekend in Port Dickson
verbracht. Während ich am Samstag morgen noch schnell ein
paar Besorgungen machte, versuchte C.W. unserer Amah, ich
glaube anhand des malayischen Buches, zu erklären, dass wir
fortfahren und sie, wenn sie gewaschen hat und alles
trocken ist, auch gehen kann, und dass morgen, am Sonntag,
ausserdem noch ihr freier Tag ist. Als ich zurückkam,
meinte er etwas skeptisch, er wisse nicht, ob sie ihn
verstanden habe, sie habe nämlich immerzu schrecklich
gelacht. Ich kann mir etwa vorstellen, wie er es ihr
erklärt hat, liess es mir aber dennoch erzählen. Also,
zunächst habe er gesagt, ich, meine Frau und Tomas fahren
nach Port Dickson. Das klingt dann etwa so : I, my wife and
Tomas go to Port Dickson, (erstes Grinsen) you understand,
Port Dickson, big water, (leichtes Gelächter) you do not
know what Port Dickson ? (Alles mit den entsprechenden
Handbewegungen) ah, you know Klang, Port Swettenham, like
this, big water...(noch mehr Gelächter) you can go home,
ach was, wenn du das net verstehst, kann isch dir auch net

helfe.- Um jedes weitere Missverständnis abzuwenden, liess
ich ihr dann alles durch den Headboy erklären. C.W. staunte
neulich über meine perfekten pidgin-Kenntnisse. Er wollte
die Amah zur Messe schicken um nachzusehen, ob Post
gekommen sei. Ich nahm Opa Voltzens Postkarte in die Hand,
zeigte drauf und sagte : Anoui pigi mess, look letter Mem.
Pigi heisst "gehen" auf malayisch und ist eines der wenigen
Wörter, die ich weiss. Sie verstand es prompt. Bei den
Amahs muss man bestimmte Redewendungen benutzen. Zum
Beispiel darf man nicht "ich" sagen, sondern "Mem", und
C.W. ist der "Tuan". Die Amah spricht man nicht mit du an,
das ist eine Beleidigung, sondern man nennt sie ebenfalls
beim Namen und spricht mit ihr in der dritten Person.

Mir wurde immer gesagt, chinesische Amahs könnten sehr gut
bügeln. Als C.W. eine seiner Hosen anziehen wollte bemerkte
er, dass er nicht nur eine Bügelfalte hatte, sondern dass
diese mittendrin aufhörte, daneben wieder anfing, bis nach
oben führte um dann irgendwo unter dem Bund aufzuhören. Die
andere Seite war in Ordnung. Ich gab ihr das Ding und sagte
: this side no good, other side good. Primitiver wusste ich
es nicht zu sagen. Wir sassen gerade beim Nachmittagstee,
als sie ankam und mir stolz zeigte was sie vollbracht hatte
: nun hatte die Hose überhaupt keine Bügelfalten mehr,
weder vorn noch hinten !

Aber darüber habe ich nun vergessen, von unserer Fahrt nach
Port Dickson zu berichten. Wir brauchten diesmal doppelt so
lang wie sonst, da wir öfters anhielten, um Schulen und
Gebäude, die uns schon aufgefallen waren, anzusehen und zu
fotografieren. Etwa 20 Meilen vor Port Dickson kommt eine
grössere Stadt, Seremban, in der C.W. noch einen Film
kaufen wollte. Während Tomas und ich auf den Markt gingen
um Bananen zu kaufen - 10 Stück für 30 cents -
ging C.W. einen Fotoladen suchen. Der Besitzer fragte ihn,
ob seine Frau heute auch dabei sei. Worauf C.W. meinte, das
müsse ein Irrtum sein, wir wohnten nicht in Seremban. Der
Chinese lachte und sagte, er kenne uns, er habe uns gestern
im Fotoladen in K.L. gesehen, als als er selbst dort
einkaufte. - Wir kamen etwa um 1 Uhr im "Si-Rusa Inn", dem
indischen Hotel ausserhalb von P.D. an, und bekamen einen
sehr netten Bungalow. Ich habe diese Häuser ja schon einmal
beschrieben. Wir gingen gleich nach dem Essen zum Baden.
Tomas, der an diesem Tag seinen "dritten" feierte, schloss
sofort Freundschaft mit einer älteren, etwas burschikosen
Dame. Als sie hörte, dass er Geburtstag hat, sang sie ihm
ganz laut das englische Lied "happy birthday to you". Sie
spielten dann sehr nett zusammen, halb im Wasser, halb im
Sand. Sie erzählte uns, sie sei von Geburt Kanadierin und
durch Heirat Engländerin - das erzählte sie jedem, der es
hören wollte oder nicht - und ihr Mann sei Manager der
Filmstars und sie begleite ihn auf allen seinen Reisen. Sie
waren gerade für eine Woche in Singapore gewesen, fahren
nun weiter nach Bangkok, dann nach Rom und an die

französische Riviera. Als wir sie fragten, ob sie auch
Künstlerin sei, meinte sie comme ci, comme ca.

Abends, nachdem Tomas schon im Bett war, gingen wir noch
einmal ins Wasser. Ihr könnt Euch vielleicht vorstellen,
wie schön das war. Aber das Allerschönste war das Baden am
nächsten Morgen um 7 Uhr. Das Wasser war richtig kühl und
glatt wie ein Spiegel. Die Sonne war noch nicht richtig da
und die Farben überwältigend schön. Leider wurde es ab 10
Uhr sehr laut. Es kamen viele englische Soldaten mit ihren
chinesischen Mädchen, Typ Jean, oder englische
Unteroffiziersfamilien. Die Musikbox lief ununterbrochen
auf Hochtouren mit den schrecklichsten Schlagern. Wir
ergriffen nach dem Mittagessen die Flucht und haben uns
geschworen, das nächste Mal schon freitags zu fahren und
samstags zurück.

Zu Hause stand Sonntag abend auf dem Speisezettel wieder
einmal "Cold Collation" mit der alten Kartoffel, weil der
Koch jeden 2. Sonntag abend frei hat. Wir wollten dann halt
nur Käse essen und setzten uns an den Tisch, C.W. innerlich
bereit die Kartoffel in den Garten zu werfen. Nach der
Suppe, die es zum allgemeinen Erstaunen gab, bekamen wir
heisse Teller. Nach einigem Gebrumm von C.W. wozu man bei
der kalten Platte heisse Teller brauche, wurden uns
tatsächlich wundervolle Filet-Steaks mit Gemüse serviert.
Der Boy erklärte, es sei etwas spezielles für uns, weil wir
doch keine cold collation mögen. Und der Koch sei extra
dafür gekommen. C.W. war so gerührt, dass er sich zunächst
ein Bier bestellte und dann für den Rest des Abends in
dieser Stimmung blieb. Er wurde sogar so weich, dass er für
Mr. Cölly, dem er sonst am liebsten einen Tritt hintenrein
geben würde, nur liebevolle Worte hatte : schau, der arme
Cölly, der hats wirklich nicht leicht, wahrscheinlich hat
er eine furchtbare Frau, der arme Kerl, der tut mir so
leid, am liebsten möchte ich ihn für unser Haus als boy
engagieren ! So wankelmütig sind nun die Männer, es genügt
ein gutes Essen. Ein paar Stunden später kam übrigens Mr.
Cölly zu uns, als wir auf der Veranda sassen und erzählte
uns lachend, er ginge morgen, man habe ihm seinen Vertrag
nicht verlängert, er habe aber noch keinen neuen Job,
hahaha ! - Nun ist er weg, aber die anderen Boys stehen ihm
an Doofheit in nichts nach. Gestern ging ich in die Mess um
nach Post zu fragen. Einer der Boys lief mir in die Quere
und ich fragte nach letters. Er überlegte kurz (das ist
bei denen immer ein gefährliches Zeichen), lachte, nahm
einen Teller in die Hand, ging zum Kühlschrank und holte
mir einen Salatkopf heraus !

Unser Anwesen wird von einem indischen Nachtwächter
behütet, einem Sikh. Wenn es sehr schwül ist, nimmt er
seinen Turban ab. Er hat lange Haare, die oben auf dem Kopf
zu einem kleinen Knoten zusammengedreht sind. Dieser Knoten
wird mit einem farbigen Tuch zusammengehalten. Das Tuch hat
die gleiche Farbe wie der Turban.

86

Am kommenden Dienstag abend hat Herr Legationsrat Pallasch
uns gemeinsam mit dem Ehepaar Voltz von der Malay Mail in
ein chinesisches Restaurant eingeladen. Wir sind schon
gespannt darauf, denn das Essen in den chinesischen
Restaurants in Europa ist überhaupt nicht mit dem hiesigen
Essen zu vergleichen. In Europa sind die Speisen völlig auf
unseren Geschmack eingestellt und verbreiten nicht diesen
teilweise schrecklichen Geruch. Was ich sehr gerne esse ist
"nasi goreng" (Julius Posener, der gerne Wortspiele macht,
nennt es Nazi Göring). Nasi heisst auf malayisch Reis und
goreng ist gebraten. In dem Reis sind Fleischstückchen,
Krabbenschwänze, diverse Gemüse und Zwiebeln mitgebraten.
Dazu gibt es Chilly-sauce, das ist etwas noch schlimmeres
als der schärfste Paprika. Das Zeug brennt wirklich wie
Feuer, aber ohne schmeckt der Nazi Göring nicht. Leider
verbreitet es natürlich auch einen Fischgeruch und so bin
ich gebeten (!) worden, dieses Gericht nicht mehr ihn
Anwesenheit meines Gatten zu essen. Nasi goreng gibt es
nämlich 2 mal in der Woche. Mr. Tan hat wirklich ein
sprühende Phantasie, was den Speisezettel betrifft. Zum
Beispiel gibt es jeden Samstag abend als Vorspeise einen
"angel on horseback", was ein ganz ordinärer Krabbenschwanz
eingewickelt in eine Dörrfleischscheibe auf trockenem Toast
ist. Dann gibt es consommé à la Rossini, oder irgendein
anderer muss seinen Namen dafür hergeben, darin schwimmen
bunte undefinierbare Dinge herum, von denen Tomas
behauptet, es sei Schaumgummi. Danach chicken à la reine
und hinterher irgendeinen Queenspudding - typisch englisch-
oder, was noch schlimmer ist, immer dasselbe, aus
kondensierter Sahne gemachtes Eis. So etwa sieht es die
ganze Woche aus. Es ändert sich sehr wenig daran. Wir
bekommen nun aber, weil wir ihnen das Gesundheitsamt auf
den Hals gehetzt haben, immer etwas "special", wie sie
sagen.

Meine irische Nachbarin kocht nur chinesisch. Ihre 17
Monate alte Tochter isst überhaupt nur chinesisch. Was die
Amahs betrifft, so ist sie meiner Ansicht nach noch viel
anspruchsvoller als ich und chinesisch kann sie kein Wort
sprechen und will es auch nicht lernen. Sie spricht auch
kein Pidgin-englisch mit ihnen, sondern verlangt, dass sie
ihr irisch verstehen. Gestern hat sie gerade wieder eine
gefeuert, und bald wird sie mich übertroffen haben.

Man sollte auch niemals den Fehler begehen und alles
blindlings glauben, was einem Fernostfahrer erzählen. Wir
sind noch keinem "dutch girl", der dicken Kissenrolle, im
Bett begegnet. Whisky trinkt man heutzutage auch nicht mehr
so viel, nur abends, schliesslich kann man an jeder Bude
Coca Cola finden, was von allen bevorzugt wird. Die Zeiten
haben sich mit der fortschreitenden Technik auch hier
gewandelt. In jeder Hütte stehen Kühlschränke, an den
Decken sind Ventilatoren, in den Büros Klimaanlagen und
überall gibt es Elektrizität.

Jetzt habe ich den ganzen Vormittag verquatscht und muss jetzt langsam unseren Tomas abholen. Ich bin neugierig, was er alles zu erzählen hat !

Alles Liebe Eure

Beate

Tomas war vom Kindergarten begeistert !

13-2-58

Liebe Eltern und Schwiegereltern,

und der Omi herzlichen Dank für Ihren lieben Brief vom
7.2., der gestern ankam. Ich glaube aber, wir haben nun in
den letzten Briefen schon so viel über das tropische Klima
berichtet, dass es wohl nicht mehr nötig ist, noch einmal
darauf einzugehen. Ich weiss wohl, dass die Omi bestimmt
mehr Erfahrung hat als ich, sie hat ja auch mehr Kinder
gehabt, aber auch sie hat sie in einem normalen
europäischen Klima grossgezogen. Und so will ich heute nur
noch betonen, dass es keine Quälerei ist, wenn man Kindern
nichts zu trinken gibt, sondern ausgesprochen ungesund und
schädlich. Es ist ausserdem noch besser, Tomas isst abends
eine Suppe, da er dabei noch Salz zu sich nimmt. Im Moment
kommt es schon seltener vor, dass er ins Bett macht. Das
letzte Mal an seinem Geburtstag, da aber gleich ausgiebig.

Unsere 4. Amah sind wir auch wieder los. Sie war eine
starke Raucherin und pflegte sich von C.W.'s Zigaretten zu
bedienen. Mir fiel es nämlich zuerst auf, dass sie immer
wie ein ganzer Wartesaal 3. Klasse morgens um 5 Uhr roch,
dann sah ich sie rauchen. Das störte mich wenig, aber wir
merkten, dass die Zigarettenschachteln immer leerer wurden.
Wir holten den Headboy zum übersetzen. Sie erklärte
lächelnd, sie habe ihre eigenen Zigaretten, sie habe
niemals Tuans Zigaretten genommen. Es gab einen ziemlichen
Wortwechsel, und langer Rede kurzer Sinn, sie erklärte sich
einverstanden, mit 30 Dollar zufrieden zu sein und dies
auch zu unterschreiben. Während C.W. diese Erklärung auf
der Maschine tippte und die Amah ihre Sachen
zusammenpackte, verlor sie dann gänzlich die Beherrschung
und keifte und schrie im Haus herum. Ich habe in diesem
Moment wirklich bedauert, nicht chinesisch zu verstehen, es
muss nämlich sehr amüsant gewesen sein. Mr. Tan und unser
Hausboy Chiu grinsten die ganze Zeit und wollten mir nichts
übersetzen ! Sicher gibt es im chinesischen auch solche
Ausdrücke wie "Götz von Berlichingen" und was noch so alles
dazugehört. Und wir haben dabei sicher nicht sehr gut
abgeschnitten.

Für zwei Tage habe ich dann die Wäsche selber gewaschen und
gebügelt und innerlich aufgeatmet, kein solches Weib mehr
zu haben. Gestern wurde es mir aber dann doch etwas zu
viel, es ist arg heiss im Moment, so dass ich sagte, ich
will die Wäsche doch lieber weggeben. Inzwischen hatte es
sich aber schon wieder herumgesprochen, dass wir wieder
einmal eine Amah suchen. Gestern nachmittag kam plötzlich
ein schüchternes Wesen an, das sich immerhin englisch
verständigen konnte, ohne dass ich einen der Boys holen
musste. Sie fragte, ob die Mem eine Amah suche. Wir wurden
schnell einig, C.W. erklärte ihr ausführlich, you can begin
tomorrow, worauf sie ihn verständnislos betrachtete. Als
ich ihr sagte, Amah start tomorrow, nickte sie und ging.

C.W., der ein Anhänger der Rationalisierung ist, kann sich
immer wieder von neuem begeistern am Pidgin-englisch, er
wird es sicher auch noch lernen. Heute morgen, als wir beim
Frühstück sassen, kamen mir allerdings die ersten Zweifel
an meinem Pidgin. Die Amah erschien nicht. Ich liess alle
Türen auf, damit sie ins Haus kann und wir gingen essen.
Von unserem Tisch aus haben wir den Blick auf die Strasse
und so um viertel nach 8 sahen wir sie gemächlich die
Strasse entlang kommen. Nach 2 Minuten ging sie mit
dergleichen Gelassenheit die Strasse wieder zurück. Wir
malten uns nun aus, dass vielleicht der Tomas, der zu Hause
geblieben war, ihr gesagt hat "Amah go home". Nach 5
Minuten kam sie im gleichen Tempo zurück. Nun stand ich
doch auf und wollte zum Ausgang. Aber sie lief immer weiter
und kam gar nicht in unser Grundstück herein. Nach weiteren
2 Minuten kam sie die Strasse wieder zurück und ging in
Richtung Stadt fort. Ich dachte nur, soll sie, ging nach
Hause und legte mich noch mal ins Bett. Um 9 Uhr hörte ich
plötzlich jemanden draussen rufen : Mem is sleeping ? Ich
ging hinaus und sah eine alte Chinesin mit einem Kind auf
dem Rücken und meine neue Amah. Die Alte erklärte mir, die
Amah habe mein Haus nicht gefunden, sie sei schon um 8 Uhr
da gewesen, ganz bestimmt. A-Yin, so heisst die neue Amah,
stand daneben und grinste schüchtern.

C.W. ist heute gleich wieder nach Hause gekommen. Gestern
abend ist einer der Studenten, aus einer ganz anderen
Fakultät allerdings, tödlich verunglückt und so hat das
ganze College heute einen freien Tag. C.W. traf einen
seiner Studenten, bis aufs Hemd in schwarz gekleidet, der
ihm mit düsterer Stimme sagte, dass man auf dem Pflaster
vor dem College sogar noch Blutspuren sehen könne. Es ist
ja schrecklich, aber dass deswegen eine ganze Schule gleich
keinen Unterrricht hat ?

Neulich sagte Mr. Tan, wenn die Mem weg ist, erzählt er dem
Tuan was jetzt mit unserer Jean los ist. Ich verliess
natürlich sofort den Raum und C.W. erfuhr, dass Jean jetzt
in einem zweifelhaften Hotel wohnt, wohin sie jederzeit
jeden mitnehmen kann. Ein Call-girl also. Es gibt hier
unglaublich viel Prostitution. Das Konkubinat ist bei den
Chinesen immer noch sehr verbreitet. Wenn ein Chinese
heiratet ist diese die 1. Frau mit allen Rechten einer
Ehefrau. Dann kann er sich, je nachdem wieviel Geld er hat,
so viele Frauen nehmen, wie er Lust hat. Diese haben im
Haus nichts zu sagen, werden von der 1. Frau meist sehr
schlecht behandelt, müssen für alle Kinder sorgen, und
falls der Mann stirbt, sogar noch der 1. Frau gehorchen.
Wenn der Mann genug hat von ihnen, kann er sie einfach
fortschicken. Was bleibt den Mädchen anderes übrig, als auf
die Strasse zu gehen ? Meistens sind sie noch sehr jung,
15-16 Jahre, und ein Jugendschutzgesetz gibt es nicht.
Genauso, wie alle Kinder mitarbeiten müssen, damit
wenigstens eines der Kinder zur Schule gehen kann, da diese
sehr teuer ist. Die Schulen sind alle privat und kosten

monatlich etwa 200 Dollar, so können es sich nur reiche
Geschäftsleute leisten, ihre Kinder dorthin zu schicken. So
etwas wie Schulpflicht gibt es nicht, darum können auch nur
die wenigsten lesen und schreiben. Um nun wenigstens ein
oder zwei Kinder für 2 oder 3 Jahre zur Schule schicken zu
können - chinesische Familien haben mindestens 5-6 Kinder -
muss die ganze Familie arbeiten. So kam es auch, dass
unsere Jean schon als 12 jähriges Mädchen im Haushalt
arbeiten musste. Ihre Eltern leben in einer anderen Stadt
und sie musste jeden Monat das Geld abliefern. Da sie hier
allein lebte, immerhin ist sie erst 17 Jahre alt, kam sie
als sehr hübsches Mädchen auf die schiefe Bahn. Es ist ein
scheussliches Gefühl für mich gewesen, dass das gerade so
anschliessend an ihren Aufenthalt bei uns gekommen ist,
aber wenn man sich alles überlegt, war es wahrscheinlich
wirklich nicht mehr aufzuhalten und ihr auch nicht mehr zu
helfen.

Nächste Woche ist Chinese New Year. Da werden alle Chinesen
ein Jahr älter. Das erklärte uns Mr. Tan. Das Essen wird
dann nur eine halbe Stunde lang serviert und um Punkt
sieben lassen alle Boys alles stehen und liegen und gehen
feiern. Und das drei Tage lang.

Vorgestern morgen sass ich in einem Sessel und pflegte
mich, wie man so sagt. Ich tat also gar nichts. Da kam
unser Badezimmerreiniger, der übrigens kein Koch, sondern
nur Tellerwäscher ist, mit all seinen Eimern, Besen,
Bürsten und Klopapier. Er tratscht sehr gerne mit mir, was
leider etwas schwierig ist, da er kein englisch und ich
kein chinesisch und malayisch kann. Er kommt rein und wirft
die Hand an die Stirn und babbelt irgendetwas wie "monig".
Ich denke, es heisst morning. Dabei lacht er schrecklich.
Und Vorgestern, als er mich so sitzen sah, dachte er
wahrscheinlich, ich sei krank und schlug sich immer mit der
Hand auf die Stirn. Das sollte heissen, ob ich Kopfweh
habe. Ich schlug mir mit der Hand auf die Kehle, was
heissen sollte, ich habe Husten. Da lachte er, schlug sich
wieder mit der Hand auf den Kopf und sagte immerfort :"
malay - kamalatschaku" solange, bis ich das Wort ausprechen
konnte. Ich habe das Wort hinterher in meinem malayischen
Buch gesucht aber nicht gefunden. Weiss der Kukuck, was das
für eine Sprache ist ! Ich weiss jetzt auch, warum das Bad
immer so nass ist, nachdem er fertig ist. Er nimmt eine
leere Konservendose, füllt sie immer wieder mit Wasser und
schmeisst dann den Inhalt so lange gegen die Wand, bis
alles im Umkreis und in der Höhe von einem Meter nass ist.

Bei der letzten Routineuntersuchung bekam ich eine Liste
mit den Sachen, die jede werdende Mutter zur Entbindung
mitbringen soll. Für das Baby beispielsweise ist
mitzubringen : 1 Shawl oder Decke, 4 Hemdchen oder
Jäckchen, 2 Dutzend Windeln, 1 Nabelbandage, 4 Paar
Schuhchen, 6 Westchen, 1 Nachttopf (armes Kind), Seife,
Waschlappen, Babypuder, 1 Flasche mit Schnuller, 1 Wanne

zum Wäsche waschen und 6 grosse Sicherheitsnadeln. Dazu
eine Amah, wenn man die nicht mitbringen kann, bekommt man
eine vom Hospital für 4 Dollar pro Tag. Die Mutter hat
unter anderem mitzubringen : ein Bügeleisen, Nadel und
Faden, Watte pfundweise, 4 Nachthemden, 6 Handtücher Typ
"good morning" (das ist das Netteste, was ich gelesen habe.
Wie gross ist Typ "good Morning"?) Muss man in Deutschland
auch so viel mitbringen ? Ich will doch dort nicht ein paar
Monate zubringen und was ich für das Baby mitbringen soll
ist schon die ganze Aussteuer. Mehr braucht man sowieso
nicht. Ich war neulich bei einer meiner Nachbarinnen, die
ein kleines Baby hat und liess mir alles zeigen. Sie sagte
mir, ich brauche nicht mehr als 2 Dutzend Windeln, drei
oder vier Hemdchen und zwei oder drei Flanneltücher falls
es abends einmal kühl sein sollte. Ich bekam durch ihre
Vermittlung ein Körbchen. Es wird in ein etwa 60 cm hohes
Rattangestell gesetzt das am Kopfende eine Vorrichtung für
das Moskitonetz hat. Das Ding ist noch ganz neu und wird
von C.W. jeden Abend als Kleiderständer missbraucht.
Hoffentlich bekommen wir nun bald unser Haus, wenn es
nämlich noch sehr lange dauert, bleiben wir lieber hier.
Der Gedanke stimmt mich allerdings etwas melancholisch, ist
aber besser, als C.W. und Tomas in einem neuen Haus zu
wissen mit einer Amah, die nicht weiss, was und wie sie
kochen soll und nichts klappt.

C.W. meint, die darmstädter Familien werden gebeten,
Vorschläge für Namen unseres Nachwuchses einreichen zu
wollen. Bisher hat unsere Tochter den Namen Sabine. Auch
eine Barbara, Cornelia oder Corinna wäre denkbar.
Männlicherseits (was immerhin möglich wäre) stehen bei uns
zur engeren Wahl ein Wolfgang, Michael oder Timothy. Es
wäre natürlich gut, wenn Eure Vorschläge solche Namen
wären, die auch international verständlich sind.

Bei Poseners waren wir wieder mal zur Party geladen.
Eingeladen waren der Botschafter Dr. Granow mit Frau, der
Principal Mr. Nair und Herr Pallasch. Dr. Granow wird
infolge einer politischen Verschiebung in Bonn im April
nach Deutschland fahren und wahrscheinlich nicht mehr
wieder kommen. Herr Legationsrat Pallasch wird in dieser
Zeit die Regierungsgeschäfte leiten. Wir durften nach dem
Essen kommen, weil C.W. nur Diät essen darf, sagt er. Wir
kamen gerade zum Nachtisch, und ich konnte sehen, dass man
wieder kein Tischtuch hatte und die ulkigen Schnapsgläser
für den Wein. Nach dem Essen gingen die Damen nach oben um
sich frisch zu machen und ich blieb in meinem Sessel
sitzen. Auf einmal kam Julius zu mir und sagte : ich
glaube, Sie werden nach englischer Sitte oben erwartet. Ich
meinte, was soll ich denn da (ich war doch noch zu Hause
auf dem Klo, ich muss doch gar nicht mehr), ja, das wüsste
er auch nicht, es sei halt eine englische Sitte. Ich sagte,
dort oben müsse ich stehen und hier könne ich sitzen, die
Herren könnten sich ruhig ihre Witze erzählen, ich verstehe
sowieso nicht. Dr.Granow kam aber dann zu mir um sich mit

mir zu unterhalten. Seine Frau kam später dazu und Charmian
Posener musterte mich wieder mal von oben bis unten, um
dann festzustellen, ich sei doch sehr dünn, es würde
bestimmt ein Mädchen (irgendsoeine englische Behauptung).
Als sie so weit gewesen sei wie ich, habe sie nicht mal
mehr ihre Füsse sehen können und in diesem Stil ging es
weiter. Frau Granow lächelte, wie eben eine Dame lächelt
und ich schwieg mich aus.

Vorgestern abend fand das Treffen zwischen Voltz - Voltz
statt. Herr Pallasch hatte das Essen doch noch umdirigiert
und wir wurden zum Tee in sein Haus gebeten. Unter vielen
ääh's und Hm's hatte er C.W. am Telefon erklärt, wie man zu
ihm kommt und so machten wir uns auf den Weg. Zuerst fuhren
wir quer durch die Stadt. Am anderen Ende mussten wir in
einen kleinen, unscheinbaren Weg, den wir beinahe
übersahen, einbiegen. Nach weiteren 30 m ging der Weg in
eine Art Feldweg über, ich möchte ihn nicht bei Regen
fahren, rechts und links zwischen Bananenstauden und
Wellblechhütten durch. Dann kam laut Beschreibung eine
Brücke. Über diese konnte man nur im ersten Gang fahren.
Sie führte ohne Geländer über ein schmutziges Gewässer und
bestand aus dicken Bohlen. C.W. meinte schon er habe sich
verfahren und das Ding sei gar nicht befahrbar.
Schliesslich fuhr er doch weiter und wir kamen an die
beschriebene Bahnschranke. C.W. hupte, eine alte Inderin
kam und öffnete sie und wir konnten durchfahren. Dann ging
es weiter auf eine Höhe und wir kamen an ein sehr schönes
Haus, mit frischer Brise und wunderschöner Aussicht : die
Residenz von Freund Pallasch. Mr. Voltz aus Neu-Seeland kam
dann auch bald zusammen mit einem anderen Redakteur, der
neulich einen Artikel geschrieben hatte, dass man in den
Tropen doch endlich von der englischen Bauweise abgehen
sollte. Also genau dass, was C.W. seinen Studenten predigt.
Kervin Voltz ist ein etwas schmächtiger, blonder Mann mit
Schnurrbart und sehr, sehr sympathisch- wie könnte es
anders sein bei einem Namensvetter ! Sein Urgrossvater kam
etwa um 1870 aus Deutschland nach Neu-Seeland, hat dort
eine Farm gegründet und ist bald danach gestorben. Seine
Frau lebte noch etwas länger. Sie hatten mehrere Kinder,
eines davon ist der Grossvater von Kervin, heute 80 Jahre
alt, der aber nicht weiss, woher seine Eltern gekommen
sind. Es sei zu Hause nur öfters von Leipzig gesprochen
worden. Kervin Voltz ist mit einer Chinesin verheiratet. Es
war ein schöner Nachmittag und es wurden viele interessante
Gespräche über Architektur und Design geführt.

Für Mutti Voltz noch die Beantwortung ihrer Frage im
letzten Brief : ihr Schnauz ist der beste Ehemann. Ich
bekomme regelmässig und unaufgefordert jeden Monat ein
Taschengeld von 50 Dollar. Er ist überhaupt rührend besorgt
um mich und erklärt mir fast jeden Tag, dass er mich immer
wieder heiraten würde, was auf Gegenseitigkeit beruht. Ich
habe wirklich nicht gewusst, dass es so schön ist,
verheiratet zu sein. Wir überlegen uns oft, was den

Junggesellen alles fehlt und bedauern sie von ganzem
Herzen, dass sie niemanden haben, mit dem sie über alles
sprechen können, der ihnen in der Nacht die Hand hält und
immer da ist.

Vor ein paar Tagen wurde unsere Strasse neu gemacht. An
sich war sie in einem guten Zustand. Man arbeitet hier
derart schnell, dass innerhalb von 4 Stunden etwa ein
halber km fertig war, der Verkehr ging einseitig weiter und
nach drei Tagen war die ganze Bukit Bintang Road neu
asphaltiert und vorbildlich. Könnt Ihr Euch erinnern wie
lange es gebraucht hat im vorigen Jahr als man die
Schulstrasse in Darmstadt neu gemacht hatte ? Und dabei
sind die Strassen hier nicht schlechter. Auch die weissen
Streifen an den Seiten werden immer wieder neu gemalt. In
dieser Beziehung sind sie hier wirklich auf Draht.

Durch Freund Pallasch, der verbotenerweise den "Spiegel"
bezieht, bekommen wir ihn auch zu lesen. Manchmal braucht
man schon etwas deutsches zur Abwechslung. Könntet Ihr uns,
auf dem Seewege, hin und wieder ein rororo-Buch schicken ?
Ich dachte gestern daran, als C.W. im Bett stöhnte, er
träume nun schon seit Tagen immer von seinen
Holzkonstruktionen. Er braucht etwas völlig andersgeartetes
zur Entspannung, so etwa, wie mein Vater immer Krimis im
Bett liest.

Noch eine Frage an meine Mutti, wann hast Du das Paket mit
den Badetüchern von Frau Decher abgeschickt ? Vor oder nach
dem Kalender ? Neulich hat mir jemand Angst gemacht, es
ginge öfters mal ein Paket verloren.

Für heute seid alle recht, recht herzlich umarmt von Euren

C.W. + Tomas + Beate

23-2-58

Liebe Eltern und Schwiegereltern,

Heute ist Sonntag und für uns ein richtig gemütlicher Tag.
Wir haben morgens erst einmal so richtig getrödelt und
lange geschlafen. Wir sind überhaupt erst um halb 9
aufgewacht, und da nur, weil der Tomas mich weckte mit dem
Ruf : Mutti, Tomas hat A-A demacht ! Das ist bei uns der
tägliche Weckruf, sehr energisch und doch melodiös zugleich
und es hilft nichts, ich muss halt raus. Bis wir endlich
angezogen waren, war das Frühstück in der Mess längst
vorbei, wir freuten uns wie die kleinen Kinder und machten
uns unser Essen allein. Wir wollten nämlich so gern mal aus
C.W.'s Kaffeemaschine - jene, welche in den grossen Koffern
war - Kaffee trinken. Wir meinten, dann müsse er endlich
gut sein. Gestern, als wir uns mit Mr. Tan über Kaffee
unterhielten, erzählte er ganz erstaunt, es gäbe Leute, die
nehmen sogar ZWEI Löffel Pulver auf eine Tasse !!!-
Jedenfalls machten wir uns mit grossem Eifer daran, selbst
ein Frühstück herzustellen. Das war um halb zehn. Während
C.W. daranging, seine Maschine zu reinigen und mangels
Filterpapier Kleenex Taschentücher hineinzulegen, brachten
Tomas und ich alles Essbare auf den Tisch. Wir haben
inzwischen hier eine Art Grahambrot gefunden - ich kann das
weisse geschmacklose Brot nicht mehr sehen - und
ungesalzene Butter aus Australien. An sich ist die
gesalzene für uns hier sehr gesund, aber mit Marmelade
ziemlich ungeniessbar. Dazu hatten wir Camembert, weissen
Rahmkäse und schliesslich Erdbeermarmelade. Ich habe das
alles im Haus, wenn ich mal plötzlich Hunger bekomme. Dann
machten wir Milch aus Milchpulver. Frischmilch ist so gut
wie unmöglich zu bekommen. Während dieser Vorbereitungen
war C.W. immer noch mit seiner Maschine beschäftigt.
Schliesslich hörte man das Ding summen und zischen. Er
setzte sich zu uns an den Tisch mit den Worten : "Ach, das
wird doch mal ein Frühstück wie zu Hause, und der Kaffee,
pass auf, gleich kommt der Kaffeeduft, wie bei meiner Mutti
zu Hause !" Als dann der Kaffee fertig war und wir
erwartungsvoll einen Schluck davon nahmen, schmeckte er so
etwa wie Spülwasser. Er hatte auch eine etwas helle Farbe
und ich meinte ganz trocken, "manche Leute nehmen sogar
zwei Löffel auf eine Tasse.". Obwohl es inzwischen halb elf
war, wurde derselbe Kaffee noch einmal gefiltet mit noch
mehr Pulver. Er schmeckte dann auch besser. Wahrscheinlich
lag der komische Geschmack auch daran, dass wir in
Ermangelung einer Kaffeekanne - wir müssen ja alles erst
besorgen - eine Plastikflasche genommen hatten. Trotz allem
war unser Frühstück herrlich. Ohne Fischgestank von den
Nebentischen. Nachdem wir so spät fertig waren mit unserem
Frühstück und es heute am Sonntag in der Mess nur Sunday
Curry gibt, lud uns C.W. zum Essen in den Airport ein. Dort
kann man wenigstens à la carte essen und es gibt immer
etwas zu sehen. Stellt Euch vor, Ihr müsstet jahraus,
jahrein jeden Sonntag Wiener Schnitzel essen mit immer den

gleichen Beilagen, es würde Euch auch recht bald zum Halse heraus hängen. So etwa ist es mit dem Curry. Aber die Leute hier finden das normal und wenn es jemand mal nicht will, wird er mit "cold collation" bestraft. Und das in jedem Lokal. Uns ging es so am letzten Sonntag in Frazers Hill, da haben wir den Curry allerdings gegessen. Wenn Euch jemand etwas von Curry vorschwärmt, glaubt nicht alles. Der, den wir hier serviert bekommen, ist recht ordinär. Man hat nur ein fürchterliches Brennen im Mund und kann dadurch aber auch nichts mehr unterscheiden. Ob der Curry nun mit Hühnerfleisch, Hammel oder Fisch gemacht ist, kann man nur der Speisekarte entnehmen.

Letzte Woche war nun Chinese Newyear. Es wurde zwar enorm viel davon erzählt und gesagt, da bekäme man viel zu sehen. Aber in Wirklichkeit spielte es sich sehr ruhig ab. Auf den Strassen war nichts zu sehen und auch in der Zeitung stand, in diesem Jahr sei das ganze Fest nur innerhalb der Familien gefeiert worden. Es sei zu keinerlei Ausschweifungen gekommen. Nur unsere Boys in der Mess spielten ziemlich verrückt. Eine Woche vorher war im Dining-room schon angeschlagen, dass zum Chinese Newyear drei Tage lang das Dinner nur von 6 bis halb 7 serviert würde. Und das den Engländern, die immer erst um halb 9 kommen. Sie ertrugen es aber mit derselben Sturheit und ohne die Miene zu verziehen, wie sie an allen drei Tagen die Cold Collation in sich hineinfrassen. Schweigend. Wenn man sich um 6 Uhr zum Essen hinsetzte, schossen die Boys plan- und ziellos durch den Raum, warfen mal auf diesen, dann auf jenen Tisch eine Gabel oder ein Messer, dann ein Salzfass und alles nur aus lauter Angst, man könne nicht in einer halben Stunde fertig sein. Am Neujahrsmorgen kam einer der Boys ins Chalet, ging oder vielmehr lief zu den Betten, legte die zurückgeschlagenen Decken wieder so hin, dass es aussah als seien sie gemacht und lief wieder raus. Mehr war an diesem Tag nicht von ihm zu erwarten. Frau Granow hat mir neulich erzählt, sie habe eine Bekannte in Singapore, auch eine Deutsche, die sich immer auf Chinese Newyear freut. Dann sind nämlich alle Dienstboten weg und sie kann endlich mal sauber machen. So ähnlich ging es mir an diesem Morgen. Freundlicherweise hatte man mir einen Besen stehen gelassen. Sogar mein Badezimmerkuli kam nicht und ich durfte ungestört das Bad saubermachen. Im Zuge des Grossreinemachens kam dann noch der Kühlschrank dran, es war sehr schön.

Vorige Woche war ich nun bei meinem chinesischen Zahnarzt. Er erzählte mir immer, man dürfe dem Zahnstein nicht erlauben, hart zu werden, man müsse das ganze schneiden- to cut. nach einer Weile kam ich drauf, dass er mir gar nichts abschneiden wollte, obwohl er immer entsprechende Handbewegungen machte. Er kratzte sehr unangenehm an meinen Zähnen herum, dann fuhr er mit einem Schleifstein am Bohrer im Mund herum und ätzte anschliessend das ganze Zahnfleisch mit einer Säure. Schliesslich fand er noch zwei

96

Löcher in denen er mit einer Wohllust zu bohren anfing.
Alles mit dem traurigsten Gesicht der Welt. Er war wirklich
der erste Chinese, der nicht gelacht hat. Bei dem ersten
Zahn gab er mir, weil es so weh tat, eine Spritze und bei
dem zweiten, ich wollte nicht dauernd Spritzen nur weil er
am Zahn bohrt, fiel ich ihm schliesslich fast vom Stuhl.
Plötzlich wurde mir schwarz vor Augen, ich muss sehr blass
gewesen sein, man brachte mir ein Glas Wasser und Mr. Cheok
machte ein so trauriges Gesicht, dass ich dachte, er fängt
gleich an zu weinen. Dabei drückte er mir immer den Arm,
legte sein Gesicht in traurige Falten und fragte : ist es
schlimm, oh, es war sicher zu viel. Ich musste ihn dann
trösten, es sei gar nicht so schlimm. Die ganze Prozedur
hat über eine Stunde gedauert. Dafür waren beide Füllungen
fertig. Das Zahnfleisch ist seit dem aber wirklich besser
und wir haben ausgemacht, dass ich alle drei Monate kommen
werde, um den
Zahnstein enfernen zulassen.

Morgen früh startet wieder einmal eine neue Amah. Seit der
letzten, die morgens das Haus nicht gefunden hatte, waren
wir alleine gewesen. Ich weiss nicht, ob ich berichtet
habe, dass diese Doofe dann am nächsten Tag überhaupt nicht
mehr erschienen ist. Ich habe jeden Tag so ein bisschen
Wäsche gewaschen, was wir gerade gebraucht haben und im
übrigen waren wir glücklich, allein zu sein. Schliesslich
war die Wäschetruhe aber so voll, dass wir uns dachten, wir
brauchen doch wieder eine. Wir fuhren diesmal zum
Arbeitsamt und legten unsere Wünsche vor. Man sagte uns
aber, da dies am letzten Montag war, wir mögen doch nach
Chinese Newyear kommen. Wir kamen also einen Tag nach den
Feierlichkeiten wieder. Es waren aber keine da, weil
Chinesinnen am ersten Tag im neuen Jahr nicht ausgehen. Und
die Mayinnen, die dort sassen, konnten alle nicht englisch.
Gestern fuhren wir also zu dritt - wir müssen Tomas ja im
Augenblick überall mitnehmen - wieder auf das Arbeitsamt.
Dort sassen sie alle aufgefädelt auf einer Bank :
Chinesinnen, Malayinnen und Inderinnen. Man zeigte uns eine
ältere Chinesin, die ein bisschen englisch konnte. Wir
unterhielten uns mit ihr, da sie aber zu viel Geld wollte,
wurden wir nicht einig. Dann brachte man uns eine etwas
jüngere, etwa 35-40 Jahre alt, mit guten Zeugnissen als
Wasch-, Koch- und Baby-Amah. Sie erklärte sich mit 80.-
Dollar einverstanden, meinte nur, wenn dann das Baby käme,
müssten wir ihr mehr zahlen, weil dann mehr Arbeit sei. Sie
ging mit uns, um sich das Haus anzusehen. Nachdem sie alles
besichtigt hatte, verzog sich ihr Gesicht zum ersten Mal zu
einem Lächeln, meinte, sie könne Montag anfangen und ihr
Name sei A-ji.

Tomas liebt seinen Kindergarten nach wie vor und kommt
jeden Tag mit neuen Wörtern nach Hause. Manchmal versteht
er sie auch falsch und dann ist es ihm nicht beizubringen,
wie es richtig heisst. So habe ich erst nach einiger Zeit
gemerkt, dass er mit "peacher" den "teacher" meint. Er

fängt an, sich richtig zu unterhalten. Zur Beruhigung der
Grosseltern am Hölderlinweg, ich antworte ihm ganz stur nur
auf deutsch und verstehe bei ihm kein Wort englisch, damit
er ja nichts vergisst. C.W. malte sich neulich aus, wir
kämen in zwei Jahren nach Darmstadt zurück und Tomas geht
auf seinen Grossvater zu und sagt : hallo, old boy, how are
you ? Julius Posener meint zwar, es verdürbe den Charakter,
wenn Kinder mit zwei Sprachen aufwachsen. Ich habe ihn aber
in Verdacht, dass er es nicht fertiggebracht hat, seine
Kinder deutsch zu lehren.

Eben kommt C.W. ganz bleich zu mir : er hat seine
Vorlesungsmappe aufgemacht und da lag eine Eidechse drin.
Sie waren beide erschrocken. Die Eidechse schloss die
Augen und C.W. rannte zu mir. Ich meinte, es sei wohl ein
Zeichen des Himmels endlich seine Holzkonstruktionen liegen
zu lassen. Eben brummt er vor sich hin, mit der Tierliebe
ginge das schon manchmal zu weit. Wenn er die Falttüren
abends schliesst, schaut er immer ganz genau, ob auch ja
keine Eidechse in den Fugen sitzt, und wenn doch mal eine
da ist, wartet er geduldig minutenlang unter gutem Zureden,
bis sie endlich fortläuft.

Neulich in der Nacht, das heisst gegen Morgen, weinte der
Tomas im Schlaf und wir standen auf. Dabei sah ich aus dem
Fenster und machte eine grossartige Entdeckung. Für mich
jedenfalls war sie grossartig : ich sah "den grossen Bären"
am Himmel. Er stand im Norden, knapp über dem Horizont,
aber als ganzes Sternbild sichtbar. Und natürlich ohne
Polarstern, der lag unter der Horizontlinie, so dass das
Sternbild selber "auf dem Kopf" stand. Ich war ganz
schrecklich aufgeregt und konnte mit meiner Begeisterung
sogar C.W. dazu bewegen, seine Brille aufzusetzen und
ebenfalls hinauszusehen. Irgendjemand hatte mir nämlich
gesagt, den grossen Bären könne man hier nicht sehen. Ich
glaube, es war Julius. Aber dessen Auskünfte haben bisher
noch nie gestimmt.

24-2-58

Da der Brief doch erst heute nachmittag fortkommt, kann ich
noch einiges dazuschreiben.

Meine neue Amah tritt eben ihr Tagewerk an, ich kann also
noch nichts über sie berichten. Als sie um 8 Uhr noch nicht
hier war, grinste C.W. schadenfroh, "die kommt erst gar
nicht". Jede neue Amah zeichnet sich duch irgendeine Tugend
aus, wenigstens am ersten Tag. Diese legt das ganze
Bettzeug in die Sonne.

Gestern abend fiel uns ein, dass wir Euch noch nie davon
erzählt haben, wie wundervoll die Chinesen und Inder
spucken können. Der Gebrauch eines Taschentuches ist
anscheinend eine westliche Erfindung, jedenfalls benutzen
nur die in Europa erzogenen Chinesen welche. Die anderen

benutzen die Hand. Und ausserdem spucken sie mit einer unheimlichen Virtuosität. Nicht nur Männer, sondern auch Mädchen und Frauen. Stellt Euch nur mal C.W.'s Enttäuschung vor : er sieht ein schönes Mädchen auf der Strasse, beobachtet sie begeistert, plötzlich kaut sie etwas im Mund, spitzt die Lippen und ein wohlgeformter Spuckball fliegt auf die Strasse. Er ist dann so enttäuscht, dass ich immer lachen muss. Wenn man auf der Strasse geht, kann es einem wohl passieren, dass plötzlich, haarscharf, wenige Zentimeter von einem entfernt, so etwas durch die Luft und auf die Strasse fliegt. Sie können aber so phantastisch zielen, dass man nie getroffen wird. Schaut man entsetzt woher das Geschoss gekommen ist, sieht man einen gleichmütig in die andere Richtung blickenden Nichtstuer. Es ist sicher keine Bosheit, sondern höchstens eine Art Beschäftigung.

Inzwischen sind hier in der Mess einige Leute wieder ausgezogen und Neue dazugekommen. Ich habe in der ersten Zeit einmal von unseren Mitbewohnern berichtet, es sind aber so viele neue Gesichter dazugekommen, dass ich wieder mal davon erzählen sollte. Wir stellen immer wieder fest, jeder einzelne ist an sich ein reizender Mensch, aber in der Masse sind die Engländer unerträglich.

Da sind zum Beispiel ein paar Damen, die C.W.'s ganze Liebe haben, so ein bisschen der Typ "junge Mädchen", mit kurzen Haaren und sehr sportlich. Leider ist er immer enttäuscht, wenn er sie von nahem sieht. Dann ist da ein schottisches Ehepaar mit zwei Kindern. Das ältere Kind ist furchtbar ungezogen und versucht den Tomas zu ärgern, wo es nur geht. Seine Mutter fand C.W.'s ganze Hochachtung, gleich am ersten Tag, als sie selbst einen Ölwechsel an ihrem Auto machte. Allerdings wurde das gleich wieder abgeschwächt, als sie gestand, dass sie sich nicht allein im Auto durch den Verkehr in K.L. traut. Neulich war ihr kleiner Anthony mit noch einem anderen Nachbarskind bei mir. Die Kinder fragten mich, wie gross Germany sei. Wir verglichen es so mit England und meinten, es sei wahrscheinlich grösser als dieses. Worauf der kleine Anthony hören liess : aber sicher ist Germany nicht grösser als Schottland !

Man erzählt sich bei uns so viel über den Geiz der Schotten. Ich glaube, die Engländer sind nicht viel besser. Ich war vor ein paar Tagen bei einer "Freundin" C.W.'s eingeladen, die ebenfalls ein Baby bekommt. Es waren noch ein paar Damen da. Es wurden die üblichen Säfte gereicht, dann ging sie ins Nebenzimmer und holte aus dem Kühlschrank eine Dose mit Schokoladenkeksen. Sie bot mir eines davon an, ich nahm es mir, sie machte sie die Dose wieder zu und brachte sie zurück in den Kühlschrank ! Ich erzählte zu Hause amüsiert davon, und tags drauf passierte genau dasgleiche bei Poseners. Es scheint also so üblich zu sein.

Dann ist eine weitere neue Familie da mit einer kleinen 4 jährigen Tochter, die mit Tomas befreundet ist. Da die Kleine ihre Mutter "Mammy" nennt, ist diese Dame für den Tomas auch die Mammy.

Herr und Frau Oberst sind immer noch hier, da sie ein Haus, das ihnen angeboten wurde, nicht nehmen wollten. Es soll scheusslich gewesen sein und nun müssen sie zur Strafe wieder von vorne anfangen mit den Punkten. Das ist ja irgenwie gemein.

Clark Gable will sich für eine Wohnung zu bewerben, weil ihm das Essen in der Messe nicht mehr schmeckt. Er bekommt jeden Tag Besuch von seiner schönen Freundin Elisabeth, die mit einem weissen Topolino vorfährt.

Auf der anderen Seite unserer Mess wohnt noch ein Junggeselle, der so verkrampft ist, dass er beim Gehen so seltsam eckige Bewegungen macht. Wenn er einen trifft und grüsst, werden seine Bewegungen noch eckiger, er schmeisst die Schultern dann so unnachahmlich herum und verzieht das Gesicht zu einem schüchternen Lächeln. Er hat irgendwie mit dem Forest Department zu tun und kam neulich mit ein paar anderen Herren und Posener zu uns um die Entwürfe für das Holzhaus zu besprechen. Als ich ihn fragte, ob er etwas zu trinken haben möchte, konnte er vor Schüchternheit nichts als Gestammel hervorbringen. Aber stellt Euch nur vor, neulich kamen wir am späten Nachmittag nach Hause, da war er gerade dabei mit seinem komischen Mayflower wegzufahren und neben sich ein malayisches junges Mädchen, eine wirkliche Schönheit - Malayinnen sind alle wunderschön -. Als wir ihm entgegenkamen, wurde er so aufgeregt, dass kaum wusste, wie er schalten sollte. Dabei leuchtete doch so etwas wie Stolz in seinen Augen, dass man nun gerade ihn mit einem solchen Mädchen sieht. Wir waren zwar um sein Seelenheil besorgt und machten uns Gedanken, ob er wohl auf Abwege geraten sei ?

Und sonst wohnen noch die komischen Deutschen hier, die immer auf das Essen schimpfen, die Blumen mit dem Kaffee giessen,und das Trinkwasser, wenn es nicht kalt genug ist, aus dem Fenster kippen. Dafür bekommen sie dann auch wirklich Eiswasser, brauchen nie Cold Collation zu essen, bekommen am Freitag keinen Fisch und auch kein Lamm zu essen. Sie haben einen goldigen kleinen Jungen, der furchtbar ungezogen sein kann und immer "no,no," und "don't" schreit.

Tomas ist mit seiner neuen Amah zum Essen gegangen und ich muss schauen, ob das auch richtig klappt. Seid darum für heute alle recht, recht herzlich umarmt und schreibt wieder. Herzlichst Euer

Coco.

9-3-58

Meine lieben Eltern und Schwiegereltern,

heute sitzen hier ein paar sonnenverbrannte Gestalten
herum, die sich gegenseitig angähnen, den Tomas konnten wir
soweit ablenken, dass er spielen ging und seine Grantigkeit
darüber vergass. C.W. brüllte heute morgen schon aus dem
Badezimmer heraus, dass diese blöden Engländer nicht einmal
in der Lage seien, ein für die Tropen wirksames
Sonnenschutzmittel herauszubringen. In der Schweiz habe man
viel bessere Sachen für Ski- und Alpentouren.

Wir sind vorgestern Mittag nach Port Dickson gefahren und
kamen bei einem schrecklichen Wolkenbruch im Si-Rusa Inn
an, wo wir bereits am Vorabend telefonisch einen Bungalow
bestellt hatten. Dadurch war die Temperatur fast so
angenehm wie auf Frazer's Hill. Wir konnten aber dennoch
baden gehen. Das Wasser war herrlich, es war gerade Flut.
Wir hatten ein wunderbares Abendessen mit "very nice fish"
wie uns der Besitzer immer wieder anpries. Der Fisch war
aber auch wirklich ausgezeichnet. Das einzige, was ich
auszusetzen hatte, ist, dass es als Beilage immer nur
Erbsen aus der Dose gibt. Meine Phantasie malte sich aus,
dass da irgendwann einmal ein Schiff mit Dosenerbsen
untergegangen sein muss und diese dabei Kisten- und
Tonnenweise angeschwemmt wurden. C.W. meinte, ich sei
schrecklich dumm, ich habe ihn aber in Verdacht, dass er
neidisch war, diese Idee nicht selbst gehabt zu haben, denn
nach 5 Minuten Stillschweigen griff er sie wieder auf, um
sie bis in Einzelheiten zu ergänzen. In der Nacht schliefen
wir wieder ohne Moskitonetz, nur dem Tomas machte ich es
fest zu. Wir wurden die ganze Nacht von keiner einzigen
Mücke belästigt, aber als ich am Morgen die grosse
Reisetasche aufmachte, kamen mir so ungefähr 50 Stück
entgegengeflogen. Aus allen Kleidern, die wir aufgehängt
oder liegengelassen hatten kamen sie uns in Schwärmen
entgegen. Es ist mir unbegreiflivh warum uns solche Scharen
von Moskitos in Ruhe gelassen hatten oder waren sie
vielleicht gerade ausgeschlüpft ? Das Wetter war nicht
gerade sehr schön, das erste Morgenbad, ebenfalls wieder
bei Flut, die reinste Wonne, der Himmel bedeckt und die
Temperatur angenehm. Wir frühstückten ziemlich lange auf
der Veranda des Hotels und dann schleppte ich meine beiden
Männer zu einem Spaziergang an der Küste entlang. Von Zeit
zu Zeit regnete es ein bisschen, was uns aber garnicht
störte. C.W. gab schon nach einigen hundert Metern zu, dass
er sehr gerne mitging, nur der dicke Tomas wollte zurück.
Als wir aber nicht darauf eingingen, trampelte er sehr
verbissen und schweigend hinter uns her. Leider hatten wir
nicht bedacht, dass die ultra-violetten Strahlen am Meer
und bei bedecktem Himmel trotzdem sehr stark sind, und so
haben wir uns nämlich unseren Sonnenbrand geholt. Und das
spätere Einschmieren mit diversen Sonnenschutzmitteln war
dann schon zu spät. Zu Mittag kam die Sonne wiedr raus und

es wurde herrliches Wetter. Das Essen war wieder sehr gut,
lovely, nice fish mit Dosenerbsen, aber so frisch, wie man
ihn in der Mess niemals bekommt.

Am Nachmittag konnten wir dann bei einem Fischfang
zuschauen. Ein paar malayische Fischer fuhren etwa 200 m
mit ihrem Boot ins Wasser hinaus und legten dabei ein
grosses Netz aus, fuhren einen Bogen und zurück ans Ufer,
etwa einige hundert Meter von der Stelle entfernt, wo sie
angefangen hatten, es auszuwerfen. Nun zogen sie vom
Ausgangspunkt und von der Stelle, an der sie wieder
gelandet waren zugleich das Netz ans Ufer. Es waren so etwa
5 Fischer an jeder Seite. Nach einer guten Viertelstunde
hatten sie das Netz am Ufer. Wir haben es sehr bedauert,
die Kamera nicht dabeizuhaben. Aber das können wir bestimmt
noch nachholen. C.W. wollte dann gar nicht mehr hinsehen,
weil er so Mitleid mit den Fischen hatte, aber mir gelang
es ganz dicht an das Boot zu kommen. Ich wollte doch sehen,
was die Fischer da alles aus dem Netz in den Korb im Boot
verfrachteten. Eigentlich waren es gar nicht sehr viele und
auch keine grossen Fische. Sie waren alle nicht grösser und
länger als etwa 10-15 cm, aber von einer aussergewöhnlichen
Farbenpracht. Sie waren ganz bunt und alle verschieden,
manche gestreift, oder gepunktet oder nur gefleckt, aber
alle bunt : rot, blau, grün und gelb mit einem grau-
silbrigen Untergrund. Ins Netz gekommen war auch eine
riesige Qualle, die die Fischer wieder ins Wasser zurück
warfen. Sie hatte einen Durchmesser von gut 30-40 cm.

Tomas' und mein Sonnenbrand haben sich inzwischen
entschieden gebessert, weil wir ihn nach meinem alten
Hausmittel, mit ungesalzener Butter behandelt haben. Der
Ästhet No. 1 hat sich natürlich geweigert, Butter zu nehmen
und hat sich mit einem englischen Mittel beschmiert. Es ist
auch noch nicht viel besser. Er rümpft die Nase, wenn man
ihm zu nahe kommt und nennt mich "ranzige Amalie Butter".

Bei unserer Rückkehr am Samstag Abend, hing die neueste
Punktliste aus. Wir sind inzwischen bis zur Hälfte der
Liste aufgerückt und haben vor uns nur mehr zwei Namen die
ebenfalls auf ein Class C Haus warten. Die anderen Leute
warten entweder auf eine Wohnblockwohnung oder ein
Vorkriegshaus. Wir hoffen also in unserem Innersten, es
möge diese Woche so weit sein, spätestens aber in zwei
Wochen. Ein bisschen böse bin ich ja mit den Malayen, dass
sie uns, die wir doch ein Geschenk einer anderen Regierung
sind, genauso schlecht behandeln wie die Engländer.
Hoffentlich machen sie dies wieder gut, indem sie uns ein
schönes Haus geben. Ich habe nun schon die gesamte
Bettwäsche, die wir brauchen, eingekauft. Alles in einem
indischen Geschäft, in dem ich auch schon einige Babysachen
geholt habe. Ein überaus trauriger Inder hat mich bedient.
Komischerweise schauen alle Inder so drein, als wollten sie
jeden Moment anfangen zu weinen. Die Bettücher und Laken
kommen aus Japan und es war alles recht preiswert. Auf

jeden Fall billiger als in den europäischen Geschäften. Während ich darauf wartete, dass mir alles eingepackt wird, kam der Inhaber und bot mir einen Drink an. In einem anderen Geschäft habe ich dann unsere Decken gekauft. Baumwolldecken natürlich, Wolle ist zu heiss. Für den Küchenkram und das Geschirr haben wir auch schon einen Laden, also es kann jetzt losgehen, wir wissen schon genau, was wir haben wollen.

Als ich aus dem Geschäft herauskam, zog gerade ein chinesisches Begräbnis an mir vorbei. Am Anfang der Prozession wurden etwa 10 kleine Sänften, vielleicht einen Meter lang, mit einer Holzfigur drauf, von je zwei Männern getragen. Danach kamen ungefähr 20 bis 30 Trishas (das sind die Nachfolger der Rickshas, Fahrräder) auf den Sitzen 2 m hohe Transparente, weiss mit roten Schriftzeichen. Dann kam eine Musikkappelle mit allen möglichen Instrumenten, Flöten, Pauken, Trompeten, die Musikanten schauten alle sehr lustig drein, und anschliessend ein grosser Wagen mit dem Sarg, der mit einem rot-goldenen Tuch bedeckt war. Der ganze Wagen war mit bunten Blumen und Drachen geschmückt. Die nächsten Verwandten folgten, aber drei oder vier gingen direkt dahinter und hielten im Gehen den Kopf in den Wagen. Die übrigen Familienmitglieder hatten richtige grobe, braune Säcke mit roten Schriftzeichen, wie Kapuzen über den Kopf und Rücken gestülpt. Danach kam noch einmal eine Kapelle, noch etwa 100 Leute zu Fuss und noch einmal etwa 30 Autos. Das ging alles sehr langsam vorwärts und auf einmal fing die Kapelle zu spielen an, was etwa so klang, als ob keiner der Musikanten eigentlich wüsste, wie er mit seinem Instrument umgehen soll. Der Verstorbene war bestimmt ein Chinese gewesen, der fleissig für sein Begräbnis gespart hat, es war sehr pompös und die Hinterbliebenen haben sicher etwas davon gehabt !

Im April ist Ramadan, der Fastenmonat der Moslem. Obwohl sich unter den Schülern des Colleges nur 5 % Moslem befinden, alle anderen sind Chinesen – und die sind entweder Buddhisten oder Christen – wird im ganzen April nachmittags nicht gearbeitet. Die Moslem dürfen dann bis zum Neumond nicht mehr arbeiten und müssen fasten.

Wir freuen uns übrigens immer sehr über die diversen Artikel aus dem "Darm-Echo", die uns die Eltern vom Hölderlinweg schicken. Ihr habt ja keine Ahnung, wie schlecht die Zeitungen hier sind. Ich nheme mir jeden Tag die Zeitung vor, weil es eine gute Übung ist, aber ich ärgere mich immer, wenn ich als Schlagzeile auf der ersten Seite lese, dass Churchill eine gute Nacht gehabt hat und sich schon besser fühlt, oder dass sich irgendeine Miss Chong usw. aus England, wo sie ihr Studium beendet hat, zurückgekommen ist, oder dass in irgendeiner englischen Kolonie ein Mann ermordet aufgefunden wurde. Was aber wirklich in der Welt vor sich geht, erfährt man nebenbei als kleine Notiz auf der 2. oder 3. Seite und dann auch nur

unvollkommen. Wir haben uns jetzt die Luftpostausgabe auf
dünnem Papier, der "Welt" bestellt. Sie wird ab nächster
Woche täglich kommen, allerdings mit 4 tägiger Verspätung.
Wir freuen uns schon sehr darauf.

Neulich, mich muss wohl irgendein Teufel dorthin geschickt
haben - ging ich ins Singapore Cold Storage und lief dort
Charmian Posener direkt in die Arme. Wir kamen ins Gespräch
und sie fragte mich, wie es mir gesundheitlich geht. Ich
sagte, nichts ahnend, sehr gut. Wie es denn meinem Magen
ginge. Ich, immer noch nichts ahnend sagte, seit mir die
Ärztin Tabletten verschrieben habe, könne ich wieder essen.
Worauf sie prompt sagte, fein, da könnt Ihr ja morgen zu
uns zum Dinner kommen, sie habe Geburtstag ! Ich war so
überrumpelt, dass ich nicht ablehnen konnte. C.W. war
genauso wenig begeistert wie ich, als ich es ihm erzählte
und wollte strikt auf keinen Fall hingehen. Als ich ihm
aber sagte, sie habe für die Party nur eine Flasche Wein,
Chateauneuf du Pape, gekauft, meinte er, das muss ich
sehen. Am Nachmittag erzählte er Julius von der Einladung,
der schier erstaunt und nicht sehr begeistert davon war :
"Wissen Sie, wir sind ja sehr gastfreundlich, aber es
kostet doch gleich immer so viel mehr !" Wir fuhren also am
nächsten Abend zu Poseners hinaus. Ich brachte ihr eine
Flasche Chanel No 5 mit, und sie hat sich wirklich wie ein
kleines Kind darüber gefreut. Alle Gäste mussten dran
riechen. Es waren zum Dinner ein amerikanisches Ehepaar,
die noch einen Amerikaner aus Hongkong mitbrachten (schon
wieder ein Gast mehr !) der Mann, der den entsetzlichen
Vortrag über Städteplanung gehalten hatte, eine Nachbarin
und wir, da. Zuerst gab es eine Vorspeise. Sie wurde in
einer kleinen Glasschüssel schon in Portionen serviert.
Grapefruitkompott mit Trauben und obendrauf ein
Pfefferminzblatt. Das letztere lieben die Engländer. Dann
kam eine Schüssel mit Lammfleisch auf den Tisch, auf jedem
Stück eine Scheibe Ananas, aber Ananas aus der Dose, und
obendrauf schwammen schwarze, kleine Dinge. Ich dachte an
verkohlte Nieren, dann an Backpflaumen, es sollen aber
Champignons gewesen sein. Dazu eine Schüssel mit grünen
Bohnen, ungesalzen und ohne Fett, und eine Schüssel mit
Blumenkohl, ebenfalls nur durchs Wasser gezogen, ohne
Gewürze. Dazu reichte die Amah , mir fielen fast die Augen
aus dem Kopf, ungeschälte Pellkartoffeln. Vor jedem Teller
stand ein Schnapsglas und ein Liqueurglas. In das
Schnapsglas kam der Chateauneud du Pape. Mein Tischnachbar,
der Städteplaner goss mir sein Glas übers Kleid. Es hat
aber genau dieselbe Farbe wie der Wein und so sieht man
nichts. Mein anderer Tischnachbar aus Hongkong wollte,
nachdem er sein Glas leer hatte, nochmal nachgeschenkt
haben, da war die Flasche aber schon leer und es gab keinen
mehr. Die Gastgeber fanden das normal und die Voltz haben
sich amüsiert. Als Nachtisch gab es eine Art Frucht-
Eiscreme, die wirklich nicht schlecht war. Und schliesslich
haben wir uns wirklich gut unterhalten.

In der Stadt findet augenblicklich die ECAFE-Konferenz der
UNO statt. Das hat nichts mit Café zu tun, sondern heisst
Economic-Conference-of Asia and Far East. Überall sind
Fahnen und grosse Autos. Meist amerikanische Fords, die so
breit sind, das der schon schwierige Strassenverkehr noch
schlimmer wird. Nächste Woche kommen die VIP's zur
Hauptkonferenz. Der wichtigste Beschluss der vergangenen
Woche war die Verkündung einer 5 jährigen Steuerfreiheit
für Industrie und Aktionäre bei Neugründungen, sowie die
atomare Ausnutzung der Wasserkräfte Malayas zur
Energiegewinnung.

Für heute seid nun alle recht, recht herzlich umarmt bis
zum nächsten Brief von Euren

C.W. und Beate

16-3-58

Meine lieben Eltern und Schwiegereltern,

heute gibt es nur einen kurzen Brief, der aber, ich
verspreche es Euch, recht bald einen langen Nachfolger
haben wird. Wir sind beide sehr glücklich darüber, dass
Euch der Film gefällt und dass wir Euch so einen
wahrscheinlich noch besseren Eindruck von unserem Leben
vermitteln können. Natürlich könnt Ihr den Film behalten,
solange Ihr ihn haben wollt. Wir werden in der nächsten
Zeit mit dem zweiten beginnen und zwar sowie wir das neue
Haus bezogen haben. Ihr könnt dann damit rechnen, ihn bis
zum Frühsommer zu bekommen und sicher schon Euer Enkelchen
bewundern können.

Und nun zu den anderen Mitteilungen. Unser Tomas hat einen
ausgeprägten Sinn für Gründlichkeit bewiesen, indem er sich
nicht nur Keuchhusten zugelegt hat, sondern, wie wir seit
heute wissen, auch noch Masern. Wir haben ihn am letzten
Mittwoch ins Hospital gebracht, weil er dort die bessere
Pflege, in Form von modernen Medikamenten bekommt.
Ausserdem wisst Ihr ja, dass sich unsere Mess nicht gerade
mit der besten Küche auszeichnet und so hat er im Hospital
Diät. Man hat dort wie selbstverständlich von mir
erwartet, dass ich bei ihm bleibe und uns sofort ein Zimmer
mit 2 Betten gegeben. Die Ärzte wissen , wie sehr ein
krankes Kind seine Mutter braucht, vor allem nachts, und so
bin ich mit ihm dorthin übersiedelt. Er ist zwar sehr
gekränkt auf den Doktor, der ihm täglich eine Spritze
verabreicht, seit heute morgen ist es Penicillin, ist aber
sehr vernünftig. Da wir wahrscheinlich morgen unser Haus
zugewiesen bekommen, wir sind jetzt fast oben auf der
Liste, möchte ich ihn auch noch die ganze nächste Woche im
Krankenhaus haben, da doch für mich sehr viel zu tun sein
wird. Das Krankenhaus, zu dem auch die Maternity gehört,
ist auf einem Hügel über K.L., ein alter Holzbau und sehr
angenehm kühl. Wir haben ein sehr schönes Zimmer, leider
ist die malayische Küche direkt darunter, so dass es
morgens, mittags und abends nach "Sonntag" riecht - nämlich
Curry. Es macht aber nichts. Ich verspreche Euch, sowie ich
dazukomme - im Hospital kann ich nicht mit der Maschine
schreiben, da keine Türen und verschliesbaren Fenster da
sind - einen ausführlichen, humoristischen Bericht zu
geben, denn einen solchen verdient das Krankenhaus
bestimmt. C.W. erweist sich als der beste Ehemann und
rührendste Familienvater, er verbringt jede freie Minute
bei uns im Hospital. So viel im voraus, Ihr dürft jetzt
nicht in dem Namen "Hospital" einen europäischen Bau sehen.
Es liegt so entzückend im Grünen, mit so herrlicher
Aussicht, dass es schon eine Wohltat ist, hinauszusehen.
Das Schönste für uns beide, es liegt so hoch, dass wir
keine Moskitonetze brauchen, und als Beruhigung, es sind
ganz ausgezeichnete Ärzte hier, denen die modernsten
Antibiotika zur Verfügung stehen.

Nun seid für heute alle tausendmal umarmt, besonders aber
meine Mutter von Eurer

Beate

Liebe Mutti, warum findest Du "Timothy" nicht schön ? Die
Abkürzung wäre Tim. C.W. ist im Augenblick von dem Albtraum
besessen, es könnten Zwillinge sein, und darum bekommt er
nicht genug Namen zusammen. Dabei reichen die, die wir
herausgesucht haben schon fast für Drillinge beiden
Geschlechts !

23-3-58

Meine lieben Eltern und Schwiegereltern,

nun sind wir also alle drei wieder vereint in der Bukit
Bintang Road, Tomas gesünder denn je. Alle Leute wundern
sich, er ist genauso gut gepolstert wie vorher, isst noch
besser und schläft jetzt, anstatt 11 - 12 Stunden,
mindestens 13. Allerdings hat er noch Quarantäne bis
nächste Woche. Es gibt hier in der Mess zu viele Kinder,
die noch keine Masern gehabt haben. Ich bin froh, dass er
das jetzt hinter sich gebracht hat.

Letzten Montag hat man uns nun ein Haus angeboten, aber es
war eigentlich kein Haus, sondern eine Zumutung, ein
Vorkriegshaus in einer unmöglichen Gegend. Von Aussicht gar
keine Rede. Rundherum Eingeborenenwohnblocks, es hat
entsprechend gerochen, die Nachbarn nur Chinesen und Inder,
der Garten eine riesige Wüste ohne Bäume, so dass man die
Kinder gar nicht hätte draussen spielen lassen können. Das
Haus selbst war ebenerdig, die einzelnen Räume finster und
ohne Ausgang zum Garten. Wir waren hellauf empört und
fuhren direkt ins Accomodation-office. Der Beamte selbst
war nicht da, seine chinesischen Schnösel, die da
herumsassen, taten sich furchtbar wichtig, und behaupteten,
Class C oder IV sei überhaupt dasselbe und wenn wir das
Haus nicht wollten, müssten wir halt wieder von vorne
anfangen zu warten, bei 0 Punkten. Daraufhin fuhren wir in
die Botschaft zu unserem Freund Pallasch, der sich ja immer
wieder angeboten hatte, etwas zu unternehmen, falls mit der
Wohnungsgeschichte irgendetwas nicht klappen sollte. Ich
habe zwar immer schon gesagt, der macht alles nur mit dem
Mund, aber wir mussten uns ja schliesslich an ihn wenden.
Nachdem wir ihm alles berichtet hatten, meinte er,"ja, da
müssen wir unbedingt etwas machen, aber ganz diplomatisch,
es darf nicht nach Klage aussehen, ja, hem, ehem ja, aber
ganz diplomatisch". Er müsse sich zuerst das Haus ansehen,
damit er mit dem Officer reden könne. Wir fuhren mit ihm
hinaus und nachdem er alles gesehen hatte, meinte er, dies
sei doch ganz nett, er habe zwar schon Netteres gesehen
usw. aber als er merkte, er kann uns nicht umstimmen,
versprach er am nächsten Tag zum Accomodation-Officer zu
gehen. Ich hab den Schmalspur-Diplomaten im Verdacht, es
war ihm trotz aller Versprechungen irgendwie unangenehm,
dass er diese nun einhalten sollte.

Er war wohl wirklich dort und muss sich dort so
"diplomatisch" ausgedrückt haben, dass der Officer sagte,
C.W. solle einen Brief an ihn richten, den er dann dem
Wohnungskomitee vorlegen wolle. Er könne für nichts
garantieren, wenn dieses Komitee schlecht gelaunt sei,
müssten wir halt wieder von vorne mit der Warterei
beginnen. Als er mir dies am Telefon berichtete, sagte ich
ihm ganz kühl, "wenn dieses Komitee einen solchen Beschluss
fasst, kann ich Ihnen jetzt schon sagen, dass mein Mann den

Malayen alles vor die Füsse wirft und nach Hause fährt und
ich denke gar nicht daran, ihn zu beeinflussen". Worauf
sich der Herr Legationsrat am Telefon wieder wand und
drehte und bat, ich möge meinem Mann doch zureden usw. usw.
C.W. schrieb am selben Abend noch einen Brief. Er führte
darin an, dass man ihm ein schönes, neues Haus versprochen
habe und dass er unter Colombo-Plan Bedingungen hiersei und
so quasi ein Geschenk einer anderen Regierung. Dann führte
er die Gründe an, weshalb dieses uns angebotene Haus für
uns unmöglich sei. Er möchte ein Haus auf dem Federal Hill
oder Guillemard Road, den guten Wohngegenden in K.L. Und
dass wir dieses Haus in spätestens einer Woche haben
möchten, weil ich kurz vor meiner Niederkunft stünde. Und
je eine Kopie des Briefes an die Botschaft und das
Technical College. Dieser Brief war zwar nicht im Sinne von
Herrn Pallasch, dazu war zu bestimmt auf unsere Rechte
pochend, aber er wird sicher seine Wirkung nicht verfehlen.

Gestern vormittag hatten wir in der Botschaft zu tun und
liefen Dr. Granow in die Arme, der uns sofort in sein
Zimmer holte. Er fährt Anfang April nach Deutschland und
wollte sich offensichtlich verabschieden und hat sich genau
nach dem Tomas erkundigt, ob im Hospital alles geklappt
hat, ob man ihn richtig behandelt habe usw. Dann erkundigte
er sich nach unserem Haus und da er von der ganzen Sache
noch nichts wusste, erzählten wir sie ihm. Er war hellauf
empört, genau wie wir. Er sagte keinen Ton von
diplomatischem Vorgehen, oder erst mal ansehen, ob es
wirklich so schlecht ist. C.W. übergab ihm die Kopie des
Briefes und er sagte sofort, falls der Brief nicht das
richtige Echo findet, sollen wir ihn anrufen, er wird dann
sofort den Erziehungsminister verständigen, schliesslich
würde C.W. ja von der Bundesrepublik bezahlt, die Warterei
müsse nun wirklich ein Ende haben. Wir waren froh und
erleichtert, jetzt kann ja nichts mehr schief gehen.

Mutti Voltz erkundigt sich in ihrem letzten Brief, ob
unsere Amah noch immer so schüchtern sei. Nach kurzem
Überlegen kam ich dann drauf, dass sich wohl Briefe
gekreuzt haben müssen, und Ihr somit nicht wissen könnt,
dass wir bereits wieder eine Amah weiter sind. Die
schüchterne Amah, die da gemeint ist, kann nur selbige
sein, die am zweiten Tag einfach nicht mehr erschien und
mich mit viel Wäsche im Stich liess. Wahrscheinlich fühlte
sie sich der Aufgabe nicht gewachsen. Danach kam die sehr
gute Amah die wir über das Arbeitsamt bekommen haben. Ich
kann wirklich nichts schlechtes über sie sagen aber als
Tomas im Hospital lag und es ihm schon besser ging,
schickte ich sie nachmittags zu ihm um selber zu Hause ein
bisschen schlafen zu können. Sie war aber keine
ausgesprochene Baby-Amah und konnte deshalb auch nicht sehr
gut mit Kindern umgehen. Tomas lag so apathisch in seinem
Bettchen und sie tätschelte ihn immer ab, fasste an seine
Füsse, Hände und Kopf, ob er Fieber habe. Das kann kein
Kind leiden und so drehte er sich immer weg. Ich nehme an,

dieses chinesische Seelchen hat sich das so zu Herzen
genommen, dass sie beschloss, uns zu verlassen. Sie
erklärte plötzlich vor ein paar Tagen, ihre Mutter läge im
Hospital von Penang mit Blinddarmentzündung und sie müsse
unbedingt zu ihr. Sie käme in zwei Wochen wieder. Die Amah
einer unerer Nachbarn käme für die Zeit zu uns, denn diese
Amah wolle nicht mehr bei den Leuten arbeiten, sie kämen
abends immer so spät nach Hause. Wir gingen zu dieser
Nachbarin und fragten, ob das stimme. Die wusste von
nichts, aber ihre Amah habe gessagt, unsere habe einen
neuen Job in Petaling Jaya, den sie am nächsten Tag
antreten wolle. Nun wurde mir alles klar : sie wollte die
Kündigungsfrist von 2 Wochen nicht einhalten und hat uns
deshalb die Geschichte mit der kranken Mutter aufgetischt.
Unserem Headboy erzählte sie nur, sie ginge weg von uns,
wollte ihm aber nicht sagen, warum. Ja, und so sass ich
wieder ohne da. Das war vorgestern. Wir hatten uns schon
lange überlegt, dass ein Boy wahrscheinlich viel besser ist
als eine Amah, nur wäscht und bügelt ein solcher halt
nicht. Der Boy, der unser Chalet saubermacht, versprach
mir, eine neue Amah zu besorgen, aber als die kam, stellte
sich heraus, sie kann kein englisch. Und so fragten wir
kurz entschlossen den Boy, ob er bei uns arbeiten will. Wir
wissen nämlich, dass die Boys in der Mess schlecht bezahlt
werden. Er strahlte und erklärte, er käme sofort zu uns. Er
sei aber verheiratet. Auf unsere Frage, was denn seine Frau
macht, erzählte er, sie sei Wasch-Amah bei der Armee. Wir
machten ihm daraufhin das Angebot, mit seiner Frau zu uns
zu kommen, sein Kind könne auch bei uns wohnen, denn wir
haben wahrscheinlich mindestens 2 Dienstboträume. Er
könnte aufräumen und saubermachen, bei Tisch servieren und
seine Frau könne waschen und bügeln. Im Moment verdienen
sie beide zusammen 220 Dollar und wir bieten als Anfang
zwar nur 200 Dollar, aber dafür können sie alle zusammen
bei uns wohnen. Jetzt leben sie nämlich getrennt. Er muss
noch mit seiner Frau reden, ob sie kommen will, wenn nicht,
müssen wir uns halt nach einer Wasch-Amah umsehen. Es wäre
schon ein Vorteil, eine Familie zu haben, da diese sich
untereinander helfen können, um mit der Arbeit fertig zu
werden. C.W. fände es riesig interessant, einen Boy zu
haben, oder vielmehr eine ganze chinesische Familie und
ausserdem haben wir jetzt den ganzen Amah-Ärger satt.

Zunächst haben wir gestern, durch die Vermittlung dieses
Boys eine ganz junge Amah bekommen. Sie sieht zwar goldig
aus, erst 19 Jahre alt, ist aber so ein
Viertelsportiönchen, dass man ihr gar nicht zutraut
überhaupt ein Bügeleisen hochzuheben. Da sich die Hausfrage
morgen klären wird, behalten wir sie vorübergehend. Falls
unsere chinesische Familie kommt, haben die beiden ja auch
erst einmal eine zweiwöchentliche Kündigungsfrist
einzuhalten. Ausserdem habe ich den Eindruck, das
Viertelsportiönchen kommt morgen auch nicht wieder, es ist
so eine Vorahnung.

Und nun muss ich Euch endlich von dem Hospital erzählen. Es ist, wie ich schon erwähnt habe, ein alter Bau, beziehungsweise, mehrere Häuser. Auf einem Hügel über der Stadt steht das Haupthaus, welches ursprünglich einmal die Villa eines reichen Chinesen war und etwa um die Jahrhundertwende gebaut wurde, im alten Kolonialstil, vorwiegend aus Holz mit sehr guter Ventilation. Dieser Mann wurde sehr krank und irgendwelche Ordensbrüder, die ihn pflegten, erzählten ihm, der Platz sei nicht geeignet, um ihn wieder gesund zu machen. Daraufhin schenkte er dieses Haus der Regierung und zog weg. Nun wurde hier ein Hospital eingerichtet und nach und nach noch drei bis vier Häuser dazugebaut. Da aber auf dem Hügel selbst nicht mehr genug Platz war, sind diese Häuser, übrigens alle im Kolonialstil, an den Hang gebaut worden und untereinander mit überdachten Gängen verbunden. Es sieht genauso aus wie es ist, vollkommen planlos, aber da der Hügel mit herrlichen Bäumen und Sträuchern bewachsen ist, wirkt das ganze wie ein Park. Von dem Haupthaus auf dem Hügel hat man eine herrliche Aussicht auf K.L. und den Djungel. Ich habe noch nie ein Krankenhaus gesehen, das eine so liebliche Umgebung gehabt hat.

Als wir mit Tomas kamen, hatte man uns schon ein Zimmer hergerichtet, denn ich blieb ja bei ihm. Es war sehr schön kühl, im Gegensatz zu unserem Chalet, wo ich täglich 4-5 mal duschen muss, weil dort so eine Bruthitze ist. Im Krankenhaus brauchte ich nicht einmal den Ventilator anzustellen, da immer eine leichte Brise durch die Räume zieht. Das Zimmer selbst hat vier Türöffnungen, die nur mit Pendeltüren versehen sind. Diese Türen beginnen etwa in Kniehöhe und gehen bis Brusthöhe. Die Fenster haben Glaslamellen - venetian blinds genannt. Die Türen führen auf der einen Seite auf eine Holzveranda, die um das ganze Haus geht und auf der anderen Seite auf einen Gang. Da das Haus auf dem Hügel liegt, braucht man keine Moskitonetze, es fliegt nichts in der Luft herum. Aber durch diese komischen Pendeltüren ist man nie für sich, sondern hört immer alles aus den verschiedenen Zimmern mit. Genauso hörten die Nachbarn natürlich nachts Tomas' Gekeuche, wenn er hustete. In dem Zimmer standen ausser dem Gitterbett für Tomas noch zwei grosse Betten, eines für mich und das andere ohne Matratze, ein Tischchen, auf dem sich ständig Ameisen tummelten, ein Schrank, in dem man seine Sachen einigermassen vor denselben retten konnte und ein Waschbecken, das nur gesäubert wurde, wenn man es ausdrücklich von der Amah verlangte. Das Beste war das Bad mit Klo. Es befand sich gleich gegenüber dem Zimmer. Das heisst, es waren zwei Räume. Der eine Raum hatte einen Steinboden und war leicht geneigt, damit das Wasser aus der Dusche abfliessen konnte. Einfach unter der Tür durch und dann in ein Abflussrohr auf dem Gang. Die Dusche, bestehend aus einem einfachen Rohr mit Brause, war die einzige Waschgelegenheit, an der Wand noch ein Regal mit diversen Nachtschüsseln und Töpfen. Im zweiten Raum daneben war ein

Klo, Gott sei Dank ein europäisches. Manchmal allerdings
konnte man nicht daran denken, sich dort zu duschen. Wenn
nämlich tagsüber einer der Patienten einen Einlauf bekam,
blieb der Nachttopf im Bad stehen, die ganze Nacht durch,
bis zum nächsten Morgen ein Kuli kam, um das Bad sowieso
sauber zu machen, etwa so, wie es unserer hier macht. Da
dieser Topf in den vergangenen 20 Stunden nun einen
bestialischen Gestank verbreitet hatte, wurde irgendein
Desinfektionsmittel verstreut, das man dann durch das ganze
Haus roch. Tomas bekam einmal einen so dreckigen Nachttopf,
wie ich ihn noch nie gesehen habe. Als ich empört nach der
Schwester klingelte, kam ganz langsam eine Amah daher. Ich
machte ihr verständlich, sie möge eine der englischen
Schwestern holen. Der zeigte ich den Topf indem ich ihr
sagte, ich wüsste wohl, dass wir hier im Fernen Osten sind,
aber immerhin sei dies doch ein Hospital. Der Schwester war
es ein bisschen unangenehm, sie schickte die Amah um einen
sauberen Topf. Den dreckigen habe ich noch zwei Tage lang
in demselben Zustand in einer Ecke des Bades gesehen. Die
Zimmer selbst waren eigentlich recht sauber, allerdings
gibt es hier keinen Staub. Die Schwester erzählte mir dann
ein anderes Mal, das Bungsar Hospital -so heisst dieses
Haus- sei noch Gold gegen diejenigen in Ipoh oder Penang.
Dieses Haus ist übrigens das Einzige wo Government-Leute
und Europäer überhaupt hingehen können. Jetzt verstehe ich
auch, warum so wenige Europäer krank sind.- Die Ärzte
selbst waren ganz ausgezeichnet. Der Assistenzarzt war ein
noch ziemlich junger Inder. Als nach ein paar Tagen der
Masernausschlag herauskam, sah sich der junge Inder Tomas
von oben bis unten an, plötzlich schaute er auf, sah die
Schwester an, dann mich,lachte ein bisschen und meinte :
"you know, its the first time I see measles on a european
body !" Die Visite ging so formlos vor sich, wie man sich
nur denken kann. Der Chefarzt kam rein, meistens von einer
Schwester begleitet, guckte sich den Patienten an und ging
wieder raus. Wenn man etwas wissen wollte, musste man das
schon aus ihm herausquetschen. Das ist irgensoeine
englische Methode, den Patienten ja im unklaren zu lassen.
Fieberkurven kennen sie hier nicht und es wurde zu allen
möglichen und unmöglichen Zeiten des Tages Fieber gemessen,
das heisst eine Minute unter dem Arm, manchmal durch den
Pyjama und dann wurde das Ergebnis in ein Notizbuch
eingetragen.

Morgens um 7 Uhr kam einer mit dem Tee und dann fing ganz
langsam der Tag an, um 8 Uhr das Frühstück und dann so eine
komische Amah, die so tat, als räume sie auf. Das Essen war
scheusslich. Ich habe in meinem ganzen Leben noch nie so
schlecht gegessen. Nicht einmal in der Zeit nach dem Krieg.
Es war gänzlich fettlos und alle Tage mittags und abends
das gleiche undefinierbare Gemüse. Die Platten vollkommen
kalt. Als Tomas wieder anfing zu essen, hiess es, er
bekomme Diät. Aber was das ist, haben die offensichtlich
nicht gewusst. Sogar das Kind hat sich geweigert, das zu
essen. Wir erfuhren dann, dass auch hier die Küche von

einem Contractor gemacht wird, der pro Patient 4,50 Dollar
am Tag bekommt. Er kauft natürlich das Billigste, das er
bekommt. Ich selbst kehrte bald reumütig zu Mr. Tans
Schüsseln zurück, während C.W. mich zur Essenzeit im
Hospital ablöste. C.W. legte einmal empört einen Zettel auf
das Tablett, wenn das Essen für Tomas nicht besser würde
und vor allem wärmer käme, würde er eine Beschwerde bei der
Regierung und einen Rapport an seine Botschaft machen.
Daraufhin bekam Tomas ganz heisses Essen und leidlich
essbar. Die Schwestern sagten mir, eine einzelne Stimme sei
zu wenig, wenn sich doch nur einmal alle Patienten
zusammentäten, könnte es schon besser werden. So ist das
mit der vielgerühmten Selbstdisziplin der Engländer, sie
halten den Mund und merken sowieso nichts, da sie Mägen aus
Leder haben müssen !

Ich hoffe nur, dass es in der Maternity besser sein wird,
obwohl es sich wahrscheinlich um dieselbe Küche handelt.
Den Frass esse ich jedenfalls nicht. Ich war letzte Woche
drüben zu einer Routineuntersuchung und kam bei dieser
Gelegenheit in den Kreissaal. Alles weiss gekachelt mit
Ventilatoren und Klimaanlage versehen, so dass es wirklich
kühl war. Ausserdem hat in diesem Haus jedes Zimmer ein
eigenes Bad, bzw. Duschraum. Und so wird es wohl auch
sauberer sein.

Nun ist er wieder gesund und hat alles gut überstanden,
unser Tomas. Er "keucht" zwar noch manchmal und ist nun
schrecklich verzogen. Die ganze Krankheit ging sehr schnell
vorbei, wohl auch wegen der Antibiotika und ich hoffe, er
jagt uns nicht so schnell wieder einen solchen Schreck ein.
Hier in der Mess wurde er rührend von den einzelnen Boys
begrüsst, als er wiederkam. Alle wollten ihn sehen und ihm
sogar die Hand schütteln. Es war ihm aber gar nicht so sehr
recht. Jetzt entwickelt er manchmal Divalaunen, so dass es
höchste Zeit für ihn ist, ein "Schweschterschen", wie er
selbst sagt, zu bekommen.

Und nun seid alle für heute tausenmal umarmt und geküsst
von Euren
C.W. + Tomas + Beate

K.L. 30-3-58   CW

Liebe Eltern,

infolge Umzugs können wir heute nur ganz kurz schreiben. Ich
bedanke mich für die Geburtstagswünsche im Brief vom 25.3. Das
Haus ist uns "Geschenk" genug.

Wir sind also am Freitag umgezogen. Es war viel Arbeit für Beate
und mich, da die Amah restlos versagt hat. Wir haben im Augenblick
eine so dumme Kuh, die weder englisch kann noch irgend etwas vom
Haushalt versteht. Aber morgen tritt die neue Amah an, und ihr
Mann wird am 10. folgen. Dank der Hilfe des Colleges bekamen wir
einen Lieferwagen mit 2 Kulis, die alles transportiert haben.

Das Haus in der Syers Road liegt sehr schön in prachtvollem Garten
am Hang des sogenannten Kenny-Hills. Es ist vor 9 Jahren gebaut
worden. Nach dem Auszug der letzten Familie hat man alles innen
frisch geweisst und es riecht so, wie eben ein Neubau riecht. Die
Möbel sind sehr ordentlich. Glücklicherweise gelang es uns, auf
Miete einen Herd zu bekommen, sonst könnten wir nicht kochen. Es
gab nämlich nur einen Kerosinofen. Damit treibt man eigentlich
sonst Düsenjäger an ! Das richtige Kochen wird erst übermorgen
anfangen, da die Amah heute nicht erschien und zuviel auszupacken
und unterzubringen war.

Es ist hier viel kühler als in der Stadt. Wir haben in unserem
Schlafzimmer kein Netz um das Bett gehängt, sondern den reinen
Netzstoff vor die Fenster, die hier komischerweise Glas haben. Wir
glauben nicht, dass wir eine Klimaanlage anschaffen. Das Haus hat
ein grosses Wohnzimmer, ein grosses Esszimmer und im ersten Stock
zwei sehr geräumige Schlafzimmer mit 2 Bädern und Einbauschränken.
Im Seitenbau sind Vorratsraum (für unsere 50 Dosen Lebensmittel),
Küche und etliche Personalräume. Unser erstes Dinner bestand aus
Spargelsuppe, Schnitzel, Karotten und Kompott, ausser den
Kartoffeln alles aus Dosen und in 30 Minuten fertig. Es hat
endlich wieder gut geschmeckt.

Von hier zum College sind es nur 8 Minuten im Auto, etwa 4 Meilen
und ebenso nah in die Stadt, eher weniger. Die Strasse zur Stadt
führt durch wundervolle Anlagen und Wald, der Weg in die Schule an
Aussenbezirk vorbei. Unsere Gegend ist nicht die gewünschte auf
dem höchsten Hügel, dem Federal Hill, aber ich glaube, wir haben
es noch besser hier. Vor allem, weil wir so gut wie kein
Nachbarhaus sehen, sondern nur Bäume, und, was die Hauptsache ist,
das ganze Panorama des Gebirges im Osten. Unser Schlafzimmer haben
wir nach Osten gewählt und haben schon zweimal einen prachtvollen
Sonnenaufgang aus dem Bett erlebt.

Viele herzliche Grüsse Euch allen C.W. + Beate

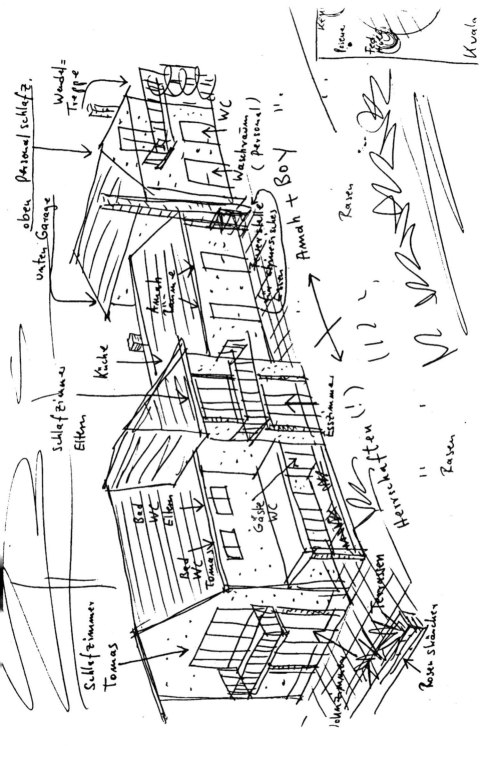

6-4-58

Meine lieben Eltern und Schwiegereltern,

heute, am Ostersonntag, den wir übrigens wieder einmal sehr
gemütlich verbringen, will ich versuchen, die ersten
Eindrücke vom "neuen Haus" wiederzugeben.

C.W. ist gerade eben von seinem Sohn tief enttäuscht : wir
beobachten im Augenblick, wie er und der kleine A-Heng im
Abwaschwasser baden. Völlig nackt, mit diversen
Konservendosen, zwischen gewaschenen und ungewaschenen
Tellern. Mit einem Brustton der Überzeugung stellte der
Vater fest, dies Kind sei kein Ästhet, zückte die Kamera
und schoss trotzdem ein Bild !

Inzwischen habt Ihr ja alle unsere Schilderungen von der
ersten Enttäuschung und dem neuen Hausangebot bekommen.
Auch C.W.'s Brief mit der Skizze. Der Umzug ging eigentlich
sehr schnell vonstatten, obwohl in die Koffer gar nicht
mehr so viel hineinging, wie bei der Überfahrt. Das College
stellte einen Lieferwagen zur Verfügung. Der Fahrer und
seine beiden Gehilfen, alles Malayen, sahen sehr müde und
traurig aus, sie müssen ja auch im Moment fasten, schafften
es aber doch, die Koffer zu verladen. Einer von ihnen hatte
ein phantastisch gestreiftes Tuch um den Kopf gewunden. Die
Malayen nehmen ihre Fastenzeit sehr ernst. Als C.W. ihnen
eine Zigarette anbot, lehnten sie sie ab, und sagten mit
düsterer Stimme, vor sieben Uhr abends dürften sie nichts
zu sich nehmen. Als er ihnen dann sagte, sie sollten die
Zigaretten halt mitnehmen und nach sieben Uhr rauchen,
hellten sich die Gesichter wieder auf und sie steckten die
Zigaretten ein. Unser Einzug in dieses Haus vollzog sich,
wie übrigens jedes Ereignis unserer Familie hier in Malaya,
mit einem heftigen Gewitter. Die Amah, die ich bei mir
hatte, war die Krone der Blödheit, aber davon später.-Das
Haus ist wunderschön, und der Garten und die Aussicht sind
das Schönste von allem. Wir sind vollkommen für uns und
sehen keine Nachbarn, obwohl auf unserem Hügel noch mehrere
Häuser dieses Typs stehen. Das Haus ist voll möbliert. Im
Wohnzimmer stehen die hier üblichen Bambussessel mit
Schaumgummikissen (für die wir schwarze Bezüge machen
liessen, was sehr gut aussieht) ein niedriger runder Tisch
mit Glasplatte, ein kleiner Bücherschrank. Die Fenster sind
im ganzen Haus verglast. Von diesem Raum gehen zwei grosse
Türen in den Garten. Eine auf eine kleine Terasse, die von
Rosensträuchern umwachsen ist. Das Schöne ist, dass Rosen
hier das ganze Jahr blühen. Die andere Tür führt auf eine
kleine überdachte Veranda, die allerdings schmal und mit
einer niedrigen Brüstung versehen ist und auf der einen
Seite einen Zugang zum Garten hat. Neben diesr Veranda
befindet sich ein Gästeklo, das Tomas sehr gerne benutzt,
seit er es entdeckt hat. Es macht ihm grossen Spass, nach
der Amah oder der Mutti zu rufen und die nicht gleich
wissen, woher die Stimme kommt. Vom Wohnzimmer aus geht man

direkt ins Esszimmer, in dem ein riesengrosser, runder
Tisch mit 5 Stühlen und einer Anrichte steht. An einem
Fenster ist eine eingebaute Bank mit so einer Art Bar
davor. In einer Ecke steht ein kleiner Schreibtisch, den
C.W. mir überlassen hat. Die Ecke ist so toll ausgesucht,
dass ich alles übersehen kann : den Garten, den
Dienstbotentrakt und durch den witzigen Einfall des
Architekten, ein Bogenfester in der Wand, auch noch die
Haustür. Von diesem Esszimmer aus kommt man durch eine
Pendeltüre in einen kleinen Raum, in dem der Kühlschrank
steht. Eine Türe führt von dort in eine Speisekammer, ein
Raum mit Regalen und die andere Tür führt in die Küche. Da
sind eingebaute Schränke, ein grosser Küchentisch, ein
Vorratsschrank, dessen Türen mit Fliegendraht versehen
sind. Von demselben Inder, der uns den Kühlschrank
vermietet hat, haben wir uns auch einen Elektroherd
besorgt. Das Geschäft mitsamt Inhaber ist eine Schilderung
wert und ich werde bei passender Gelegenheit darauf
zurückkommen. Bis jetzt nur so viel, die drei Inhaber
scheinen der Bibel entsprungen zu sein, so etwa stelle ich
mir die Apostel vor, nur dass unsere Elektro-Apostel die
indischen Sarongs um die Hüften gewickelt haben.- Von der
Küche aus kommt man dann in den Amahtrakt. Ein überdachter
Gang, der direkt zur Holzfeuerstelle führt. Von diesem Gang
gehen zwei Räume ab, in denen je ein grosses Brett zum
schlafen steht. Danach kommt noch die Garage über der noch
ein Amaraum liegt. Auf der Zeichnung habt Ihr gesehen,
dass man da hinauf über eine Wendeltreppe kommt. Unser
Garten ist ziemlich verwildert, weil unsere Vorgänger schon
vor einigen Wochen ausgezogen sind. Uns gefällt es so, aber
den indischen Gärtnern, die immer wieder ihre Dienste
anbieten, ist es nur schwer zu erklären, dass wir keinen
Gärtner brauchen. Was immer zu machen ist, kann unser Boy
dann ab nächster Woche tun, wenn er kommt. Wir haben etwa
alles an exotischen Pflanzen in nächster und etwas fernerer
Umgebung. Sogar eine Gruppe von Bananenstauden. Das
Grundstück reicht vor dem Haus etwa 50 m bis zur Strasse
hinauf. Hinter dem Haus ist eine grosse Rasenfläche die
dann in ein gänzlich verwildertes Stück Land abfällt. Tomas
wirft mit Vorliebe seine Schuhe da hinunter, wofür ich
leider nur sehr wenig Verständnis aufbringen kann. Das
Tollste für Vater und Sohn ist die Eisenbahn, die am Fusse
des Hügels entlang läuft. Man kann sie teilweise genau
verfolgen und das "Luli" - das Signal in Tomassprache -
beobachten, wenn ein Zug kommt. Im oberen Stockwerk
befinden sich zwei Schlafzimmer mit je einem Bad. Unser
Schlafzimmer ist unbedingt der schönste Raum im Haus. Es
hat einen kleinen Balkon mit der herrlichsten Aussicht auf
die Berge. Morgens um halb sieben, bevor die Sonne aufgeht,
kann man ein überwältigendes Farbenspiel beobachten. Es
beginnt mit einem tiefroten Licht, das sofort in gelb mit
lila wechselt, um dann hellgelb zu werden und wieder völlig
verschwindet. Auf einmal kommt dann an der Stelle, wo die
Sonne aufgeht, ein neuer rotgelber Streifen und ein paar
Minuten später ist die Sonne da.- In diesem Schlafzimmer

sind ausser den Betten zwei Wandschränke mit Schiebetüren,
ein Toilettentisch und ein Standspiegel. Die Matratzen hat
C.W. bei einem Chinesen gekauft, als er einmal allein in
die Stadt fuhr. Er ist heute noch stolz darauf. Noch
billigere gibt es nämlich bestimmt nirgends. Sie kosteten
jede 20 Dollar. Zuerst dachte ich, es sei Seegras, dem ist
aber nicht so. Inzwischen habe ich mich auch an die
Matratzen gewöhnt, aber irgendetwas stimmt nicht dran. Der
Laden, in dem er sie gekauft hat, ist chinesisch und der
Besitzer konnte gerade englisch radebrechen. Als die
Rechnung geschrieben werden sollte, drückte der Händler
C.W. den Rechnungsblock in die Hand und sagte, er solle die
Rechnung selber schreiben, er könne das nämlich nicht ! Das
zweite Schlafzimmer, mit Aussicht auf das Luli und die
Eisenbahn, natürlich auch mit kleinem Balkon, ist für Tomas
und Zuwachs. Dort stehen ebenfalls zwei Betten mit je einem
Rahmen für das Mokitonetz, Wandschränken, Toilettentisch
und der Babykorb. Das zweite Bett ist natürlich unbenützt,
aber wir lassen es im Zimmer stehen. Wir haben keine
Moskitonetze sondern aus Netzstoff Vorhänge vor den
Balkonfenstern und vor der Zimmertüre. Dadurch bekommt man
mehr Luft. Ich kann diese Netze nicht vertragen und glaube
immer, ich bekomme keine Luft. Nur Tomas hat ein richtiges
Netz um das Bett. Wir erwägen, ob wir uns eine Klimaanlage
mieten sollen, damit wir wenigstens nachts kühl schlafen,
obwohl es hier oben schon viel kühler ist.

Das Geschirr haben wir sehr billig gekauft. Eines der
europäischen Geschäfte hatte gerade Ausverkauf, und da die
Fabrikation des malayischen Geschirrs, das uns so gut
gefiel, vor zwei Monaten eingestellt worden war, gingen wir
dorthin. Wir fanden ein gelbes Steingutgeschirr und da man
nichts nachkaufen kann, haben wir alles gleich duzentweise
genommen. Der ganze Kram, von den Suppentellern, über
Fleisch- und Dessertteller und Schalen, Suppenschüsseln,
Kaffee- und Mokkatassen hat nicht mehr als 100 Dollar
gekostet. Wir sind sehr stolz darüber. Ausserdem haben wir
ein grosses indisches Lebensmittelgeschäft gefunden, das
zweimal am Tag alles ins Haus liefert, man braucht nur bis
10 Uhr morgens und bis 4 Uhr nachmittags bestellt zu haben.
Das Fleisch kaufen wir tiefgefroren. Das
Lebensmittelgeschäft bringt auch jeden Tag frische Milch,
die direkt aus Australien kommt, man kann sie beruhigt
trinken, sie ist pasteurisiert, kostet aber durch den
Flugtransport für deutsche Verhältnisse ungeheuer viel :
eine Flasche, etwa ein Viertelliter, kostet 45 cents, das
sind etwa 60 Pfennige. Zum Kochen und für den Kaffee haben
wir Milchpulver. Vor ein paar Tagen, als ich in die Stadt
zum einkaufen fuhr, musste ich an der grossen Markthalle
vorbei. Ich konnte der Versuchung nicht widerstehen, nahm
meinen Sohn an der Hand und ging rein. Es stank zwar nicht,
war aber stickig heiss, wie in einem Treibhaus. Tomas war
so entsetzt darüber, dass es ihm die Rede verschlug und er
ganz missmutig hinter mir her stapfte. Es war einfach toll.
Das Gemüse kommt aus Cameron Highlands - das ist oben im

Gebirge und liegt noch höher als Frazer's Hill - und war
wunderschön. Einfach alles was es bei uns zu Hause auch
gibt : Weisskraut, Kohl, Salate, Gurken, Radieschen,
Paprika, Kartoffeln, Petersilie usw. und alles sehr, sehr
billig. Es kostete alles nur ein paar cents. Das Obst war
teilweise teurer, da ja fast alles aus Afrika und Europa
importiert wird. Es sah aber sehr schön aus. Manche Stände
hatten nur Bananen und Ananas, die natürlich, als hiesige
Früchte, sehr billig sind. Zwischen den Bananenstauden
hocken die Malayen und sortieren die Früchte. Dazu haben
sie einen Korb, etwa einen Meter von sich entfernt stehen,
schmeissen die Bananenstrünke hinein und spucken
zwischendurch auch mal rein, in dem sie genau abpassen,
dass gerade ein Passant vorbei geht. Es gab auch Fleisch
dort, aber ich weiss nicht, wie frisch das ist. Es kommt
angeblich am frühen Morgen aus Australien mit dem Flugzeug.
Wenn man also um 7 Uhr dort ist, hätte man die Aussicht,
ganz frisches Fleisch zu bekommen. Bis jetzt mag ich lieber
das Gefrierfleisch, wenn ich nach 2 Stunden nach Hause
komme, ist es immer noch gefroren, selbst bei unseren
Temperaturen.

C.W.'s empfindlicher Bauch reagiert nun auch auf das
deutsche Essen. Er rebelliert genauso, wie er es damals bei
unserer Ankunft getan hat. Allerdings nicht ganz so
schlimm, vor allem sind wir beide froh, endlich wieder so
essen zu können, wie wir es gewöhnt sind. Nur Tomas hat
sich zu unserer Enttäuschung als Engländer entpuppt. Wir
essen abends kalt, wie zu Hause und Tomas will ein Dinner
mit Suppe, Hauptgericht und Nachtisch. Ich gebe ihm meist
das Gemüse von Mittag - er gibt sich schon lange nicht mehr
mit Brot zufrieden - dann guckt er jedes Mal und sagt : und
wo ist die Suppe ? Und wo ist der Pudding ?

In der vergangenen Woche haben wir nur aus Dosen gelebt.
Herkunftsland : Australien, Amerika, Schweiz, Frankreich,
Dänemark, also international. C.W. hat mit der Amah
gekocht. Ich selbst konnte kaum essen und bin erst heute
wieder besser dran. Das Baby hat ein so geradezu
unheimliches Temperament entwickelt, dass ich, jedes Mal
wenn es mir einen Fusstritt in den Magen gegeben hat,
gerade noch einige Minuten Zeit hatte mit letzterem zu
kämpfen und dann alles wieder hergab. Ich hege die leise
Befürchtung eine Gelbsucht zu haben. Da ich aber noch
weiss, was man da alles essen darf und was nicht, geht es
mir schon wieder besser. Über die Osterfeiertage ist
nirgends ein Arzt zu bekommen und ausserdem verschreiben
sie einem Tabletten, die nix helfen. Ich freue mich schon
so sehr, dass das alles bald vorbei ist und habe gerade zu
meinem grössten Erstaunen festgestellt : planmässig dauert
das Ganze nur mehr 3 1/2 Wochen !

Nun zur Amah. Im letzten Brief aus dem Chalet hatte ich
noch von der Amah berichtet, deren Mutter angeblich krank
wurde, dann kam eine neue, junge und der wiederum folgte

die Krone der Blödheit. Dass sie noch kein englisch konnte,
war ja nicht ihre Schuld, aber wie C.W. ganz richtig
bemerkte, nachdem wir einen solchen Verschleiss an Amahs
haben, warum sollte nicht mal eine Blöde dazwischen sein ?
Unser Boy Thong, der am 10. April hier seinen Dienst
antreten wird, bringt seine Frau mit, und dies ist die
erste Amah, die wir engagiert haben, ohne sie vorher
gesehen zu haben. Eines Abends brachte er sie mit, um sie
vorzustellen. Sie sieht aus wie ein junges Mädchen, ist
aber schon 24 Jahre alt. Sie versteht und radebrecht ganz
gut englisch, kann aber kein "R" aussprechen. Man gewöhnt
sich daran : fleiday für Freitag und wenn das Essen fertig
ist, ist es leady. Sie erzählte, dass ihre bisherige Mem
eine Deutsche ist, die mit einem englischen Soldaten
verheiratet ist. Da sie bei uns mit Mann und Kind zusammen
sein kann, kommt sie lieber zu uns, obwohl diese Mem sehr,
sehr nett sei. Sie hat auch die Kündigungsfrist nicht
eingehalten, die Chinesen sind ja gross im Erfinden von
Ausreden, und so versprach sie mir, am 1. April anzufangen.
Der Doofen wurde gesagt, solange könne sie bei uns bleiben,
da sie aber doof war, hat sie das nicht verstanden, auch
nicht auf chinesisch und bereitete sich darauf vor, ihr
weiteres Leben bei uns zu verbringen. Wenn man ihr etwas
sagte, grinste sie blöd freundlich vor sich hin und tat
nichts. Am Abend des ersten Tages im neuen Haus, als
überall noch Kisten und Koffer herumstanden, holte sie sich
eine Amah aus der Nachbarschaft, die englisch sprechen
konnte und liess mir sagen, sie wolle für den nächsten Tag
ihren day-off. Und das, nachdem sie gerade drei Tage bei
uns war ! Und hier sei ja doch nichts zu tun. Beinahe war
ich am platzen. Ja, übersetzte die andere Amah, diese Amah
wolle heute abend nach Hause gehen und da dies hier eine
abgelegene Wohngegend sei, fürchte die Amah, sie würde
morgen den Weg nicht mehr finden. Wir meinten, wenn sie ihn
morgen nicht fände, würde sie ihn wohl übermorgen noch
weniger finden, und warum sie nicht hier schlafen wolle ?
Sie habe nicht genug Sachen mit. Darauf gab ihr C.W. einen
Zettel mit der Adresse in die Hand und sie ging blöd
lächelnd davon. Am nächsten Morgen fuhr um 8 Uhr, während
wir beim Frühstück sassen, ein Taxi vor und ihm entstieg
sehr vornehm unsere Amah. Von nun an musste ich ihr alles
zeigen, was sie zu tun hat und vor allem wie sie es tun
sollte. Von Teller abwischen hatte sie noch nie etwas
gehört, ebenso wenig vom Betten machen, Boden aufwischen,
na ja usw. Am Nachmittag legte ich mich dann nach dem Essen
ein bisschen erschöpft vom Erklären auf meine neue Liege
(Geschenk von C.W. für werdende Mütter). Als dies unsere
neue Amah sah, verschwand sie auf ein Schwätzchen zur
Nachbarin. Sie kam mit ihr wieder und liess sagen, nun
wolle sie den morgigen Tag als day off. Ich sagte ihr, müde
dieser blöden Visage, sie wisse doch, dass am Dienstag die
neue Amah käme, warum sie da noch unbedingt einen day off
haben wolle ? Sie fiel aus allen Wolken, das habe sie nicht
gewusst, und so weiter, und nun wolle sie auf der Stelle
gehen. Was sie auch tat. Sie kam zwei Tage später mit einer

alten Chinesin und wollte einen ganzen Monatslohn, weil wir die Kündigungsfrist nicht eingehalten hätten. Riesiges hin und her, und mittendrin fuhr ein Lieferwagen vor mit unserem Boy Thong, der bereits die Sachen seiner Frau brachte. Er erschien richtig wie ein Retter. Die Lage war bald geklärt und alle anwesenden Chinesen erklärten immer wieder, so etwas von Stupidität hätten sie auch noch nicht gesehen.

Am Abend brachte Thong seine Frau und seinen Sohn Heng, zwei Jahre alt. Sie sah sich ein bisschen um und ich sagte ihr, das Geschirr kann alles morgen gemacht werden, die Fussböden kannst Du Dir auf die ganze nächste Woche verteilen, wir haben so viel Zeit. Von unseren Geschirrvorräten war alles, bis auf einzelne Teile schmutzig im Spülbecken, es sah überhaupt aus wie es war : mir über den Kopf gewachsen. Eine Viertelstunde später hörte ich sie abwaschen, eine kurze Weile danach war die Küche nicht mehr wiederzuerkennen. Am nächsten Morgen ging es weiter, sie machte alles von allein, man brauchte ihr absolut nichts zu sagen. Als ich kochte, schaute sie zu und sie ist nach wenigen Tagen schon in der Lage, uns ein Essen zu kochen. Bei uns ist es jetzt immer blitzsauber, ohne dass ich die geringste Anweiseung zu geben brauche. Wahrscheinlich ist sie bei meiner deutschen Vorgängerin in eine gute Schule gegangen. Wir fragen uns nur, was haben sie uns nur immer für Amahs geschickt ? Und dabei ist sie so ein reizendes Ding und ich glaube, hiermit dürfte nun endlich das Kapitel "Amah" zu einem glücklichen Ende gebracht worden sein. Ich habe mir vorgenommen, eine Amah-Geschichte für eine deutsche Zeitung zu schreiben. C.W. meint allerdings, und ich fürchte er hat recht, kein Mensch wird uns das glauben.

Weil ich unserem Boy seine 25 Jahre nicht zugetraut hatte, haben sie mir ihr zweites Kind unterschlagen. Sie erzählte mir jetzt davon. Ein kleines Mädchen von 9 Monaten. Wenn Thong dann kommt, können sie es meinetwegen auch noch bringen, es ist so viel Platz hier und für unser Einzelkind das Allerbeste. Er spielt jetzt schon sehr nett mit dem kleinen Heng. Das ist ein süsser, richtiger, kleiner Chines', der noch gar nicht sprechen kann, immer lacht, wenn man ihn anspricht und manchmal schrecklich doof dreinschaut. C.W. spricht mit ihm, wie er meint, chinesisch, etwa so : he, hang, hung, hoho. Wenn man ihn dann fragt, ob das kantonesisch, Shanghai oder Highland sei, meint er schliesslich, es sei wohl darmstädter chinesisch.

Unsere Amah hat uns auch gezeigt, wie die Chinesen Reis kochen. Sie macht ihn uns jetzt immer und ich habe selten so guten Reis in dieser Geschwindigkeit gesehen. Den Topf mit der gewünschten Menge Reis und doppelt so viel Wasser, aufs grosse Feuer ohne Deckel, damit das Wasser verdunsten kann. Nach etwa 10 Minuten ist das Wasser fast ganz weg, dann gibt man ein Stück Butter drauf und Salz und stellt das Feuer auf klein. Das ganze braucht dann noch etwa 5 Minuten zum versickern und durchziehen und kann dann direkt serviert werden. Der Reis ist körnig, weich und niemals angelegt. Versucht es mal. Sie macht es bei mir auf der elektrischen Platte. Die ersten 10 Minuten auf stark, die weiteren 5 Minuten auf klein.

Der Reis ist hier rationiert. Wieso, weiss ich nicht, aber jeder kann eine Karte bekommen und hat dann Anspruch auf mehrere Katies Reis. Ich glaube im ganzen 14 Pfund im Monat. Das Kati kostet 35 cent in den chinesischen Läden und es ist, glaube ich, etwas mehr als ein Pfund.

Liebste Mutti, bitte kannst Du mir ein paar Kochrezepte schicken, so wie Du es machst. Du kannst so wunderbar erklären, z. B. gefüllte Paprika, irgendein besonderes Gemüse, Gurkensauce.

Schreibt bald wieder und seid für heute alle umarmt von Eurem

Coco

Typischer
Wandschmuck der
Tropen

Widerstand für den
Deckenpropeller mit
Geschwindigkeits regelung

Propeller schalter

di Ben lampe
(Veranda)

diese Schalter setzt diese Steckdose
in Betrieb

Steckdose (Schuko). Es gibt
keine normalen 2-poligen.
Aber mein Rasierapparat paßt
in die in keine 2 Löcher rein!
Hier müßte ein Deniyer kommen und die
Erfindung des Wechselschalters bekannt machen!

123

14-4-58

Liebe Eltern und Schwiegereltern,

heute haben wir nun endlich wieder einmal Post von meiner
Familie bekommen, wenn auch nur kurz, es war doch schon
recht schwer erwartet worden. Aber ich habe ja Verständnis
für Osterbesuch.

Im heutigen Brief sind nun die angekündigten schwarz-weiss
Fotos von Haus nebst Inhalt. Wir fühlen uns nach wie vor
sehr wohl und vor allem, das Gefühl, dass alles klappt mit
unserer chinesischen Familie, ist wunderbar. Der Ehemann
Thong fühlt sich natürlich als Oberhaupt der Dienstboten
und nützt das aus. Gestern, als Julius Posener uns besuchen
kam, wollte ich ihm eine Cola anbieten und sah, dass nur
mehr eine im Kühlschrank war. Ich sagte der Amah, sie müsse
immer welche hineinlegen und als Thong dann die Getränke
servierte, sagte ich ihm, vergiss nicht, die Cola in den
Kühlschrank zu tun. Er schleppte sofort mehrere Flaschen,
aber einige Minuten später hörte ich ein chinesisches
Gekeife aus der Küche. Wahrscheinlich hat sie einen Anpfiff
von ihm bekommen. Neulich bestellte C.W. am Abend bei der
Amah statt Cornflakes mal Porridge zum Frühstück. Er sagte
ihr, sie solle den Porridge aber nicht mit Wasser, sondern
mit Milch kochen. Am nächsten Morgen gab es Wasserporridge.
Auf seine Frage hiess es, Thong habe gesagt, in der Mess
habe es immer Wasserporridge gegeben, so sei es richtig,
und sie habe das bestimmt falsch verstanden. Aber bei
passender Gelegenheit wischt sie ihm dann eins aus. Als wir
heute Mittag nach Hause kamen, hupte C.W. weil einiges
hineinzutragen war. Da hörte man sie dann eifrig keifen,
wahrscheinlich war das dann mit "Thong, du fauler Kerl,
stehst du gleich auf und gehst nach vorn" zu übersetzen.

Im letzten Brief vom 6.4. hatte ich mich über meine Tochter
beklagt, die immer in meinen Magen stösst. Dies war ein
Irrtum und eine ganz gemeine Leberinfektion. Als ich am 7.
in die Maternity zur Routineuntersuchung musste, behielt
man mich gleich da und gab mir ein herrlich ruhiges Zimmer,
in dem ich mich sehr schnell wieder erholte und heute
wieder nach Hause durfte. Die Leberinfektion hat übrigens
nichts mit dem hiesigen Klima zu tun, es hätte mir genauso
zu Hause passieren können. Man meinte, ich könne
möglicherweise einen Stein gehabt haben, der die Kolik
verursacht hat. Ich bin aber inzwischen wieder ganz o.k.,
keine Sorge. Aber nicht nur die Ruhe hat mich wieder gesund
gemacht, sondern vor allem die strenge Krankenhausdiät. Die
war nämlich so furchtbar, dass ich ganz schnell wieder nach
Hause wollte. Man brachte mir jeden Tag, mittags und
abends, immer das Gleiche, ein Stückchen gekochtes Huhn mit
Karotten, sonst nichts, sodass ich bald Hungers gestorben
wäre. Als dann der Arzt kam, habe ich ihn furchtbar traurig
angesehen und gesagt : "Laissez-moi rentrer, je meurs de
faim !" Der Arzt gehört zu den Ausländern, die glauben, die

französische Sprache bestehe hauptsächlich aus pathetischen Aah's und Ooh's und Alors ! Im Geheimen ist er riesig stolz, wenn seine englischen und chinesischen Krankenschwestern bewundernd ob seiner französischen Sprachkenntnisse mit grossen Augen danebenstehen. Die Schwestern sind alle ganz reizend und eigentlich bin ich dort schon fast zu Hause. Über die diversen Amahs und Boys und so weiter, werde ich bei Gelegenheit ausführlich noch berichten. Ich habe wieder viele interessante und amüsante Erlebnisse gehabt.

In unserer nächsten Nachbarschaft befindet sich ein richtiges Dackelpaar, gross, kräftig und kitschig wie auf einer Postkarte um 1900 : schwarz mit braun und glattem Fell. Der eine ist an Tomas hochgesprungen um ihn abzulecken, dabei war er noch grösser als unser Dicker ! Ihr könnt Euch also vorstellen, was das für ein Trumm Viech ist ! Aber sogar Tomas hat bereits den feinen Unterschied begriffen, er sagt nämlich, wenn er die Ansammlung edler und weniger rassiger Hunde unserer Nachbarschaft beisammen sieht : "Das ist ein Hund und das ist ein Dackel !" Und eines Tages werden wir auch so einen edlen Dackel finden und dann wird C.W. ganz einfach überstimmt, er versteht ja gar nichts von Dackeln. Unsere Amah mag keine Hunde, wie alle Chinesen, aber sie hat solche Angst vor Einbrechern, dass sie wahrscheinlich auch nichts sagen würde.

Der Omi bitte noch herzlichsten Dank für ihren lieben Brief, wir haben uns wieder sehr darüber gefreut. Hoffentlich kommt nun bald das Paket, C.W. hat mir heute Angst gemacht, es könne in dem ausgebrannten Auswandererschiff gewesen sein, hoffentlich nicht ! Bis zum nächsten Mal seid alle recht, recht herzlich umarmt von Euren

C.W. + Tomas + Coco

K.L. 21-4-58, 2. Feiertag des Moslemfestes, Queen Elisabeth
II geb.   CW

Liebe Eltern,

die Meine sagt, dass ich heute dran bin mit dem Schreiben.
Wir kommen gerade vom Flugplatz. Die erste Maschine der KLM
ist heute gelandet. Sie eröffnet ihren neuen Kurs, der K.L.
mit Frankfurt und Amsterdam verbindet. In 2 Wochen beginnt
die SAS einen ähnlichen Kurs. Auch unsere Britannia fliegt
nun nicht mehr Rom an, sondern Frankfurt.

Heute morgen nun hatten sie eine Art Festzelt vor dem
Flughafengebäude errichtet und der Tengku
(Ministerpräsident) und andere Gäste veranstalteten eine
Cocktailparty, während die Maschine aufgetankt wurde. Ihr
wisst ja, dass man hier nicht die strengen Vorschriften hat
wie auf dem Kontinent. Und so mischten wir uns ebenfalls
unter das Volk, obgleich nicht eingeladen. Das war nicht
weiter schwierig, man ging halt eben durch den Zoll und ans
Flugzeug. Sie haben dann die Motoren angelassen, als wir
noch unter dem Flügel standen, erst dann wurden wir
freundlich zurückkomplimentiert. Es roch nach Benzin und
Sekt. Der Tengku, den ich aus 5 m Entfernung aufnehmen
konnte, trug ein ganz blaues Gewand, halb Hemd, halb Hose
und seinen schwarzen malayischen Hut. Es war festlich
familiär, wie alles offizielle hier.

Gestern war unser erster richtiger Sonntag im neuen Haus.
Niemand war krank, alles eingeräumt, und das Personal hatte
Ausgang. Nur wegen des Geschirrs waren wir ganz froh, als
unsere Gesellschaft abends wieder ankam. Es geht noch immer
ausgezeichnet mit der Familie. Die Amah nimmt
unaufgefordert Beate alle Arbeit ab, überzieht die Betten
und was eben sonst alles zu machen ist. Sie kann bügeln,
kochen und ist sehr sauber. Thong hat inzwischen eine
Mähmaschine, Spaten und Sichel gekauft. Er arbeitet meist
im Garten. Da ist eine ganze Menge zu tun. Nur tut er das,
wie es von Chinesen nicht anders zu erwarten ist, ohne jede
Einteilung und ohne System. Er mäht mal hier, mal dort,
rupft Unkraut da und dort. Er hat auch erst die Pflanzen
sauber ausgeputzt, die er nächste Woche ausreissen soll.
Das kann man einem Chinesen nicht beibringen. Zweimal war
er in der Stadt einkaufen. Zweimal kam er spät am Abend
erst heim. Sicher hat er sich dem Trunk hingegeben, denn
die Versuchung war zu gross. Seine Frau hat darauf sehr mit
ihm geschimpft. Sie ist überhaupt diejenige, die 75 % der
Arbeit schafft. Die Männer arbeiten nicht sehr gern und
nur, wenn sie müssen.

Seit ein paar Tagen wissen wir, dass für die Chinesen ein
Mensch 400 mal so viel wert ist wie ein Hund. Sie lieben
Hunde gar nicht. Und das kam so. Wir sahen uns kürzlich
junge Hunde an, da man hier am Stadtrand einen Hund als
Schutz gegen nächtliche Besucher haben sollte. Unsere

englisch-chinesische Chaletnachbarin hatte gerade puppies,
die unser täglicher Besucher, ein grösserer weisser Hund,
geworfen hatte. Wir sahen uns den letzten noch wohlfeilen
Hund an - er sollte $ 300.- kosten. Es stellte sich heraus,
dass die Rasse, die wir "guter Hund"-Rasse genannt hatten,
Labrador-Retriever heisst, übersetzt Apportierhund. Das
Fell ist hellbraun wie Milchkaffee. Dieser Kauf schien uns
doch zu leichtsinnig. Wir erzählten unserer Amah davon. Sie
sagte, wenn je, würde sie 5 Dollar für einen Köter
ausgeben. Und somit komme ich zurück zu der Rechnung, die
diesen Absatz eingeleitet hat. Die Amah hat nämlich Ärger
mit ihrem Sohn Heng, der wie jeder Lausbub seine Unarten
hat. Sie sagte kürzlich zu Beate, sie gebe Heng vielleicht
ganz weg, eine Bekannte, die nur Töchter hat, würde ihr $
2000,- für Heng bieten. Das ist nichts ungewöhnliches. Im
Hospital war eine Chinesin, die gerade ihr 13. Kind
erwartete. Sie hatte zur Schwester geäussert, wenn es kein
Sohn sei, würde sie das Kind jemandem geben. Es war dann
wirklich ein Mädchen.

Herr Legationsrat Pallasch hat uns vor einigen Wochen in
eine ganz dumme Situation gebracht. Als wir das schlechte
Haus zugewiesen bekamen, hatte er sich doch so ausgedrückt,
dass man eben sehen müsse, wie man, auf diplomatischem Weg
natürlich, dies ändern könne, und höchstwahrscheinlich usw.
usw. Als er Beate telefonisch mitteilte - ich war nicht zu
erreichen -, dass es wohl von der Laune des Housing-
Komitees abhänge, ob wir ein besseres Haus bekämen oder
nochmals 4 Monate im Chalet bleiben müssten, schrieb ich
einen Brief an das Komitee. Ich dachte wie Dr. Granow, der
Pallasch vor seinem Weggehen nach Deutschland angewiesen
hatte, eine strenge Position in dieser Sache einzunehmen.
Und somit wurde mein Brief so, wie meine Briefe meist in
solchen Situationen sind : ein bisschen sehr streng und
ohne Freundlichkeit. Ich wusste dazumal aber auch nicht,
wie sehr die Eingeborenen hier beleidigt sind, und wusste
auch nicht, dass man hier Briefe an Behörden mit "Sehr
geehrter Herr" beginnt und "Ihr sehr ergebener" .. beendet.
Kurz und gut. Ebenso schnell regten sich die Leute bei der
Regierung auf, dass ich gewagt hatte, die "Nähe der lokalen
Häuser und den Geruch des lokalen Essens" zu reklamieren.
Die Presse erhielt eine Notiz und Pallasch erfuhr auf
Presse-Umwegen, was geschehen war. Er hatte zwar auch die
Kopie meines Briefes erhalten, aber nichts geäussert. Nun
drohte also eine - für Pallaschs Begriffe - diplomatische
Wirrnis zu entstehen ("German lecturer protests against
food ?"), die man nach Bonn hätte melden müssen, mit allem,
was daraus hätte entstehen können. Es hätte nahezu das Ende
unserer Reise in den Osten daraus werden können. Denn die
Malayen hatten gesagt, einen Mann, dem unsere Sitten nicht
gefallen, den wollen wir nicht bei uns haben. Sie
bilden sich also allen Ernstes ein, es sei alles wunderbar
hier. Ich habe nun letzte Woche einen sehr höflichen
Entschuldigungsbrief an die Regierung geschrieben und darin
ausgedrückt, dass es mir völlig fern lag, irgendetwas zu

beklagen usw. Ich zeigte den Brief Julius Posener. Aber der
letzte Satz war schon wieder verletzend. Ich hatte nämlich
geschrieben, dass ich ... das Leben hier sehr schön finde,
und die Arbeit, und dass es viel Spass mache, die
Architekten auszubilden damit die Lebensbedingungen hier
gebessert würden. Eben das letztere, was in Europa kein
Mensch anders versteht, als es gemeint ist, kann hier neuer
Anstoss sein. Und so habe ich den Brief noch einmal
geschrieben. Nun scheint die Sache behoben zu sein. Mein
Principal Mr. Nair hat ebenfalls grossartig für mich
gesprochen, so dass keine Schwierigkeiten entstanden sind.
Nair meinte, wissen Sie, diese Leute hier sind so
empfindlich, dass man das als Europäer erst lernen muss.
Den schlechtesten und verletzensten Brief in der ganzen
Affäre habe jedoch nicht ich, sondern den hat Pallasch
geschrieben. Als ich nämlich nicht spontan mein Excuse-me-
Schreiben abgeschickt hatte, forderte er mich schriftlich
dazu auf in einem Ton, den man als Vorgesetzter verwendet.
Dennoch : mit besten Grüssen Ihr Pallasch.Er ist und bleibt
eine komische Figur.

Die politische Weltlage ist von hier nur anhand deutscher
Zeitungen zu beurteilen, weil die grossen Singaporer
Zeitungen so gut wie nichts über andere Länder berichten.
In unserer nächsten Nähe findet ein kleiner Krieg statt,
der aber ziemlich friedlich verläuft : die Rebellen auf
Sumatra ziehen sich stets so rechtzeitig zurück, dass kaum
Verluste entstehen. Die Jakarta-Truppen besitzen eine
Handvoll Flieger, aber keine Bomben und kaum ausgerüstete
Piloten. Als kürzlich einige Fallschirmjäger in Sumatra
landeten, sammelte ein zweites Kommando die Fallschirme
wieder ein, transportierte sie per Schiff nach Jakarta, auf
dass sie noch einmal von der nächsten "Welle" benutzt
werden konnten. Irgendwie ist das ganze doch nur sehr
intern. Die deutsche Politik haben wir hier sehr genau
verfolgt. Dulles hatte vor einigen Wochen in der LIFE einen
Artikel über seine Politik veröffentlicht. Er ist für die
Politik der bewaffneten Stärke und begründet dies sehr
überzeugend. Nun kann man den Russen ja anscheinend nur
damit imponieren. Aber wir fragen uns, ob die Eile mit den
deutschen Atomwaffen begründet ist. Wenn man, so frage ich
mich, schon Fernwaffen hat, warum müssen die Deutschen
dieses gefährliche Zeug in Deutschland stationieren ? Warum
baut man nicht in Deutschland 2000 Abschussrampen für Nike,
mit denen man die Flieger herunterholen kann und
entsprechende Radaranlagen, sondern will strategische
Waffen für eine Armee, die ja noch gar nicht existiert ?
Das sind meine Gedanken. Das alles ist natürlich keine
Entschuldigung für das Verhalten der Opposition. Wenn aber
Adenauer seinen Schritt in erster Linie aus politischen
Gründen getan hat, dann ist das ein sehr ernster und
gefährlicher Schritt. Denn einerlei, was mit wem geschehen
möge, wo Atombomben sind, da werden auch die des Gegners
fallen. Auf der anderen Seite gibt es genügend Berichte,
nach denen die Russen dringend Frieden brauchen. Könnte ein

guter Diplomat aus dieser Situation nicht etwas
heraushandeln ? Am besten hat ein Kommentator der WELT die
Lage geschildert : die heutige Situation ist das
zwangläufige Ergebnis, wenn Demokratie und Diktatur
Militär-Forschung betreiben.

Die armen Malayen haben am Samstag arbeiten müssen, weil
der neue Mond an dem Freitag abend zuvor "not has been
sighted" - nicht gesichtet worden war. Infolgedessen war
erst Sonntag der Feiertag. Gestern und heute sah man die
Malayen alle in ganz neuen farbenprächtigen Gewändern
herumlaufen. Es ist ihr höchster Feiertag, und nun dürfen
sie wieder essen und trinken. Es ist fast rührend, wie sie
alle gefastet haben. Wir sind uns nicht ganz darüber im
klaren, wie sie es mit der Religion halten. Fast alle hier,
alle Rassen, sind Fatalisten. Nur so ist es zu erklären,
dass Leben und Tod, Menschenhandel, Achtlosigkeit auf der
Strasse, dass das alles zusammengehört, und man sagen kann,
der Wert des Menschenlebens ist sehr gering. Man muss
wissen, wenn in der Zeitung steht, dass bei einer
Überschwemmung in China 100.000 Menschen umgekommen sind,
das im christlichen Sinne eine Katastrophe ist, aber für
die Chinesen war es eben Pech.

Jetzt habe ich vergessen zu erwähnen, dass Beate fast
wieder ganz gesund ist. Sie hat noch eine gute Woche Diät
gehalten und dies ist ihr gut bekommen. Im Hospital hätte
man sie wahrscheinlich mit der dortigen Ernährung noch
kränker gemacht. Auch am letzten Tag stellte man ihr noch
das Pfeffer- und Salzfass aufs Tablett, während das Essen
selbst aus Karotten, altem Huhn und einer Sosse bestand.
Letzteres Menu kam 4 mal nacheinander. Beate wird selbst
noch darüber berichten. Wir erwarten unsere Tochter Sabine
am 1. Mai. Ein Sohn soll möglicherweise Tim heissen. Die
Ankunft wird an Euch telegrafiert. Bitte vergesst nicht,
dass wir hier eine andere Uhrzeit haben. Es kann sein, dass
Sabine um 5 Uhr morgens kommt, das Telegramm um 6 Uhr
abgeht und bei Euch (europ. Zeit) um 4 Uhr ankommt,
sozusagen noch vor der Geburt !!!

Beate schreibt noch extra, dass das Paket mit den
Handtüchern angekommen ist. Wir haben uns riesig gefreut.
Nicht so sehr gefreut habe ich mich, dass man den Hölderlin
umgebaut hat. Beate sagte sehr trocken, man habe warten
wollen, bis ich wegsei, um dann die Änderung an der
Südseite ohne Einspruch machen zu können.

Nun zur Bemerkung meines Papas über tropisches Bauen. Es
gibt in England ein spezielles Institut für Bauforschung in
den Tropen. Leider hat Posener noch nichts von dort
erhalten. Im übrigen bin ich gar nicht so scharf auf
theoretische Arbeiten dieser Art. Die Tropen, das klingt so
wie etwas ganz anderes und neues. Was hier anders ist, da
sind Regen, Temperatur, Winde, Helligkeit und
Sonnenstrahlung. Das alles kann hier beobachtet und

gemessen werden. Theoretische Arbeiten bringen jedoch
sicher etwas über das Verhalten des Materials, über
Ungeziefer usw. Man sollte darüber mehr wissen. Aber die
Arbeit des Architekten wird am besten gefördert, wenn man
wie ich an Ort und Stelle die Natur beobachtet. Ich möchte
fast annehmen, dass dieses Institut in England genau die
Zahlen nicht weiss, die wir brauchen : wieviele Meter der
Regen in ein Haus hineinregnet, das eine Öffnung von z.B. 4
x 3 Meter hat. Der Regen kommt nämlich fast horizontal
mitunter. Ja, nicht einmal der Meteorologe vom Airport
konnte uns sagen, wann die Winde in der Regel von wo
kommen. Und das ist wichtig. Wir haben z.b. ab 7 Uhr abends
einen Luftzug von Nordwesten, der die Schlafräume kühlt.
Das kann aber in einem anderen Stadtteil ganz anders sein.
Der Architekt könnte anhand solcher Werte die Schlafzimmer
plazieren.

Im Brief vom 13. war die Rede von 2 Grad unter Null. Seid
jetzt bitte nicht böse, aber das ist doch weniger schlimm
als die Hitze bei uns, oder nicht ? Gegen die Kälte kann
man heizen. Aber wir können nur den Propeller andrehen und
abwarten, bis es nachts etwas abkühlt. Vielleicht ist es
boshaft, aber wir würden sehr gern mal ein paar Tage ins
Kalte reisen ! Wir werden es tun, sobald die Sabine da ist
und sobald man sie allein lassen kann. Wir werden dann ein
paar Tage ins Gebirge oder an die See gehen. Im Januar etwa
kommt eine grössere Reise, die ich Beate versprochen habe.
Wenn irgend möglich, werden wir entweder nach Hongkong
fahren, oder wir machen eine Küstenfahrt nach Rangoon.
Dennoch haben wir Mitgefühl mit Euch Armen, die Ihr um den
Frühling betrogen werdet und die Sonne nur noch vom
Erzählen kennt. Die Zeitungsausschnitte vom Echo haben uns,
wie stets, gut orientiert.

Unser Wetter ist praktisch unverändert. Gegenüber dem
vergangenen Monsun - jetzt ist die unangenheme heisse
Übergangszeit - sind die Regenfälle unregelmässig, und
somit die Abkühlung. Meist ist es morgens durchweg schön,
und nachmittags ziehen Wolken auf. Sie bringen alle paar
Tage heftige Gewitter, aber die Sonne kommt sehr bald
wieder heraus. Die Temperatur ist morgens zur Zeit 26 °, um
8 Uhr schon 28°, tagsüber bis zu 32°, abends Abkühlung auf
28°, nach starkem Regen auf 26°. Im Mai kommt der neue
Monsun und damit günstigere Temperatur. Der Monsun als
solcher ist überhaupt nicht warnehmbar. Nicht einmal meine
intelligenten Studenten wissen etwas darüber.

Das Haus und die Witterung sind für Tomas und uns alle
natürlich paradiesisch. Tomas trägt in der Regel nur ein
kurzes Höschen. Unser Haus liegt etwa 50 m oberhalb der
Bahnlinie, und etwa 80 m über der City, die wir selbst
nicht sehen können. Die Berge sehen so aus, wie man den
Schwarzwald bei Freiburg sieht. Abends sehen wir die ganz
fernen Lichter von Siedlungen, und der Vergleich liegt
nahe, dass man über einen See blickt. Wenn wir aus der

Stadt kommen, fahren wir etwa 7 Minuten lang nur durch
Wald, bis sich die Strasse hier herauf gewunden hat. Der
Weg ist so ähnlich wie von Biel nach Leubringen, nur nicht
ganz so hoch. Strassenverkehr im deutschen Sinn gibt es
hier oben nicht. Die Engländer haben sämtliche Wohnviertel
so gelegt, dass es keine Durchgangsstrassen gibt. Da es
keine Begrenzungen zwischen den Grundstücken gibt, gibt es
auch keine Gartentüren.Infolgedessen zweigen die
Seitenstrassen jeweils bis vor die Häuser ab und enden dort
in einem breiten Stück, auf dem man drehen kann. Am Ende
jeder Stichstrasse gibt es ebenfalls einen Drehkreis, falls
das Ende nicht eine Hauszufahrt ist. Was Ihr auf unseren
Fotos seht, ist ein Stück solchen Weges der Syers Road.
Diese Strasse hat übrigens nur etwa 15 Häuser. Die hohen
Nummern sind Registriernummern der Regierungshäuser und
besagen nicht, dass hier tausende von Häusern stehen.

Je nach Gewicht folgen getrennt oder beiliegend weitere
Fotos. Leider hat der Kodakfilm sehr grobes Korn, die
Bilder sind etwas unscharf deswegen. Dias sind im
Entstehen, Film folgt im Mai.

Viele herzliche Grüsse

C.W. + Beate

eine chinesische Rechnung!!

Nº 2837

CASH SALE 單沽現

司 公 發 迪
TECK HUAT & CO.,
No. 12, AMPANG STREET, KUALA LUMPUR.
Telephone 6517
Registration No. 60773.
General Merchants, Importers Mining, Estate and Building Requisites.
Dealers in:
Rattan Furniture and Sundry Goods, Hardware and Pipings. Etc.

K.M.P., K.L.

Date 18.4. 19

Quantity	DESCRIPTION		$	cts.
1	*Rechen* 掌耙	1½尺	2	50
4 yards	*Draht* 苓网	12	4	00
	Besen 節把	枠	2	00
	Sichel 短草刀		4	50
			$12	50

132

24-4-58

Meine lieben Eltern und Schwiegereltern,

zunächst einmal herzlichen Dank meiner Mutti für den schon
lange schwer erwarteten Brief vom 18. 4., der heute morgen
kam. Bitte, ich möchte "Eberstadt" als solches nicht
angreifen, aber könntet Ihr in Zukunft die Post lieber
wieder von Darmstadt abschicken ? Der Brief hat ganze 6
Tage gebraucht ! Auf jeden Fall herrscht wieder mal eitel
Freude über den Brief. So wie mein kleiner chinesischer
Halbstarker wieder Paprika hat, werde ich gefüllte solche
machen. In meinem Lebensmittelgeschäft, von dem ich bereits
berichtet habe, ist ein chinesischer Gemüsehändler, Kwong
Yu Loong mit Namen, der sehr schönes Gemüse hat. Er kennt
mich schon mit Namen, und hat mir bisher jedenfalls nur
sehr gutes Obst und Gemüse geschickt. Er ist sehr klein,
wie alle Chinesen, trägt eine dicke Hornbrille und hat eine
Elvis-Presley-Frisur. Wenn man ihm auf der Strasse begegnen
würde, könnte man ihn für ein Mitglied einer Jazz-band
halten. Am meisten hat uns in dem Brief das Bild von
Prohaska erfreut, sogar der angebliche Dackelgegner C.W.
war restlos begeistert. Wie gerne hätte ich so einen !

Über Abwechslung konntet Ihr über Ostern ja nicht klagen,
dafür ist es bei uns ziemlich ruhig, was Besuch betrifft.
Die Familie selbst bringt viel Leben ins Haus. Einer
schreit immer, meistens beide. Gemeint sind Tomas und Heng.
Einer frecher und ungezogener als der andere. Wir sind
weiterhin mit unserem Dienstbotenpaar zufrieden. Sie sind
wirklich das, was man von ihnen erwartet. Ich brauche der
Amah niemals zu sagen, was sie zu tun hat, das hat sie
sofort selbst gesehen und verrichtet diese Arbeit schnell,
sogar für deutsche Verhältnisse. Dies ist für eine Chinesin
aussergewöhnlich. Sie bringt morgens um 1/2 7 Uhr den
morning-tea ans Bett, und wenn wir ein halbe bis
dreiviertel Stunde später hinunter kommen, sind bereits
beide Zimmer sauber und aufgeräumt, das Frühstück mit
Porridge, Fruchtsaft, Kaffee, und was so alles dazugehört,
auf dem Tisch. Thong wäscht meistens ab und macht die
Schlafzimmer, während sie die Wäsche wäscht. Hierbei wähnt
sich Tomas natürlich unentbehrlich indem er ihr solange
leere Konservenbüchsen in die Wäsche schmeisst, bis sie die
Nerven verliert und ihn wegschickt. Wenn ich im Chalet aus
Amahmangel mal selbst gewaschen habe, durfte er nämlich
immer mit dem Seifenschaum das Klo von aussen und innen
waschen, leider haben Amahs zu seinem Leidwesen dafür kein
Verständnis. Thong hat mich in den letzten beiden Tagen
freudig damit überrascht, dass er unaufgefordert alle
Fensterscheiben blitzblank geputzt hat ! Gegen Mittag kommt
A-Chen und fragt, was es zu essen gibt. Meistens weiss sie
genau, wie es gemacht wird, sonst zeige ich es ihr. Sie
versteht sehr schnell und will alles lernen. Meistens
schmeisst sie mich nach wenigen Minuten mit Hinweisen auf
das zu erwartende Baby aus der Küche und sagt : I can do.-

Sensation hat neulich ein Apfelstrudel gemacht, bei dessen
Anblick, vor allem der dünn ausgezogene Teig, sie nur immer
hervorbrachte : "veeelly clevee, Mem." Sie kann ja kein "R"
aussprechen und "clever" bedeutet so viel wie schlau, klug
und wird von den Chinesen als Sammelbegriff für alles
Gelungene gebraucht. Tomas stand halb Kopf bei dem
Apfelstrudel und stritt sich hinterher mit seinem Vater um
die letzten Stücke. Familie Thong bekam auch etwas davon,
ich weiss aber nicht, ob sie es wirklich gegessen haben. -
Nachmittags bügelt A-Chen und Thong braucht als echter
Chinese erst einmal 2 Stunden Mittagsschlaf. Manchmal sieht
man ihn auch bügeln, Handtücher, Leintücher und andere
einfache Dinge. Ansonsten wird er von mir rücksichtslos zu
gemeinen Küchenarbeiten herangezogen, wie Kartoffel
schälen, Salat waschen, Semmelbrösel reiben. Und da es
tagsüber zu heiss ist, arbeitet er abends im Garten. Es ist
ausserdem ein beruhigendes Gefühl zu wissen, dass ein Mann
im Haus ist, wenn man fort geht.

Letzten Sonntag, als Familie Thong ihren day-off hatte,
wollte ich eine Torte machen. so etwas wie einen Rehrücken
und fand auch ein entsprechendes Rezept in dem schweizer
Kochbuch. Tomas spielte dabei wieder verrückt, da er
dachte, es gibt wieder Apfelstrudel. C.W. wurde angestellt,
die Schokolade durch die Mandelmühle zu reiben. Als ich
plötzlich hinsehe, steht der Dicke auf seinem kleinen
Korbstuhl vor dem Tisch und hält immer beide Hände unter
die Mühle. (Ich verstehe jetzt, was meine Mutter früher mit
uns ertragen musste beim Kuchenbacken). Empört zog ich ihn
mitsamt seinem Stuhl in die Mitte der Küche und rief :"das
darfst du doch nicht !" Er fand aber keinerlei Verständnis
dafür und fing ganz zornig an zu weinen, stampfte wütend
mit dem Fuss auf und rief unter Schluchzen : "Doch, Mutti,
ich darf das !!!" Mir blieb dann nichts anderes übrig, als
ihn rauszufeuern.

Im übrigen ist er, wie wir schon mit Enttäuschung berichtet
haben, ein richtiger Engländer. Ich machte an demselben
Sonntag eine raffinierte Nachspeise mit Obst und Crème. Er
kostete ein bisschen, verzog den Mund und sagte : "das
schmeckt gar nicht gut." Wir sahen uns an, völlig
verständnislos, bis wir drauf kamen, dass er eben nur so
ganz primitive giftgrüne, feuerrote und weisse
Gelatinepuddings mag, die so schmecken, als wenn man die
Zunge zum Fenster raus hängt. Aber ausser dem englischen
Essen liebt er das, was die Amah für sich selbst kocht. Und
die kocht, als wir sie einmal danach fragten, Reis mit
Fisch und Reis mit Fleisch und dann Fisch mit Reis und dann
Fleisch mit Reis, usw.

Neulich erzählten wir ihr von Germany, sie hat ja schon ein
bisschen Ahnung davon, da ich ihre dritte german Mem bin.
C.W. erklärte ihr, dass man bei uns im Winter heizen müsse,
wie das vor sich geht usw. Ganz entsetzt wandte sie sich an
mich und fragte, wo man denn da die Wäsche wäscht ? Hier

wird sie nämlich auf dem Steinfussboden hinter dem Haus gewaschen. Die Existenz eines eigenen Raums zum waschen im Haus, sprich Waschküche, war ihr gänzlich neu, so dass ich ihr Gemüt nicht noch mehr verwirren wollte und erst gar nichts von Waschmaschinen erzählte.

Im letzten Brief habe ich Euch eine Schilderung von meinem Aufenthalt im Hospital versprochen. Die Maternity unterscheidet sich von dem anderen Bau etwa dadurch, dass hier jedes Zimmer sein eigenes Bad hat, das vielleicht noch ein bisschen mehr verwahrlost ist, als das gemeinsame in den anderen Gebäuden. Morgens und nachmittags kam eine malayische Amah mit einem Krug heissen Wassers, schüttete dies in eine Zinkwanne und goss etwas kaltes Wasser mittels einer alten Konservendose dazu. Wenn man versuchte, sich nach dem Einseifen in die Wanne zu setzen, blieb überhaupt kein Wasser mehr drin. Also besser sich ebenfalls mit der Konservendose zu übergiessen. Das Klo funktionierte überhaupt nicht, aber sonst, abgesehen von den vertrockneten, ausgeschlüpften Schmetterlingspuppen an der Brause, die auch nicht funktionierte, war es annehmbar. Die Amah hatte in ihrem Dutt immer eine Nadel mit Faden stecken, scheinbar kennt man hier keine Nadelkissen.

Als ich eingewiesen wurde, sagte mein charmanter, französisch sprechender Arzt, dass ich eine sehr, sehr strenge Diät einhalten müsse, worauf ich übles ahnend, sehr trocken meinte, na, hoffentlich können die das hier. Man gab also die Anweisung, Mrs. Voltz hat strenge Leberdiät und darf kein Fett haben. Ihr könnt Euch gar nicht vorstellen, was man mir da vorgesetzt hat. Irgendso eine Art Gulasch mit grünen Bohnen, gepfeffert und gezwiebelt, halt nur überhaupt kein Fett drin. Ich streikte einfach und rührte den Frass gar nicht erst an. Darauf bekam man riesige Angst, da ich sowieso schon abgenommen hatte und so kurz vor der Niederkunft stehe. Die Oberschwester mit allen Schwestern kam an, mit einem Riesenzettel bewaffnet, was ich denn gern haben möchte. Ich zählte einiges auf. Erstens sollten sie mir nicht mehr die alten Kartoffeln bringen, sondern Reis, dies und jenes Fleisch, so und so zubereitet, dies und das Gemüse usw. Und dann Obst. Man zeigte dem Arzt den Zettel, der ihn für gut befand. Einen Tag lang war das Essen gut, am nächsten Tag und die drei darauffolgenden Tage bekam ich immer dasselbe vorgesetzt, bis ich wiederum streikte. Dann wurde das Menü gewechselt und ich bekam wieder drei Tage lang mittags und abends das Gleiche. Dazu immer einen Pfeffertopf. Eines Morgens brachte mir ein Boy das Frühstück, bestehend aus Tee, Toast, Orangenmarmelade und zähen Cornflakes, Pfeffer und Salz, zwei alten gekochten Eiern und Butter. Dazu die Bemerkung :"But you must not eat the butter" - du darfst die Butter nicht essen. Worauf ich auf deutsch schnaufte, "warum bringst du sie mir dann, du Depp !" Der Chinese grinste freundlich und ging.

Abends weideten die Kühe vor dem Haus, Katzen trugen ihre Jungen von Zimmer zu Zimmer, ein Bild der Gemütlichkeit.

Die englischen Schwestern bewegen sich hier, immerhin dem Klima angepasst etwas langsamer als in Europa, aber mit beschleunigten Schritten, je höher die Position ist. Chinesische Krankenschwestern bewegen sich schon bedeutend langsamer und wenn man nach einer Amah klingelt, so muss man die Geduld aufbringen um nach weiteren 5 Minuten nochmals zu klingeln. Wenn man Glück hat, kommt sie dann nach weiteren 5 Minuten sehr langsam angeschlurft. Und das Erstaunlichste : es geht ! Es geht viel gemütlicher zu als in einem europäischen Krankenhaus und man wird auch sehr schnell gesund.

Überhaupt waren alle ganz reizend zu mir. Immer wieder kamen die verschiedensten Schwestern um sich mit mir zu unterhalten, einige malayische und chinesische Schwestern überraschten mich mit erstaunlichen Kenntnissen über Deutschland. Und in der Nacht, wenn ich Hunger hatte, brauchte ich nur zu klingeln um Ovomaltine und Kekse zu bekommen.

Da K.L. ein Dorf ist, hat es sich anscheinend sehr schnell herumgesprochen, dass ich im Hospital liege. Und so kam die französische Government-Ärztin Dr. Edmonds, sehr bald mich besuchen. Ich fand das sehr nett von ihr.

Aber das liegt schon wieder weit zurück und ich bin wieder so weit gesund. Dank meiner chinesischen Familie habe ich ein beruhigtes Gefühl, wenn ich an den nächsten Aufenthalt im Bungsar-Hospital denke. Lediglich der arme C.W. wird dann halt mittags und abends immmer das gleiche zu essen bekommen. Aber er wird auch das überstehen.

Für heute seid alle recht, recht herzlich umarmt und geküsst von Eurer

Beate

1-5-58

Liebste Eltern und Schwiegereltern,

heute morgen fuhr ich mit C.W. in die Stadt um einzukeufen
und nahm zurück ein Taxi. Nun gibt es hier verschiedene
Arten von Taxis. An sich haben sie alle einen festen Tarif,
soundsoviele cents per Meile, aber keine Uhr. Die
zuverlässigsten Taxis, die die ältestesten Autos fahren,
genau alle Strassen wissen und einen bestimmt nicht übers
Ohr hauen, da sie organisiert sind, sind die sogenannten
"yellow-top" Taxis mit einem gelben Dach. Alles andere ist
mit Vorsicht zu geniessen, meist muss man den Preis
verhandeln, und sehr selten wissen sie den Weg, wenn es
nicht gerade direkt in der Stadt ist. Nun heute morgen war
nirgends ein yellow-top zu finden und Tomas und ich stiegen
in ein ziemlich neues Auto mit einen jungen Chinesen drin.
Ich sagte, fahr uns zur Syers Road. Er drehte sich halb um
und meinte zweifelnd : ha ? Darauf sagte ich : weisst du,
wo die Maxwell Road ist ? (das ist nämlich eine der
Zufahrtssstrassen). Er darauf : Maxwell Road, ha? Maxwell
Road, yes, yes. Nun fuhren wir also los. Wir fuhren einen
ganz andren Weg als sonst, in den Lake Garden, ich dachte,
na ja, da kann er auch fahren. Plötzlich befanden wir uns
hoch über Kuala Lumpur mitten auf dem Federal Hill und ich
glaube, er wäre immer weiter gefahren, wenn ich ihn nicht
plötzlich gefragt hätte : Kommst du eigentlich hier zur
Maxwell Road ? Worauf er lächelnd meinte : O no, Mem. Ich
fragte ihn : weisst du eigentlich, wo die Maxwell Road ist
? Worauf er wieder sagte, O no, Mem, Ich liess ihn wenden
und führte ihn auf dem schnellsten Weg, sicher wie ein
alter Fremdenführer bis in die Syers Road. Als ich ihn nun
fragte, was es kosten soll, auf alles gefasst, meinte er
beschämt lächelnd, einen Dollar. Ich gab ihm lachend 1.20
Dollar und sagte ihm, dies sei der Tarif hier heraus. Wir
schieden als die besten Freunde. Wenn alles schief geht,
gehe ich in K.L. als Taxi-Chauffeur, es gibt hier kaum eine
Strasse, die ich nicht kenne.

Nun will ich aber vom letzten Wochenende berichten, von dem
Ihr unsere Postkarten sicher schon bekommen habt. Am
Samstag morgen beim Aufwachen, als ich so richtig
unausgeschlafen von einer ekelhaft schwülen und heissen
Nacht grantig im Bett sass, machte C.W. den Vorschlag,
entweder nach Port Dickson oder nach Malacca zu fahren,
welches nur etwa 30 Meilen weiter liegt. Schnelle und
plötzliche Entschlüsse sind zwar bei Chinesen nicht
beliebt, wir konnten es dem Ehepaar Thong aber doch
schliesslich klar machen, dass wir nun gleich nach dem
Frühstück und ohne zum Mittagessen zurückzukommen,
wegfahren werden. Sie haben es überraschenderweise schnell
begriffen. Wir sind scheinbar, ob unserer
abwechslungsreichen Entschlüsse überhaupt etwas verrückt.
Man kann bei uns nie im Voraus sagen, was wir in der
nächsten Stunde entscheiden werden, wir essen nie die Reste

vom Mittag am gleichen Abend noch mal aufgewärmt und wir machen schrecklich viel Theater mit dem Essen überhaupt. Aber ich glaube, sie gewöhnen sich langsam an das so Aussergewöhnliche. - Wir brachen also gleich nach dem Frühstück auf und waren nach etwa 3 1/2 Stunden in Malacca wo wir vor dem Rest-house hielten, in dem wir auch noch ein Zimmer bekamen, obwohl es Samstag war. Das Essen war englich und schlecht, das Zimmer selbst sehr schön, aber wir wollten ja hauptsächlich baden und etwas von der Stadt sehen.

Malacca ist im 14. Jahrhundert gegründet worden. Im Jahre 1404 gehörte es zu China und der erste Europäer, der hier herkam, war de Sequeira, ich schätze, dass dies ein Portugiese war, im Jahre 1509. 1511 wurde die Stadt von d'Albuquerque eingenommen und unter den Potugiesen wurde Malacca eines der stärksten Forts im Fernen Osten. 1641 wurde Malacca dann von den Holländern, mit Hilfe der Malayen aus dem Innern des Landes eingenommen, nach 8 Monaten Belagerung. 1795 nahmen die Briten die Stadt ein und damit es nicht in französische Hände käme wurde es 1824 britische Kolonie im Austausch gegen Bencoolen, welches die Holländer bekamen. Damals hiess noch das ganze heutige Malaya- die Halbinsel Malacca, und die eben beschriebene Stadt, Malacca, ist überhaupt der erste Ort im Land, auf dem Europäer gelandet sind. Als C.W. die Daten hörte, meinte er als echter darmstädter Lokalpatriot : na ja, etwa so alt wie Bessunge !!

Man sieht noch einige alte Türme und Mauerreste, da die alten Fortifikationen 1807 zerstört worden sind. Die Geschäftsstrassen, die teilweise noch holländische Namen haben -etwa Heeren-Street-, sind tatsächlich viel älter als in K.L. Diese Strassen sind sehr eng, höchstens 2-3 Meter breit, die Häuser mit dunkelgebeizten Türen und Goldverzierungen. Die Geschäftsleute natürlich auch hier Chinesen. Überall setzt sich ein seltsam anmutender südwest-europäischer Einfluss durch. Dies sind trotz allem keine chinesischen Häuser, sondern sind so stark von der portugiesischen Bauweise beeinflusst, dass man den Eindruck hat, beinahe in Südeuropa zu sein. Man sieht Häuser mit Vorgärten in der Geschäftsstrasse, Mauerwerk mit einer seltsamen Vermischung von portugiesischem und chinesischem Stil. Das seltsamste sind aber die malayischen Moscheen. Neben dem Hauptgebäude steht der Turm, von dem bekanntlich der Muezzin die Gläubigen zum Gebet ruft. Dieser Turm ist hier in Malacca ein ausgesprochen südeuropäischer Campanile. Im Zeitalter der Technik braucht der Muezzin sich übrigens nicht mehr so anzustrengen, im Turm sind nach allen Himmelrichtungen grosse Lautsprecher angebracht.

Der Hafen selbst ist gar kein richtiger. Die grossen Dampfer und Frachter müssen draussen liegen bleiben. Eine Mole geht einige hundert Meter ins Wasser. Dann ist noch eine wundervolle Parkanlage mit einer Promenade und einem grossen Kinderspielplatz da, alles sehr schön und gepflegt angelegt.

Der Strand selbst ist nicht besonders schön. Wir erkundigten uns nach Badegelegenheiten und im Rest-house sagte man uns, wir sollten in den Swimming-Club fahren, gegen geringes Eintrittsgeld könnten wir dort bestimmt baden. Dies taten wir dann auch. Der Club liegt ausserhalb der Stadt und wir mussten eine lange Uferstrasse entlang fahren. Zu beiden Seiten der Strasse mehr oder minder alte und neue Villen. Aber alle hatten als Toreinfahrt ein riesiges Gartentor, wie man es nur in Europa sieht. Teilweise mit den scheusslichsten Girlanden und Stuck verziert, meistens schon halb verfallen. Diese Toreinfahrten stehen auch gänzlich allein da, weil es ja keine Gartenzäune gibt. Wir haben natürlich viel fotografiert, solche Tore, die Geschäftssstrassen und Häuser. - Der Swimming-Club ist nicht sehr gross. Da der Strand nicht schön ist, haben sie einen Swimming-pool mit Salzwasser und eine kleine runde Halle, die nur mit einem Palmblätterdach, wie ein Pilz, gedeckt ist. Dort kann man auch sitzen und essen. Wir bezahlten eine Kleinigkeit, da wir auch in K.L. in keinem Club sind, und ein Clubmitglied unterschrieb für uns. Es war einfach ganz wundervoll. Tomas war selig im "grossen Wasser" in dem er diesmal schwimmen musste. Er kapierte schnell, dass sein Gummiring ihn trägt und am zweiten Tag bewegte er sich wie ein kleiner Hund im Wasser. Er war ausserdem nicht mehr von der Rutschbahn wegzubekommen. C.W., der mich sonst immer für roh hält, wenn ich sage, dass Tomas schwimmen lernen muss, war selbst ganz begeistert und am zweiten Tag auch nicht mehr so ängstlich. Wir stellten dann fest, er müsse seinen Mut im Wasser bestimmt vom Opa haben, der sicher sehr stolz ist, wenn er dies liest.

Am Sonntag nachmittag fuhren wir zurück nach Hause eine andere Strasse. Sie führte durch den Djungel und malayische Siedlungen. Im ganzen Staat Malacca fallen die malayischen Häuser auf. Es sind die üblichen Holzhäuser, aus einem Raum und Veranda bestehend, und blitzsauber. Da sie auf Stützen stehen, haben sie ein breite Treppe als Aufgang, die mit farbigen Kacheln ausgelegt ist. Die Gartenanlagen um die Häuser genauso hübsch und adrett. Es machte alles einen so netten und sympathischen Eindruck, dass wir die Fahrt so richtig genossen. In drei dieser Dörfer sahen wir Hochzeiten. Einmal überholten wir eine solche, die sich in langsamer Prozession auf der Strasse bewegte. Zuerst ging das Brautpaar, beide in roten Gewändern mit silberner Stickerei. Daneben gingen zwei Freunde, die je einen kleinen Baldachin über Braut und Bräutigam hielten. Danach kamen die übrigen Gäste. Sie bewegten sich sehr langsam und feierlich vorwärts und als wir vorbeifuhren, wurde heftig gewinkt.

Als wir dann Malacca verliessen, sah alles wieder ganz
anders aus, beziehungsweise wie immer hier. Der ganze
kleine Staat Malacca ist ein Schmuckkästchen und es hat uns
sehr, sehr gut gefallen.

Meine Mutti fragt mich, was wir hier für Gemüse haben.
Wegen der Kochrezepte. Wir sind gerade dabei, die
verschiedenen Gemüse auszuprobieren : Blumenkohl, grüne
Bohnen, Lauch, Gurken, Weisskraut und Kohl. Spinat ist
ungeniessbar, da er nur nach Gras schmeckt und auch keine
schöne Farbe hat. Ebenso Petersilie hat keinen Geschmack.
Dann haben wir noch Paprika, Salat, Radieschen und auch
sehr gute Kartoffeln. Das schweizer Kochbuch meiner
Schwiegermutter wird viel durchgeblättert aber langsam
komme ich auch so zurecht und es macht mir täglich mehr
Spass. C.W.'s neuestes Lieblingsgericht, mit dem er sich
auf unanständigste Weise den Bauch voll schlägt, ist ein
ganz simpler Kaiserschmarrn. Gestern abend brachten wir
unsere Dienstgeister wieder zur Verzweiflung in dem wir nur
Kakao mit Toast und Käse zu uns nahmen. A-Chen meinte ganz
ernsthaft : "Mem, morgen musst du aber eine ganz Menge
kaufen, weil nichts mehr zu essen im Haus ist". Sie meinte,
dies sei ein Verlegenheitsessen gewesen.

Tomas hat einen kleinen Nachbarn gleichen Alters, der
aussieht wie ein Zuckerbübchen, so still und zart, aber ein
ganz übler Bengel ist. Dieser Knabe nun heisst Clyde. Na
ja, erstens ist Tomas überhaupt noch nicht sicher mit den
Artikeln und zweitens weiss er schon ganz genau, das ein
Kleid ein Neutrum ist, und so ist der neue Freund eben "das
Kleid". Das Clyde haut unseren gutmütigen, dicken Tomas mit
Vorliebe und dieser steht dann da und heult. Neulich
stritten sie sich neben mir um das rote Auto von Tomas.
Clyde sass drin und Tomas drauf. Ersterer wollte, dass
Tomas runtergeht, und letzterer wollte, dass Clyde
aussteigt. Die Mutti wurde zu Hilfe gerufen. Die mischt
sich aber nicht ein. Schliesslich haut Clyde den Tomas auf
die Finger. Und ich sage auf deutsch : hau ihn feste
wieder, lass dir nichts gefallen. Dies tut der Dicke dann
auch. Die Schlägerei wird immer wüster, bis das Clyde dem
Tomas eins fest auf die Brust knallt. Dieser fängt
fürchterlich an zu schreien und nach erneuten Ratschlägen
von mir, zurückzuhauen, schreit er, nein, ich kann nicht !
Darauf sage ich auf englisch, hau ihn ganz fest. Clyde das
hören, aufstehen, wegrennen und heulend "mammy" schreien,
ist eins. C.W. meint, Tomas habe seine pazifistische Ader
geerbt, er sei auch so gewesen.

Ansonsten ist das Engelchen Tomas, wie die Kiki sich
auszudrücken pflegt, recht aufgeweckt und weiss sich zu
Hause schon durchzusetzen. Besonders verwildert war er, als
ich aus dem Hopital zurückkam. Wenn man ihn ausschimpfte
und sagte, "schämst du dich denn gar nicht ?" lachte er,
und sagte : "nein !". Im Rest-house von Malacca hat er den
Vierkantschlüssel für die Wasserzufuhr am Klo mit geübter

Hand abmontiert und ins "Loch"- ich nehme an es war das Klo
- geworfen.

Heute steht auf dem Kalender "Stichtag Sabine" aber das
gute Kind lässt auf sich warten. Der Arzt meinte, es könne
noch eine Woche dauern. Ich war jedenfalls so ungeduldig,
dass ich mir bereits zwei postnatale Kleider genäht habe.
Der Notkoffer ist auch schon gepackt und der einzige
Schrecken an der ganzen Geburt ist das Essen im Hospital.
Aber auch das werde ich überstehen !!!

Seid für heute wieder einmal alle herzlichst umarmt von
eurem Coco

K.L. 4-5-58   CW

Liebe Eltern,

nach des Onkel Doktor John's Auskunft hätte Sabine heute
kommen müssen. Er sagte am Freitag, nur noch 2 Tage.
Vielleicht aber doch morgen ? Es kann auch sein, dass
dieser Brief längst überholt und durch ein Telegramm
abgelöst wird.

Heute ist wieder einer jener herrlichen Sonntage, an denen
die Sonne scheint und ewiger Sommer herrscht. Der neue
Monsun muss eingesetzt haben, denn seit ein paar Tagen
haben wir wieder den programmässigen 5-Uhr-Regenguss, der
etwas Abkühlung bringt. Wie schon erwähnt, haben wir uns
nun doch für den Kauf einer Klimaanlage entschlossen. Dr.
Granow hat eine, auch Freund Pallasch (Die Mutti fragt, ob
er ein "doofes Ei" oder ein "schäbiger Landsmann" sei. Er
ist beides. Anmerkung Beate) und viele hier. Es ist zwar
eine grosse Ausgabe, aber sie ist gleichbegründet wie die
Heizung in Europa. Man kann in einem trockenen Raum besser
schlafen. Die Kiste kostet 1.250 Dollar, die aber in einer
Art Miet-Kauf monatlich bezahlt wird. Der Apparat wird in
ein Fenster eingebaut. Natürlich ist er nur für ein
Schlafzimmer ausreichend. Gleichzeitig können wir unsere
Ledersachen, die ständig schimmeln, und die Fotogeräte da
unterbringen, die alle sehr leiden. Die Feuchtigkeit selbst
ist nicht spürbar. Nur indirekt. Das heisst, alles Papier
riecht verfault und eine Stunde vor dem Gewitter wird man
müde und kann fast kaum arbeiten. Die besten Arbeitsstunden
sind hier zweifellos am Morgen.

Im College ist noch eine Woche Studio und Vorlesungen. Dann
folgt eine Woche Vorbereitungen für die Prüfungen, dann 2
Wochen Examen. Jedes Jahr hat 2 Terms (2 Semester), eine
Jahresprüfung, die in einem grossen Saal stattfindet.
Posener und ich haben die Prüfungsaufgaben ausgearbeitet
und als streng geheim an die Schulleitung gegeben, die sie
druckt. Ich denke, dass sie vom 2. und 3. Jahr alle
durchkommen. Im 1. Jahr kann es 1-2 Versager geben. Im
Anschluss an die Examen, die für das Endjahr mit einem
Diplom enden, machen wir Architekten eine kleine
Ausstellung von Studentenarbeiten im College. Daran
arbeiten die Boys eben. Aber, da die Chinesen sowas nicht
gelernt haben, mit wenig Erfolg.

Am Freitag hatten wir Besuch vom Dekan der Bau- und
Architekturabteilung des Polytechnikums Singapore. Ein Mann
ohne besonderen Eindruck, etwa 38 Jahre alt. Posener, der
ja für sein Lebensende etwas festes suchen muss, hatte ihn
eingeladen. Julius will sich um die dort ausgeschriebene
Stelle eines Architekturlehrers bewerben, falls es hier
nicht mehr für einen zweiten Term klappen sollte. Man will
in Singapore - die Schule öffnet erst nächsten Monat - ein
Mittelding zwischen mittlerer und Hochschule aufbauen. Ein

Teil der Studenten wird Hochschuldiplome erhalten, der Rest
eine Art mittlere Ing. Laufbahn. Das ist nach englischem
Muster und m.E. falsch. Das Interessante an der ganzen
Sache ist etwas anderes. Es geht nämlich um die Frage,
sollen die Architekten getrennt in Singapore und K.L.
ausgebildet werden oder nicht. Um das Durcheinander noch
grösser (und klarer) zu machen, muss man wissen, dass die
Universität von Malaya ihren Sitz in Singapore hat, aber
eine starke Fakultät in K.L. Die Universität hat jetzt eine
technische Abteilung aufgemacht, die etwa der TH
entspricht. Sie ist im Aufbau. Dadurch wird die technische
Bedeutung des Colleges verlieren, das dann nur noch uns,
die Architekten hat. Das aber ist im Grunde widersinnig,
denn die Architekten gehören eher an die Uni als die
Techniker. Ich habe Euch ja berichtet, dass wir zuviel
Technik hier haben, mehr als ein Architekt versteht. Nun
entsteht also eine neue Frage, ob man nicht die ganze
Architektur nach Singapore verlegen soll. Diese (letzte)
Frage ist eine ganz private. Sie ist das Resultat des
Besuches vom Freitag und nur unter uns erörtert worden. Da
Singapore ja in Kürze auch selbstständig wird, besteht also
ein sehr direkter Kontakt zu Malaya. Der Vorteil von
Singapore wäre, dass dort bewusst Architekten ausgebildet
werden und dass dort ein entsprechender Lehrkörper gebildet
werden kann. Am College hier bilden wir Leute zu
Architekten aus, von denen nur ein Teil in die Praxis
kommt, denn viele werden von der staatlichen Bauverwaltung
übernommen, und sie werden nur z.T. Planungsaufgaben
erhalten können.

Soweit allgemein. Für mich selbst kann ein Weggang Poseners
nach England oder Singapore zweierlei bedeuten. Entweder
man schliesst den Kurs hier mit Ablauf eines Studienjahres
und schickt die Leute woanders hin. Oder man errichtet an
der Uni eine Fakultät für Architektur. Da die Uni nächstes
Jahr in K.L. einen riesigen Komplex zu bauen beginnt und
damit aus Singapore auszieht, bestehen für mich sehr
günstige Aussichten. Oder ich bleibe allein am College.
Auch dies ist günstig, denn der Principal Nair hat mir nach
dem Ärger mit dem bewussten Brief gesagt, er sei so erfreut
über meine Arbeit, dass er nach Ablauf der deutschen "Gabe"
meine Festanstellung bei der Schule haben möchte, also nach
etwa 3 Jahren. Nair aber wiederum bleibt nicht lange hier,
er will sich ins Privatleben zurückziehen und nach Indien
gehen.

So ist also alles im Fluss, und alles fliesst hier mit der
orientalischen Langsamkeit. Wir haben uns nun - die Familie
- seelisch für etwa 3 Jahre hier etabliert, und wir werden
im Verlauf dieser 3 Jahre alle Angebote, die man uns macht,
prüfend beurteilen. Kurz gesagt, werde ich sicherlich ein
Angebot annehmen, dass mir die Universität bietet. Da
besteht gar kein Zweifel. Ich würde aber auch sicher ein
Head of Department am College übernehmen, was mit grosser
Sebstständigkeit verbunden ist. Dagegen würde ich nicht

sonderlich gern unter einem schlecht geleiteten
Polytechnikum arbeiten, und genau so wenig unter einem
schlechten Posener Nachfolger, falls dies passieren sollte.

Hoffentlich seid Ihr nicht enttäuscht, wenn die CW-Briefe
nicht so amüsante Schilderungen enthalten wie die Briefe
von Beate. Aber die Dinge am College interessieren Euch
sicher genauso und sind ein bisschen ernster. Sie sind aber
keineswegs "ernst". So ernst ist hier im Fernen Osten
nämlich gar nichts !

Gestern hatten wir einen aufregenden Tag. Wir fuhren mit
Tomas zum Flugplatz, um den Abflug der Britannia nach
Europa zu sehen. Zum ersten Mal quäkte der Lautsprecher
"Passengers to Karachi - Teheran - Beirut - Fränkfort -
London please come to the ticket-counter". Es war das
erstemal, dass wir diese Direktlinie sehen und hören
konnten !

Den Meinen danke ich herzlich für das Werk + Zeit
Abonnement. Mit der rororo-Bestellung warten wir noch die
angekündigte Gesamtliste ab. Beate hatte alle Bücher in
einer Woche durch, ich bin heute damit fertig, nachdem die
Julia ihren englischen Mr. Williams bekommen hat. Am besten
hat mir die Alaskasache gefallen, weil so gar keine
Liebesgeschichte drin vorkam.

Da fällt mir ein, dass wir vor 14 Tagen zum erstenmal hier
im Kino waren. Es gab die "Brücke am Kwai". Das Kino ist
ganz wie in Europa. Anscheinend bekommen die Europäer nur
Plätze im oberen Rang hinten, denn unten war alles voller
Chinesen. Das Kino war airconditioned und man konnte
Bonbons lutschen und rauchen !

Ich muss Schluss machen. Es sind noch einige andere Briefe
zu schreiben. Vor allem muss ich Gropius danken, der mir
einen sehr interessanten Brief geschrieben hat und sein
kleines Buch aus der Fischer-Bücherei beigelegt hat. Auch
Neutra hat mir kürzlich geantwortet.

Unsere herzlichsten Grüsse (sabine-tim-sabine-tim-sabine
???)

C.W. + Beate

0078 KUALALUMPUR PHB27 15 6 0930 =

an 6. V. 58 7 40

Datum Uhrzeit

05 V 58 -40 durch LO

Platz Aufgenommen

2111 HMB SBC

Amt Darmstadt

= VOLTZ HOELDERLINWEG 20 DARMSTADT =

Geendet

durch

Datum Uhrzeit

Leitvermerk

TIM HEUTE FRUEH 7 ANGEKOMMEN ALLES IN ORDNUNG BEATE UND CW +

Für dienstliche Rückfragen

20 7/CW +

W & W 16910 7. 57

+ C 197, DIN A 5 (Kl. 29a)
(VI, 2 Aul. 4)

K.L. 6-5-58   CW

Liebe Grossmütter und Grossväter,

wir hoffen, dass unsere Telegramme bei Euch ankommen,
während ich dies schreibe. Und, da der Text vielleicht
infolge der deutschen Sprache verstümmelt ankam, sei es
nochmals gemeldet, dass unser Tim heute früh um 7 Uhr
angekommen ist, und dass alle (einschliesslich Vater)
wohlauf sind.

Gestern abend meinte Beate, sie spüre ein Ziehen im Rücken.
Wir hatten grösste Schwierigkeiten festzustellen, ob das
der Beginn der Wehen sei oder nicht. Als dieses leichte
Ziehen sich alle 5 Minuten wiederholte, machten wir uns auf
(wir hatten schon im Bett gelegen) und fuhren zum Hospital.
Ich selbst ging dann nach Hause und meldete mich heute früh
um halb acht wieder im Hospital, fand aber das Bett leer.
Dafür stand der Wagen des Doktors vor der Tür. Die Amahs
konnten mir keine Auskunft geben und so wartete ich im
Garten 15 Minuten, bis ich den Arzt kommen sah. Er fragte -
are you Mister Voltz ?, you got a Baby-Boy ! Und da der
Baby-Boy um genau 5 Minuten vor 7 angekommen war, befand
sich Beate noch im Kreissaal, wo man mich gleich
hineinliess. Es war für sie die grösste Freude, dass ich
gleich da war. Mein Papa wird sich freuen, dass Tim an
einem 6. geboren ist, da er der 6 besondere Vorzüge
zuschreibt. Ich habe auch gestern abend noch Beate gesagt,
sie soll zusehen, dass das Kind heute kommt, damit mein
Vater eine besondere Freude hat.

Beate selbst sieht blendend aus. Das Kind nicht. Es ist
nicht gerade schön zu nennen. Aber was kann man jetzt schon
sagen ? Wiegt 8 Pfund, hat ganz dunkle Haare und blaue
Augen. Beate hat die Methode Read nur zum Teil befolgen
können und nahm ausser einer schmerzstillenden Spritze für
ein paar Sekunden die Äthermaske. Sie hat aber alles im
vollen Bewusstsein miterlebt und das Baby gesehen, als es
gerade das Licht dieser Welt erblickte. Es gab 2 kleinere
Risse, die vom Doktor sofort genäht wurden. Sie fühlt sich
so wohl, dass sie beinahe aufgestanden wäre.

Mr. Nair, mein Principal, drückte seine Freude aus, dass
Tim als malayischer Staatsbürger (was er sicher wird) eines
Tages "a big man" hier werden kann. Meine Studenten
fragten, ob Tim auch Architekt würde. Herr Pallasch
strahlte und machte au - ah oh -fein - so - ah - ah. Und
Tomas kann nicht verstehen, dass ein Brüderchen nicht
dasselbe wie ein Schwesterchen ist.

Viele herzliche Grüsse : die strahlenden Eltern ("dass er
dies so gut gekunnt"-W. Busch).

C.W.

8-5-68

Meine liebe Mutti,

da ich im Hospital keine Schreibmaschine habe, musst Du
Dich heute mit meiner charaktervollen Klaue intensiv
befassen. Ich werde mir jedenfalls Mühe geben, so weit dies
im Bett möglich ist.

Unser Telegramm ist also gut angekommen (Vor oder nach der
Geburt ?) und Eures kam am Abend hier an, wurde aber erst
in der Früh ausgetragen. Dann kam am 6-5 noch Euer
gemeinsamer Brief mit der Schilderung Deines 6. Sinnes. Ich
kann mir schon vorstellen, dass Du aufgeregt warst, dafür
war ich es, ganz ehrlich, überhaupt nicht. Ich hatte den
ganzen Tag über ein leichtes Ziehen im Kreuz und Bauch. Es
war aber nicht weiter störend. C.W., der übrigens auch über
einen 6. Sinn verfügt, bei ihm heisst es dann : ich hab es
im Urin!...- meinte , morgen früh wachst du im Hospital
auf.- Ich fuhr unsere Amah noch zu ihrer Mutter nach
Petaling Jaya und kochte dann gefüllte Paprika (Du hast
vergessen, mir anzugeben, dass die Fülle gewürzt werden
muss, ich bin doch doof !). Mein Ehemann würzte sich die
Gefüllten dann - verzeih ihm, bitte, wenn Du kannst - mit
Worcestersauce ! Nachmittags fuhren wir noch in die Stadt
und gingen abends, wie üblich, früh schlafen. Punkt 9 Uhr
stellte ich ein Ziehen im Kreuz fest, wie ich es noch nie
gehabt hatte, konnte mir aber nicht vorstellen, dass das
eine Wehe sein sollte. C.W. guckte immer auf die Uhr und
las mir inzwischen aus der Zeitung vor. Es wiederholte sich
alle 20 Minuten und schliesslich um 1/2 11 Uhr, alle 5
Minuten. Trotz meiner Einwände, ich wolle mich im Hospital
nicht blamieren, falls das gar keine Wehen sind, fuhr mich
C.W., um vor Überraschungen sicher zu sein und nachdem er
die Dienstboten verständigt hatte, ins Bungsar. Wir kamen
um 1/2 12 Uhr hin. Die Nachtschwester, zugleich Hebamme,
untersuchte mich, gab mir 2 Schlaftabletten und meinte, das
brauche noch viel Zeit aber es seien Wehen. Ich schickte
C.W. nach Hause, machte Licht aus und versuchte zu
schlafen. Es war wohl mehr ein Dösen, während ich genau
jede Wehe registrierte. Um 3 Uhr wurden die Wehen dann
stärker, ich klingelte nach der Schwester, die meinte, ich
solle halt in das "labour-room", den Kreissaal kommen. Dies
ist ein mässig grosser Raum, etwa 3 x 6 Meter, mit
Klimaanlage, 2 Liegen, die durch einen Vorhang getrennt
sind, das ganze mit dem Vorzimmer und Büro verbunden durch
die hier üblichen Pendeltüren. Auf der zweiten Liege hinter
dem Vorhang lag schon eine Engländerin seit dem Abend. Nach
erneuter Untersuchung meinte die Schwester wieder, es würde
noch lange dauern, machte Licht aus und ging raus. Es war
schon etwas komisch : vom Vorzimmer fiel der Lichtschein
direkt auf die Glasschränke mit den verschiedenen
Instrumenten und ich fühlte mich in diesem Moment
schrecklich allein. Eine Stunde später wurden die Wehen so
unangenehm, dass ich mir eine Spritze geben liess und

danach verging die Zeit wie im Flug. Plötzlich um 1/2 7
Uhr, ich weiss wirklich nicht, wo die ganze Zeit geblieben
ist, setzten die Presswehen ein. Nach Dr. Read und auch
anderen Ärzten soll man sich dann Mühe geben und
mitpressen. Ich konnte jedenfalls überhaupt nicht
überlegen, ob pressen oder nicht, es presste eben ganz von
allein. Ich konnte nur noch die Schwester rufen, die
schnell mit einer Amah kam. Die dicke, alte Malayen-Amah
gab mir ihre Patschhand zum halten und nach 6 oder 8 Wehen
war der Kopf da. Zum Schluss war es allerdings etwas
unangenehm, Kind hat "grusses Kupf", so dass ich die
Äthermaske gern annahm und unter wunderschönen
geometrischen Formen auf beigem Grund einschlief. Als ich
aufwachte, schnitten sie gerade die Nabelschnur durch, ich
guckte runter, gucke eenmal, gucke zweemal und staune :"but
this is a boy ! And I expected a girl !" Alles lachte, ich
sah auf die Uhr, 5 Minuten vor 7. Dann wurde der Arzt
geholt um zwei kleine Risse zu nähen. Es war ein junger
Engländer und während er nähte, unterhielten wir uns über
Namen, die man einem Jungen geben könnte. Ich fühlte mich
so frisch, dass ich am liebsten aufgestanden wäre. Um 1/2 8
kam eine Schwester rein und sagte, mein husband sei
draussen und gleich darauf erschien er.

Meine Nachbarin aus dem "labour-room" vergoss noch einige
Tränen, weil ich sie um einige Stunden überrundet hatte.
Ich schlief dann mit kurzen Unterbrechungen bis mittags und
war nachmittags völlig fit. Ich bin sogar vormittags kurz
aufgestanden, abends wieder.

Zum Mittagessen brachte man mir einen stinkenden Hammel mit
"lady-fingers", ein hiesiges Gemüse und geschmackloses
altes Kartoffelpüree. Ich wollte meinen guten Willen
beweisen und versuchte das Zeug zu essen. Sofort
rebellierte mein Magen und es kam alles wieder raus. C.W.
ist rührend, er bringt mir mittags und abends das Essen, so
dass ich den Frass nicht brauche, ein richtiges Menü mit
Nachspeise, Milch und Saft.

Tim selbst wächst und gedeiht. Er wird zur grossen Freude
seiner Eltern langsam ein schönes Kind. Wir waren beide
doch recht entsetzt, als wir ihn zuerst sahen : gross, lang
und hässlich. Am rührendsten sind die scheinbar etwas zu
langen Arme und grossen Hände. Er wedelt damit in der Luft
herum wie sein Vater.

Ich freue mich jetzt doch riesig, dass es ein Junge ist.
C.W. hat recht, ich bin halt doch mehr eine Bubenmutti !

Tomas durfte am 2. Tag kommen und das Schwesterchen, das
ein Brüderchen ist - für ihn unbegreiflich, ist doch alles
eins ! - anschauen. Er fand es sehr schön und fragte, ob
ich es nun endlich aus meinem Bauch herausgeholt hätte.
Gestern und heute waren Grossaufnahmen. Im nächsten Brief

bekommt Ihr sie. Tim mit und ohne Mutti, Mutti mit und ohne Tim, Hospital, Amahs und Klo !

Tim liegt mit seinem Bettchen vor meinem Fenster auf der Veranda und kommt abends in die Kinderstube. Er hat eine chinesische Amah, die ihn versorgt. Die deutsche Botschaft hat mir Blumen geschickt mit einer wundervoll kitschigen Glückwunschkarte.

So, liebe Mutti, dies wäre der Bericht, auf den Du bestimmt gewartet hast. Weisst Du, ich habe wirklich, ganz ohne Übertreibung, gar keine Angst oder Beklemmung gehabt. Ich wusste ja ganz genau, was vorgeht und warum das so ist. Aber so ganz ohne Beschwerden, wie Dr. Read das schreibt, war es nicht. Leider wird man hier so sehr allein gelassen, also nicht so, wie er es sich wünscht. Aber es ist schon alles ganz natürlich.

Also schreib bald wieder und sei tausendmal umarmt, sowie der Vati, die Omi und die Kiki, aber besonders Du von Deinem glücklichen Coco

13-5-58

Meine lieben Eltern und Schwiegereltern,

heute noch einmal ein kurzes Lebenszeichen von mir,
vielleicht wird es auch länger, das weiss ich noch nicht.

Tim und ich sind schon am letzten Sonntag nach Hause
gekommen, also am 6. Tag. Man liess uns, glaube ich, so
schnell wieder gehen, nachdem man sah, in welch rührender
Weise C.W. mittags und abends mit dem Essen kam, und auch
sonst jede freie Minute mit mir verbrachte. Es war für ihn
schon ein rechte Hetze, er hat mir manchmal wirklich leid
getan. Im Hospital fiel das sehr auf, denn manche Ehemänner
erschienen nur alle zwei, drei Tage und meiner sass oft
tagsüber an meinem Bett und las mir vor. Die
Stationsschwester meinte lachend, man könne ihm ja ein Bett
in meinem Zimmer aufstellen.

Morgen sind die ersten schwarz-weiss Abzüge fertig. Leider
sind die Aufnahmen von Tim allein in seinem Bettchen
überbelichtet, sodass von ihm nicht allzu viele Bilder
vorhanden sind. Die wenigen, die wirklich nett sind von ihm
mit seiner Mutti, werden dann so schnell wie möglich
abgeschickt.

Dabei fällt mir ein, vielen herzlichen Dank für die viele
Post ! Der Brief von der Mutti, der Omi, die Karte vom
Hölderlinweg und sogar ein aufgeregter Brief aus
Heidelberg, alle kamen am gleichen Tag an. Ich habe mich
sehr darüber gefreut. Vielen Dank für den Brief vom 10. 5.
vom Hölderlinweg. Wir denken an Euch heute abend, bzw. für
uns heute nacht, wenn Ihr beim Spargelessen seid ! Auf die
angekündigten rororo-Bücher freue ich mich jetzt schon
riesig.

Und nun zum neuesten Spross der Familie : er wird von Tag
zu Tag hübscher, ja, man kann eigentlich jetzt schon sagen,
dass er ein sehr, sehr herziger Kerl ist. Nachts brüllt er
zwar noch von 1/2 2 Uhr an bis er morgens seine erste
Mahlzeit bekommt. Gott sei Dank hat unser dicker Tomas
einen so gesunden Schlaf, dass er, obwohl er mit ihm in
einem Zimmer schläft, nichts davon merkt. Jetzt, wo wir
diesen kleinen, filigranen Kerl haben, sehen wir richtig,
wie robust und fest der Tomas ist. Wenn er dem Tim über den
Kopf streicht, habe ich immer Angst, es könne was kaputt
gehen. Aber Tomas liebt sein Brüderchen jetzt schon heiss.
Gestern morgen, als ich Timmy um 6 Uhr zu uns ins Zimmer
holte, sah ich vorsichtig zu Tomas Bett, ob ihn das Gebrüll
auch nicht wecke, da sitzt im ersten Morgengrauen der
kleine Kerl auf dem Stuhl vor seinem Bett,
mucksmäuschenstill mit grossen und verklärten Äuglein und
guckt zum Körbchen von seinem Brüderchen. Auch tagsüber
habe ich ihn schon ein paarmal dabei überrascht, dass er
mit seinem kleinen Korbstuhl die Treppe heraufkommt, und

dann auf dem Stuhl stehend ins Körbchen lacht und immer
ruft : Timmy, Timmilein !

Tagsüber schreit Tim nur, wenn er hungrig wird, und ich
habe mir, ganz nach Dr. Read's Ratschlägen, angewöhnt, ihn
jedes Mal dann zu stillen, wenn er schreit. Es kommen dabei
zwar ganz andere Uhrzeiten heraus, als im Hospital.
Manchmal alle 2 Stunden, dann wieder 4 Stunden. Aber er
gedeiht sichtlich dabei. Gebadet wird er, solange er noch
so geringe Ausmasse hat, im Waschbecken. Ich brauche mich
nicht zu bücken und er hat noch wunderbar Platz drin. Er
hat lediglich eine Windel an und oben , solange er noch so
klein ist, ein ärmelloses Baumwolljäckchen. Manchmal, wenn
die Füsschen kalt sind, bekommt er Wollsöckchen an. Um sein
Körbchen ist ein bis zum Boden reichendes Moskitonetz, das
tagsüber offen bleibt. Meine Mutti braucht sich wirklich
keine Sorgen zu machen, dass ich mich überanstrengen
könnte. Ich habe absolut nichts mehr zu tun, als mich um
Tim zu kümmern und einige Anordnungen zu treffen. Ich
bleibe den ganzen Vormittag im Bett. Das Mittagessen macht
meine Perle nach Anweisungen, es wird täglich besser. Nach
dem Essen lege ich mich wieder hin, stehe dann nachmittags
auf und bummle so ein bisschen im Haus herum, indem ich
lese oder irgendetwas mache. Ich bin natürlich noch etwas
müde. Ich habe aber vor, nächste Woche ins Tanglin Hospital
zu gehen und mir ein paar Vitamin B 12 Spritzen
verabreichen zu lassen.

C.W. hat uns eine Reise nach Penang versprochen und bereits
einen Brief dorthin geschrieben um eine Bungalow-
reservation. Im Juni und Juli hat er Urlaub und Anfang Juli
möchten wir dann hinfahren. Es soll wunderschön sein und
die Bungalows sehr nett. Ich freue mich schon sehr darauf.

Heute ist King's birthday. Des Königs von Selangor, das ist
der Staat, in dem wir leben. Und das ist natürlich ein
offizieller Feiertag. Bei uns wurde er sehr würdig mit
einem richtigen deutschen Frühstück begangen. Heute morgen
im Bett jammerte C.W nämlich, ihm hinge das ewig gleiche
Frühstück nun bald zum Halse raus, immer der Porridge und
immer der Speck mit Ei...Plötzlich hatten wir eine geniale
Idee, die zwar bei unseren Dienstboten wieder einmal auf
Unverständnis stiess, aber trotzdem sogleich ausgeführt
wurde : C.W. fuhr ganz schnell ins Singapore Cold Storage,
der vormittags offen hatte, kaufte Brötchen und Hörnchen,
Knäckebrot und echten schweizer Emmentaler und noch eine
Marmelade dazu. Die Amah konnte überhaupt nicht begreifen,
dass er nun vor dem Frühstück fortfuhr, ohne seinen
Porridge, seinen Speck mit Eiern, um etwas fürs Frühstück
einzukaufen ! Es ging einfach über ihr Begriffsvermögen. A-
Chen hat inzwischen gelernt, einen guten Kaffee zu machen
und so war dann alles vollendet. Denn das unsere Ansprüche
auf Brot inzwischen nicht mehr so hochgeschraubt sind,
könnt Ihr Euch sicher vorstellen. Wenn die Semmeln auch ein

bisschen zäh gewesen sind und schon ein paar Tage alt, so
waren sie in unseren Augen doch etwas sehr gutes.

14-5-58

Unser armer Thong hatte ein paar Tage lang üble
Zahnschmerzen. Wir schickten ihn zum Zahnarzt, ich habe ihn
aber im Verdacht, dass er vor der Tür wieder umgekehrt ist,
denn die Schmerzen hielten an. Schliesslich ging er doch
wieder hin und der Quacksalber riss ihm den Zahn aus. Als
er dann zu Hause war, wirkte die Spritze, die er bekommen
hatte so nach, das er, nach A-Chens Schilderungen, blau im
Gesicht wurde und Schüttelfrost bekam. Da erinnerte er sich
plötzlich daran, was für eine gute Frau er doch hat (das
vergisst er nämlich ziemlich oft) und weinte : A-Chen, A-
Chen ich muss sterben ! Sie bekam schreckliche Angst und
verabreichte ihm ein Pulver, dass er sich vor ein paar
Tagen in der Stadt gekauft hatte. Wir sahen uns später das
Tütchen an, es war herrlich bunt bemalt mit chinesischen
Schriftzeichen und Drachen. Auf englisch stand auch noch
drauf :headache-cure, also Kopfschmerzmittel.
Wahrscheinlich war es überhaupt Aspirin. Jedenfalls kehrte
er mittels dieses Pulvers wieder unter die Lebenden zurück.
Während des Abendessens, das diesmal A-Chen servierte,
hörten wir ihn in der Küche abwaschen. C.W. meinte, er
verstünde nicht, warum er mit solchen Schmerzen jetzt
abwäscht, er tut es sonst ja auch nicht. Worauf ich sagte
(Pfui, Beate du bist boshaft) : das verstehst du nicht, in
solchen Situationen wird ein Mann zum Helden. Wir schickten
Thong aus der Küche, was er sehr gerne annahm. Durch seine
Frau boten wir ihm einen Teller Eiscrem an, weil er das
nicht zu kauen braucht. Er war aber so leidend, als sie es
ihm anbot, hörten wir bis ins Esszimmer seinen
fürchterlichen Ausfschrei : noooo ! Als ich eine
Viertelstunde später in die Küche kam, stand er da und
löffelte es doch ! Das Schlimmste an der ganzen Geschichte
ist, dass der Bader ihm wahrscheinlich einen gesunden Zahn
gezogen hat und der schlechte immer noch drin ist ! Poor
Thong !

Noch eine kleine Anekdote von Tomas. Vorige Woche, als ich
noch im Hospital war, beobachtete das Ehepaar Thong
folgendes : jeden Nachmittag gegen 5 Uhr kommt ein
Eisverkäufer vom Singapore Cold Storage auf dem Fahrrad
hier vorbei, mit einem riesigen Kasten Eis. Er verkauft
alle möglichen Arten von Eis am Stiel usw. Dabei klingelt
er unentwegt mit einer Glocke in der Hand. Dieser Mann ist
natürlich sehr anziehend für Tomas. Folglich stellte er
sich vor die Haustür und brüllte zur Strasse hinauf :
hallo, hallo come here, we want some icecream ! Der Mann,
wahrscheinlich schon einiges gewöhnt von solchen kleinen
Kunden, fragte misstrauisch : Where is your mammy ?- Worauf
unser Tomas mit voller Lautstärke zurücktrompetete : my
mammy is in hospital, I got a brother !!

Ich muss Euch noch schnell von unseren Vögeln erzählen :
unter dem Dach beim Schlafzimmer ist ein Nest mit zwei
ziemlich grossen Vögeln. Sie sind schwarz mit weiss, etwa
so gross wie Krähen oder noch grösser und geben seltsame
Laute von sich. Sie krächzen, schnalzen, pfeiffen und
singen. Bevor sie ihr Nest anfliegen, setzen sie sich auf
die nach aussen aufgehenden Fensterflügel. Punkt 7 Uhr
morgens sitzen sie ebenfalls da und schnalzen und gurren
ganz komisch. Nach etwa 2 Wochen hatten sie sich so an mich
gewöhnt, dass ich sogar ganz ans Fenster kommen darf, wenn
sie auf dem Rahmen sitzen. Zu C.W.'s grösstem Ärger darf er
das nicht. Wenn er nur etwas in die Nähe des Fensters kommt
oder auf den Balkon gehen will, fangen sie fürchterlich an
zu schreien und aufgeregt herum zu fliegen. Wenn sie ihn im
Garten sehen, fliegen sie dicht an ihn heran und krächzen
und schreien so, dass er ganz beleidigt ist. Am meisten
ärgert ihn, dass ich auf den Balkon gehen darf. Es ist aber
wirklich so, kommt C.W. ins Zimmer und nähert sich dem
Fenster, hebt draussen ein fürchterlicher Lärm an. Er sagte
gestern ganz wütend, "entweder kaufe ich jetzt ein Gewehr -
oder Vogelfutter". Da ich ihm aber nicht zutraue, einem
Vogel irgend ein Leid anzutun, und da man hier kein
Vogelfutter kaufen kann, wird wohl alles beim alten
bleiben. Vielleicht gewöhnen sie sich auch mal an ihn.

So, und nun seid für heute alle recht, recht herzlich
umarmt und geküsst von uns allen 4.

Coco

K.L. 20-5-58   CW

Liebe Eltern, dieser kleine Brief soll Euch etwas
Interessantes mitteilen. In unserer Korrespondenz war
einmal die Sprache von meinen beruflichen Aussichten in der
ferneren Zukunft. Es war nicht zu erwarten, dass sich schon
so schnell gewisse Perspektiven zeigen sollten.

Ich hatte letzten Monat einen Brief an den besten und
bekanntesten Architekten von Australien, Harry Seidler,
geschrieben und ihn um Titel von bestimmten Büchern
gebeten. Er ist einer der ständigen Korrespondenten der
Zeitschrift "Bauen + Wohnen", also sozusagen ein Kollege,
da ich ja für das gleiche Blatt schrieb. Ich bat ihn auch,
mir einiges über die Schulen auf seinem Konitnent
mitzuteilen.

Er schrieb gestern u.a. "Lieber Herr Voltz, es war
enttäuschend zu hören, dass die Schule Max Bill's die Hände
gewechselt hat. Aber ich muss sagen, es ist ein grosser
Vorteil, Sie etwas näher hier zu haben. Ich würde es sehr
gern sehen, wenn Sie in dieses Land kämen und uns helfen
würden, die Schulen für Design zu verbessern. Diese Schulen
haben keine richtige Ausrichtung und sind weder altmodisch
noch modern. Aber die Studenten sind erstklassig... Ich
erwarte Ihr Antwort und Ihre Nachricht, ob es mir gelungen
ist, Sie zu überreden, nach Australien zu kommen. Sehr
herzliche Grüsse Ihr Harry Seidler"

Soweit die auszugsweise Übersetzung des Briefes, der bei
uns wie eine kleine Bombe eingeschlagen hat. Meine Antwort
lautet natürlich "ja", wenn auch mit zeitlichen
Vorbehalten. Da Seidler auch andeutet, er wolle gern für
mich eine entsprechende "Startbasis" finden, könnte die
Sache immerhin 1959 beginnen. Ich will versuchen, Seidler
im Herbst (der bei uns auch Sommer ist) in Darwin zu
treffen. Das ist etwa die halbe Strecke und nur 7 Stunden
zu fliegen. Da ich nun hier so gut "drinsitze", kann ich
diese Dinge in aller Ruhe reifen lassen. Australien selbst
ist ein ausgezeichnetes Land mit einem enormen
Lebensstandard und etwa europäischem Klima im SÜden.
Seidler sitzt in Sidney, andere Schulen sind in Melbourne.
Australien hat nur 6000 Arbeitslose, eine ausgezeichnete
Sozialversorgung für alle Bürger, allgemeine 5-Tagewoche
und - dringenden Bedarf an Designern jeder Art.

Lebt wohl für heute, wir wollen es Euch nur als Neuigkeit
mitteilen. Kinderfreudige Menschen in unserer Familie
wollen den dritten Sohn als Australier auf die Welt
bringen. Dann soll - so finden wir - die ständige
Umzieherei aufhören.
Sehr herzlich   C.W.

24-5-58

Liebe Eltern und Schwiegereltern,

falls ich jemals missbilligende Äusserungen über Babies
gemacht haben sollte, wie etwa dass sie sich ständig
ansabbern, sauer riechen, sehr oft gelbverfärbte Windeln
unmissverständlichen Inhalts haben, einen, wenn man sie auf
den Schoss nimmt, bestimmt nass machen usw.... so nehme ich
dies hiermit zurück. Unser Tim riecht nie sauer, sabbern
tut er noch nicht, die Windeln schrecken mich überhaupt
nicht mehr und wenn er mich nass macht, na ja, dann muss
ich mich halt umziehen. Ich weiss zwar, dass die eigenen
Kinder immer die liebsten, besten und schönsten sind, aber
alle Leute, die uns hier umgeben oder uns besuchen kommen,
sind von Tim begeistert. Vielleicht ist es auch nur
Höflichkeit, jedenfalls tut sie gut. Jeder sagt von selbst,
dass er wundervoll riecht. Die Amah liebt ihn heiss und
wenn ich nicht da bin, legt sie ihn trocken und gibt ihm
Wasser zu trinken. Von Thong habe ich erfahren, dass er,
wenn wir nicht zu Hause sind, sich heimlich hinaufschleicht
und minutenlang vor dem Bettchen steht, um Tim zu
bewundern. Charmian Posener bekam neulich einen ganz
weichen Gesichtsausdruck und war nicht von dem Bettchen
wegzukriegen, bis ich schliesslich einfach das Moskitonetz
zugemacht habe. Als wir dann wieder unten waren, verdrehte
sie die Augen und rief pathetisch :"Oh, Julius, I want a
third baby !" Na, und Tomas liebt ihn auch, natürlich. Er
schaut immer beim baden zu und fragt, warum der gar nicht
schreit, wenn man ihm die Äuglein wäscht ?

Heute morgen war ich zum ersten Mal nicht so ganz
begeistert von meinen Kindern. Tim bekommt abends seine
letzte Mahlzeit um 10 Uhr und morgens um 6 oder 1/2 7 Uhr.
Da ich im Moment nicht mehr so schnell einschlafen kann wie
sonst, bleiben mir bestenfalls 7 Stunden Schlaf. Tagsüber
das Versäumte einzuholen ist illusorisch, weil man einem 3
jährigen Tomas und einem 2 jährigen Chinesen nicht klar
machen kann, dass sie sich so lange nicht hauen, streiten
und beissen dürfen, bis ich ausgeschlafen habe. Heute
morgen brüllte das liebe Baby schon um 3/4 6. Als das
abgefertigt war und ich mich gerade wieder hingelegt hatte,
kam der Tomas. Ich war schliesslich so grantig, dass ich
nur mehr hervorbrachte, ich will überhaupt keine Kinder
mehr haben. Dann schlief ich wieder ein bis 3/4 8, und
deshalb hätte C.W., der nicht von selbst aufsteht, beinahe
veschlafen. Derweil sass Tomas quietschvergnügt auf dem
Boden und spielte vor unseren Betten. Zwischendurch wachte
ich jedesmal auf, wenn er etwas auf den Boden warf.
Immerhin ist er so rücksichtsvoll, mich nicht absichtlich
zu wecken ! Aber da ich, wie ich schon geschrieben habe,
keinerlei körperliche Arbeit zu machen habe, sondern
wirklich, wenn ich Lust habe, mich ins Bett legen kann, ist
es nicht ganz so schlimm. Übrigens bekommen wir seit einer
Woche jeden Tag den Air-conditioner im Schlafzimmer

eingebaut. Das soll heissen, jeden Tag soll der Mann
kommen, der ihn einbaut. Jeden Morgen um 1/2 10. Aber er
kommt nie. Gestern waren wir in dem Geschäft, das uns den
Apparat verkauft hat. Sie versprachen uns, den Mann nun
ganz bestimmt am Nachmittag zu schicken. Nachmittags kamen
ein Lieferwagen und brachte den Apparat. Der Mann käme aber
ganz bestimmt heute Vormittag. Er kam wieder nicht ! Wenn
das Ding dann läuft, können von mir aus ein ganzes Dutzend
Kinder im Garten streiten und brüllen, dann höre ich nichts
mehr.

Eben erzählte mir die Amah von unserem Tomas, der immer
noch nicht gelernt hat sich zu verteidigen, dass er sich zu
Heng stellt und auf chinesisch sagt : "Pa, pa", was so viel
heisst wie :"hau mich, hau mich". Heng, gar nicht doof,
haut fest zu. Und Tomas schreit nach der Amah und hält
seinen Kopf weiter hin. Sie sagte auch, dass er schon ganz
nett chinesisch plappert. Mit mir spricht er deutsch und
zwar wird es langsam auch grammatikalisch gut. Bis auf
kleine Rückfälle, wie etwa : "du, Mutti, wenn du mir blöde
bist !" Das ist eine Drohung und soll "böse" heissen. Oder
er sagt :"du darfst mir gar nicht hauen", Immerhin weiss
er schon, dass es nicht "mein sein Saft" ist. Das hat zwar
lange gedauert, aber jetzt "kann er das schon sagen", wie
er selbst meint, "das hat er schon gelörnt". Sein englisch
ist ebenfalls erstaunlich gut. Es ist schon beneidenswert,
wie er mit spielerischer Leichtigkeit erfasst, was uns
durch jahrelanges büffeln so langsam eingetrichtert wurde.
Zum Beispiel die Anwendung des Verbs "to do". Gestern sagte
ich zu ihm : "you like it?" - es handelte sich um irgendein
Buch. Worauf er sagte :"I not like it, " sich dann sofort
verbesserte und sagte : "I don't like it". Ebenso genau hat
er erfasst, dass die dritte Person Einzahl ein "s" bekommt.
Unser Thong, der ein oder zwei Jahre auf eine englische
Schule gegangen ist, spricht recht gut englisch, und ich
glaube, Tomas lernt sogar von ihm. Die Sache mit dem
Kindergarten haben wir dann ganz einfach gelöst, indem wir
ihn eben nicht mehr hinschicken. Ich habe keine Lust jeden
Tag in die Stadt zu fahren um ihn zu bringen und zu holen.
Bis auf weiteres hat er vormittags den kleinen Heng zum
spielen und nachmittags das liebe Clyde. Zwischendurch
macht er abwechselnd alle Leute verrückt, indem er gerade
das tut, was er nicht soll. Neulich hat er sich Sand in die
Suppe gestreut, die Amah gerufen und gesagt, er könne die
Suppe nicht essen, sie sei schmutzig !

Gestern morgen fuhr ein Combi-Auto mit malayischem
Chauffeur vor. Ihm entstieg eine Nurse mit Babywaage. Dr.
Edmonds, die Ärztin aus dem Tanglin-Hospital, hat sie
geschickt. Diese Nurse ist vom Government eingesetzt, um in
einem bestimmten Turnus nach allen Babies von Government-
officern in K.L. zu schauen und sie zu wiegen. Ausserdem
hat sie die Vertretung von Nestlé, berät die Mütter, die
nicht stillen können oder später, wenn sie aufhören zu
stillen und vermittelt Nestlé's Kindernahrung Lactogen. Wir

fanden das grossartig. Sie hatte ein grosses Buch unter dem
Arm, in dem alle Babies eingetragen sind und aus dem sie
mir vorlas, dass der Tim am 6. 5. geboren ist und 7 Pfund
un 11 Unzen gewogen hat. Wir legten den Tim auf die Waage
und zu meiner grossen Beruhigung wiegt er jetzt 7 Pfund und
12 Unzen. Am 6. Tag, als wir nach Hause kamen, wog er 7
Pfund und 2 Unzen. Das heisst, er hat also ganz normal etwa
eine Unze pro Tag zugenommen. Eine Unze = 28 g (So was
blödes gibt es auch nur in England. Inder ganzen Welt
rechnet man mit Gramm und Kilo). Ich hatte mir Sorgen
gemacht, weil er nur etwa 4-5 Minuten bei jeder Mahlzeit
getrunken hat. Seit 2 Tagen trinkt er wieder 15-20 Minuten.
Er ist wirklich sehr lieb und schreit nur, wenn er hungrig
ist, oder wenn die Windel, wie schon erwähnt, eine
gelbliche Färbung aufweist. Sonst liegt er in seinem
Körbchen mit einem so friedlichem und entspannten
Gesichtchen, dass man ihn nur immerzu ansehen möchte. Wir
haben jetzt eine Plastik-Badewanne bekommen in der uns das
Baden allen beiden Riesenspasse macht. Er hat dann seine
Augen ganz weit auf und sagt keinen Ton. Die schwarzen
Haare werden langsam heller und überhaupt stelle ich fest,
dass er aber auch gar nichts von mir hat, er ist eine ganz
richtige Miniaturausgabe seines Vaters !

Vorgestern Abend hatten wir Poseners zu einer Dinner-party
bei uns, weil sie schon in 14 Tagen fortfährt (Welch ein
Glück !) Es klappte mit dem Essen so phantastisch, dass nur
die Käseplatte zum Abschluss ein voller Erfolg war. Aber da
konnte niemand mehr essen. C.W. tröstete mich und meinte,
meine Mütter wüssten bestimmt aus Erfahrung, wie das mit
einer ersten Einladung zum Abendessen sei. Ich kann mir das
aber nicht vorstellen, die können beide so gut kochen.
Vorsichtshalber hatte ich gleich zu Anfang gesagt, dass
dies meine erste Dinner-party überhaupt sei. Ihr könnt Euch
ja vorstellen, dass ich lieber einen Apfelstrudel gemacht
hätte aber wahrscheinlich wäre der in dem Moment auch
daneben gegangen !

Bitte, seid nicht besorgt, wenn ich nicht so viel schreibe
wie vorher, aber mir fehlt im Moment noch etwas der
Auftrieb. Ich will mir jedenfalls Mühe geben und Euch
bestimmt nicht vernachlässigen.

Für heute, seid alle herzlichst gegrüsst von Euren

C.W. + Tom + Tim + Beate

Liebste Mutti, habe tausend Dank für die Rezepte. Weisst
Du, ich koche schrecklich gerne aber ich weiss gar nicht so
viel auswendig. Du kannst mir immer wieder etwas schicken,
es kann ja auch was gedrucktes sein, wenn Du weisst, dass
es gut ist. Kannst Du mir schreiben, wie man Kürbisgemüse
macht, Reisauflauf, spanische Wind und Paprikahendl ?

Und dann, könntest Du mir eine Beschreibung machen, wie man
eine Windel knotet ? Die Sicherheitsnadeln sind so ein Ding
mit Pfiff und vielleicht ist eine geknotete Windel besser.

Coco

31-5-58

Meine lieben Eltern und Schwiegereltern,

Ich bin augenblicklich alleine gelassen worden, für ein
paar Stunden. Mein Husband ist gerade hochelegant mit
hellgrauem Anzug und rot-weiss gestreifter Fliege, ganz
miteleuropäisch und fürchterlich schimpfend und schwitzend
abgefahren : das Semester ist zu Ende und heute werden
Diplome ausgegeben an diejenigen, die im vorigen Jahr ihre
Examen gemacht haben. Man hinkt hier (ich glaube in England
ist das auch so) immer um ein Jahr hinterher. Zu dieser
Feierlichkeit sollte auch der Tengku, der Premierminister,
erscheinen, um den Leuten höchstpersönlich die Diplome zu
überreichen. Es geht aber nicht. Er befindet sich auf der
Rückreise von Japan. Da in Thailand bekanntlich Cholera
ausgebrochen ist und er nicht gegen diese geimpft ist, kann
er in Bangkok nicht zwischenlanden und muss nun in Hongkong
bis Sonntag warten. Dann erst fliegt die Kursmaschine
direkt nach K.L. Nun kann er auch nicht zu den
Festlichkeiten im College erscheinen und da will ich dann
auch nicht hin. Ich habe mich mit meinem Baby entschuldigt.

Heute morgen wurde den Studenten inoffiziell von C.W. und
Julius anvertraut ob und wie sie ihre Examen bestanden
haben. Ich kam gerade zum Ende der Besprechung dazu, um
C.W. abzuholen und erlebte dabei mit, wie dem einzigen
Mädchen des Abschlussjahres mitgeteilt wurde, dass sie
durchgefallen ist. Es gab eine Riesen-Tränen-Szene. C.W.
war wütend, Julius versuchte zu trösten und Tomas flüsterte
mir zu : "warum weint die Tante ?". Als ich ihm sagte, sie
habe nicht richtig gearbeitet, meinte er : "wenn ich gross
bin, weisste Mutti, dann weine ich auch im College !" - Sie
hat es aber wirklich nicht anders verdient. Das ganze Jahr
über bekam ich fast täglich von "Miss Lang" erzählt, die
mit einer fürchterlichen Dämlichkeit und Sturheit immer
gerade das Gegenteil von dem machte, was man ihr riet.
Während C.W. sich noch mit anderen Studenten beschäftigte,
versuchte Julius zu beruhigen. Es hat sie keinesfalls
bedrückt, dass sie nun durchgefallen ist, weil sie keine
gute Arbeit geleistet hat oder weil sie eventuell das Thema
verfehlt hat oder Fehler gemacht hat, die man nach drei
Jahren Studium nicht mehr machen darf, sondern nur deshalb,
weil sie Angst davor hat, was nun die Leute sagen.
Wahrscheinlich hat sie zu Hause immer erzählt, sie sei eine
hervorragende Studentin. Sie hat ausserdem ein Stipendium
vom Government. Wenn sie das Jahr nun nochmal machen muss,
ist das schon Strafe genug für ihre beiden Lehrer. Julius
brachte sie mit dem Auto nach Hause und ich hörte noch, wie
sie sagte : "Ihr habt mich ja nur durchfallen lassen, weil
ich das erste Mädchen an der Architekturabteilung gewesen
bin." Ein Glück, dass C.W. das nicht gehört hat.

Timmilein wächst und gedeiht. Er ist jetzt so brav, dass er
sich an die von mir vorgeschriebenen Essenszeiten gewöhnt

159

hat. Mir wurde es einfach zu viel, ihn alle 2 bis 3 Stunden
zu stillen. Er bekommt jetzt das erste Mal zwischen 6 und
1/2 7. Das heisst, wenn er anfängt zu schreien und wir
dadurch aufwachen. Um 1/2 10 Uhr wird er gebadet und
bekommt anschliessend wieder zu trinken. Dann schläft er
sehr lieb und ruhig bis 2 Uhr. Ich muss ihn dann sogar
aufwecken. Das nächste Mal um 6 Uhr und dann um 9 Uhr,
damit ich eine Stunde mehr Schlaf habe. Nachts schreit er
gar nicht mehr. Letzten Dienstag war die Nestlé-Nurse Mrs.
Gill wieder mit Chauffeur und Babywaage hier. In den
vergangenen 6 Tagen hat Tim 8 1/2 Unzen zugenommen. Das
heisst, etwa 40 g pro Tag ! Das ist etwas mehr, als
allgemein erwartet. Wir sind sehr stolz auf so ein
vorbildliches Baby. Seine Haare werden heller und ich
wüsste gern, wer in unseren Familien so wunderschöne blau-
graue Augen hat ?

1-6-58

Ich kann erst heute weiterschreiben, auf einmal schrie mein
2. Kind, dann musste Tomas zu essen bekommen und ins Bett
gebracht werden. Meine servants haben ihren day-off. Das
heisst, sie sind gestern nachmittag gegen 6 Uhr abgezogen
und erscheinen heute in den späten Abendstunden wieder.
Samstag abend und Sonntag bis nach der Mittagszeit
geniessen wir unsere Freiheit und fühlen uns sauwohl, mal
allein zu sein. Aber am Sonntag Abend, wenn sie dann alle
drei wieder anmarschiert kommen, sind wir doch recht froh.
Bis Sonntag Mittag reichen gerade die Trinkgläser, das
Geschirr bis abends, das Besteck muss allerdings nach jedem
Gebrauch abgewaschen werden, da wir es ja nur 6 facher
Ausführung haben. Kochtöpfe und Pfannen reichen nie ganz,
die müssen zwischendurch gespült werden, wie man sie gerade
braucht. Also sieht die Küche Sonntag Abend grauslich aus.
Aber A-Chen macht das morgen viel schneller als ich.

Als wir hier einzogen habe ich mal geschrieben, das
Fleisch, das man im Singepore Cold Storage gefroren zu
kaufen bekommt, sei ausgezeichnet. Irren ist menschlich.
Wahrscheinlich schmeckten uns die ersten Gerichte so
besonders gut, weil wir nun endlich selbst kochen konnten.
Aber seit einiger Zeit schimpft C.W. immer, jedes Fleisch
hier, ob Kalb, Rind oder Schwein, alles hat einen
Einheitsgeschmack, sprich "gebackener Hund". Heute habe ich
ein Steak mit Champignons in einer Rahmsauce gemacht. Ich
hatte das Rezept aus einem Modeheft, dass Mutti mir
geschickt hat. Alles hat prima geschmeckt, nur das Fleisch
nicht. Von Gemüse und Reis und Kartoffeln kann man sich ja
nicht auf Dauer ernähren. Die Gefrierhühner aus Amerika
isst man sich auch eines Tages über, denke ich mir.
Fleischkonserven aus Australien gibt es nur in drei Sorten.
Es ist wirklich nicht ganz leicht. Das gehackte Fleisch
kann man zur Not noch essen in gefüllten Paprika oder in
einer Tomatensauce zu Spaghetti.- Ich habe C.W. gestern
Weisskraut gemacht, wie wir es zu Hause machen, er war ganz

begeistert davon. Wenn wir keine Gäste haben, kann ich nämlich sehr gut kochen !

Unser guter Thong, oder sein Weib, haben wie alle Chinesen hier, keinen Sinn für System oder Organisation. Jeden Morgen gehe ich mit dem Bestellblock meines Lebensmittellieferanten durchs Haus und frage, was fehlt und bestellt werden muss. Aber meist fällt ihnen alles erst ein, wenn "Ally's" seine Bestellung schon entgegengenommen hat. Neulich abends kommt die Amah an, Mem, es ist kein Brot da. Das muss nämlich immer in kleinen Mengen gekauft werden, weil es sofort schimmelt. Da war es natürlich schon zu spät. Am nächsten Morgen fand sie irgendwoher noch zwei alte, harte Stücke. Ich dachte mir, das kommt so oft vor, jetzt sollen sie es mal selbst aus der Stadt holen, dann merken sie es sich vielleicht. Ich rief Thong und sagte ihm, er müsse jetzt gleich in die Stadt fahren und ein Brot holen. Er machte ein wenig erfreutes Gesicht, ging raus und kam sofort wieder :"Mem, kann ich das Brot in irgendeinem Geschäft kaufen ?" Worauf ich sagte :"nein, kommt gar nicht in Frage, entweder bei Ally's oder im Singapore Cold Storage". - Er verschwand wieder mit sehr traurigem Gesicht und dann hörte ich sie draussen sehr laut und erregt diskutieren. Ein paar Minuten später kam er freudig mit einer tollen Idee :"Mem, ich rufe den Ally's an und bestelle ein Brot und er bringt es dann". Ich sagte, das könne er tun, ich telefoniere nicht gerne mit Indern. Da versteht man nur"retettereterettettere". Thong strahlte wieder über das ganze Gesicht und meinte :"you know, mem, go in town, very easy, but come back, very,very long." In die Stadt geht es nämlich bergab und zurück muss er sein Fahrrad schieben.

Seit letztem Sonntag haben wir nun auch endlich unsere Klimaanlage eingebaut. Wir waren gerade aufgestanden, als ein Lastwagen mit dem Carpenter - dem Zimmermann -und seinen Leuten vorfuhr. Nun hatten wir den ganzen Sonntag eine herrliche Schweinerei im Schlafzimmer, alles war weiss. Sie mussten einige durchlöcherte Platten an der Decke auswechseln, die zur Ventilation gedacht waren. Und so einige Scherze mehr. Um den Apparat ins Fenster einzubauen, brauchten sie verschiedene Hölzer und Bretter und plötzlich war kein Holz mehr da. C.W. kam gerade dazu, als der Carpenter seine Leiter in zwei Hälften zersägte und fragte ganz entgeistert, was er denn da mache ? Worauf der Zimmermann meint, er brauche Holz für das Fenster oben. "Ja, aber, dann hast du ja keine Leiter mehr ?" - "Och, dann baue ich mir morgen wieder eine neue!" kam es ganz gleichgültig zurück. - Das Ding lief dann abends wirklich. Es ist herrlich kühl und wir schlafen einfach wundervoll. Alle empfindlichen Sachen, wie Photo- und Kamerageräte, Rasierapparat, europäische Kleidung und Apfelstrudel kommen in das Zimmer, weil es trocken ist. Es wird noch so weit kommen, dass wir unten schlafen müssen, weil das Zimmer ganz vollgeräumt sein wird von empfindlichen Sachen !

Seit gestern sind wir Member of the Lake Club. Der Club hat ein Schwimmbassin und ist ausserdem nicht weit von uns entfernt.

Am kommenden Samstag fliegt "dear, old Charmian" nun endlich ab. Er wird heftige Tränen vergiessen und sie wird davon kaum Notiz nehmen. Er sagte schon, er werde wahrscheinlich nicht auf den Flugplatz gehen, es würde ihn so mitnehmen, sie abfliegen zu sehen. Wir gehen aber bestimmt hin, das müssen wir sehen.

Als C.W. neulich mal mit Julius Posener an einem Wohnblock vorbeifuhr, meinte ersterer, es sei ja scheusslich, dass man hier die Abflussrohre an den Aussenmauern anbringt. Worauf ihn Julius aufklärte, in England ist es Gesetz, die Abflussrohre an den Aussenmauern entlangzuführen, damit man, falls im Winter eines der Rohre einfriert, gleich drankönne. Und dieses Gesetz wurde dann, da hier ja alles englisch ist, einfach übernommen !

Und nun seid für heute wieder mal alle tausendmal umarmt von Euren

C.W., Tom, Tim + Beate

6-6-58

Mein lieber Vati,

wir, dass heisst unsere ganze grosse Familie aber ganz
besonders ich, möchten Dir hiermit ganz herzlich zum
Geburtstag gratulieren und Dir alles, alles Liebe und Gute
wünschen. Wir wären sehr gerne bei Euch an diesem Tag,
wenigstens um mit Dir anzustossen und Euch mündlich ein
bisschen von hier zu erzählen. Da dies nicht geht und wir
Dir gerne eine Freude machen wollen, haben wir Dir mit
gleicher Post ein paar Bilder von Tim und mir geschickt.
Auf den beiden Bildern mit mir ist Tim gerade 6 Tage alt
und auf dem Bild im Körbchen ist er etwa 2 Wochen. Die
anderen drei Bilder sind mit 3 Wochen gemacht worden.

Vielen Dank für den Brief vom 30-5 von der Mutti. Die
Beschreibung, wie man eine Windel knotet, war fabelhaft,
man könnte sie direkt genauso drucken lassen. Man muss
schon sehr doof sein, um da nicht mitzukommen. Das Ding hat
nur einen Haken : wenn die Windel nur mit einem
Strampelhöschen hält, hat es für hier doch keinen Sinn, das
ist zu heiss. Ich werde mich also doch an die
Sicherheitsnadeln gewöhnen müssen, sie sind immerhin 5-6 cm
lang und ziemlich stark. Nicht einmal Tomas kann sie ohne
weiteres aufmachen und das will schon was heissen !

Die Mutti darf nicht glauben, dass C.W. nichts mehr von
Europa hält. Aber nach allem, was wir beobachten durch
Zeitungen, Briefe und Unterhaltungen, ist Australien ein
Land mit ungeheuren Möglichkeiten für ihn, wahrscheinlich
weit mehr als es Deutschland sein kann. Ich würde es ihm
von Herzen wünschen endlich einmal seine Ideen
verwirklichen zu können und die Möglichkeit zu haben, so zu
arbeiten, wie er es sich wünscht ohne immer gegen eine
Mauer von Sturheit zu rennen. Ich bin allerdings überzeugt
davon, dass er in einigen Jahren, früher oder später, wenn
man ihm an einer Universität eine Professur anbieten würde,
sicher wieder zurückkäme. Australien ist halt arg weit
weg... aber momentan ist das ja noch ein Projekt und gar
nicht spruchreif.

C.W. hat jetzt Ferien und die Amah kann gar nicht
verstehen, dass er trotzdem noch so oft vormittags ins
College fährt. Sie hält ihn überhaupt für leicht verrückt
und lächelt immer so nachsichtig, wenn er versucht, ihr
etwas zu erklären. Wir stellen aber oft auch hohe Ansprüche
an ihr Begriffsvermögen, was wahrscheinlich zu viel
verlangt ist. Wie soll sie begreifen können, warum man
plötzlich eine Wohnung ganz ohne sichtbaren Grund völlig
umräumt und es gar nicht schön findet, Papierblumen in eine
Vase zu stellen, wie sie es vorschlug. Oder wenn man, wie
C.W. es tut, alle erreichbaren Gewürze und Saucen in den
Salat schüttet und dann noch behauptet, es sei wundervoll !
"Master velly funny " bringt sie dann nur mehr heraus.

Thong ist da ein bischen verständiger, obwohl auch er dem grossen Umräumen hilflos gegenüber stand.

Ich muss jetzt Schluss machen. Timmy soll gebadet werden und Tomas muss das wieder mit grossem Interesse verfolgen. Gestern hat er seinem Brüderchen als es brüllte, kurzerhand seinen kleinen dreckigen Finger in den Mund gesteckt, an dem der ganz Kleine dann zufrieden lutschte, bis ich das mit Schrecken gemerkt habe.

Wir wünschen Dir nochmals alles, alles Gute und werden am 11.6. in Gedanken mit Dir anstossen. Sei herzlich umarmt von Deiner

Beate

9-6-58

Liebe Eltern und Schwiegereltern,

Morgen wird Tim 5 Wochen alt und gestern hat er mich das
erste Mal angelacht, seinen Vater heute morgen. Er schaut
schon ein bisschen bewusster herum und ich freue mich immer
wieder an seinen schönen blauen Augen. Er trägt jetzt, wie
ein richtiges Tropenbaby, nur mehr eine Windel. Auch
nachts, denn obwohl wir vor den Fenstern Moskitonetze
haben, damit Tomas keines mehr an seinem Bett braucht, hat
Tim sein Netz um das Körbchen. Unter darunter ist es schon
recht warm aber ein Baby ist gegen Insekten doch
empfindlicher als Tomas. Und der schreit schon immer, es
seien so viele Moskitos da, komischerweise immer dann, wenn
er keine Lust mehr hat zu essen.- Hier müssen kleine Kinder
sehr viel Wasser trinken und an manchen Tagen trinkt Tim
ein ganzes Fläschchen leer. Wir haben nur
Plastikfläschchen, unzerbrechlich, made in Holland.

Gestern, Sonntag, waren wir im Club baden. Da unsere
Bediensteten ihren day-off hatten - welche Wonne, es gab
Spaghetti mit Tomatensauce, das geht am schnellsten und
C.W. macht mir immer Liebeserklärungen hinterher ! -
packten wir Tim in seinen blauen Segeltuchkasten und nahmen
ihn mit. Er war sehr lieb und lag mit grossen Augen da. Nur
zum Schluss wurde es ihm dann zu dumm und er brüllte, weil
er Hunger bekam. Das Babygeschrei ging aber vollkommen im
Badelärm unter, es hörte niemand.

Tomas ist aus dem Wasser nicht mehr herauszubekommen. Das
Schwimmbecken ist so tief, dass er nicht stehen kann. Das
hat natürlich den Vorteil, dass er schwimmen muss und das
macht ihm einen Riesenspass. Er hängt in seinem Gummiring,
Korken gibt es hier leider nicht, und macht Bewegungen wie
ein kleiner Hund. Er hat sofort erfasst, dass der Ring ihn
trägt, macht die tollsten Verrenkungen, dreht sich auf den
Rücken und strampelt mit den Beinen, springt vom Rand aus
ins Wasser, nimmt den Mund voll Wasser und spuckt dies dann
wieder seinem ängstlichen Papa ins Gesicht. Einer von uns
ist natürlich immer bei ihm. Bei jeglicher Hilfestellung
schreit er, ich kann alleine schwimmen, geh weg.

Es waren eine Menge Leute da, die wir noch aus dem Chalet
kennen. Aber es ist sehr angenehm, dass man sich eigentlich
nicht umeinander kümmert. Man spricht ein bisschen
miteinander und dann setzt sich jeder wieder an seinen
Platz. Darin gefallen mir die Engländer. Nur der
rothaarigen Mrs. Mortimer, die wir auch noch aus der A-Mess
kennen, weicht man am besten aus. Sie lockt einen immer an
ihren Tisch, sagt kategorisch : sit down, und rückt einen
Stuhl zurecht, den man dann nur mit grosser Mühe übersehen
kann. Sie spricht ein so fürchterliches englisch, dass man
höchstens die Hälfte davon versteht. Ich habe die gute
Patricia einmal im Auto nach Hause gefahren, als wir noch

im Chalet wohnten. Sie redete in einem fort, ich glaube, es
handelte sich um gute Ratschläge, wie ich fahren sollte,
ich hörte immer so ein Rauschen im Ohr. Aber sie hat einen
Dackel mit Namen Mathilde, der sich einbildet Junge zu
kriegen und deshalb so dick ist. So etwas hatten wir auch
schon in unserer Familie, erinnert Ihr Euch ? Der Dackel
Mathilde ist jedenfalls eine Wucht.

Na, wie gesagt, Mrs. Mortimer ist ein Brechmittel aber
sonst sind lauter nette Leute da. Clark Gable, der
eigentlich Mr. Keel heisst, und gestern sahen wir eine sehr
gut aussehende junge Dame -sehr scharf, meinte C.W. - mit
blauen Shorts und weissem Pulli. Es stellte sich dann
heraus, dass sie Französin ist.

Man kann schon einiges an tollen Badeanzügen bewundern. Es
ist schon erstaunlich, dass manche netten Leute so gar
keinen Geschmack haben. Ein polnisches Ehepaar, ebenfalls
bekannt aus den Chalets, ist ein Beispiel dafür. Die edle
Polin stieg gestern ins Wasser mit einem bunten,
blümchengestreiften Badeanzug mit neckischem Röckchen
drüber (sehr schlank ist sie nicht) und auf dem Kopf hatte
sie eine Badehaube, wie man sie Anfang des Jahrhunderts
getragen hat, mit wundervollen Rosen drauf. Es scheint das
letzte zu sein, ich meine der letzte Schrei.

Charmian Poseners Abflug ist noch eine Schilderung wert. Am
Samstag morgen wachten wir auf und das erste, was C.W.
sagte, war :"Du, wir haben heute Flughafendienst". Er
konnte nicht wissen, wie recht er damit hatte.

Um 10 Uhr sollte die Britannia, aus Singapore kommend, in
K.L. landen. Da um 1/2 9 an diesem Samstag zum ersten Mal
die Quantas aus Sidney landete, wollten wir auch das sehen
und so fuhren wir um 9 Uhr an den Flughafen. Wir, das sind
C.W., Tomas und ich. Am Schalter in der Halle stand bereits
die ganze Familie Posener mitsamt Amah. Wir setzten uns an
einen Tisch, von dem aus wir das ganze Flugfeld übersehen
konnten. Es war unglaublich viel los. Die Super-
Contellation der Quantas war da, zwei kleine Maschinen von
der Malayan Airways und noch eine ganz kleine Maschine von
der Railway. Die fliegen über den Djungel an die Ostküste
und haben nur 5 Plätze. In dieses Flugzeug stieg eine junge
Mutter mit Baby ein. Wahrscheinlich hat sie im Bungsar
Hospital entbunden und flog nun zurück an die Ostküste, wo
die Familie wohnt. Zwischendurch landeten und starteten
Hubschrauber und Sportflieger, es war riesig interessant.
Familie Posener erblickte uns sehr bald und setzte sich zu
uns. Als ich die kleine 4 jährige Gill fragte, ob sie sich
auf die grosse Reise freue, sagte die Kleine mit einem
Gesicht, als sei sie sich des feierlichen Ernstes der
Stunde ihrer Heimkehr ins Mutterland bewusst :" I am going
to the UK today !". Der 9 jährige Sohn Allan sass alleine
in einem Stuhl und las ein Buch, welches er nur zur Seite
legte, um mit seinem Vater nach Hause zu fahren, den

vergessenen Fotoapparat zu holen. Wir hatten den Eindruck,
als hätten sich beide Kinder schon vollkommen an die
bevorstehende Trennung gewöhnt. Der Sohn bleibt hier in
K.L. beim Vater und die kleine Tochter fährt mit der Mutter
nach England.

Das Ehepaar selbst war von einer aufreizend erzwungenen
Freundlichkeit zueinander. Sie ging zu einem Buchstand in
der Halle und brachte ihm ein Taschenbuch von Balsac.
"Hier, mein Liebling, möchte ich Dir noch ein Geschenk
machen" flötete sie und überreichte es ihm mit
stinkfreundlichem Lächeln und guckte dabei über ihn hinweg
in eine Ecke. Er : "Ooh, my darling, wie süss von Dir,
nein, liebste Charmian, ist das schön.... aber weisst du,
ich kann es nicht annehmen, ich muss es umtauschen, es sind
obszöne Geschichten !" Worauf sie sagte :"Ooh, ich dachte,
es sei ein gutes Buch, ich hörte dich einmal lobend darüber
sprechen ", "Ooh ja, es ist ein gutes Buch, my darling,
aber ich muss es jetzt umtauschen gehen" und verschwand.
Als er mit einem neuen Buch kam, sagte sie zu ihm :
"Liebster Julius, lass mich eine Widmung in dieses Buch
schreiben, als Erinnerung an mich....nein, lass, mein
Liebling, ich habe selbst einen Kugelschreiber." und in
dieser Tonart ging es weiter. Während all dieser Zeit
paffte sie unaufhörlich, man hatte den Eindruck, sie hat
zwei Zigaretten auf einmal im Mund. Laut Fahrplan sollte
die Britannia um 10 Uhr kommen und als sie um 1/2 11 noch
nicht da war und ich wegen meines hungrigen Tims unruhig
wurde, kam die Nachricht, die Maschine käme erst um 12 Uhr.
Mr. Posener wusste zu berichten, in Singapore sei
Bodennebel, die Maschine könne nicht starten. Wir fuhren
also nach Hause mit der Ankündigung, wir kämen wieder.
Julius meinte, "ach, ihr braucht nicht wiederzukommen, wir
haben uns sehr gefreut, aber es zerreisst euch doch den
ganzen Tag". Als wir um 12 Uhr wieder kamen, sass man noch
am gleichen Platz. Um sie herum einige Freunde und sie rief
strahlend aus :" ach, ist das schön, alle meine Freunde
kommen, um mich noch einmal zu sehen". Ich hatte von der
Dinner-party her noch einige Schachteln mir ihrer
Zigarettenmarke, es sind welche mit Mentholgeschmack, die
hatte ich ihr mitgebracht, weil sie bei uns doch niemand
raucht. Sie war zutiefst gerührt aber mein Alter, wie ein
Elephant im Porzellanladen sagte :"bei uns liegen sie nur
rum, es ist nämlich nicht meine Marke". Sie dachte doch,
ich hätte sie eben für sie gekauft. Am liebsten hätte ich
ihm einen Tritt ins Schienbein gegeben aber dann hätte er
möglicherweise gefragt, warum trittst du mich. -Sie
erkundigte sich bei uns über Einzelheiten in der Britannia.
Für die Reise hatte sie sich extra einen Nu-Ko gekauft, den
sie hin und wieder öffnete, damit man die vielen Fläschchen
und Döschen sehen konnte. Dann fragte sie mich, wo im
Flugzeug der Toilettentisch für die Damen sei, vorne oder
hinten. Sie hatte es nämlich im Prospekt gelesen und sich
daraufhin schnell einen solchen Koffer gekauft, mit der
Vorstellung, am Morgen in Gesellschaft anderer Damen, vor

dem Spiegel sitzend ihr Make-up zu erneuern. Ich habe sie
so bitter enttäuscht, als ich ihr sagte, dieser kleine
Toilettenraum ist nur für 1. Klasse Passagiere. Und sie
fliegt Touristenklasse. Nun gab es lange Diskussionen, wie
unfair von der Regierung, nur Touristenklasse zu bezahlen,
im Schiff wird doch auch 1. Klasse bezahlt. C.W. gelang es
dann, sie davon zu überzeugen, dass der Preis in der 1.
Klasse der Schiffreise mit dem der Touristenklasse im
Flugzeug ungefähr übereinstimmt. Anschliessend nahm ihre
Amah dann grossen Abschied von ihr, unter Tränen und
Ausrufen "please, come back", als die Durchsage kam, das
Flugzeug käme erst um 1/2 3 Uhr nachmittags.

Wir fuhren heim zum Essen, Familie Posener blieb am
Flugplatz um dort zu essen. Obwohl man durchgesagt hatte,
die Passagiere könnten nach Hause fahren und die
Telefonnummer hinterlassen, wich und wankte Charmian nicht
von der Stelle. Sie hatte so vollkommen mit allem, was in
diesem Haus gewesen war, abgeschlossen, dass sie dort nicht
wieder hin wollte, auch nicht für ein paar Stunden. Ihr war
dieses Haus, in dem sie sich eingeredet hatte, unglücklich
zu sein, so verhasst, dass sie es nicht einmal mehr sehen
wollte. Sie hatte einen Schlusstrich gezogen und der war
endgültig.

Da wir nun einmal mit unserem Flughafendienst begonnen
hatten, setzten wir ihn auch weiter fort. Wir wollten sie
nun auch wirklich abfliegen sehen, selbst wenn es ihr durch
äussere Einflüsse auch unglaublich schwer gemacht wurde,
endlich wegzukommen. Wir kamen also um 1/2 3 wieder und
fanden sie, mit noch ein paar anderen Passagieren, die
offenbar kein zu Hause hatten oder sich nur auf der
Durchreise befanden, in dem luftgekühlten Ankunftsraum
wieder. Sie war in Gesellschaft eines befreundeten
Ehepaares, rauchte ununterbrochen und lutschte bereits
reichlich nervös an dem Strohhalm ihres Orangensaftes.
Julius und Allan waren abwesend, er hatte eine Besprechung
mit einem Kollegen. Dabei erfuhren wir, die Maschine käme
erst um 5 Uhr, die Besatzung sei am Vorabend spät aus
Europa gekommen und müsse nun schlafen. Dies klingt etwas
plausibler als Bodennebel, aber warum dies erst so spät
bekannt wurde ? Es war wieder, genau wie die erste, eine
Posener-Auskunft, die man ja mit Vorsicht geniessen soll.
Wir fuhren also zu unserem Tim, der über den diversen
Flughafenfahrten noch nicht einmal gebadet worden war, mit
der Ankündigung, wir kämen wieder...

Als wir um 5 Uhr erschienen, war niemand mehr da aber auch
kein Auto auf dem Parkplatz. Als wir ausstiegen, kam gerade
Julius mit seinem Wagen an und erzählte, ein Motor sei
kaputt, die Maschine starte erst um 1 Uhr nachts. Alle
Passagiere seien nach Hause geschickt worden. Auf meinen
Ausruf "Ach je", guckte er mich an und sagte :"ja genau,
und sie ist sehr schlecht aufgelegt". Als wir meinten, die
Maschine flöge bestimmt erst am nächsten Morgen, gab er uns

recht und befand, wir hätten nun unsere Pflicht getan und
bräuchten wirklich nicht wieder zu kommen.

Beim aufwachen am nächsten Morgen, meinte C.W. :"nun fliegt
sie ja wohl schon". Aber als ich nach dem Frühstück aus dem
Küchenfenster sah, hörte ich ein Brummen und einen grossen
Flieger über unserem Haus. In demselben Moment rief Tomas,
"Papa, Papa, die Britannia !" Sie war es wirklich, sie kam
gerade an und fuhr das Fahrgestell aus. Nach sekundenlangem
Überlegen schlossen wir eiligst alle Fenster und Türen,
packten den Jüngsten in seinen Segeltuchkasten - es war ja
day-off - und rasten zum Flugplatz. Wir wollten uns
unbemerkt auf die Terasse schleichen, als wir auch schon
erblickt wurden und uns zu Familie Posener setzen musten.
Sie blickte sehr übernächtigt, blass und böse herum. Von
dem "Ooh, my darling..." des Vortages war aber auch gar
nichts mehr übrig geblieben. Sie hatte die Nacht im Federal
Hotel auf Kosten der BOAC verbracht, weil sie so mit einem
Taxi zum Flugplatz gebracht wurde. So ein Blödsinn, Julius
musste ja trotzdem fahren. Von Mitternacht bis 2 Uhr früh
hatten sie wieder alle auf dem Flugplatz gesessen, bis man
ihnen sagte, die Maschine käme erst um 9 Uhr morgens !
Charmian sagte, das Zimmer im Hotel habe eine Klimaanlage
gehabt. Es sei ihr aber zu kalt gewesen, sie habe sie
abgeschaltet und die Fenster geöffnet. Dies war noch
schnell ein Hieb auf unsere Klimanlage im Schlafzimmer, die
sie noch nicht verdaut hatte. Dann kam Julius und pumpte
C.W. um 10 Dollar an, durch das viele Herumsitzen und
warten habe sie soviele Drinks bezahlen müssen, dass sie
nun kein malayisches Geld mehr habe. C.W. hatte keines aber
ich gab ihm dann unsere restlichen 9 Dollar, die ich dabei
hatte. Er setzte sich sofort hin und schrieb uns auf einem
abgerissenen Fetzchen Papier einen Schuldschein aus. Und
sie meinte etwas zerstreut :"aber vergiss nicht, es
wiederzugeben". Das kriegen wir wahrscheinlich nie wieder.
Die kleine Gill stellte sich wieder mit unbeweglichem
Gesicht vor uns auf und sagte :"Morgen Abend sehe ich meine
Granny, ich fahre heute ins UK".

Und dann kam die Durchsage, die Passagiere der BOAC, Flug
Nummer soundsoviel sollen sich fertig machen und zum
Ausgang kommen. Charmian sprang auf, raffte ihr Gepäck
zusammen und sah niemanden mehr. Plötzlich drehte sie sich
um, gab uns flüchtig die Hand und verschwand in der Menge.
Julius hinterher. Wir gingen nach oben auf die Terasse, von
der man eine bessere Übersicht hat. Wenige Sekunden später
war Julius mit Sohn ebenfalls oben. Sie muss ihn genauso
verabschiedet haben wie uns. Vater und Sohn lehnten beide
mit etwas gleichmütigen Gesichtern am Geländer zwischen all
den anderen Schaulustigen. Denn Ankunft oder Abflug einer
Britannia ist hier in K.L. immer ein grosses Ereignis.

Ja, und dann rollte sie wirklich los, hob sehr schnell und
schön von der Piste ab und war in Sekundenschnelle lautlos
in den Wolken verschwunden und mit ihr Charmian Posener...

Und jetzt schreit mein Baby wieder. In der letzten Zeit
schliessen alle meine Briefe so, es ist aber keine Ausrede,
sondern stimmt wirklich. Seid darum für heute wieder einmal
alle tausendmal umarmt und geküsst von eurer
Beate

22-6-58

Liebste Eltern und Schwiegereltern,

heute habe ich mehrere Briefe zu beantworten. Erstens die
beiden Briefe aus Eberstadt vom 12. 6. und den vom 14. 6.
Und dann den von der Oma am Hölderlinweg aus der Schweiz.
Herzlichen Dank für alle Briefe. Über Diapositive aus
Eberstadt würden wir uns sehr freuen und Vaters Zeilen
unter dem Brief von der Mutti wird als ganzes Schreiben
gewertet. Aber, allen Ernstes, wir freuen uns sehr, wenn
wir auch einmal ein paar Bilder von Euch bekommen.

Und nun zu Eurem Enkel. Die Mutti fragt, ob er noch keinen
Saft bekommt. Er bekommt schon seit etwa 3 Wochen frischen
Orangensaft in seinem Trinkwasser. Vor ein paar Tagen habe
ich das Quantum etwas erhöht und er hat jetzt 2 1/2
Teelöffel Saft auf 5 Unzen, das ist etwa das halbe
Fläschchen. Ausserdem bekommt er Vitamintropfen. Er nimmt
weiterhin gut zu und wiegt jetzt 10 Pfund und 12 1/2 Unzen,
etwa 10 3/4 "kontinentale" Pfund. Wenn man ihm Wollschuhe
anzieht, weil er kalte Füsschen hat, lacht er ganz richtig.
Morgens habe ich ihn jetzt mit Erfolg auf 7 Uhr dressiert
aber wenn man dann nicht gleich kommt, wird er sehr böse.
Er hat jetzt, soweit man das messen kann, eine Länge von 60
cm und die Hände sind immer noch sehr gross !

Wochenlang wunderte ich mich über die Wasserpfützen rund um
Tims Korb. Bis ich einmal dazu kam und den Ursprung des
Wasserstrahls sah. Er selbst bleibt dabei gänzlich trocken.
Etwa so :

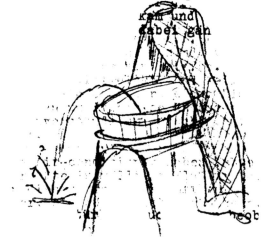

Und Tomas, der dies natürlich auch schon beobachtet hat,
probiert es im Garten.

Tomas liebt Tim nach wie vor sehr innig. Er will abends nur mehr von mir gebadet werden und will dann genauso eingepudert werden, wie der Tim. Sogar an Heng's Fläschchen fängt er an zu nuckeln. Das gibt natürlich immer eine grosse Empörung bei dem kleinen Chinesen, wenn er es ihm abnimmt. Ausserdem hat er sich angewöhnt zu brüllen, ohne Tränen in den Augen, solange, bis man ihm sagt, du kannst wieder aufhören. Wir werden ihn nach unseren Ferien in Penang wieder in einen Kindergarten schicken, damit sein Papa wenigstens morgens in Ruhe arbeiten kann. Die Häuser ohne Türen sind wohl ideal für Familien ohne Kinder. Hat man nämlich solche, so haben sie gar kein Verständnis dafür, dass sie rausgeschickt werden. Und ausserdem bekommt man jeden Streit mit dem kleinen Heng mit.

Tomas entwickelt einen immer ausgeprägteren Sinn für die Küche. Wenn ich diesen Raum betrete, kommt er sofort mit seinem Stühlchen, stellt es neben mich und steigt drauf, damit er alles sieht. Gehe ich dann zum Tisch, nimmt er wieder das Stühlchen und folgt mir wie ein kleiner Hund und fragt ganz aufgeregt :"machst du jetzt wieder einen guten Apfelstruuu ?" Das Wort "Apfelstruuu" ist ein Sammelbegriff für alles, was ich koche. Ein "Stückchen" Mehl, Semmelbrösel, Zimt, Teig, das ist alles guuut, Mutti, weisste !

Und damit wären wir beim Thema Küche. Wir sind jede Woche dabei, Keks für den Nachmittagskaffee zu machen. Die Amah hilft immer sehr interessiert mit. Sie bekommt dann auch immer etwas davon. Ihr Heng will nur mehr "Hausfreunde" und keine chinesischen Biscuits mehr. Gestern war ein chinesischer Feiertag und meine Hausgeister weg. Da versuchte ich das Paprikahendl zu machen. Beim ersten Mal bin ich lieber allein ohne Zuschauer. Ich nahm dazu schon fertiggeteilte Stücke von amerikanischen Hühnern, tiefgefroren. Jedenfalls war es sehr, sehr gut. Und zu Euer aller Überraschung isst C.W. jetzt sogar sehr gerne Geflügel.

Als wir hier einzogen, war kein Herd in der Küche und die Elektrizitätsgesellschaft, die Herde für 5 Dollar monatlich vermietet, hatte eine lange Warteliste. Deshalb liehen wir uns von dem Inder, der aussieht, als sei er der Bibel entsprungen, einen Herd für 15 Dollar monatlich. Er hat drei Platten, von denen nur eine ein bisschen zu regulieren ist, die anderen sind immer gleich heiss, ob sie nun stark oder schwach eingestellt sind. Auf einmal meldet sich das E-Werk, wir könnten einen Herd bekommen. Jetzt sitzen wir da mit einem billigen Herd, nur 5 Dollar monatlich, der sich auch besser regulieren lässt und dessen Backofen etwas besser funktioniert, und ausserdem mit einem Herd für 15 Dollar, weil C.W. einen Vertrag auf ein Jahr unterschrieben hat. Da dieser Herd aber schlecht ist, hoffen wir, dies rückgängig machen zu können. Wenn nicht, haha, so müssen wir ab jetzt 20 Dollar monatlich für den Herd rechnen,

173

haha, haha. Dies stellten unsere Dienstgeister lachend
fest. Haha !

C.W.'s Brille "Amor" verlor langsam ihre Goldauflage und
setzte Grünspan an. So versuchte er denn eine neue solche,
nämlich "Amor" oder so etwas ähnliches, also ein randloses
Gestell zu finden. In allen Geschäften, die wir aufsuchten,
sagte man ihm, oh, das ist ein sehr altmodisches Gestell,
das gibt es gar nicht mehr. Nur der Optiker, der auch dem
Premier Tengku eine Brille verpasst hat - wie man es auf
einem fast lebensgrossen Foto im Innern des Ladens sieht -
hatte noch mal eine "Amor"-Fassung da. Nur war die zu
klein. Innerhalb von einer Stunde brachte er immer neue
Fassungen an. Dies ging so vor sich : er brachte ein
randloses Gestell, dies sei das einzige. C.W. probierte es
aber es gefiel ihm nicht. Grosses hin und her. Nach einer
Viertelstunde sagte der Optiker plötzlich : hier habe ich
noch was. Und brachte wieder eine, dies sei aber nun das
Einzigste, was er noch habe...usw. Nach 1 1/2 Stunden
endlich, fanden wir eine Fassung, die an Einfachheit "Amor"
noch übertrifft und bestellten die Brille. Sie sollte 50
Dollar kosten. Nun hatte C.W. mir eine Sonnenbrille
versprochen und zwar die gleiche, die er auch hat. Wir
wollten sie aber bei dem Optiker kaufen, der C.W. die
Sonnenbrille mit geschliffenen Gläsern sehr billig gemacht
hatte. Wir kamen dorthin, ein ganz kleiner, dreckiger
Laden, und das erste, was wir sahen, war ein Schaukasten,
gänzlich verstaubt, und dadrin C.W.'s neues Brillengestell.
Wir liessen uns dies zeigen, und nach einigem Verhandeln
fragte C.W. was die Brille fertig mit seinen Gläsern kosten
würde. Der Optiker guckte ihn an und meinte : sind 30
Dollar O.K. ? Als wollte er sagen, ich kanns ja mal
versuchen, eventuell gehe ich noch runter. Grosse
Bestürzung bei uns, leises Verhandeln, was nun ?
Schliesslich erklärte C.W. dem Optiker, dass er gerade bei
der Konkurrenz diese Brille bestellt habe und nur deshalb
dorthin gegangen sei, weil vor ein paar Tagen sein
Angestellter ihm gesagt hatte, solche Brillen habe er
nicht.- Der Optiker lachte meckernd (er lacht immer
meckernd) hehehe, this man velly old fliend for me, you can
tell him, hehehe ! Sie seien alte Freunde. Nur habe er
einen kleinen Laden und nur ein altes Auto, weil er gar
nicht reich werden wolle. Er besässe diesen Laden nun schon
seit 20 Jahren und ihm genüge das, was er habe. Der andere
habe vor einigen Monaten erst mit viel Kredit seinen
grossen Laden aufgemacht aber sie würden sich immer
aushelfen. "This is my velly old fliend" sagte er erneut
und C.W. ging wirklich hin. Irgendwie konnte er den
Auftrag rückgängig machen und kam so zu einer billigen
Brille. Für den so verdienten Differenzbetrag bekam ich
eine Sonnenbrille. Die Zigaretten, die der Optiker während
der Verhandlungen für C.W. hatte kaufen lassen -"ich rauche
schon lange nicht mehr, hehehe, seitdem bin ich viel
dicker, ich weiss auch nicht was das ist, hehehe" erklärte
er meckernd, - schenkte er ihm auch noch dazu.

Wir haben einen neuen chinesischen Freund : Herr Kuo Kuan
Yin. Er hat vor dem Krieg 4 Jahre lang in Deutschland
Geographie studiert. Dann starb sein Vater und er musste,
da er kein Geld mehr bekam, nach K.L. zurück und dessen
Pfandleihgeschäft übernehmen. So hat er nicht fertig
studiert und Herr Pallasch meint sehr boshaft, er hätte es
sowieso nicht geschafft, - der hat's nötig.- Eines
Nachmittags kam Pallasch mit diesem Chinesen zu uns. Er
hatte den Plan eines chinesischen Architekten für eine
Schule in K.L. mitgebracht, welcher ihm aber nicht gefiel.
Und nun wollte er, dass C.W. ihm einen neuen Plan macht. Er
ist der Vorsitzende von irgendso einem Verein, der diese
Schule bauen will. Nun sind noch Verhandlungen im Gange, ob
man C.W. das Projekt geben wird oder nicht. Herr Kuo hat
auch noch einen Bauplatz, den er C.W. gezeigt hat und
bekommt zunächst einen Plan für ein Privathaus. Vielleicht
kann er dieses Haus bauen. Dieser Herr Kuo (er kann die
Engländer nicht leiden und will darum auch nicht Mister
genannt werden) kennt die halbe Stadt und hört das Gras
wachsen. Er hat der Botschaft angeblich schon viele Dienste
erwiesen und liebt Deutschland sehr. C.W. war schon einmal
in seinem Haus. Es ist mitten im Zentrum, zu ebener Erde
das Pfandleihgeschäft und oben drüber die Wohnung. Er
brachte uns chinesischen Jasminblütentee mit. Er wird ohne
Zucker gestrunken und schmeckt an sich nach heissem Wasser,
nur hat man mit jedem Schluck den Jasminblütenduft im Mund.

Letzten Samstag war wieder einmal ein chinesischer
Feiertag. So weit ich das verstehe, haben die Chinesen 4
mal im Jahr einen Feiertag und dies entspräche etwa unseren
Jahreszeiten. Nur ist "Chinese Newyear" natürlich der
grösste Feiertag. Anlässlich dieses Tages hatten unsere
Geister schon am Samstag frei und ich unterhielt mich
vorher darüber mit meiner Amah. Dabei erfuhr ich wieder
einiges neues. A-Chen erzählt alles sehr charmant mit ihrem
Pidgin-englisch und jede Erzählung ist mit einer fröhlichen
Selbstkritik gewürzt : "I don't know, Mem, chinese pipa
(people) velly funny !"- So erfuhr ich, dass jeder gute
Freund eines Verstorbenen diesem zum Begräbnis ein Stück
Stoff schickt, seinen Namen drauf malt und was er ihm alles
Gute wünscht. Das sind die Tücher, die die Trishaws fahren,
falls Ihr Euch an meinen Bericht von dem Begräbnis
erinnert. Je mehr Freunde jemand hatte, umso mehr Tücher
bekommt er. Nach der Beerdigung werden die Stoffe unter den
Verwandten verteilt und diese machen sich dann Kleider
draus. Chinese pipa velly funny !!!

Heute kam wieder mal eine unserer Nachbarinnen zu uns, eine
dicke Eurasierin (Vater Engländer - Mutter Malayin) die mit
einem Schotten verheiratet ist. Der Inbegriff des
Klatschweibes. Sie konnte gar nicht so schnell sprechen,
wie sie aufgeregt war. Ob bei uns auch eingebrochen worden
sei, heute nacht; wenn nicht, so seien wir heute nacht
dran. Alle Häuser seien schon bestohlen worden und die

Diebe gingen ganz systematisch vor, ein Haus nach dem
anderen. Bei ihr seien sie heute nacht gestört worden, da
ihre kleine Toschter aufgewacht sei. Die Diebe seien nur
auf Silberbesteck und Whisky aus. Da werden sie bei uns
allerdings nichts finden. Meiner Meinung nach sind das
Gärtner, die recht genau wissen, was sie in den einzelnen
Häusern finden können und bei uns gibt es weder Teppiche,
noch Gemälde oder Silberkannen und meine Nähmaschine ist so
schwer, dass sich ein Dieb einen Bruch heben könnte, haha !

Im Kasten dieser Nähmaschine haben sich Käfer häuslich
niedergelassen, ein Lehmnest gebaut und Eier hineingelegt,
aus denen grüne Würmer kamen. Nachdem ich Würmer und
Lehmnest -etwa 3 cm im Durchmesser- entfernt hatte, war 2
Tage später an derselben Stelle, inderselben Grösse, wieder
so ein Nest mit grünen Würmern. Ich sehe nicht ganz ein
warum gerade in meiner Nähmaschine Würmer ausgebrütet
werden müssen ?

Beide Mütter fragen nach meinen Kopfschmerzen. Es ist
genauso wie zu Hause. Wenn ich sehr müde bin, bekomme ich
schon hin und wieder einen Anfall. Besonders nach der
Entbindung, noch im Krankenhaus, war es ganz ekelhaft. Ich
liess mir dann wieder ein paar Wochen lang 2 mal
wöchentlich B 12 spritzen und fühle mich sehr gut. Es kommt
natürlich immer noch vor, dass ich Kopfschmerzen habe aber
damit werde ich wohl immer belastet sein.

Und da ich gerade beim Fragen beantworten bin, wir hatten
schon überlegt, dass ich ein Buch schreiben könnte. Und
Muttis Begeisterung hat mich darin noch bestärkt. In
Briefform vielleicht und weil wir doch immer wieder Neues
erleben, wäre es nach einem Jahr gerade das Richtige. Zu
diesem Zweck würde ich um leihweise Rückgabe der Briefe
bitten, damit ich Anhaltspunkte habe.

Seit wir unsere Klimaanlage haben lebte eine Eidechse, die
den Anschluss verpasste, in völliger Klausur in unserem
Schlafzimmer. Da aber in dieser trockenen Luft gar keine
Insekten fliegen, dachten wir immer, sie müsse doch
verhungern. In den ersten Tagen hörten wir sie immer rufen,
sie haben so einen eigenartigen Ruf, etwa wie ks-ks-ks.
Dann wurde der Ruf schwächer aber nach ein paar Tagen
erschien sie wieder. Wir hatten schon einmal versucht, sie
zu befreien, indem wir den Apparat abschalteten, Licht
auslöschten und die Türen öffneten. Das Biest war aber so
dumm, es verschwand wieder im Schrank und nahm seine Chance
gar nicht wahr. Deshalb erhielt sie den Namen "Miss Lang",
nach der chinesischen Studentin, die bei den Prüfungen im
College durchfiel. Jene war auch so blöd und tat immer das
Gegenteil von dem, was man ihr sagte. "Miss Lang" nun liess
nichts mehr von sich hören. Heute Abend, nach 2 Wochen
erschien sie das erste Mal wieder. Wiederum löschten wir
das Licht, stellten die Klimaanlage aus und machten die Tür
auf. Mit List und Tücke und einem Stock konnten wir sie zur

Türe dirigieren und mit viel Geduld und Zeit war sie dann
endlich draussen. Jetzt ist sie wieder unter ihren
Artgenossen.

A propos Miss Lang. Ihr Vater schrieb dem Principal des
Colleges einen Brief : da eine Frau doch nur 75 % dessen
leisten könne, was ein Mann vollbringt, möge man dies doch
bei der Benotung berücksichtigen und ihr die restlichen 25
% in Punkten geben, dann hätte sie die nötige Punktzahl um
ihre Prüfung bestanden zu haben. Ist das nicht ein Witz ?

Seid für heute alle tausendmal umarmt von Euren 4 Malayen
und besonders von mir

Beate

29-6-58

Liebe Eltern und Schwiegereltern,

gerade als ich meinen letzten Brief an Euch eingeworfen
hatte, kam der Leichtpostbrief vom 20. 6. von meiner Mutter
und einen Tag später der lange Brief vom Hölderlinweg.
Herzlichen Dank für beides.

Inzwischen habe ich in Knaurs Weltatlas - leider vergeblich
- Gallspach in O.-Österreich gesucht, um mir wenigstens
eine Vorstellung davon zu machen, wo meine Mutter ihre Kur
macht. Sogar Eberstadt war in dem Buch und so konnte ich
auch gar nicht auf "das schlechte Buch, indem nicht einmal
Gallspach drin ist" schimpfen.

Vor ein paar Monaten habe ich Euch einmal von der
Insektenplage hier geschrieben. Gestern habe ich wieder
einmal ein gründliche Kostprobe davon bekommen. Als ich
abends um 10 Uhr noch einmal hinunter ging, um mir aus dem
Kühlschrank etwas zu trinken zu holen, bin ich auf einen,
sich in unser Esszimmer verirrten Tausendfüssler getreten.
Dummerweise hatte ich nur im Nebenzimmer Licht gemacht und
sah ihn nicht. Jedenfalls hat mich das Biest gebissen und
ich hatte die ganze Nacht fürchterliche Schmerzen im Fuss.
Die Schwellung ging sehr schnell mit kalten Umschlägen
zurück, aber der Fuss tat so weh, dass ich erst gegen 5 Uhr
morgens einschlafen konnte. C.W. hat das Viech dann mit der
aus dem Bett geholten Amah gemeinsam mittels eines Besens,
D.D.T. (was ihm übrigens gar nichts ausmachte) und einem
Eimer Wasser zur Strecke gebracht. Dieses 15 cm lange Biest
liegt jetzt auf dem Grund eines mit Wasser gefüllten Glases
und wartet darauf, von C.W. in Nahaufnahme fotografiert zu
werden.

A propos Wassereimer. Ich habe Euch schon im letzten Brief
von Tomas' grosser Leidenschaft zur Küche und zum kochen im
allgemeinen erzählt. Heute morgen holte er sich den Eimer,
in dem Tim's Windeln gekocht werden, pinkelte hinein, nahm
einen grossen Stock und rührte darin herum. Zur Rede
gestellt, erklärte er mit leuchtenden Augen, er koche eine
gute Suppe.

Tim ist sehr lieb und nimmt weiterhin viel zu. Ich schätze,
wenn wir aus Penang zurückkommen, kann ich damit beginnen,
ihm zusätzlich Nestlé-Präparate zu geben. Die Nurse sagte,
dass man dies mache, wenn 12 Pfund erreicht seien. Ich bin
schon ganz froh, dann wird die Müdigkeit nachlassen. Er
schreit nur manchmal, wenn ich in der Stadt bin und sein
Papa sich so gar nicht erklären kann warum das arme Kind so
brüllt und ihn dann im Garten herum trägt. Wir nennen das
dann : bei meinem Papa aufn Arm is schön !

Zu dem Wortspiel meines Schwiegervaters : von den Ordnung
schaffenden Deutschen ist noch nichts zu merken. Man könnte

es so charakterisieren : der Deutsche kommt angerannt,
macht einen riesigen Wirbel und zum Schluss kriegt der
Chines Schläge und der Deutsche und der Engländer stehen
mit unschuldigen Gesichtern herum und beteuern, sie seien
sehr lieb.

Dass sich unsere Dienstboten über unsere Unbeständigkeit
bestehende Gewohnheiten beizubehalten immer wunderten, habe
ich ja bereits geschrieben. Besonders C.W. ist es ja, der
sie immer wieder in Erstaunen versetzt. Langsam ist aus dem
Wundern ein immerwährender Grund zur Heiterkeit geworden.
Und seit einiger Zeit hat er so eine Art Narrenfreiheit. Er
kann jetzt tun und lassen was er will, z.B. kann er an
einem Tag zu Mittag sagen, er möchte Kaffee trinken und am
nächsten Tag, er will gar keinen. Ich habe den Eindruck, er
wird nicht mehr für voll genommen. Neulich abends bestellte
er sich Krabben aus der Dose und als sie auf dem Tisch
standen, behauptete er, sie schmeckten nach einem der
übelsten chinesischen Coffe-shops und trug sie eigenhändig
wieder raus. Gleichzeitig meine Paprika. Weil alles nach
"makan" schmecke. Auf meinen Protest hin, holte er
wenigstens die Paprika zurück. Als A-Chen später kam,
grinste sie über das ganze Gesicht. C.W. fragte empört,
warum sie lache. Sie grinste noch mehr und sagte ." oh, ich
lache doch gar nicht, master", lachte noch mehr und ging
wieder hinaus. - Einen Tag später stand er mit Knaurs
Weltatlas, die Sternkarte aufgeschlagen im dunklen Garten
und suchte Sternbilder. C.W. meinte, nun würde sie sich
recht wundern über ihn aber sie lächelte nur nachsichtig,
denn sie konnte sich, genauso wenig wie ich, vorstellen,
dass man in einem völlig dunklen Garten bei Nacht viel in
einem Buch lesen kann.- Wir haben aber dann noch viele neue
Sternbilder entdeckt, die in Europa nicht zu sehen sind und
die dem südlichen Sternhimmel angehören. So zum Beispiel
das "Kreuz des Südens", den "Skorpion" und zwei dem
"Centaur" angehörende Sterne. Und natürlich, wie schon
berichtet, den "grossen Bären", nur gerade anders herum als
zu Hause.

Gestern Morgen fuhr ich mit A-Chen in die Stadt und da der
Weg für sie ziemlich weit ist, nehme ich sie immer im Wagen
mit. Wir gingen gemeinsam in die grosse Markthalle. Sie
handelte wundervoll unter vielen "heng-haang-hong's" eine
Ananas, Weisskraut und Paprika. Es war natürlich billiger
als bei meinem Gemüsejüngling. Nur als ich bei den Paprika
gegen den Preis protestierte, 5 Stück für einen Dollar,
meinte der Händler zu meiner Amah auf chinesisch : "deine
Mem hat Geld, die kann das schon bezahlen". Dann kamen wir
in die Fischhalle und kauften aus einem grossen Korb einen
riesigen Taschenkrebs. Den habe ich mir dann hinterher zum
Gabelfrühstück machen lassen, was C.W. gar nicht verstehen
konnte.

Es tut mir leid, dass der Brief nun schon wieder einmal
liegen geblieben ist. Morgen soll er nun wirklich fort.

Gestern hat Pallasch eine Ausstellung moderner deutscher
Künstler eröffnet. Ziemlich viel Kleckserei, aber C.W. hat
trotzdem die Eröffnungsrede für Pallasch ausgearbeitet.
Leider hat dieser Depp nun keinesfalls wortgetreu
abgelesen, sondern Wort für Wort umgearbeitet. Dann stand
er vorne und las alles runter wie einen Aufsatz. Ich habe
nicht ein Wort verstanden. Danach sprach der
Erziehungsminister, ein junger, ziemlich linkischer Malaye.
Nachdem der offizielle Teil beendet war und die Ausstellung
eröffnet, als alle Leute sich die Bilder ansahen und so
taten als interessiere es sie sehr, kamen wir auch an Herrn
Pallasch vorbei, der dem Erziehungsminister die Bilder
eifrigst "erklärte" - C.W. hatte ihm ja die Rede gemacht.
Pallasch dachte gar nicht daran, C.W. dem Minister
vorzustellen, wahrscheinlich fürchtete er neue
diplomatische Verwicklungen, da es ja dieser Mann gewesen
ist, der sich über C.W.'s damaligen Brief geärgert hatte.
Ich finde allerdings, das dies doch recht ungezogen von
Pallasch war, eigentlich ein richtiger Faux-pas. Unser
Namensvetter Voltz war auch da mit seiner chinesischen
Frau, und halt so alles, was an Deutschen in K.L.
herumläuft. Es werden immer mehr. Aber was Bonn an
Botschaftspersonal hierher schickt, ist schon ziemlich
letzte Garnitur. Der Einzige von Format ist Dr. Granow und
von dem weiss man nicht, ob er wiederkommt.

Vorige Woche war ich beim Zahnarzt, um mir wieder den
Zahnstein entfernen zu lassen. Er sagte nun, das
Zahnfleisch sei in so schlechtem Zustand, dass er es
schneiden müsse. Er hat mir dann mit örtlicher Betäubung
Zahnfleisch zwischen den unteren Schneidezähnen
herausgeschnitten. Er sagte, so könne sich der Zahnstein
nicht mehr so leicht ansetzen. Es ist jetzt für die
nächsten 3 Wochen mit Zement verpappt. Bitte, liebe Mutti,
frage doch meine darmstädter Zahnärztin Aphrodite, die den
Zustand meiner Zähne kennt, ob dies etwas sehr
altmodisches ist, was man gar nicht mehr macht oder ob es
richtig gewesen ist. Er sagt immer, ich hätte es gar nicht
so weit kommen lassen dürfen, ich kann diesem chinesischen
Depp nicht klar machen, dass ich nun schon seit Jahren
ständig in zahnärztlicher Behandlung bin. Nun habe ich es
aufgegeben und lass ihn reden. Er ist der beste und auch
der teuerste Zahnarzt hier am Platz. Dies nur, damit Ihr
nicht meint, er sei ein Schuster.

C.W. hat nun den Auftrag bekommen, einen Entwurf für die
Schule zu machen, im Wettbewerb mit zwei jungen
chinesischen Architekten. Diese Entwürfe sollen dann
sozusagen anonym ausgewählt werden. Ich freue mich so für
ihn, dass er nun endlich wieder einmal eine solche Arbeit

bekommen hat. Sein Posten am College ist etwas für ältere
Herren, die gerne schon ein geruhsames Leben führen wollen.
Ich kann sehr gut verstehen, dass es ihm zuviel wird,
wochenlang ohne produktive Arbeit dahinzuleben. Noch mehr
würde ich mich natürlich freuen, wenn das Projekt
angenommen würde.

2-7-58

Heute ist, durch die Abreise nächster Woche verschoben,
unserer Dienstleute day-off. Ich habe zum ersten Mal
Gurkensauce gemacht und sie war sehr gut. Zur Vorsicht
allerdings hatte ich noch ein anderes Gemüse dazu.

Die Amah hat ihren freien Tag verschoben, da sie Einkäufe
machen will für Penang. Wir werden sie mitnehmen, da wir
doch eine Amah für die Babywäsche brauchen. So bezahlen wir
ihr eine Summe von 40,- Dollar, die eine Frau bekommt, die
inzwischen auf den Heng aufpasst. Und unsere A-Chen hat
dann auch mal ein bisschen Ferien. Sie hatte den Haushalt
so gut geführt, dass wir ihr gerne eine Freude machen
wollten. Wenn ich alle vergangenen Amahs an mir
vorüberziehen lasse, so bin ich überzeugt, dass keine von
ihnen den Haushalt so selbstständig hätte machen können,
als ich krank war und im Hospital lag.

Ich möchte nun wirklich, dass dieser Brief weggeht und
werde ihn selbst zur Post bringen. C.W. lässt sich bei
seinen Eltern entschuldigen, dass er heute nicht näher auf
den letzten Brief eingeht, er arbeitet ununterbrochen an
seinem Plan, der bis Samstag abgegeben werden muss, da wir
ja am Montag nach Penang fahren.

Seid für heute alle wieder einmal herzlichst umarmt von
euren 4 Malayen und besonders von

Coco

K.L. 6-7-58   CW

Liebe Eltern,

heute Sonntag werden bei uns die Reisevorbereitungen
getroffen. Sie überschatten den wichtigen Gedenktag, der
eigentlich gefeiert werden müsste, denn heute vor einem
Jahr war das Sommernachtsfest bei Klaus Langer. Und da nahm
alles seinen Anfang. Zu einer unerwarteten Feierlichkeit
kamen wir gestern Abend, als uns Herr Kuo, der "deutsche
Chinese" zu einem grossen Abendessen ins Federal Hotel
einlud. Hierüber wird Beate sicher noch sehr eingehend
berichten. Ich habe von vorneherein den Gaumenkitzel
chinesischen Essens verweigert und à la carte "Wiener
Schnitzel" bestellt. Bei mehreren Flaschen
(Originalabfüllung) Rüdesheimer hatten wir heute früh mehr
oder weniger Kopfweh.

Die Pläne für die chinesische Schule sind gestern abgegeben
worden. Mit Julius Posener muss ich von nun an auch mehr
Distanz halten. Als er merkte, dass ich unter Umständen
wirklich diese Schule bauen darf, machte er ernste
Einwendungen in seiner Eigenschafdt als neues
Vorstandsmitglied des malayischen Architekten Verbandes.
Ich sei ja kein Mitglied in diesem Verband, ich würde die
örtlichen Preise unterbieten usw. Er ist offenbar
verärgert, weil er hier nicht bauen darf und auch keine
Projekte bekommt. Das alles ist aber Sturm im Wasserglas,
da das Projekt in jedem Falle in Kooperation mit einem
registrierten chinesischen Büro gemacht würde.

Morgen früh fahren wir um halb acht ab und hoffen bis 6 Uhr
in Penang zu sein. Timmy und die Amah werden hinten im Auto
sitzen, der Rest der Familie vorne. In Ipoh soll im Rest-
house zu Mittag gegessen werden. Thong bleibt da und muss
das Haus hüten.

Seid herzlich gegrüsst   Timmy
                          Tomas
                          Beate
                          Ce-We

20-7-58

Liebste Eltern und Schwiegereltern,

ich will heute versuchen alle unsere Eindrücke von Penang
wiederzugeben. Ob der Brief heute fertig wird, weiss ich
noch nicht, ich glaube, er wird sehr lang.

Wir sind vorgestern zurückgekommen und fanden einen grossen
Stoss Zeitungen vor, auf die wir uns stürzten. Und, ehrlich
gesagt, machen wir uns grosse Sorgen wegen der politischen
Lage in Europa. Hoffentlich reisst die Postverbindung nicht
ab, es wäre schon möglich, dass Briefe zumindest etwas
länger gehen werden als bisher.

Als Neuigkeit für mich lag eine sehr representative
Blumensendung von Jutta Viebahn mit Glückwünschen auf dem
Tisch. Es ging über Thong's Begriffsvermögen, dass man
Blumen ins Wasser stellt. Allerdings stand er auch vor
einem Dilemma, wir haben nämlich keine Vase (die Amah sagte
einmal : manche Leute stellen sich Papierblumen ins Zimmer,
vor allem die Engländer, weil die lange halten und billig
sind). Kurz entschlossen nahm ich dann einen Putzeimer.
Sagt jetzt bitte nicht, dies sei profan, es sieht nämlich
toll aus. Ich war jedenfalls tief beeindruckt von den
Blumen und der liebevollen Geste. Was die fehlende Vase
betrifft, wir haben das ganze Jahr so viele farbige Blumen
rund um das Haus, dass ich nicht weiss, warum ich sie mir
ins Zimmer stellen soll, wo sie doch draussen viel schöner
und länger blühen.

Am 7. Juli zogen wir nun mit Kind und Kegel, das heisst,
den Kindern, der Amah und allem sonstigen Zubehör los, gen
Penang. Tim wurde bald unruhig und seine Amah tröstete ihn
nach Herzenslust. Sie hielt ihn während der ganzen Fahrt
auf dem Schoss. Dies fand auch meine Billigung, denn es war
so ungewohnt für ihn, dass man ihn schon trösten musste.
Leider riss dies dann ein und Tim wurde, wenn er nur den
Mund verzog, aus dem Bettchen gezerrt, als wir oben auf
Penang-hill waren. Worauf das kleine Biest, sowie er die
Stimme seiner Amah hört, jämmerlich zu schreien anfängt.
All meine gute Erziehung ist dahin !

Also wir verliessen K.L. um 8 Uhr. Auf der halben Strecke
nach Norden wollten wir in Ipoh mittagessen. Leider gab es
kein Resthouse, aber wir assen recht gut im
Bahnhofsrestaurant. Am späten Nachmittag kamen wir in Prai
an, das liegt auf dem Festland. Von dort setzt man mit
einer Fähre nach Penang über. Wir verfuhren uns und
verloren eine Stunde. Schliesslich fanden wir den
Fährhafen, die Überfahrt dauert etwa 20 Minuten, und kamen
schliesslich in Georgetown auf der Insel an, wo wir auch
relativ schnell die Talstation der Drahtseilbahn fanden.
Dies ist gar nicht so einfach, denn kein Stadtplan von

Georgetown ist so übersichtlich, dass man darin auch nur
eine Strasse finden könnte.

Zu der Drahtseilbahn gehört eine kleine Geschichte. Vor
etwa 50 Jahren kam man zu der Ansicht, es sei vielleicht
eine gute Sache, eine Drahtseilbahn auf den Berg zu führen.
Es könnte sicher ein Touristenziel mit schöner Aussicht und
fast europäischem Klima werden. Also wurde ein Ingenieur
beauftragt, der sich an die Arbeit machte, das Ding zu
konstruieren und zu bauen. Endlich war sie fertig. Zu der
Einweihung waren viele Ehrengäste eingeladen und alles Volk
strömte herbei um die erste Bahn den Berg hinauffahren zu
sehen. Das Zeichen zur Abfahrt wird gegeben, alles wartet
gespannt...und nichts passiert. Die Bahn rührt sich nicht
von der Stelle. Irgendwo in den Berechnungen des Ingenieurs
war ein Fehler und ausprobiert hatte er die Bahn auch
nicht, und darum ging das Ding nicht. Es war nichts zu
machen, die Leute mussten wieder nach Hause gehen. Darauf
blieb alles so liegen und stehen. Nach dem ersten
Weltkrieg, etwa 1920, wurde ein anderer Mann mit dem Bau
und der Fertigstellung beauftragt. Er ging zunächst für 2
Jahre in die Schweiz um dort die Drahtseilbahnen sozusagen
an der Quelle zu studieren. Als er zurückkam baute er eine
Bahn nach schweizer Vorbild und diese geht nun.
Vorsichtigerweise hatte man in die erste Bahn, die den Berg
hinauffuhr, einen Malayen gesetzt und als er wohlbehalten
wieder herunter kam, wurde das Bähnle dem Verkehr
übergeben.

Mit diesem Bähnle und unserem ganzen Gepäck - das Auto
blieb auf dem Parkplatz vor der Talstation stehen - fuhren
wir nun hinauf. Über das Gepäck gab es fast
Meinungsverschiedenheiten zwischen C.W. und mir. Er sagte,
es sei so viel, ich müsse wohl alle meine Kleider und
Schuhe mitgenommen haben und für ihn habe ich nicht einmal
eine Zahnpasta. Dies war eine ganz üble Verleumdung, den
meisten Platz nahmen Tims Windeln ein und die Zahnpasta
fand sich auch wieder. Ein paar hilfsbereite Inder brachten
dann das umfangreiche Gepäck in die Bahn und nach einmal
Umsteigen, auf halber Höhe, waren wir um 7 Uhr oben. Dort
wartete ein kleiner Bus, der die Häuser miteinander
verbindet, und brachte uns zu unserem Bungalow. Ausser
diesem Bus, der seinerzeit in seine Bestandteile zerlegt,
mit der Drahtseilbahn hinaufgefahren und oben
zusammengebaut wurde, gibt es nur noch einen Jeep der
Polizeistation. Es führt nämlich keine Strasse nach unten.
Der Bungalow ist eine Art Einfamilienhaus mit Personal-
Anbau und wird nur im ganzen an eine Familie vermietet. Wir
hätten eine wundervolle Aussicht auf die Stadt, Südteile
der Insel, die enge Penang-Strasse, die wir mit der Fähre
überquert hatten, und aufs Festland. Der Hill ist 750 m
über dem Meer und mit Urwald bedeckt. Zwischen den Häusern
sind parkähnliche Anlagen und es ist wirklich kühler, aber
so kalt, dass man nun unbedingt Wollsachen anziehen müsste,
ist es nicht. Jedenfalls nicht am ersten Abend. Unsere gute

A-Chen fror so erbärmlich, dass sie dem Tomas nachts über
sein Pyjama noch die rote Wolljacke anzog und
kopfschüttelnd zusah, als ich sie ihm wieder auszog. Tim
bekam von ihr eine dicke Wollmütze aufgesetzt, die ich
schliesslich im Schrank verstecken musste. Sie selbst lief
immer in meiner hellblauen Jacke herum, schlotternd und
nicht einsehend, dass sie Strümpfe anziehen soll, wenn ihr
kalt ist. "No, Mem, nicht unten ist mir kalt, schau ich
brauch nicht mal Schuhe" sie lief tatsächlich barfuss herum
-"nur oben ist es kalt !" In der Halle war in einer Ecke
ein Kamin eingebaut mit künstlichem Kaminfeuer. Ein Apparat
in dem ein paar Pappmaché-Holzstücke lagen. Wenn man den
Strom einschaltete, leuchtete dahinter eine rote Glühbirne,
sodass es etwa wie ein Feuer aussah. Darüber waren zwei
Heizspiralen angebracht, die natürlich wärmten. Es ist
schon schön, wenn man ein Stück England in die Tropen
versetzen kann ! Wir benutzten das Ding, um Tims Windeln zu
trocknen, denn es war sehr feucht dort oben.

Das Essen erwies sich als riesiger Reinfall. Stellt Euch
nur vor, der Koch hatte am Tage vor unserer Ankunft ein
Hammelbein gekauft und etwa 20 Fische, davon sollten wir
nun die ganzen 10 Tage leben ! Nicht einmal irgendwelche
Gemüse hatte er da. Was ich befürchtet hatte, traf auch
prompt ein : C.W. war so wütend, dass er am liebsten nach
Hause gefahren wäre und ich stand vor jedem Essen Angste
aus, dass mein Mann wieder schimpft. Der arme Chinese
wusste schon nicht mehr, was er machen sollte. Da ich nicht
in die Küche durfte, fanden wir schliesslich einen
Kompromiss. Ich stellte eine Liste auf und schickte den
Koch in die Stadt zum einkaufen. Er jammerte schrecklich,
dies sei alles so teuer. Er konnte dabei wahrscheinlich
nichts mehr für seine Familie herausschinden. A-Chen
stellte sich an den Herd, nachdem ich ihr genaue
Anweisungen gegeben hatte und der Koch sah zu und war tief
gekränkt. Als es dann an einem Tag Weisskraut gab und A-
Chen es genau nach meinen Anweisungen machte, stand er
staunnend dabei und sagte, sie müsse wohl eine alte Köchin
sein, er sei nun seit 20 Jahren Koch, so etwas habe er noch
nie gesehen ! Der Amah gegenüber machte er Bemerkungen, wie
etwa : "wenn Engländer kommen, die essen alles, was man
ihnen vorsetzt. Die sagen auch nie, was sie gerne essen
wollen, die geben sich mit allem zufrieden."-Aber der arme
Mann hatte an sich nichts zu lachen, er hat nämlich 2
Frauen. Die 1. Frau war die Amah des Hauses mit 5 Kindern,
seine 2. Frau, Amah im Nachbarhaus mit weiteren 3 Kindern,
die die 1. Frau mitversorgen musste. Jede freie Minute
verbrachte er bei der 2. Frau. Ich bekam das alles immer
brühwarm von meiner Amah erzählt. Dienstbotenklatsch gibt
es auf der ganzen Welt. Der Premierminister, der Tengku,
soll sich um diesen Koch bemüht haben. Vor 20 Jahren sei
unser Koch bei ihm angestellt gewesen und nächstes Jahr,
wenn er in Pension geht, wird er wieder für den Tengku
kochen. Das wird ein feines Makkan sein. Denn selbst unsere
Amah konnte seinen chinesischen Frass nicht essen. Sie

sagte verächtlich :"das ist ein Chinese aus Hainan, die
verstehen nichts vom Essen, meine Schwiegermutter ist auch
aus Hainan. Wir Kantonesen essen ganz andere Sachen!"

Im Amahtrakt des Hauses wohnte nicht nur die Hausamah mit
ihren sämtlichen Kindern, sondern auch noch der Gärtner mit
Familie, ein Inder. Eines morgens, als C.W. die Aussicht im
Garten bewunderte, schaute er zufällig zu dem
Diesntbotenhaus hinüber. Dabei sah er den Inder das Fenster
seines Zimmers aufschieben, sich die Nase mit der Hand
schneuzen und diese dann am Fensterrahmen abwischen. Danach
zog er das Fenster wieder zu. Als ich den Amahs davon
erzählte, lachten sie und sagten, Inder seien "velly funny
pipa" : da die Kuh bei den Indern ein heiliges Tier ist,
schmieren sie die Wände ihrer Hütten von innen mit Kuhmist
aus, das hilft gegen alle Krankheiten !

Tomas setzte sich sofort bei den vielen chinesischen und
indischen Kindern durch. Zu Hause hat er es recht schwer
mit Heng, der gleich auf ihn losgeht, aber für die Kinder
hier oben ist seine weisse Hautfarbe noch mit restloser
Bewunderung und Unterwerfung verbunden.

Eines morgens war die ganze Umgebung weiss von Nebel oder
Wolken. A-Chen kam ganz aufgeregt zu mir gelaufen und
fragte :"Mem, ist das Schnee ?"

An einem Vormittag machten wir eine Rundfahrt um die ganze
Insel. Es ging grösstenteils durch den Djungel aber auf
sehr guten Strassen. Durch zauberhafte malayische Kampongs,
das sind malayische Dörfer, mit ihren wunderschönen
Holzhäusern unter hohen Bäumen. Und schliesslich kamen wir
auf die Uferstrasse, die in Hawai nicht schöner sein kann.
Das Wasser war so richtig einladend aber man hatte uns vor
Wasserschlangen gewarnt und so haben wir lieber darauf
verzichtet. Der Strand fast weiss, das Wasser dunkelgrün,
ziemlich bewegt und der Himmel von einer wunderschönen
Bläue. Ich glaube, das war der schönste Strand, den ich
jemals gesehen habe.- Am Anfang unserer Fahrt kamen wir zu
dem berühmten Snake-Tempel, in dem man Schlangen aller
Grössen bewundern, anfassen und herumtragen darf. Die
kleinste Schlange ist etwa 15 cm lang und die grösste ist
eine dicke Python, die allerdings im Käfig liegt. Allen
Schlangen sind die Giftzähne entfernt worden. Sie liegen
auf Ästen und in Vasen im Tempel. Neben dem eigentlichen
Altar ist ein Holzhäuschen, von dem der Aufseher uns
erklärte, es sei die Schlangen-Maternity, dort kämen die
jungen Schlangen zur Welt. Der ganze Tempel ist nicht sehr
gross, aber sehr dunkel und mit Buddhafiguren und
rotgoldenen Schriftzeichen geschmückt. Es geht in einem
solchen Tempel viel fröhlicher zu, als in einer
christlichen Kirche. An der Wand hing ein Kalender mit
ziemlich schrägen, chinesischen Mädchen. Wir durften filmen
und fotografieren, Tomas herumlaufen und mit der Amah
gemeinsam den Göttern opfern. Sie kaufte Rauchstäbchen,

stellte sich vor einen Buddha, verneigte sich dreimal und
steckte die angezündeten Stäbchen in einen Behälter vor die
Figur. Tomas machte dasgleiche, er verbeugte sich dreimal
mit den Stäbchen in der Hand, versuchte dann, das Feuer
auszublasen, wedelte das ganze in der Luft herum und als es
ihm gar nicht gelang, steckte er es schliesslich doch in
den Behälter. Die Buddhisten knin nicht auf dem Steinboden
oder Bänken, sondern haben recht weiche Kissen dafür, auf
die sich Tomas sofort legte und damit durch den Tempel
rutschte. Aber niemand fand etwas dabei. Vor dem Eingang
warteten etwa 20 Bettler. Die Amah sagte, man muss ihnen
etwas geben. Als C.W. die Bettler fragte, ob ich ihnen
schon etwas gegeben hätte, hiess es "nein". Dabei hatte ich
schon mein ganzes Kleingeld "geopfert". Diese Gauner geben
sich schrecklich erbarmungswürdig, sind aber recht gut
angezogen.

Am nächsten Tag besuchten wir noch einen anderen Tempel mit
einer grossen Pagode : den Ayer Itam. Das ist eine ganze
Anlage von etwa 20 Tempeln, die einen Berghang hinauf
gebaut sind. Zwischendrin liegt ein Teich mit Schildkröten.
Die grössten haben einen Durchmesser von 70-80 cm. In einem
der Tempel opferte A-Chen wieder, um die Götter nach ihrer
Zukunft zu befragen. Tomas immer mit dabei. Sie ging zu
jeder einzelnen der Buddhafiguren und brachte ihnen
Rauchstäbchen. Als alle verteilt waren, bekam sie einen
hohen Becher mit Holzstäbchen. Sie kniete sich auf eines
der Kissen und schüttelte den Becher so lang, bis ein
Stäbchen herausfiel. Auf diesem stand eine Nummer, die sie
dem Tempelhüter nannte. Er langte in eine tiefe Vase,
brachte einen gedruckten Zettel zum Vorschein den er ihr
vorlas und wortreich erläuterte. Sie schwört aber darauf,
dass dies direkt von den Göttern kommt und dass dieser Mann
ein Weiser ist. Dann bekam sie zwei dunkle Hölzer, die eine
Seite abgerundet und die andere flach. Sie warf sie in die
Höhe. Wenn sie auf den Boden fallen und eine runde und eine
flache Seite zu sehen sind, bedeutet das Glück. Ich habe
mehrere Chinesen dabei beobachtet, wie sie so ihr Glück
erfragten.

Manchmal machten wir auch einen Djungelspaziergang. In K.L.
haben wir gar keinen Djungel mehr, man sieht ihn nur von
weitem auf den Bergen. Auf Penang gehen sehr schöne
Fusswege durch den Wald. Und so ein Djungel ist schon etwas
sehr aufregendes. Die schönsten Blumen, Sträucher und
Schlingpflanzen, wie man sie sonst in exotischen Filmen
sehen kann. Den in unseren gewärmten Blumenfenstern
behüteten Philodendron sieht man mit Blätter von
Riesenausmassen an Bäumen emporranken und die uns in Europa
als Farnkraut bekannte Pflanze ist hier ein richtiger Baum
von 4-5 m Höhe mit Stamm. Und über allem die seltsamsten
Geräusche hauptsächlich von Vögeln : manche hörten sich wie
Autohupen an, wieder andere machten Rasselgeräusche oder
auch richtige Akkorde. Zwischendurch kann man manchmal
Äffchen von Baum zu Baum hüpfen sehen. Sie springen mit

einer Sicherheit von einem Baumwipfel zum anderen, manchmal
zu einem viel tiefer liegenden, und wenn dieser dann
nachgibt, meint man, sie müssten mitsamt den Blättern
durchbrechen. Dann setzen sie sich auf tiefhängende Lianen
und schaukeln herum. Natürlich auch Affenmuttis mit ihrem
Jungen, das sich an den Bauch klammert. Sie schauen "noch
so viel dumm" drein, wie mein Tim. Sehr bunte,
papageienartige Vögel mit krummen Schnäbeln und eine Art
Eichkätzchen, fast schwarz mit einem langen Schwanz, habe
ich auch ein paarmal gesehen.

Penang hat auch einen Botanischen Garten mit vielen, vielen
Affen, die man füttern darf. Dieser Garten ist wunderschön
angelegt und gepflegt mit breiten Strassen. Die Affen sind
recht zudringlich und wenn man nur kurz mit dem Wagen
anhält, knackt und rauscht es in den Bäumen. Ehe man sich
umsieht hat man schon ein ganzes Rudel um sich herum.
Manche sind sehr lieb und nehmen Erdnüsse und Bananen sehr
zart aus der Hand aber viele sind auch sehr frech. So einer
hat dem Tomas auf die Finger gehauen, weil er ihm
ahnungslos die leere Hand hingehalten hat. Und während wir
die Gesellschaft gefüttert haben, sprangen zwei, drei auf
das Wagendach und einer kletterte sogar hinein um das
Wageninnere zu inspizieren. Sehr zum Entsetzen der Amah,
die Bonbos und Krabbenbiscuits auf dem Rücksitz liegen
hatte.

Am Tag der Heimreise lag der deutsche Frachter "Ravenstein"
im Hafen. Wir bekamen die Erlaubnis, ihn uns anzusehen und
der Kapitän führte uns herum. Es ist kein sehr grosses
Schiff aber es war doch sehr interessant. Es hatte Bambus
aus Japan geladen, Sojabohnen aus Rotchina und Gummi aus
Malaya. Für Passagiere sind zwei Kabinen vorgesehen, ich
glaube für 4 oder 5 Personen. Zum Abschied schenkte uns der
Kapitän ein deutsches Vollkornbrot. Wir waren sehr gerührt,
leider ist davon schon die Hälfte weg.

Alle Amahs und sonstigen Dienstboten auf Penang-hill haben
einstimmig festgestellt, Tim, oder A-Tim, wie sie ihn
nennen, sei der "ketchi Tuan". Ketchi ist malayisch und
heisst klein, und der Tuan ist der Herr, oder Master, also
C.W. Er sieht seinem Papa schon sehr, sehr ähnlich. Die
Kopfform ist beim ketchi Tuan noch etwas deformiert, man
hat mich aber beruhigt, das gäbe sich mit der Zeit.

Und nun muss ich noch von dem chinesischen Dinner im
Federal Hotel erzählen zu dem uns Herr Kuo vor unserer
Abreise eingeladen hatte. Ausser uns waren noch zwei
englische Rechtsanwälte, ein chinesischer Geschäftsmann und
Mrs. Kuo, eine entzückende, kleine Chinesin, mit von der
Partie. Ich sass beim Essen neben Herrn Kuo, der mir
behilflich war und mir zeigte, wie man mit Stäbchen isst.
Auf der anderen Seite sass einer der Engländer. Er litt
zeitweise unter nervösen Zuckungen und hatte eine denkbar
schlechte Aussprache. Zuerst kam eine Art Hummersalat mit

Geflügelstückchen, Hühnerleber und Gemüsen. Dies wurde mit
Stäbchen gegessen. Mein englischer Nachbar wollte kein
Hühnchen und nachdem er mir dreimal wiederholte, dass er
kein Hühnchen mag, verstand ich es endlich. Die Schüssel
stand übrigens mitten auf dem Tisch und jeder holte sich
mit seinen Stäbchen heraus, was er gerade wollte. Herr Kuo
nahm seine Stäbchen in den Mund, holte dann damit einzelne
besondere Stücke aus der Schüssel, um sie C.W. und mir auf
den Teller zu legen. Die Teller waren nicht grösser als
eine Untertasse. Danach kam eine grosse Platte auf den
Tisch mit zu Kugeln geformten Krabben mit einem
Champignonhut. Sie sahen wie grosse Augäpfel aus. Auch dies
war sehr gut, obwohl C.W. das Gegenteil behauptete aber er
mag keine Krabben. Wiederum nahm, beziehungsweise bekam
jeder auf sein Tellerchen davon mittels der Stäbchen. Diese
wurden übrigens nach jedem Gang neben den Teller gelegt und
nie gewechselt. Überhaupt ging es recht lustig zu. Jeder
legte dem anderen unter viel Gelächter und Heiterkeit mit
den eigenen Stäbchen einen Bissen aus der Schüssel auf den
Teller. Dann kam eine grosse Platte mit Haifischflossen,
etwas sehr teures, wie Herr Kuo mir versicherte. Sie werden
9 Stunden lang gekocht, bis eine dickflüssige, braune,
undefinierbare Sauce daraus geworden ist. Dazu bekommt man
ein Gemüse, das aussieht wie lange Kartoffelkeime. Die
Haifischflossen schmeckten so wie sie aussahen und ich
denke nicht gerne daran.- Danach kam eine Platte mit
einzelnen, gekochten Rosenkohlsprossen in einer braunen
Sauce. Das war wieder sehr gut. Diese mit den Stäbchen in
den Mund zu befördern bereitete mir einige Schwierigkeiten
und das wiederum rief allgemeine Heiterkeit in der
Tafelrunde hervor. Mein englischer Nachbar wandte sich zu
mir und sagte etwas, was ich absolut nicht verstand. Er
wiederholte es, als ich aber nach dem dritten Mal noch
immer nicht wusste, was er meinte, war es mir peinlich und
ich sagte aufs Geradewohl einigermassen begeistert : "Ooh
yes !" es schien irgendwie zu stimmen, denn er sah es
zufrieden aus. Als nächster Gang kam eine Platte mit
Rauchfischen auf den Tisch, auch dieser wieder sehr gut.
Danach kam ein Suppentopf mit einer trüben Brühe in der
Kürbisstückchen und Kartoffeln schwammen. Sie war ganz
ungwürzt und schmeckte, bitte sagt nicht, ich sei
voreingenommen, wie Abwaschwasser. Dieser Brühe folgte ein
nasi goreng und zum Abschluss Sojabohnenpudding mit
Fruchtsauce. Zu allem gab es, von Anfang bis Ende, einen
deutschen Rheinwein, der erstaunlicherweise sogar sehr gut
war. Weil C.W. nicht chinesisch essen wollte, hatte er sich
gleich ein europäisches Essen erbeten und "Wiener
Schnitzel" bestellt. Er war sehr verwundert darüber, dass
es nicht schmeckte.

So, das war ein langer Brief ! Seid für heute wieder einmal
allerherzlichst umarmt von Euren 4 Malayen und besonders
von Eurem

Coco

29-7-58

Liebste Eltern und Schwiegereltern,

nachdem ich heute schon wieder keine Post von zu Hause
habe, mache ich mir langsam Sorgen. Der letzte Brief von
meiner Mutter war vom 10. Juli und die letzte Post vom
Hölderlinweg ist die Karte vom 18. Juli. Bitte, lasst uns
nicht so lange warten, zumal ich weiss, dass es meiner
Mutter nicht sehr gut geht, irgendjemand sollte doch Zeit
für ein kurzes Schreiben finden.

Hier geht alles sehr gut, Tim wird täglich dicker und
grösser. Momentan schwankt seine Laune zwischen strahlender
Seligkeit und tiefstem heulenden Elend : wir bekommen den
ersten Zahn ! Ausserdem wippt und strampelt er derart in
seinem Körbchen, hängt die Füsse über den Rand, liegt quer
drin, dass wir doch lieber jetzt schon ein Gitterbettchen
kaufen wollen.

Vor ein paar Tagen kam Herr Kuo, unser chinesischer Freund,
und teilte C.W. freudig mit, dass sein Plan einstimmig und
mit grossem Vorsprung vor den anderen Plänen angenommen
sei. Um C.W. mit seinem Vetter bekanntzumachen, der als
ausführender Architekt auftritt, lud er uns zum Abend ins
"Griffin-Inn". Das ist ein Gartenlokal in der Stadt, indem
wir schon einmal gegessen hatten. Durch irgendein
Missverständnis assen wir schon zu Hause ein Kleinigkeit
und Herr Kuo war fast gekränkt : Wir seien doch zum
Abendessen eingeladen ! Anwesend waren Herr Kuo, natürlich
mit seiner Frau, der junge Architekt, einer der
Komitteemitglieder, welches die Schule bauen will und ein
deutscher Geschäftsmann, der 8 Monate in Indonesien war,
jetzt in Singapore lebt und sich für ein paar Tage in K.L.
aufhält. C.W. durfte sich etwas europäisches bestellen und
er nahm Kalbsleber, die gar nicht schlecht gewesen sein
soll. Das chinesische Essen war sehr kultiviert und sah gut
aus. Zuerst den scheinbar obligaten Hummersalat, dann
gebratene Hühnerstücke und Saucen dazu. Unter anderem gab
es wieder eine seltsame Suppe und "tausendjährige Eier",
die ich aber strikt abgelehnt habe. Das sind gänzlich
schwarze Gebilde. Herr Kuo kommentierte wie folgt : "diese
Eier heissen tausendjährige Eier, die sind aber nicht so
alt, nur ein paar Monate unter der Erde vergraben. In
Europa würde man sagen, sie seien faul, aber das stimmt
nicht, sie waren nur für ein paar Monate vergraben !" Er
meinte, ich müsse sie probieren, damit ich meinen
Landsleuten davon erzählen könne. Er selbst ässe sie auch
nicht besonders gerne, aber es sei eine Spezialität. Mein
deutscher Tischnachbar versuchte sie, und als ich fragte,
wonach sie schmecken, meinte er, nach Schwefel und
Salzsäure ! Wenn man einem Chinesen vorwurfsvoll sagt
:"aber ihr esst ja faule Eier !" bekommt man sicher die
Antwort :"und ihr ? Ihr esst faule Milch !"

Im Laufe des Abends unterhielt ich mich mit Herr Kuo über Berlin, wo er vor dem Krieg 3 Jahre studiert hat. Er war sehr gern dort und sagte, er träume noch oft von Berlin. Er hat zwar das Olympia Stadion nach Grünau verlegt und Spandau an den Wannsee, aber nach fast 20 Jahren ist das entschuldbar. Ich war ganz gerührt.

Der deutsche Geschäftsmann, ein Hamburger, war, wie gesagt 8 Monate lang in Indonesien und zwar auf Java. Die Insel hat, neben China und Indien, die grösste Bevölkerungsdichte. Die Stadt Jakarta allein hat schon 4 1/2 Millionen Einwohner und ist keinesfalls eine moderne Stadt. Zwischen Häuserlücken haben die Malayen ihre Kampongs gebaut. Auf Java selbst gibt es keinen Urwald mehr und die Insel ist nicht imstande, ihre Bevölkerung zu ernähren, sondern ist ganz auf Sumatra und Borneo angewiesen, die eine viel geringere Bevölkerung haben. Da Java, bedingt durch seine Übervölkerung, fast den ganzen Ertrag der Erzeugnisse der übrigen indonesischen Inseln braucht, ist darin auch ein Grund für die Rebellion zu suchen gewesen. Was die Zivisisation betrifft, muss es in Indonesien geradezu märchenhaft primitive Zustände geben, genau wie in Thailand und Indochina. In Jakarta, wie auf der ganzen Insel Java, gibt es in keinem Hotel Moskitonetze. Wenn man im Restaurant nach dem Essen aufsteht, hat man die Türschwelle noch nicht überschritten und Hunde und Katzen sind bereits dabei, die Teller abzuräumen. Braucht man einen Arzt, steht man vor einem grossen Problem. Wohnt man zu weit von diesem entfernt, so weigert er sich zu kommen und es gibt nur ein paar hundert Ärzte auf der ganzen Insel. Es sei tatsächlich schon vorgekommen, dass Leute an Blinddarmentzündung gestorben seien, weil kein Arzt kam. Wenn man das hört, weiss man erst zu schätzen, was für eine schnelle Hilfe der Tomas vor ein paar Monaten im Bungsar Hospital bekam. Auf Sumatra gibt es eine einzige Strasse, die von einem Ende der Insel zum anderen führt, teilweise zum Feldweg wird und schliesslich unvermittelt aufhört. Wenn man dagegen unsere wirklich vorbildlichen Strassen in Malaya kennt und unseren hohen Lebensstandard, sieht man wirklich, dass wir hier im fortschrittlichsten Land des Fernen Ostens leben.

So, dies war nur ein kurzer Brief heute. Bitte, schreibt uns doch bald wieder. Seid für heute tausendmal umarmt von Eurem

Coco mit Familie

8-8-58

Meine lieben Eltern und Schwiegereltern,

gestern haben wir nun ein grosses Bett für Tim gekauft. Aus
2. Hand, hellgelb lakiert, mit hohen Gitterstäben. Mitsamt
Moskitonetz nur 30,-Dollar. Nur eine neue Matratze werden
wir heute kaufen. Nachdem er gestern gänzlich quer im
Körbchen lag, einen Fuss zwischen den Stäben verklemmt, war
es wirklich höchste Zeit dafür. Als wir dieses Körbchen
kauften, wussten wir noch nicht, dass auch kleine Babies
schon so lebhaft sein können.

Timmy wiegt jetzt, das heisst, am letzten Mittwoch, 13
Pfund und 2 Unzen. Er bekommt nun 2 mal am Tag, um 1/2 11
und um 6 Uhr einen Brei aus "Nestum", angerührt mit
"Lactogen". Beides Nestlépräparate. Zu unser aller
Erstaunen hat er es sehr schnell kapiert und hat gestern
abend, es war die dritte Mahzeit, den ganzen Brei ziemlich
schnell aufgegessen. Er ist ein ausgesprochen lustiges
Kind, wackelt so mit seinem Bettchen und spielt mit seinen
Bällchen, dass Tomas behauptet, er könne gar nicht
schlafen, weil der Tim so laut ist. Wenn Tomas gelegentlich
noch mal ins Bett macht, erklärt er strahlend, er sei auch
ein Tim und der dürfe das !

Tomas hat uns wieder einmal einen mittelmässigen Schrecken
eingejagt. Als ich Tim um 10 Uhr abends zum Stillen holen
wollte, fing Tomas plötzlich an zu husten und weinen. Er
konnte nicht sprechen und war fürchterlich verängstigt und
konnte kaum atmen. So holten wir den Doktor vom Dienst, es
war zufällig unsere Ärztin. Sie stellte eine Bronchitis
fest, gab ihm eine Penicillinspritze und schickte uns aber
doch noch mitten in der Nacht ins General Hospital, wo er
zur Vorsicht eine Diphteriespritze bekam. Am nächsten Tag
war das liebe Herzchen nicht mehr im Bett zu halten und am
übernächsten war er wieder der alte "böse Tomas". Nun soll
er nächste Woche auf jeden Fall noch gegen Diphterie-
Tetanus-Kinderlähmung geimpft werden. Damit alles in einem
Aufwaschen geht, wird Tim auch gleich gegen Pocken geimpft.
In diesem Land müssen die Kinder im Laufe des ersten halben
Jahres geimpft werden und Dr. Edmonds sagte mir, sie impfe
ihre Kinder schon mit 2 Monaten. Dies sei besser, weil sie
später dann Zähne bekommen und es schwieriger für sie ist.

Das Gemüt unserer Asiaten verstehe ich immer noch nicht.
Als ich an dem Abend mit Tomas in meinem Bett auf die
Ärztin wartete, kam die Amah, aufgeweckt von dem Lärm, zu
mir. Sie verstand gleich, dass wir Angst vor einer
Diphterie hatten. "O ja," sagte sie, "das ist eine böse
Krankheit, alle Kinder sterben daran, na ja, ich hoffe
nicht, dass Tomas daran stirbt, aber es ist schon sehr
schlimm." Dies alles im gleichgültigsten Tonfall der Welt.
Es hat mir nichts ausgemacht, weil ich solches schon von
den Chinesen gewöhnt bin, aber es hat mich doch

nachdenklich gestimmt. A-Chen liebt den Tomas doch, sie ist doch seine Amah, aber sie hat es mit einer solchen Gleichgültigkeit gesagt, die beweist, das Chinesen anders denken und fühlen als wir. Wenn sich die Radfahrer oder Fussgänger mit dem grössten Gleichmut mitten auf der Strasse bewegen oder ganz plötzlich abbiegen ohne Zeichen zu geben, dann tun sie es mit asiatischem Fatalismus : wenn es sie erwischt, so ist es halt so, hahaha. Und wenn eine chinesische Frau bemerkt, dass ihr Mann sich für eine andere interessiert und sie als 2. Frau ins Haus bringt, so behandelt sie diese zwar nicht sehr freundlich aber es ist nun mal so, was will sie tun ? Eine Europäerin weint sich die Augen aus und sieht nach kurzer Zeit vergrämt aus. Die Chinesin hat ein glattes, junges Gesicht auf dem sich kein Kummer abzeichnet, weil sie ihn nicht erst so tief eindringen lässt. Seit ich hier bin, ist mir erst klar geworden, was man unter einem extravertierten Charakter versteht.

Ich habe jetzt eine Hühnerfarm gefunden, die uns zweimal in der Woche mit frischen Eiern beliefert. Sie schmecken nicht nach Fisch und sind ausserdem billiger als die aus Cameron Highlands. Auf der Hühnerfarm heben sie die Eier in den Schubladen einer Holzkommode auf ! Sie haben wundervolles Geflügel, auch billiger als das amerikanische tiefgefrorene und genauso zart. Als ich es bestellte, hatte ich solche Angst, sie könnten mir eines liefern mit allen Eingeweiden drin ! Ich habe doch keine Ahnung, was da alles raus muss und vor allem wie ! Aber es war sogar schon ausgenommen. Ich weiss jetzt auch warum alles Fleisch nach "altem Hund" schmeckt, wie C.W. sagt. Durch das Auftauen des gefrorenen Fleisches geht alles Blut heraus und wenn man es dann brät ist es gänzlich trocken und ohne Saft. Neulich kaufte ich einmal ein wunderschönes Stück Kalbsbraten, es war gerade eine Schiffsladung aus Dänemark gekommen, und als ich es auftaute, war das ganze Blut im Teller. Und das Fleisch natürlich hinterher trocken. Das nächste Mal werde ich versuchen, das noch gefrorene Fleisch zu braten, vielleicht ist das besser, vielleicht geht das überhaupt. Ich weiss ja auch nicht, wie oft das Fleisch, das wir kaufen schon aufgetaut und wieder gefroren wurde. Denn der Transport vom Hafen in die Stadt geht nur auf ganz normalen Lastwagen vor sich.

Als ich vorhin Tomas erzählte, dass die Oma ihm, Timmy und Heng je ein "Wackeli" schicken möchte, rief er, mit beiden Armen in der Luft herumfuchtelnd :"nein, nein, nein !"-"Ja, warum denn nicht ?" "Weil der Heng alles kaputtmacht !"- Das stimmt schon, aber der Heng ist sein gelehriger Schüler und so sieht man Tomas des öfteren mit den kläglichen Resten seiner Spielsachen im Arm in der Wohnung herumziehen "damit der Heng nichts nimmt" um es schliesslich an einem hohen Tisch oder in einem Schrank zu verstecken. Die chinesische Charmbombe Heng wackelt immer hinter ihm her und schreit :"A-boy, A-boy, boy-ah !" denn "Tomas" kann er noch nicht sagen. Tomas selbst zerbricht alle Spielzeuge, die er bekommt, innerhalb weniger Stunden. Und was er absolut nicht kleinbekommt, wirft er kurzerhand in die Wildnis am Ende unseres Grundstücks. Als ich neulich seinen Trinkbecher vergeblich dort suchte, fand ich ungeheuerlich viele Dinge, die wir seit langem vermissen. Es war so heiss, und ich hatte solche Angst vor Tausendfüsslern, dass ich, als ich all diese Dinge sah, in Wut geriet und ihn kurzerhand für 5 Minuten ins Klo sperrte. Es war eine furchtbare Strafe. Er hat noch nicht kapiert, dass er dort eigentlich wundervoll am Waschbecken mit Wasser spielen könnte.-Der Trinkbecher fand sich dann nach einer Woche im Amah-zimmer, wo eine gottvolle Ordnung herrscht !

Dass der "Wuwu" von uns fortgegangen ist, werdet Ihr vielleicht schon wissen, auch der "Dankeschön" ist lange weg. Wahrscheinlich auch in der Wildnis. Ich war wohl die Einzigste, die es wirklich bedauert hat. Nun habe ich Tomas einen kleinen Monkey gekauft (Marke Steiff, Knopf im Ohr), den er sehr liebt. Gestern hat er ihn gebadet und nun muss das arme Tier, ganz dreckig, in der Sonne sitzen und trocknen. Das liebe Clyde von nebenan spielt seit neuestem mit Puppen. Nun quält uns unser Herzchen den ganzen Tag, er möchte eine Puppa, einen Teddybären und einen Monkey, aber einen ganz grossen.

Die Einbrüche in der Syers Road haben wieder aufgehört. Trotzdem sperren wir unsere Schlafzimmertür mit einem Riegel ab, damit man uns nicht die Uhren vom Nachttisch klaut. Die Einbrecher sind so leise, sie kommen barfuss und man hört nichts. Nachbarn von uns haben ruhig geschlafen, während ihnen Schmuck, Silber und noch einiges aus dem Schlafzimmer gestohlen wurde. Dieser Riegel kann mittels einer Schnur, die an der Tür hochgeht, an der Wand entlang zu C.W.'s Bett führt, geöffnet werden. Das ist eine praktische Lösung, weil man, wenn Thong mit dem Morning-tea kommt, nicht aufzustehen braucht um die Tür zu öffnen.

Wir bekommen im nächsten Frühjahr einen neuen Botschafter. Er wird keine Möbel mitbringen, die Bundesregierung schickt welche aus Deutschland. Dazu verlangt man in Bonn einen Plan mit den genauen Massen des Hauses. Das hat C.W. nun aus Liebesdienst für unsere Botschaft gemacht. Er wurde dafür, welch freundliche Geste, im Dienstwagen geholt und zurückgebracht.

C.W. lässt sagen : alle sind wohlauf, die Amah will ihren Mann loswerden, Tomas ist bös, wie eh und je, Timmy brüllt, wenn der Vater Ruhe haben will und somit herrscht bei uns eitel Freude und Wonne. Denn eine Familie ist, wenn man zu Hause keine Ruhe mehr hat. Stimmt's ?

Herzlichst von allen an alle

Beate

15-8-58

Meine liebste Mutti,

zu Deinem Geburtstag wünschen wir Dir alles, alles Liebe
und möchten sehr gern mit Dir zusammen feiern. Dafür hast
Du dieses Jahr Deine beiden anderen Töchter. Aber, sei
nicht traurig, vielleicht sind wir nächstes Jahr zum
Geburtstag bei Dir.

Der Füllfederhalter zum Geburtstag ist nicht der berühmte
Wink mit dem Zaunpfahl, damit Du mehr schreibst, sondern um
den alten "Kartoffelkäfer" endlich abzulösen, der
wahrscheinlich immer noch aktiv ist. Ich wollte Dir gerne
einen Cheong Sam nähen, es ging aber mit der Zeit nicht
mehr aus. Du sollst ihn aber trotzdem noch bekommen.

Vielen Dank für die beiden Briefe, ich kann sie im Moment
nicht finden, um Dir das Datum zu bestätigen. In dem einen
hast die Ankunft der Dias aus Penang bestätigt und der
andere kam heute, dass Ihr sie gesehen habt. Und dann
vielen Dank für das "one drop only". Es war so schön
verpackt und ich habe mich riesig gefreut.

Deinen Töchtern kannst Du ruhig sagen, dass ich wohl weiss,
wie lang oder kurz die Röcke laut einiger Modeschöpfer
sind. Sie sollten aber auch wissen, dass sie nicht alle
diese Längen vorschreiben. Dabei fällt mir ein, wenn die
neuen Modehefte kommen, bitte, schickst Du sie mir wieder ?
Es kann ruhig per Schiff sein.

Was unseren Timmy betrifft, so behaupten alle Leute, er
bekäme jetzt braune Augen. Ich glaube fast, es stimmt. Die
schönen blauen Äuglein werden plötzlich bräunlich. Hältst
du das für möglich ? Jedenfalls hätte er ja dann doch
wenigstens ein äusserliches Merkmal unserer Familie. Er ist
ein ganz goldiger Kerl. Von Tag zu Tag mehr. Man kann sich
minutenlang mit ihm unterhalten,- er babbelt ganz
entzückend- und dann weggehen, ohne dass er anfängt zu
brüllen. Er beginnt auch schon Anstregungen zu machen, um
sich aufzurichten. Du fragst, ob er schon "entwöhnt" sei.
Er ist es noch nicht und es wird wohl noch einige Zeit
dauern, bis ich persönlich so weit bin. Ich habe jetzt
manchmal Milchstauungen, da er nicht mehr trinkt, als er
hungrig ist. Die Ärztin meinte aber, ich solle ruhig
weitermachen, es sei für Tim jedenfalls das Beste. Seinen
Brei isst er nach wie vor vorbildlich. Ich denke jedesmal
beim Füttern, wenn ich Dir das doch zeigen könnte !

Liebste, liebste Mutti, sei tausendmal umarmt und geküsst
von uns allen, aber ganz besonders von Deinem

Coco

195

16-8-58

Liebste Eltern und Schwiegereltern,

inzwischen werdet Ihr ja schon angestossen haben auf das
Geburtstagswohl und wir werden zur gleichen Zeit an Euch
denken. Genauso wie die Oma am Hölderlinweg schreibt : noch
mehr als sonst, wenn dies überhaupt möglich ist.

Bei uns hat sich wieder allerhand zugetragen und ich will
versuchen, es zu schildern. Das erste war eine Dinner-party
bei Herrn Pallasch und das zweite - man sollte es nicht für
möglich halten- eine "After-dinner-party" bei Voltz.

Eingedenk meiner eigenen ersten Dinner-party für Poseners,
war ich mit meiner Kritik an Pallasch's Party sehr milde.
Es war bestimmt auch seine erste. Es waren 4 Engländer da,
zwei mit Damen, wir, und eine Neuerscheinung aus
Deutschland. Vom Goetheinstitut geschickt, soll er
Studenten, die in Deutschland studieren wollen, die
deutsche Sprache lehren. Pallasch war noch aufgeregter als
sonst, stotterte jedes Wort zweimal, und berlinerte-
englisch so furchtbar, dass nicht einmal die Engländer ihn
immer verstanden. Ausserdem hatte er irgendwie einen
Kurzschluss, denn er forderte niemanden auf, das Jakett
auszuziehen, wie es Dr. Granow immer tut. Und so schwitzte
er, teils wegen der Hitze, teils vor Aufregung so
fürchterlich, dass ihm das Wasser nur so runterlief. Als
der Boy um 3/4 9 endlich kam, um zu sagen, das Dinner sei
fertig, wurde er so aufgeregt und wusste überhaupt nicht
mehr, was er tun sollte. Wahrscheinlich wusste er nicht,
wie man seine Gäste zu Tisch bittet, darum schickte er den
Boy wieder weg und sagte leise, er solle in 10 Minuten noch
mal wieder kommen. Und alle waren schon so hungrig !- Der
deutsche Lehrer vom Goetheinstitut unterhielt sich ein paar
Minuten mit mir, um sich dann zu Herrn Pallasch zu wenden
und ihm halblaut zuzuflüstern :"sie erinnert mich so an
meine Frau, derselbe Ausdruck !", worüber ich ziemlich
erbost war, denn erstens bin ich der gleichen Meinung wie
meine Schwester Kiki, dass ich einmalig bin, und zweitens
hätte er sich das ja wohl bis zum nächsten Tag aufheben
können oder wenigstens leiser sprechen. So geschmacklos
wäre kein Engländer gewesen. Als nun der Boy nach 10
Minuten wiederkam, konnte Pallasch ihn nicht nochmal
wegschicken und so erhob er sich, wischte sich
ununterbrochen das Haupt und flüsterte stotternd : "well,
ääh, hm, well, äääh," usw. Dies soll übrigens keine
boshafte Bemerkung sein, sondern nur mit dem Hinweis
vermerkt werden, dass Herr Pallasch, Legationsrat der
deutschen Botschaft, im Moment als stellvertretender
Botschafter in dessen Residenz, die Bundesrepublik
vertritt.-

Es gab erst eine Tomatensuppe und hinterher Wiener
Schnitzel mit Sauerkraut und Kartoffelpüree. Dazu stand vor

196

jedem Platz ein Glas Wasser, ein kleines Glas Madeira und
ein Glas Mosel. Alles zusammen zum Sauerkraut. Zum Schluss
als Nachtisch eine Scheibe Eis in Merdekafarben (grün-rosa-
weiss) mit Erdbeeren.

Danach erhob er sich, ebenfalls wieder unter vielen "ääh's"
und sagte :"die Herren, well ääh, kommen jetzt mit auf die
Terasse und die Damen gehen da in den Salon." Damit machte
er eine strenge Teilung der Geschlechter und dabei blieb es
dann. Ich habe das ja schon geschildert, dass die
Gastgeberin die Damen nach dem Dinner in ihr Schlafzimmer
bittet, auf dass sie sich schön machen usw. und dabei den
Kaffee trinken. Herr Pallasch also setzte uns drei in den
Salon und liess uns über eine Stunde dort sitzen. C.W.
erzählte mir hinterher, dass immer wieder von den Herren
angeregt worden sei, nun doch endlich die Damen zu holen
aber er überhörte es solange es ging. Wahrscheinlich wusste
er wieder nicht, wie er das sagen sollte. Schliesslich
erschien er in der Tür und sagte, die Damen könnten nun
wieder kommen. Wir ergriffen die Gelegenheit um uns zu
empfehlen, wir haben inmmer den herrlichen Grund, dass der
Tim mich noch braucht. Herr Pallasch verabschiedete sich
von uns, bzw. wir von ihm, indem er uns die Hand hinhielt
und uns alleine zum Wagen gehen liess. Und das muss dann
wohl wirklich ein Kurzschluss gewesen sein.

Am nächsten Abend war dann unsere Party. Geladen waren Mr.
und Mrs. Nair, der Principal vom College, Mr. und Mrs.
Pillai, sein Stellvertreter und wiederum Herr Pallasch.
Mrs. Nair kam nicht, sie geht nie auf Parties, da sie
fürchterlich schüchtern ist. Mrs. Pillai kam in rotem Sari
und sah sehr dekorativ aus. Mit den Indern ist das so wie
mit allen Asiaten, die wir hier kennengelernt haben : sie
tragen nichts zur allgemeinen Unterhaltung bei. Wenn nicht
der Herr Legationsrat ununterbrochen geredet hätte, wäre
oft eine ziemliche Stockung im Gespräch eingetreten. Dafür
bekam er dann auch wieder einen Pluspunkt von mir. Wir
zeigten Dias aus Europa und unseren Penang-Film. Damit kann
man auch laue Gesellschaften beleben. Der einzige heitere
Moment war, als ich voll Schrecken merkte, dass alle
Sandwich mit Ameisen dekoriert waren. Mr. Pillai meinte
gemütlich, die Ameisen seien so klein und wir sooo gross,
es mache gar nichts ! Als ich die Erdnüsse herumreichen
wollte, lief eine weg, und als ich genau hinsah, war es ein
Käfer. Der Gemüse-Mayonnaise-Salat à la Triebnigg war ein
voller Erfolg. Mr. Nair schmatzte laut geniesserisch, Mr.
Pillai rülpste, als er sich neue Sandwichs aussuchte und
C.W. meinte hinterher : ein Wunder, dass sie nicht noch
laut gefurzt haben ! Getrunken haben sie nur Fruchtsaft,
kein Wunder, dass keine fröhliche Stimmung aufkommen
konnte. Wir hätten halt noch mehr Europäer einladen sollen.
Wer weiss denn schon so was ? Die Amah kommentierte :" so
eine Party ist sehr teuer. Wir Chinesen machen nicht oft
Parties. Zweimal im Leben : einmal zur Hochzeit und einmal
zum ersten Geburtstag. Aber dann werden gleich hundert

Leute eingeladen." Worauf ich meinte :" Na, hör mal, das
ist aber doch viel teurer als meine Party !" - "oh, no,
Mem, alle Gäste müssen als Geschenk dem Gastgeber Geld
mitbringen, man muss das tun, denn das Essen kostet doch
nichts, und manchmal hat man dann nachher mehr Geld als
vorher !"-

Ich habe einen Fotoapparat bekommen, eine kleine
Spiegelreflexkamera von Kodak mit Blitzlicht. Sehr einfach
zu handhaben, nur abzudrücken, gar nichts einzustellen. Die
ersten beiden Filme waren schwarz-weiss, Ihr bekommt sie
demnächst. Der Apparat ist für Schnappschüsse gedacht, also
Kinderaufnahmen und soll hautpsächlich als Zweitkamera
fungieren, an der ich lernen kann. Ich bin natürlich sehr
stolz darauf und habe an unserem Abend die indischen Gäste
"geblitzt". Ich bin schon neugierig auf die Bilder.

Mit Julius Posener hat es den Krach gegeben, der schon
lange in der Luft lag. Er ist auf C.W. eifersüchtig in
allen Bereichen. Nun suchte er mit aller Macht einen Grund,
um C.W. eins auszuwischen. Da C.W. auch Senior Lecturer
ist, ist Posener kein Vorgesetzter und das ärgert ihn
schon. Er bestellte C.W. jeden Morgen zu
"Programmbesprechungen" ins College, obwohl Ferien sind und
man dies, laut C.W. in wenigen Stunden erledigen kann. Nun
beisst Julius das chinesische Schulprojekt schon lange und
er muss wohl gemeint haben, C.W. arbeitet nur für sich
privat. Vorige Woche bestellte er C.W. wieder ins College
für 10 Uhr und schrieb dazu (er schreibt immer lange
Briefe) er käme etwas später, da er zum Arzt müsse. Als er
um 11 Uhr noch nicht da war, legte C.W. einen Zettel hin,
er sei dagewesen und fuhr nach Hause. Als er dann Julius am
nächsten Tag im College zur vertagten Besprechung traf,
fing dieser an, er habe sich gestern sehr über C.W.
geärgert, dass er es nicht einmal für nötig hielte, sich
bei ihm für sein Weggehen zu entschuldigen. Er wisse ja,
dass er, Julius, nicht sein Vorgesetzter sei aber er sei
schliesslich 20 Jahre älter und C.W. habe es an Respekt
fehlen lassen usw. Worauf C.W. ihm kühl sagte :"Herr
Posener, der Ton passt mir nicht."-"So," meinte Julius,"
dann bleibt Ihnen ja noch der Beschwerdeweg."-"Beschwerde
nicht, aber ich geh " - "Ja, gehen Sie, auf Wiedersehen!".
Fünf Minuten später war C.W. zu Hause. Eigentlich gar nicht
erwähnenswert, das ganze, sie machten am nächsten Tag mit
ihren Besprechungen weiter, als sei nichts vorgefallen.
Gestern erschien Herr Pallasch bei C.W. und druckste so
herum, C.W. möge heute in sein Büro kommen, aber C.W.
wollte sofort wissen, was los sei. Und als er weiter darauf
bestand, rückte Pallasch schliesslich raus : Posener war
sofort nach dem Krach in die deutsche Botschaft gefahren
und hatte sich über C.W. beschwert. Pallasch, die blöde
Nuss, hat sich das angehört und gesagt,"ja,ja, ääh, das
müssen wir wieder irgendwie hinkriegen, ohne diplomatische
Verwicklungen ääh,ääh", anstatt zu sagen, ich muss
überhaupt erst mal Herrn Voltz fragen, was da los war oder

noch besser, Posener zum Teufel zu schicken. Er hat sich in
keiner Weise erst mal vor C.W. gestellt, sondern eine Akte
angelegt ! Darüber ist nun C.W. bitterböse gewesen, ist zu
Mr. Nair gefahren und hat sich nun tatsächlich beschwert.
Mr. Nair war wütend auf Julius Posener, dies sei eine
Collegeinterne Angelegenheit und er habe gar kein Recht
dazu, sich als Engländer über einen Kollegen bei der
Botschaft zu beklagen. Was Pallasch betrifft, das ist ein
Mann mit so wenig Format, dass man sich nur wundern kann,
wie er auf so einen Posten kommt. Er hat ja schon einmal so
wundervoll unsere Interessen vertreten.

Über all diesen Dingen habe ich noch gar nichts von unserer
Familie selbst erzählt. Timmilein ist vorige Woche geimpft
worden und war dabei ein "very good boy". Na, und Tomas ist
ja vorbildlich beim impfen. Er schaut mich nur vorher an
und fragt ganz verzweifelt :"darf ich weinen ?" aber
vergisst den Kummer sofort wieder, wenn die Spritze weg
ist. - Tims neues Bett ist sehr gross aber auch hier tobt
er herum. Gestern abend, als ich in das Kinderschlafzimmer
kam, hatte er sich genau um 180° gedreht, das heisst, die
Füsschen waren am Kopfende. Das ganze Bett zerwühlt und der
selbst strahlend. Wenn er mit dem Körbchen gewippt hat,
hörten wir das ganz genau. Wenn er nun mit den Füssen gegen
das Gitter trommelt, glaubt man, es sei ein Gewitter. Das
ist bestimmt kein Kinderstubenlatein. Seinen Bruder mag er
sehr, er lacht übers ganze Gesicht, wenn Tomas zu ihm
kommt. Er lässt es sich sogar gefallen, dass ihm dieser
seine dreckige Hand auf den Mund legt und sagt :"du darfst
gar nicht lachen !" Ach, und damit bin ich bei Opa
Hölderlins Frage ob Tomas' Widerspruchsgeist noch lebt. Er
lebt, und nicht zu knapp ! Manchmal denke ich, der
Höhepunkt sei erreicht und es wird besser, aber dann
kommen, um es mit Deinen Worten zu sagen, wieder "schwere
Rückfälle". Erklärt er mir gestern lachend, als ich ihn zur
Strafe dafür, den Hausschlüssel verbogen zu haben, in die
Ecke stelle :"und ich lache, wenn du mich in die Ecke
stellst !" Beide Eltern sehen sich verzweifelt an ob ihrer
Machtlosigkeit und er sagt :"und ich will es doch wieder
tun!". Falls jemand von Euch bezweifelt, dass man einen
Hausschlüssel verbiegen kann, ein Dreijähriger kann das
alles ! Aber trotz all dieser Dingen ist er ein goldiger
Kerl und anderen Müttern geht es ja auch so.

Und nun, seid für heute alle tausendmal umarmt von Euren 4
Malayen, aber besonders von Eurer

Beate

20-8-58

Liebe Eltern und Schwiegereltern,

heute, an Muttis Geburtstag, möchte ich Euch schnell ein
paar Zeilen schicken. Gerade eben war die Nestlé-Nurse
wieder da und ich habe mich so sehr gefreut über meinen
Tim, dass ich Euch ganz schnell davon berichten muss. Er
hat in den letzten zwei Wochen wieder über ein Pfund
zugenommen, er wiegt jetzt 14 Pfund und 3 Unzen. Wenn sie
das nächste Mal in drei Wochen wiederkommt, wird er
wahrscheinlich sein Geburtsgewicht verdoppelt haben, was
normalerweise erst nach 6 Monaten der Fall ist. Dabei ist
er aber keineswegs fett, sondern richtig kräftig. Er wird
ab heute als dritte Mahlzeit am Tag Gemüse-bouillon
bekommen. Ebenfalls ein fertiges Pulver von Nestlé und
heisst Babex. Ich nehme an, dass man dies alles auch in
Deutschland bekommt, Ihr braucht nur in den Geschäften zu
schauen und wisst dann, was Euer Tim isst und trinkt.

Gestern haben wir nun endlich neue Matratzen bekommen. Ich
fand eine Anzeige in der hiesigen Mittagszeitung, dass
jemand Dunlopillo-Matratzen verkauft und so habe ich
schnell dort angerufen, bin ins College gerast, um C.W. zu
holen. Wenn wir nicht so schnell gewesen wären, hätten wir
sie auch nicht bekommen. Sie sind von Europäern, die auf
Urlaub nach Hause fahren und sind entsprechend neuwertig.
C.W. hat ein bisschen gehandelt und so haben wir sie für
den halben Neupreis bekommen. Die alten Matratzen für 20
Dollar -C.W.'s Kauf - sind nur mehr wenige Zentimeter hoch
und in das Amah-quarter gezogen. Sie waren schon so dünn,
dass man jede Feder gespürt hat. Ich musste schwer an C.W.
arbeiten, um ihn davon zu überzeugen, dass die alten Dinger
nix mehr sind. Er hat sich auf die Sprungfedern alte
Zeitungen gelegt und behauptet, er schlafe wundervoll.
Heute morgen musste er allerdings zugeben, dass er schon
lange nicht mehr so gut geschlafen hat. Es sei doch etwas
anderes.

Den neuesten Witz hat sich auch C.W. wieder geleistet :
neulich kam er nach dem Mittagsschlaf hinunter, lief durch
die Zimmer und setzte sich schliesslich an seinen
Schreibtisch um zu arbeiten. Er hatte dabei nur vergessen,
sich anzuziehen : er erschien im Oberhemd mit Unterhose !!!

Schreibt bald wieder und seid alle, alle recht herzlich
umarmt von Eurer

Beate

28-8-58

Liebe Eltern und Schwiegereltern,

endlich kam gestern ein Brief von meiner Mutter. Ich weiss
nicht, was Ihr für einen vorsintflutlichen Briefkasten in
Eberstadt habt, jedenfalls hat der Brief ganze 8 Tage
gebraucht. Vielleicht wird er ja nur manchmal geleert ?
Hauptsache, der Brief ist da, ich machte mir schon wieder
unnötige Sorgen. Als Entschädigung kam gleich hinterher der
Brief vom 25.8 mit Kiki's Reklamation. Süsses Kind, als ich
heute einen Anfall von schlechtem Gewissen bekam, meinte
C.W., ich solle es so machen wie Julius Posener voriges
Jahr und ihr schreiben, dass man vor lauter Vorbereitungen
für das "Merdeka-Fest" zu nichts käme.- Das ist natürlich
reinster Kakschmus, dieses Jahr genau dasselbe, wie im
vorigen : ausser ein paar bunten Fähnchen an den
Regierungsgebäuden ist nichts zu merken. Meine Dienstboten,
beziehungsweise Thong, der gerne feiert, wollte mir
weismachen, zum ersten Jahrestag von Merdeka am 31. August,
gäbe es 5 Feiertage. Freitag, Samstag, der Sonntag sowieso,
Montag und Dienstag. Ich habe mich aber erkundigt, vor
allem bei meinen Lieferanten und da kam heraus, dass nur
der Montag offizieller Feiertag ist. Da hat er aber Pech
gehabt ! - Zurück zum Chinakleid. Ich bin einem Geschäft
mit wunderschönen chinesischen Seiden auf der Spur (manche
Muster sind scheusslich!) Ich habe es nicht vergessen, ich
denke ständig daran.

Und nun zu unserem Timmilein. Ich werde Euch kurz seinen
Speisezettel aufführen, damit meine Mutti beruhigt ist.
Morgens um 7 Uhr kommt er zum ersten Feed, wo er sehr viel
trinkt. Bei mir. Um 1/2 10 Uhr wird er gebadet, bekommt
daran anschliessend eine Unze Orangensaft mit Wasser und 5
Tropfen von dem Vitaminpräparat. Anschliessend seinen
Nestum-Porridge und falls Du glaubst, dass ihm meine Milch
nicht mehr schmeckt, müsstest Du mal sehen, wie er sich
nach dem letzten Löffel Brei mit Gegrunze und wie ein
wilder Tiger, auf mich stürzt. Danach darf er in den
Garten. Ganz nakt, eine halbe Stunde auf dem Rücken, eine
halbe Stunde auf dem Bauch, im Schatten. Danach kommt er
rein. Er ist schon ganz braun und sehr gerne draussen.
Meistens schreit er sehr ungezogen, wenn er wieder ins Haus
muss. Mittags um 1/2 2 bekommt er seine Gemüsesuppe
"Babex", nach der er sich wieder auf mich stürzt.
Dazwischen bekommt er seinen restlichen Orangensaft und
wenn das nicht reicht, noch Wasser. Um 6 Uhr bekommt er
noch mal Brei und mich und um 9 Uhr nur noch Brustfeed.
Dabei schläft er meistens ein.- Das Abstillen ist gar nicht
so einfach, man hatte mir Pillen gegeben, von denen mir
schrecklich übel wurde. Jetzt gebe ich ihm mehr Brei, so
dass er nicht so viel von mir nimmt, dann hört es
schliesslich von selber auf. Über Deine Bemerkung, unsere
Ärztin sei eine Ziege, war ich beinahe persönlich
beleidigt. Ich wünschte Dir so eine Ärztin in Darmstadt,

dann wärst Du längst gesund. Sie stellt ungeheuer schnell und sicher ihre Diagnosen genau wie sie mir ja immer schnell geholfen hat. Tims Impfung ist wunderschön abgeheilt ohne Fieber. In ein paar Wochen geht es weiter mit Diphterie-Keuchhusten - (auf dass ich nie mehr einen solchen Schreck bekomme)-Tetanus-Kinderlähmung.

Tim wird ausserdem in den nächsten Tagen mit Gemüse anfangen. Dazu bekommen wir hier die amerikanischen und englischen Konserven mit fertigen Mahlzeiten, die man nur zu erwärmen braucht und die genau die vorgeschriebene Menge für ein Baby enthalten. Diese Dosen sind besser als das hiesige Frischgemüse, das kaum Geschmack hat. Diese Dosen gibt es schon seit einiger Zeit in England und Amerika, nur in Deutschland haben sie sich noch nicht durchgesetzt.

C.W. hat uns für morgen abend ein Zimmer in Port Dickson bestellt und auch gleich frischen Fisch zum Abendessen. Wenn wir wieder zurück sind, schreibe ich einen ausführlichen Brief, auch über das verbesserte Essen bei uns, seit ich da Fleisch gefroren brate und ein paar Ratschläge bekommen habe, welches Fleisch man kaufen soll.

Bis dahin viele Bussis von Euren vier Malayen und besonders von Eurer

Beate

3-9-58

Liebe Eltern und Schwiegereltern,

herzlichen Dank für den Brief vom 30. 8. und die
Zeitungssendung mit der Reklame von Henschel + Ropertz.
Beides kam heute an. Es ist immer amüsant zu lesen, dass
bei Euch der Sommer vorbei ist oder dass Ihr Herbsturlaub
macht. Wir nehmen es zur Kenntnis aber so richtig können
wir es uns nicht mehr vorstellen. Vorläufig geniessen wir
den ewigen Sommer noch, aber über kurz oder lang wird es
uns wohl auch auf die Nerven fallen. So wird es uns
jedenfalls immer erzählt. Opa Hölderlin fragt in einem
seiner letzten Briefe, ob es bei uns auch Gewitter gibt.
Fast jeder Monsunregen bringt Gewitter mit sich, die
manchmal ganz unheimlich sind. Am unheimlichsten sind die
Höhengewitter, obwohl sie, glaube ich, nicht gefährlich
sind. Man sieht Blitze und hört es donnern aber alles sehr
hoch über uns. Und was die warmen Nächte betrifft, sicher
haben wir uns daran gewöhnt. Mit unserer Klimaanlage haben
wir trockene Luft, die Temperatur ist etwa 26°, was wir als
"kühl bis kalt" bezeichnen. Wir möchten aber nicht kälter
schlafen. Interessant ist, dass sich unsere
Körpertemperatur auf das hiesige Klima umgestellt hat und
normnalerweise 37° beträgt. So versteht man auch, dass wir
eine Temperatur von 25 ° als kühl empfinden. Wir werden
uns, wenn wir wieder nach Hause kommen, wahrscheinlich erst
wieder an das europäische Klima gewöhnen müssen.

Die neueste Neuigkeit passierte vorgestern und Ihr werdet
es kaum glauben : Charmian Posener ist wieder da ! Ein paar
Stunden vor Ankunft des Flugzeuges kam das Telegramm mit
der "freudigen" Nachricht, da konnte er nicht mehr
abtelegrafieren. Das Geld für die Rückfahrt, eine Summne
von etwa 3.000 Dollar hat sie sich bei einem alten Onkel
geliehen. Und nun ist sie wieder da. Grund : es habe den
ganzen Sommer geregnet, sie kenne keinen Menschen mehr, es
sei gar nicht mehr schön im U.K. und nun ist Malaya wieder
der einzigste Platz auf Erden, auf dem man leben kann und
sie selbst die grosse Dame, die so einfach für ein paar
Wochen um die halbe Erde fliegt. Er muss jetzt mit aller
Macht versuchen, einen neuen Kontrakt zu bekommen, damit
sie wenigstens die endgültige Rückreise nach England
bezahlt bekommt, falls nicht, muss er auch dies bezahlen.-
Was den Krach zwischen ihm und C.W. (vielleicht etwas zu
dramatisch von mir geschildert) angeht, so hat er sich
tatsächlich im Sande verlaufen. Julius meinte zwar neulich
zwinkernd zu C.W. :"nicht wahr, ein handfester Krach von
Zeit zu Zeit, tut keiner Freundschaft einen Abbruch..."
womit ich nicht ganz einverstanden bin.

Der Oma am Hölderlinweg herzlichsten Dank für den Ratschlag
der Metzgerin. Ich rate, dass es Frau Rossmann war. Ich
habe zwar nur im Geschäft in der Eschollbrückerstrasse
gekauft aber auch dort bin ich immer so nett bedient

worden. Wenn ich jetzt einkaufen gehe und vor den
Fleischauslagen stehe, denke ich seufzend : wenn mich doch
jetzt jemand von Rossmans bedienen könnte, ich habe so gar
keine Ahnung ! Das schlimmste ist, dass hier das Fleisch
ganz anders gechnitten wird, aber an Hand des schweizer
Kochbuchs und einer Darstellung des Cold Storage, konnte
ich so halbwegs klar kommen. Ich bin immerhin einigermassen
stolz darauf, dass ich selbst auf die Idee gekommen bin,
das Fleisch noch tiefgefroren zu braten, damit bin ich sehr
erfolgreich. Als ich krank war und die Küche apathisch den
Dienstboten überlassen habe, hat die Amah das Fleisch
derart verbraten lassen, das es ganz trocken wurde. Ich kam
neulich rein zufällig drauf, als sie eine halbe Stunde,
bevor C.W. aus dem College zum Mittagessen kam, bereits
anfing, die Steaks in die Pfanne zu tun. Natürlich bin ich
selbst daran schuld, aber meine Entschuldigung ist eben,
dass ich selbst nicht viel Ahnung habe. Inzwischen
erkundige ich mich bei verschiedenen Leuten, welches
Fleisch sie für welches Gericht kaufen und es wird besser.

Die witzigen Bemerkungen, die meine Mutter macht, wenn sie
hört, dass Tim immer noch gestillt wird, kann ich ergänzen
: ich glaube fast, der wird schon zur Schule gehen und noch
immer gestillt werden ! Es ist nicht zu glauben aber er
erkennt allein als "richtige Mahlzeit" nur meine Milch an.
Alles andere nimmt er gerne zu sich, weil er prinzipiell
immer hungrig ist und alles schluckt, was man ihm in den
Mund steckt aber hinterher stösst er ein wildes Gegreine
aus, wenn man ihn nicht schnell genug trinken lässt.
Gestern bekam er einen fertigen Brei aus Karotten und
Erbsen, den er ganz gegessen hat. Man kann nicht sagen,
dass es ihm geschmeckt hat. Er war bis unter die Augen
grüngelb verschmiert und als er einmal nieste, war ich von
oben bis unten gesprenkelt. Heute hat er erst ein Babex-
Süppchen bekommen und hinterher einen Bananenbrei. Danach
war er das erste Mal so satt, dass er nicht mehr nach mir
"gegrunzt" hat, aber immerhin noch ein bisschen getrunken
hat. Es wird sich schon alles von selbst ergeben. Er ist
jetzt stark im Wachsen begriffen und ist eben kaum mehr
satt zu bekommen. Manchmal bricht er wegen seiner Zähne in
ein jämmerliches Geschrei aus und ist dann kaum zu
beruhigen. Das ist dann sehr traurig und ich erzähle ihm
immer, dass seine Oma am Hölderlinweg sagt : "die Zähne tun
weh, wenn sie kommen und wenn sie gehen !".

Tomas haben wir gestern kurz entschlossen im Kindergarten
angemeldet. Wir konnten die Streiterei und Prügelei mit
Heng nicht mehr ertragen. Mit der Amah macht er, was er
will und folgen tut er nur mehr, wenn man schimpft. Es ist
auch wichtig, dass er endlich mit Gleichaltrigen spielt. Es
ist der Kindergarten, in den auch sein Freund Clyde geht.
Inzwischen haben wir erfahren, dass Clyde, gar nicht Clyde
heisst, sondern Clive. Mit viel Mühe habe ich Tomas
abgewöhnt, Spielsachen und sonstige Haushaltsgegenstände in
die Wildnis hinter unserem Garten zu werden. Jetzt macht er

es anders : er geht mit Clive, oder Heng, wer gerade zu Verfügung steht- an den Wildnisrand, hält ihm ein Spielzeug hin und sagt die ganze Zeit : "throw it in the jungle, do it, do it !" Heng macht das natürlich sofort aber Clive hat gar keinen Spass dran. Um seine Ruhe zu haben, nimmt er das Ding schliesslich und wirft es runter. Im selben Moment macht Tomas kehrt und rennt schreiend zu uns :"Papa, Papa, der Clive hat mein Spielzeug in den Djungel geworden !"-

Unser Wochenende in Port Dickson war wieder wunderschön. Wir hatten so viel Spass daran, dass wir einen Tag länger blieben. Es war gerade "Merdeka-Jahrestag" und entsprechend viel Betrieb. Irgendwie gelang es uns auch, unsere Dienstboten zu verständigen, per Telefon beim Nachbarn, weil wir selbst noch keines haben. Thong kam, es sind etwa 30 m bis zum nächsten Haus, nach 10 Minuten an den Apparat. Aber wir wissen ja, dass die Leute hier nicht schnell gehen können. Da der nächste Tag der offizielle Merdeka Feiertag war, sagte ich ihm, sie könnten den ganzen Vormittag frei haben aber sollten abends zurück sein, um uns das bereits besprochene Essen, gebratene Leber, Bratkartoffel und Gemüse, herzurichten. - Wie gesagt, der nächste Tag war noch wundervoll, Tomas so unwahrscheinlich lieb und dann machten wir noch die Bekanntschaft eines Ungarn, natürlich wieder über den charmanten Tomas :" Tante, willst du mit mir Fussball spielen," sagte er und nahm einem kleinen Mädchen den Ball ab. Die bewusste Tante kam dann mit mir ins Gespräch. Ich sagte, wir seien Deutsche, worüber sie hocherfreut war, ihr Mann spräche deutsch. Ich nehme an, dass man uns schon den ganzen Morgen beobachtet hatte und auf eine passende Gelegenheit gewartet hatte, denn er sprang sofort aus seinem Liegestuhl hoch und stellte sich vor : Herr Gosz aus Budapest. Er war im ersten Weltkrieg Offizier gewesen, in russische Gefangenschaft geraten, durch ganz Russland verschleppt, in Wladiwostok entlassen und nach Shanghai gebracht worden. Dort blieb er 20 Jahre als Kaufmann. Es muss ihm dort ausgezeichnet gegangen sein und er kennt die Chinesen ganz genau. Als der 2. Weltkrieg kam, verlor er sein ganzes Geld in China und kam über Umwegen hierher, nach Malaya, wo er nun schon seit 8 Jahren ist. Er arbeitet jetzt als Publizist und macht so alle Prospekte, die hier gedruckt werden. Es war für mich sehr interessant, einmal die Meinung eines Mannes zu hören, der den Fernen Osten so genau kennt, und dabei festzustellen, dass unsere Beobachtungen gar nicht so falsch sind. Das Nette hier ist, wenn man irgendjemanden kennenlernt, ist es bestimmt ein interessanter Mensch und man hat auch immer wieder gemeinsame Bekannte in K.L. Es ist alles wie ein riesiges Dorf.

Am nächsten Nachmittag fuhren wir nach Hause. Der Verkehr war, trotz Merdeka, ganz normal, nur ein paar Kilometer von unserem Haus entfernt wurden wir umgeleitet, wegen eines Festumzugs. Da Chinesen völlig undiszipliniert sind, gab es ein heilloses Durcheinander mit Stau. Mit viel Mühe und

einer halben Stunde Zeitverlust, fanden wir uns an
derselben Stelle wieder, von der aus wir umgeleitet worden
waren. Darauf hatten wir keine Lust mehr, weiter im Kreis
herumgeführt zu werden, machten kehrt, fuhren fast um die
ganze Stadt herum einen Umweg und kamen mit einer
einstündigen Verspätung zu Hause an. Die Strassen waren so
irrsinnig verstopft mit Menschen, so viele Menschen habe
ich noch nie auf einer Stelle gesehen. Und alles Chinesen.
Und nochmal Chinesen. Es war direkt beängstigend...

Ja, und als wir nun endlich zu Hause ankamen, brannte
überall Licht aber kein Mensch war da. Plötzlich erschien
unser Nachbar mit dem Küchentürschlüssel in der Hand. Vor 5
Minuten seien unsere Geister abgerauscht, auf dem Fahrrad.
Thong auf dem Sattel, A-Chen mit Heng im Arm auf der
Stange. Sie wollten unbedingt den Umzug sehen. Als wir
durch die Küche ins Haus wollten, war die Aussentür gar
nicht verschlossen, so aufgeregt waren sie gewesen. Wir
brachten Tomas und Tim ins Bett. C.W. schnaubte und brüllte
:"den halben Monatslohn entziehe ich ihnen, das müssen sie
büssen, diesem Volk muss man die Peitsche zeigen !" und
schwang sie bereits in Gedanken, Tomas brüllte :"ich will
nicht schlafen, ich bin gar nicht müde", ich war
entsetzlich müde und dachte aber immerhin daran, wie gut es
doch ist, dass wir immer wieder etwas Neues erleben. Nur
Timmilein strahlte und lachte in seinem Bett, warf die
Beine hoch und grunzte vergnügt vor sich hin. Dann ging ich
hinunter und in die Küche, wo ich im Ofen unser Essen fand.
Es war genauso, wie ich es mir im Spass bereits gestern
vorgestellt hatte : die Kartoffeln waren bereits am
Vorabend gebraten worden und einfach noch einmal
aufgewärmt, die Leber, glaube ich, erst an diesem Abend
aber sicher schon vor 7 Uhr und Gemüse war ausgefallen
wegen Merdeka. Es gelang mir, C.W. davon zu überzeugen,
dass es ja keine Bösartigkeit von ihnen ist, sondern nur
eine ganz natürliche Reaktion auf diese noch so junge
Sebstständigkeit. A-Chen hat mir erzählt, vor Merdeka
mussten die Asiaten vom Bürgersteig hinunter gehen wenn ein
Europäer entgegen kam. Danach verstand ich auch, warum
einem kein Eingeborener auch nur einen Fuss Platz macht
wenn man durch eine enge Strassenpassage gehen möchte. Und
nun haben sie Merdeka - Freiheit. Sie sind nicht mehr
unterdrückt, sie sind frei und stehen auf derselben Stufe
wie die Europäer. Und da unsere Geister sagen, es ist IHR
Merdeka, und wir alle gleiche Rechte haben, können sie
einfach gehen. Es gelang mir, C.W. zu beruhigen und als sie
alle eine Stunde später, übers ganze Gesicht strahlend vor
Begeisterung wiederkamen, meinte er, sie seien ja wie die
Kinder, man könne ihnen gar nicht böse sein.

So, und das wäre bis zum nächsten Mal so das Neueste. Ich
glaube, bei uns wird es immer Stoff zum schreiben geben,
immer passieren die aufregendsten Dinge, Dinge, die alle
anderen Leute um uns herum völlig kalt lassen. Und so seid

für heute wieder einmal alle herzlichst umarmt und geküsst
von Euren 4 Malayen und besonders von mir

Beate

21-9-58

Liebste Eltern beider Familien,

ich schreibe heute nur eine "Ausgabe" des Briefes mit der
Bitte um Weiterleitung an die Meinigen. Falls Ihr Euch in
Lugano trefft, sonst halt erst in Darmstadt. Aus den
verschiedenen Briefen entnehme ich, dass die Eltern am
Hölderlinweg wahrscheinlich früher wieder zu Hause sein
werden als meine Eltern.

Wir haben heute eine ganze Menge zu beantworten und an
Briefen zu bestätigen. Zuerst von den Schwiegereltern den
Brief vom 10. 9., die Zeitungssendung und die
Büchersendung. Vielen Dank für die Bücher, jetzt haben wir
wieder für einige Zeit etwas zu lesen. Seitdem sind wir für
unsere Umwelt nicht mehr als unbedingt notwendig zu
sprechen. Ab 8 Uhr abends liegen wir im Bett und während
Tim morgens sein Frühstück trinkt, liest C.W. schon wieder
das nächste Kapitel. Ach, und dann die Schallplatte mit dem
"River Kwai!" Tomas und Clive sind sofort im Takt um den
Plattenspieler marchiert und Heng hinterdrein. Vielen Dank
dafür. - Von meiner Mutter ist der Brief vom 7. 9. zu
bestätigen mit der Ankündigung von sooo vielen
Postkarten.... ich warte schon so schwer darauf, ich habe
keine Ahnung, wo sich meine Eltern augenblicklich befinden.

Bei uns ist wieder einiges passiert. Da ich auch, durch die
Tatsache, dass Ihr alle nicht zu Hause seid, ein bisschen
schreibfaul geworden bin, hat sich eine ganze Menge
angesammelt.

Zunächst fing es wieder einmal mit Tomas an. Er erklärte
Bäuchlein-weh zu haben, erbrach alles, was er ass und so
ging ich mit ihm zum Arzt. Unsere so viel gepriesene Ärztin
war auf Urlaub, ihre Vertretung, ein junger malayischer
Arzt, sagte, ach, das ist nur eine Mandelentzündung, da ist
gar nichts dabei, er habe Bazillen geschluckt und die
verursachen Bauchweh. Er gab mir Aspirin mit und so zogen
wir wieder nach Hause. Es ging aber immer weiter so, Tomas
konnte nichts mehr essen, alles kam wieder raus, leichtes
Fieber, er wurde immer apathischer und lag nur auf dem
Boden ohne zu spielen. Inzwischen war es Samstag abend
geworden. Als er wieder über Bauchweh klagte, wollte ich so
ein bisschen auf seinen Bauch drücken, als er mir auf
einmal erklärte : "da ist ein Stein drin !"-"Was für ein
Stein denn ?"-"Den der Clive mir in den Mund getan hat !"-
"Und den hast du geschluckt ?"-"Och, der ist ganz von
alleine runtergegangen." -"Wann war das ?"-"Gestern." Nun
ist gestern ja bekanntlich alles, was vergangen ist. Ich
rannte sofort zu den Nachbarn und fragte Clive aus. Der
erklärte, ja, der Tomas habe einen Stein gegessen aber er
habe ihn nicht hineingetan. Wann das gewesen sei. Worauf
das liebe Kind strahlend sagte :"In England, wie wir

neulich dort waren!"-Nun versucht mal aus diesen
phantasievollen Angaben einen Reim zu machen. C.W. ging
telefonieren und zwar mit einem privaten Arzt, denn wir
wollten eine Röntgenaufnahme machen lassen. Da C.W.
dummerweise dem Arzt am Telefon sagte, das Kind sei bereits
vor 4 Tagen vom Governmentsarzt auf Erkältung behandelt
worde, erklärte der private Arzt, er könne nicht kommen,
das ginge gegen die Berufsethik und ausserdem,- Sie werden
schon verstehen - heute ist schliesslich Samstag und er
käme nicht. Wir fanden auf einmal, dass wir doch nicht so
weit von Indonesien entfernt sind.- Nachdem wir uns wieder
von dem Schreck mit dem Stein erholt hatten, gingen wir
schlafen und am nächsten Morgen rief ich im Hospital an und
verlangte den Doktor vom Dienst. Man gab mir eine indische
Ärztin, die ich nicht persönlich kenne. Ich sagte ihr, dass
Tomas anscheinend einen Stein geschluckt habe usw. usw.
Sie sagte, da könne sie auch nichts machen, warum ich nicht
früher zum Arzt gegangen sei. Ich erklärte ihr nochmal,
dass ich das ja getan hätte und man das Kind aber auf eine
Erkältung behandelt habe. Ja, meinte sie, das ist ja
inzwischen 5 Tage her, da hätte ich doch genug Zeit gehabt,
wegen des Steins in die Sprechstunde zu kommen,-ich wisse
es doch erst seit ein paar Stunden - das ist mir ja ganz
gleich, geben Sie ihm weiter das Aspirin, heute ist
schliesslich Sonntag. Soweit der Arzt vom Dienst. Danach
rief ich mit Hilfe meiner Nachbarin noch einmal bei dem
privaten Arzt an. Sie erklärte dem Arzt, wir seien Deutsche
und darum habe sich C.W. am Vorabend wohl etwas falsch
ausgedrückt, wir seien halt so in Sorge, so dass der Arzt
sagte, wir sollen kommen. Wir zogen gleich los. Er stellte
fest, wenn er wirklich einen Stein geschluckt hat, dieser
sicher schon durch ist. Aber er habe den Magen so gereizt,
dass da eine böse Entzündung sei. Wir bekamen Medikamente
mit deren Hilfe das liebe Kind wieder sehr bald auf den
Beinen war. Er hatte bald alles wieder überstanden und isst
wieder richtig, natürlich sehr langsam, weil es halt sooo
viel um ihn herum zu schauen gibt.- Der Arzt übrigens, hat
seine Praxis in einem chinesischen Haus in der Stadt. So
etwas wie optische Hygiene gibt es hier nicht. Er selbst
hat auf seinem Schreibtisch ständig Kaffee stehen und auch
immer eine brennende Zigarette im Mund. Er war schrecklich
mürrisch und obwohl er Notdienst hatte, tat er so, als
müsse man sich noch extra bei ihm bedanken. Aber
wahrscheinlich bekommen alle Europäer, die lange in den
Tropen leben, mit der Zeit einen Stich.

Übrigens genauso haben alle Chinesen und Malayen, die in
Europa oder Australien studiert haben, einen Knall. Es ist
ihnen nämlich seitdem sie wieder in Malaya sind, zu heiss.
Da gibt es beispielsweise im College einen Bibliothekar,
der in seiner Freizeit Öfen entwirft, da er in Sidney so
gefroren habe. Er legte seine Pläne C.W. zur Begutachtung
vor. Als ihm dieser dann sagte, das Problem der Öfen sei
schon gelöst, verlegte er sich auf komplizierte
Apparaturen, die Gott-weiss-wie, die Räume kühlen sollen.

Er habe nämlich jetzt immer so schrecklich heiss.
C.W.zeigte ihm, dass er ja seinen Arbeitsplatz direkt unter
den Ventilator stellen könne, anstatt am Fenster in der
Sonne....Worauf er sich hoch erfreut bei C.W. bedankte.
Neuerdings entwirft er Windmühlen. - Wieder ein anderer hat
in Kanada studiert und ist jetzt als Lecturer am College.
Der hat einen solchen Knacks von der Kälte bekommen, dass
er ständig im Gespräch mit anderen damit beschäftigt ist,
auf Stühle, Tische und Wände, die Temperaturen von Montreal
zu kritzeln.

Fast anchliessend an den "Stein" fand ein grosser
Abschiedsempfang von Dr. Granow im Lake Club statt. Mit
schrecklich vielen Leuten. Charmian Posener umstrickte die
Männer und mass uns mit bösen Blicken. Wahrscheinlich, weil
wir keinen Besuch bei ihr gemacht haben, um sie zu
begrüssen. Sie verspritzte etwas Gift und verliess uns
dann. Julius Posener selbst war, da er kein passendes
Jakett zu seinen Hosen mehr hat, im Smoking erschienen.
C.W. brachte vor Staunen keinen Ton mehr heraus und ich
sagte nur : ich bin erschossen ! Diese Entgleisung von mir
überging er mit Nichtachtung. Es waren so etwa alle
Minister von Malaya da. Der Gesundheitsminister ist ein
Inder und sah aus wie unsere Lieferanten vom Ally's, mit
einem langen weissen Sarong um die Hüften und ein langes
weisses Oberhemd darüber. Und natürlich war auch der
Premierminister da, der Tengku, das heisst der Prinz Abduhl
Rahman. Auch wir wurden ihm vorgestellt, etwas, was wir uns
schon seit langem gewünscht hatten. Herr Vocke, ein neues
Botschaftsmitglied führte uns zum Premier. Er ist ein
malayischer Tengku - ein Prinz - etwa 50 Jahre alt und
etwas kleiner als ich. "Dies sind Herr und Frau Voltz aus
Deutschland". Der Tengku :"Ah, ah, ah," und reicht uns
beiden die Hand. C.W. :"Ich bin Lecturer am Technical
College und unterrichte Architektur". Der Tengku :"Jo,
hoho, Architektur, jo, hoho," mit sonorer Stimme.
Allgemeines Schweigen. Dann versucht es Herr Vocke mit
einem Witz : "Herr Voltz und ich haben die gleichen
Schwierigkeiten hier mit unseren Namen, alle Leute sprechen
unsere Namen mit "W" aus". - Der Tengku :"mit 'W', jo,
hoho". Allgemeines Lachen. C.W. : "Wir sind jetzt schon 10
Monate hier und es gefällt uns sehr gut". Der Tengku :"jo,
hoho. Jo, hoho". Nachdem es einige Male so gegangen war,
sah der Tengku auf seine Uhr und sagte, er müsse jetzt
gehen, er habe anschliessend eine Dinnerparty. Schrecklich,
diese Empfänge und Parties, er ginge den ganzen Tag nur
immer von einer Party zur anderen. Worauf C.W. einen seiner
für hiesige Verhältnisse viel zu hoch geschossenen Witze
losliess :"Wenn Sie von einer Party zur anderen fahren,
wann arbeiten Sie dann ?" Unter vielen "Johoho's"
verschwand er dann mit seiner Frau. Ehrlich gesagt, war ich
etwas enttäuscht von der Begegnung mit dem ersten Mann des
Landes.

Frau Granow gab mir den besten Tip, den ich in diesem Lande
bisher bekommen habe. Ich klagte über das Essen und
fragte,wo sie ihr Fleisch gekauft habe. Im Cold Storage
bekäme man meistens schlechtes Fleisch. Sie sagte mir, dass
sie immer in der Markthalle das frische Fleisch gekauft
habe, da es gestempelt und somit untersucht sei. Das habe
sie während der 5 Jahre ihres Aufenthaltes hier gemacht und
das Fleisch aus dem Cold Storage war nur für die Hunde.

Das habe ich nun auch versucht und wir haben zum ersten Mal
seit langer Zeit, wieder gutes Fleisch gehabt.
Schwierigkeiten bereitet mit nur der Einkauf. Die Metzger
sind Chinesen, die kein englisch können, da nur sehr wenige
Europäer im Markt einkaufen. Die Amah hat auch keine Ahnung
davon, dass es verschiedene Stücke an einem Tier gibt. So
sah ich mich gezwungen, dem Metzger zu zeigen, indem ich
auf meine Lenden deutete, dass ich ein Filet möchte. Unter
viel Heiterkeit haben wir das dann auch irgendwie
hingekriegt und ich bekam ein wunderchönes Srück.

Übermorgen wird das Timmilein nun endgültig zum letzten Mal
gestillt. Die Nestlé-Nurse hat mir ein Programm gemacht und
mir neue Tabletten, die man selbst bezahlen muss, besorgt
und nun bin ich endlich so weit. Ein bisschen wehmütig
denke ich daran, dass er von jetzt an wirklich ein ganz
selbstständiges kleines Wesen sein wird, endgültig von mir
getrennt. Aber das ist wahrscheinlich nur dumme Romantik
von mir. Das Fläschchen erkennt er noch nicht so richtig
an, holt es aber schon mir beiden Händchen, wenn er hungrig
ist. Das Neueste von ihm ist, dass er "stehen" möchte.
Dabei kann er noch nicht einmal richtig sitzen ! Wenn man
ihn stehen lässt, jauchzt er und strahlt übers ganze
Gesicht, bis dann die Beinchen plötzlich einknicken und er
mit ganz dummem Gesicht dasitzt !

Das Papier geht zuende und ich will diesen Brief heute noch
wegschicken. Drum seid für heute wieder einmal alle
herzlichst umarmt von eurer

Beate

22-9-58

Meine liebste Mutti,

es tut mir so leid, dass da so ein Missverständnis
entstanden ist. Du hast mich niemals belästigt mit Deinen
Ratschlägen für Tim. Ich habe ja auch gleich nachdem Du mir
den Rat gegeben hast, angefangen ihm Gemüse zu geben und es
war richtig so. Ich habe mir kein Buch über Säuglingspflege
und Ernährung gekauft, weil man dann leicht nervös und
hysterisch wird, wenn das Baby sich nicht an das halten
will, was im Buch steht, aber ich bin dennoch heilfroh,
wenn Du mir sagst, was man dann und wann tun muss. Nur kann
ich nicht alles so anwenden, wie zum Beispiel den Tip mit
dem frischen Karottensaft. Das Gemüse von hier ist von der
Sonne so ziemlich verbrannt, hat eine graue Farbe und
schmeckt nach nichts mehr. Ich weiss schon, dass man in
Deutschland Konserven nicht so sehr schätzt, aber Du kannst
mir glauben, diese Babykonserven der Firma "Heinz" sind
speziell für Kleinstkinder gemacht. Man kann es hier
einfach nicht frischer und besser machen, ausserdem gibt es
eine enorme Auswahl.

Und was unsere renomierte Ärztin anbelangt, so bin ich
niemals wirklich persönlich beleidigt gewesen. Ich kenne
doch durchaus den Ton der Familie und meine Reaktion war
nur einer meiner blöden Witze, die Du ja auch kennen
solltest. Nur um die halbe Erde rum klingt es dann anders.
Inzwischen bin ich zu der Überzeugung gekommen, dass sie
nur deshalb so nett zu uns ist, weil ich französisch mit
ihr spreche. So hat sich allmählich ein etwas
freundschaftliches Verhältnis entwickelt. Denn ich habe
schon von anderen Leuten gehört, dass sie sich geweigert
habe, Kranke zu sehen, weil sie "ihr Tagespensum schon
erreicht habe", wie es hiess. Ob es stimmt, weiss ich
nicht, bei uns macht sie das jedenfalls nicht.

Ich weiss schon, dass Du den Timmy am liebsten sehen und
dabei sein möchtest. Dafür, dass Du das nicht kannst,
knutsche ich ihn manchmal ganz schrecklich ab, gleich für
die ganze Familie mit. Es macht ihm grossen Spass. C.W.
meint immer, wenn Ihr ihn erst sehen würdet, Ihr gäbt ihn
überhaupt nicht mehr her ! Wenn man zu ihm kommt, liegt er
meistens auf dem Bauch, seit neuestem mit aufgestützten
Ärmchen und schaut wie ein kleiner Affe zum Fenster durch
seine Gitterstäbe.- Dabei fällt mir sein Wunch ein :
natürlich wird er gerne bis Weihnachten auf das "Tier"
warten. Am meisten freut sich seine Mutti darauf. Du weisst
ja, wie sehr ich solche Tiere geliebt habe.

Es tut mir so leid, dass ich nicht einmal weiss, wo Ihr
Euch überhaupt gerade aufhaltet. Du hast mir nicht einmal
geschrieben, wie lange Ihr wegbleibt. Aus Sir Richards
Brief habe ich entnommen, dass Ihr erst Anfang Oktober
wiederkommt. Das Chinakleid will ich der Kiki zum

Geburtstag machen und sie ist hoffentlich damit
einverstanden. Für die Inge mache ich gerade ein Modell,
welches heisst : impression chinoise. Wie der Name schon
sagt, ist es ein stark an chinesische Kleider angelehntes
einmaliges Modell. Ich hoffe, es passt und gefällt. Sie
soll es ebenfalls zum Geburtstag bekommen. Ich freue mich
schon sehr auf das angekündigte Paket und auf die Dias aus
Eberstadt. Ich selbst habe mich wieder ganz auf schwarz-
weiss Fotos verlegt, weil Ihr dafür keinen Projektor
braucht, um sie Euch anzusehen. Die Dias liefert C.W.

Ach bitte, Mammy, schick mir ein Gugelhupfrezept ! Ich kann
nicht immer dieselben Kuchen essen. Und dann bitte, kannst
Du mir genau beschreiben, wie man einen Saftbraten macht
und wo genau sich das Stück befindet, das man dafür nimmt ?
Bei der Zubereitung des Saftbratens habe ich schon bei Dir
zugesehen, darum wird es mit einer schriftlichen Erklärung
sicher gehen.

Diesen Brief wirst Du zwar erst in ein paar Wochen lesen
können aber ich schicke ihn trotzdem gleich ab. Sei für
heute tausendmal umarmt von Deinem

Coco

1-10-58

Liebste Eltern und Schwiegereltern,

zunächst einmal herzlichen Dank den Eltern am Hölderlinweg
für die Karte aus Lugano, mit den Geburtstagglückwünschen.
Und dann kann ich noch die Karte vom 22.9. aus Hasliberg
und den Brief gleichen Datums von meinen Eltern bestätigen.
Der Omi vielen Dank ebenfalls für den Brief vom 13.9. Wo
meine lieben Eltern sich zur Zeit befinden, ist für uns ein
grosses Fragezeichen. Oder habt Ihr die Karten in einen
Briefkasten geworfen, der nicht mehr geleert wird ? Ich bin
da immer sehr misstrauisch. C.W. lacht immer, aber ich
werfe Briefe grundsätzlich nur in die Hauptpost ein, oder
in einen Briefkasten, von dem ich schon gesehen habe, dass
er geleert wird.

Meinen Geburtstag haben wir vorgefeiert und sind für 3 Tage
nach Port Dickson gefahren. Am letzten Freitag hatte der
grosse Prophet Mohamed Geburtstag und dies ist ein grosser
Feiertag. Der Samstag ist sowieso frei und so fuhren wir
erst am Sonntag abend wieder nach Hause. Wo wir strahlend
von der ganzen Familie Foo Chee Thong empfangen wurden, mit
Abendessen. Diesmal waren sie nicht fortgelaufen ohne die
Küchentüre abzuschliessen, wie C.W. lobend bemerkte.

In Port Dickson wollten wir gerne Fisch essen. Aber das
ging nicht, da der Prophet den Muselmännern verbietet, 2
Tage vor und 2 Tage nach seinem Geburtstag körperliche
Arbeit zu verrichten. So mussten wir uns dann halt wieder
so irgendwie durch die Speisekarte schlagen. Am Samstag war
das chinesische Mondfest. Dies ist der einzigste Tag, an
dem alle chinesischen Eltern ihre Kinder für eine ganze
Nacht ausgehen lassen müssen. Es ist allerhand los. Der
Lärm vom Nachbargrundstück ging bis in den Morgen und die
Wiese sah aus, als ob dort eine Schlacht stattgefunden
hätte, mit Papier übersät. Alle Chinesen hatten eine grosse
Tüte oder Dose mit "moon-cake"-Mondkuchen in der Hand.
Ansonsten standen sie alle tagsüber mit traurigen, oder
besser ausdruckslosen Gesichtern am Strand. Manche gingen
auch baden. Viele hatten keinen Badeanzug und gingen halt
mit den Kleidern hinein. Verständnislos betrachteten sie
meine Suche nach Muscheln. Ich glaube, sie sehen sie gar
nicht, denn meine Amah sagt immer, ob ich die Muscheln, die
ich mitbringe, gekauft habe, sie könne so etwas nie finden.

Timmilein lag vormittags nakt unter den Bäumen und durfte
anschliessend daran vor dem Mittagessen im grossen Wasser
baden. Man kann nicht sagen, dass es ihm sehr gut gefiel,
aber da er ein so freundliches Kind ist, hat er es sich
gefallen lassen. Am dritten Tag hat er fast gelacht dabei.
Er ist schon richtig leicht angebräunt, dick und rund.
Heute morgen war die Nestlé-Nurse da, er wiegt jetzt 16
Pfund 12 Unzen.

Ich kann erst heute weiterschreiben, aber der Brief soll
dann wirklich fortgehen. Die lieben Kinder sind eben alle
in den Kindergarten gefahren. Seit 3 Wochen geht Tomas nun
wieder dorthin und ist überglücklich. Wir brachten ihn in
Clive's Schule, schon der Bequemlichkeit halber, des
Transports wegen. Wir fanden noch zwei Familien in der
Nachbarschaft mit 2 kleinen Mädchen. Nun machen wir es so,
dass Clive's Eltern und wir 2 Wochen lang den Transport
übernehmen und die nächsten 2 Wochen die anderen Eltern. Da
wir morgens früh aufstehen, machen wir die erste Tour. C.W.
bringt die ganze Gesellschaft zur Schule und fährt dann
anschliessend ins College. Und es ist kein grosser Umweg
für ihn. Die kleine Mädchen gefallen ihm so gut, besonders
das eine ist ein goldiges und charmantes Ding. Ja, und
unser Tomas ist selig. Er wird im Augenblick wieder ein
richtig liebes Kind. Er sagt kaum mehr "nein" und ist gar
nicht trotzig. Die Streiterei mit Heng ist natürlich
besser, da er den ganzen Vormittag nicht da ist. Man kann
langsam anfangen, sich mit ihm zu unterhalten. Seit der
Sache mit dem verschluckten Stein ist er wie ausgewechselt.
Irgendwie muss da eine Türe in seinem Kopf aufgegangen
sein. Seit er so feinen Umgang pflegt im Kindergarten,
spricht er ein so gewähltes englisch, von dem ich immer
dachte, man lernt es nur in der Schule ! Zum Beispiel, wenn
er möchte, dass jemand zu ihm kommt : "do you come to see
me, do you ?" oder : "You are a good boy, aren't you ?"
Dieser Kindergarten ist bedeutend schöner als der erste, in
den wir ihn brachten. Es sind schöne Klassenräume und viel,
viel mehr Spielsachen. Sie lernen natürlich auch, wie in
den französischen Kindergärten, bereits das Alphabet. Die
Lehrerin hält ihnen einen Pappdeckel mit einem Bild und
einem Buchstaben hoch. Etwa : O for orange, O for orange.
So wird ihnen das eingeprägt. Sie behalten es zwar noch
nicht gleich, aber bis sie zur Schule gehen, können sie es
vielleicht. Wenn nicht, macht es auch nichts. Tomas sitzt
manchmal beim spielen da und sagt vor sich hin : A for
apple usw. Habe ich Euch schon einmal geschrieben, wie er
mit den Sprachen herumjongliert ? Deutsch spricht er nur
mit C.W. und mir, allenfalls noch mit Herrn Pallasch, da er
ihn vom ersten Tag an kennt. Mit Posener spricht er nur
englisch. Genauso ist es für ihn sicher, dass Kinder nur
englisch sprechen. Neulich trafen wir eine deutsche Familie
mit einem kleinen Mädchen. Als ich sie fragte, auf deutsch
natürlich, "wie heisst du", guckt mich Tomas vorwurfsvoll
an und sagt :" du musst sagen, what's your name, Mutti !"

Neulich hörte ich C.W.'s Vögel ganz fürchterlich schreien,
nur furchtbarer, als wenn sie C.W. sehen. Als ich zum
Fenster ging, sah ich, dass sie auf dem Rasen sassen und
ganz aufgeregt mit den Flügeln schlugen. Und plötzlich sah
ich ein ganz verschrockenes Tier zwischen ihnen, das ganz
schnell zu entwischen versuchte. Etwa 60 cm lang, grau-
weiss gesprenkelt, wie eine grosse Eidechse. Ich lief zur

Amah und erzählte es ihr. Sie sagte, dies sei keine
Eidechse, "chinese pipa say", es sei eine Schlange mit
Beinen. So ein Blödsinn. Kurze Zeit später jagten die Vögel
das Tier wiederum durch den Garten, in richtigem Sturzflug.
Es verkroch sich schliesslich im Amahraum, Thong versuchte
es zu töten, was ihm glücklicherweise nicht gelang, er
zerbrach dabei nur den Besen, und dann entschwand es im
Nachbargarten. Es konnte sehr, sehr schnell laufen. Nun
wälzte ich alle mir zur Verfügung stehenden Bücher und fand
schliesslich in Knaurs Lexikon, dass dies ein Waran war,
allerdings noch ein sehr junger. Die ausgewachsenen
erreichen eine Länge von 3 m. Sie gehören zur Gruppe der
Rieseneidechsen. Nur mit Mühe konnte ich meine Chinesen
davon überzeugen, dass dies wirklich eine Eidechse war und
dass Schlangen niemals Beine haben. (Haha, woher will die
Mem das wissen ?) Es ist ein Tier, das in China und
Südostasien vorkommt und von vielen Chinesen als
Delikatesse gegessen wird. Es soll angeblich wie
Hühnerfleisch schmecken.

Mit unseren Boy Thong ist irgendetwas unerklärliches im
Gange, was wir uns einfach nicht erklären können. Er muss
schwer krank sein oder es ist irgendetwas schlimmes
passiert : er arbeitet so viel ! Er geht gar nicht mehr
aus, er schläft nur mehr nach dem Essen, und vor allem, was
mich so beunruhigt, er arbeitet sogar am Vormittag im
Garten ! Der Garten sieht so gepflegt aus, ich weiss nicht,
was da los ist. C.W. meinte schon, vielleicht ist das ein
letztes Aufflackern der Kräfte vor dem gänzlichen
Zusammenbruch. Aber dennoch ist ihm nicht beizubringen, das
Geschirr mit heissem Wasser zu spülen. "Mem, ich brauche
kein heisses Wasser, ich nehme viel Vim !" und dabei bleibt
es. Oder wenn ich sage, der Mülleimer in der Küche muss
unbedingt sauber gemacht werden. "So etwas, der Mülleimer
ist doch für Müll !" - Jetzt lacht er so viel und ist so
lustig, wie in der ersten Zeit. Sie streiten sich auch gar
nicht mehr. Ah-Chen bekommt wieder ein Kind, worüber sie
gar nicht glücklich ist und er hofft nun, es werde wieder
ein Sohn. Vielleicht ist dies der Grund für seine gute
Laune.- Neulich traf ich meine ehemalige Chaletnachbarin,
die mit einem Chinesen verheiratet ist, in der Stadt. Als
sie hörte, dass ich einen Sohn bekommen habe, sagte sie
ganz traurig :" zwei Söhne, das ist etwas sehr schönes, die
Chinesen sagen, Söhne bringen viel, viel Glück !"
Wahrscheinlich wird der armen Frau von ihrer chinesischen
Verwandschaft viel zugesetzt, weil sie "nur" ein Mädchen
zur Welt gebracht hat. - Und so stelle ich es mir bei
unseren Dienstboten vor. Er hofft nun, es werde ein Sohn,
und ist im Gedanken daran so glücklich. Hoffentlich wird es
nun wirklich einer.

Ich kaufe unser Fleisch jetzt nur mehr im Markt. Einen
Haken hat die Geschichte aber doch : das Fleisch ist
nämlich noch nicht abgehangen, da es ja am Morgen
geschlachtet worden ist. Ich lasse es nun ein paar Tage im

Kühlschrank liegen, ohne es einzufrieren. Es ist aber eine
heikle Sache, dass es nicht zu lange liegen bleibt. Es ist
geradezu phantastisch, was das für Preisunterschiede sind.
Meistens ist es dort um die Hälfte billiger als im Cold
Storage. Das Einkaufen macht Spass, und da Ah-Chen ja
sowieso nichts von Fleisch versteht, nehme ich sie nicht
mehr mit. Die Chinesen im Markt sind so freundlich und
lustig. Ich kann mich prächtig mit ein paar Brocken
malayisch und Zeichensprache verständigen.

Heute morgen steht Heng an unserem Frühstückstisch und
deutet immer auf den Käse und sagt dabei :"tai,tai".
Wahrscheinlich hatten seine Eltern nicht gedacht, dass
meine chinesischen Kenntnisse schon soweit fortgeschritten
sind, sonst wären sie vorsichtiger mit ihren Aussprüchen
gewesen. Es gab aber auf beiden Seiten ein riesiges
Gelächter, als ich empört sagte :" that's no tai, that's
cheese !" Tai heisst nämlich "A-A".

Jetzt ist gleich der Tim wieder dran. Er ist jetzt gänzlich
auf Fläschchen gesetzt und erkennt es auch langsam als
Nahrung an. Die erste Zeit trank er nämlich nur höchstens
ein Drittel der Flasche aus, aber inzwischen hat er sich
daran gewöhnt und macht sie leer. Wenn er die Flasche
sieht, schlägt er wild mit den Armen um sich, sperrt das
Mäulchen auf und japst. Wenn die Flasche ganz nahe ist,
holt er sie sich mit den Händchen. Er ist schon etwas ganz
süsses. Tomas lässt er dabei nicht aus den Augen, nur das
Knistern vom Zeitungspapier und farbige Anzeigen sind so
interessant, dass er sogar den Hunger darüber vergessen
kann. "Das Kind hat einen stark entwickelten Sinn für
Farben !" stellt der Vater zufrieden fest.

Neulich wurden beide Kinder gegen Diphterie geimpft. Timmy
bekam etwas Fieber, aber nach einem viertel Aspirin
schliefen Mutti und Sohn eng umschlungen 2 Stunden
nachmittags und dann waren wir wieder quietschvergnügt.
Tomas hatte beim impfen gar nicht geweint und war sehr
stolz darauf :" Mutti, das habe ich gerne, wenn mich die
Tante Doktor piekt, weisste !" -

Für heute herzlichste Grüsse und schreibt bald wieder

Coco mit Familie

K.L. 5-10-58   CW

Liebe Eltern,

seid Ihr nun alle wieder von Euren Reisen zurück ? Wir
machen heute einen ganz ruhigen Sonntag, waren schon vor
dem Frühstück bei Schwimmen im Club und freuen uns, dass
wir ausser einer Sporthose und einem dünnen Hemd, nichts
anzuziehen brauchen. Timmy ist auch schon im Garten unter
seinem Baum, und die schöne Nachbarin, die Mutter von
Clive, war gerade da, um sich bei uns ein paar Blumen zu
holen. Wir haben doch diese immerblühenden Bäume im Garten
(Hibiskus, Anmerkung Beate). Die Bananen an unseren Stauden
sind noch nicht reif. Wir besitzen drei davon, aber nur
einer ist gut. Leider hat neulich die Schar der
angeheuerten Gärtner unsere gesamte Kaktus-Plantage mit der
Sense zusammengehauen (waren aber keine Kakteen, sondern
Sansevierien, Anmerkung Beate). Die haben ja keine Ahnung.
Ich konnte aber einen abgehauenen Kaktus retten und habe
ihn einfach vorm Haus in den Boden gesteckt. Er hat jetzt
Wurzeln.

Mit Julius Posener ist seit längerem wieder alles in
Ordnung. Dafür gab es eine sachliche, aber heisse Debatte
mit unserem neuen "dritten Mann". Aus einer Art
Wichtigtuerei heraus, hat er neue Vorschläge ausgearbeitet
für einen "wirksameren" Stundenplan. Julius, der zuerst auf
dessen Seite stand, hat sich aber später meinem Standpunkt
angeschlossen. Ich war ganz entschieden dagegen, dass
zuviel Stoff gelehrt wird. Es war genau das Gegenteil
dessen, was man heute an den Architekturschulen anstrebt :
eine Befreiung von den Büchern und weniger Wissen, dafür
eine bessere Methodik. Immerhin ging alles in Frieden aus,
auch wenn ich alles abgelehnt habe. So läuft der Kurs jetzt
ganz gut. Mein erstes Semester entwickelt sich recht gut.
Es sind 11 Jungen und ein Mädchen. Sie haben ihren ersten
kleinen Entwurf gemacht. Wir gehen hier - im Gegensatz zur
T.H. - sofort in die Entwurfspraxis. Das ist übrigens auch
die Auffasung von Max Bill. Das Resultat war gut. Auch aus
dem Grundkurs sind zum ersten Mal ausgezeichnete Leistungen
hervorgegangen. Alle Arbeiten werden beurteilt und mit
Noten versehen, nach englischem Muster : First Mention =
sehr gut, Mention = gut, Credit = im ganzen gut, Pass =
genügend, Fail = ungenügend.

Mein persönlicher Stundenplan ist sehr abwechslungsreich,
sodass eine Woche wie im Flug vergeht. Am Montag treibe ich
Konstruktionslehre mit dem letzten Semester, am Dienstag
mit dem ersten Semester. Der Mittwoch gehört dem Grundkurs.
Am Donerstag ist Design und Freitag morgen Darstellungs-
Techniken (Tusche, Bleistift). Die Stunden sind verteilt
über die Woche, sodass von den 24 Stunden, die ich im
College zu tun habe, nur 2 Vorlesungen sind, der Rest ist
Studio-Arbeit. Und diese Studiozeit verbringt man natürlich

nicht dauernd mit den Studenten, sondern benutzt sie zu anderen Arbeiten, die der Beruf so mit sich bringt.

Ich fahre morgens meist um 8:15 hier weg oder gegen 9, falls keine Kinder zu fahren sind. Der Umweg zum Kindergarten ist nicht schlimm, im Verhältnis zu den Dimensionen hier. Direkt ins College habe ich 4 Meilen, Julius etwa 7. Das sind in km 7 bzw. 12. Wir machen eine Mittagspause von 12:30 bis 2 Uhr. Nachmittags, wo wir ausschliesslich im Studio arbeiten (was man an der T.h. mit Übungen bezeichnet) schliessen wir um 4:30. Dienstag mittag habe ich keine Stunden, kann also hier bleiben. Und Freitag ist für mich um 11 Uhr morgens Schluss. Da der Freitag Morgen (wie an allen Architektur Schulen der Welt) zum Zeichnen (Freihand im Studio, Natur oder in der Stadt) benutzt wird, ist dieser Freitag also, im Grunde genommen, auch nur ein Spass.

Heute morgen hat Herr Kuoh Sitzung mit seinen chinesischen Landsleuten. "Wiä wädn sähn, dass ihre Proschegd dann bald gebaud wäden kahn, nicht waa, möchte Sie noch eine Johanisbärsaft, ja also, wän wir nur eine bissen mähr Geld häten..." So also Herr Kuoh. Ich habe die Blocks der Schule abgeändert und damit die Kosten eines 8-klassigen Gebäudes, das mit $115.000,- veranschlagt war, auf $ 92.000 drücken können. Wir hoffen nun, dass es bald losgehen kann. Kuoh will noch eine alte Chinesin melken, die weder schreiben noch unterschreiben kann, aber 3 Millionen Dollar in Gummiplantagen und keine Kinder hat.

Für unseren stellvertretenden Principal zeichne ich eben ein Wohnhaus, das er 1960, wenn er pensioniert ist, in Indien bauen will. Das Dorf heisst Kerala und liegt bei Trivandrum (gesprochen Trvndrm) an der Westküste Südindiens, in jedem besseren Atlas zu finden. Zwar haben die Studenten auch ein Projekt gemacht, aber Mister Pillai möchte ein Spezialprojekt von mir : "but do not tell Mr. Posener about !". Nun, das ist ein Skizzenprojekt und ich schenke es dem guten Pillai natürlich. Ich habe solche Projekte sehr gern, weil sie einen mit der Praxis verbinden. Die Schwierigkeit des Pillai-Hauses ist, dass man in Indien nicht mit gelernten Arbeitern rechnen darf. So ist nur ein 30° Ziegeldach möglich, und ob man einen elektrischen Herd in Indien kaufen kann, ist sehr fraglich. Er will seinen von hier mitnehmen. Es gibt zwar elektrischen Strom und Wasser, aber sonst nichts. Zum Grundriss gehören ein Paddy-Store, Raum für den Reisvorrat eines Jahres (wichtigster Raum des Hauses, der dem Fremden sagt, ob man Besitz hat oder nicht) und der keinesfalls ein Lagerraum ist, sondern das Zentrum des Hauses, sowie einen Gebetsraum mit Ölfeuer. Alles very funny !

Ich muss Euch noch zum Schluss von unserem Besuch bei Kuoh erzählen. Wir gingen gestern hin, um die Pläne abzugeben. Er hat doch unten in der Stadt seinen Pfandladen. Das ist

eine dunkle Höhle mit grün gestrichenen Eisengittern.
Dahinter hocken 5 Chinesen mit Hemd und Handtuch (einige
auch in leichten Shorts) und feilschen mit den Kunden. Dann
geht es eine Stufe abwärts zum rückwärtigen Teil des
Ladens. Ein riesiger runder Tisch ist das Büro. An der Wand
nebeneinander dicke, verrostete Panzerschränke, Kisten,
Pakete, alte Zeitungen, Spinnweben, und an einer Reihe
Haken, die Hosen der Chinesen, die sie anziehen, wenn sie
nach Hause gehen. Der Raum ist etwa 6 Meter hoch. In der
Decke eine Öffnung, aus der ein Korb an einem Strick
herabgelassen wird, wenn z. B. Kleider versetzt worden sind
und oben verstaut werden. Am runden Tisch sitzt Herr Kuoh
im weissen Hemd mit Krawatte und Manschettenknöpfen.
Diesmal hat er mir eine versetzte Schreibmaschine, eine
Ziehharmonika und anderen Krimskrams angeboten. Aber, so
sagte Frau Kuoh, und legte ihre Hand auf Beates Unterarm,
ihren Kuchen müssten wir jetzt versuchen. Sie rief
irgendetwas durch das Loch in der Decke, und später kam
eine Amah und brachte auf einem Tablett eine
Porzellanschüssel mit einer Masse, die aussah, - bitte
entschuldigt - wie ein Kuhfladen. Schwarz, dick, leicht
glasig. Dazu Messer und Gabel. Das sei eine Spezialität,
und es brauche 2 Tage um es zu machen. Ich sagte sofort
nein, aber die gute Beate rettete die Ehre der Familie und
versuchte es. Es muss entsetzlich gewesen sein. Am Abend
erzählten wir unserer Amah davon. Das kenne sie nicht,
sagte sie. Wir beschrieben es nochmals. Nein, Mem, das
kenne ich nicht. Da mischte ich mich ins Gespräch und sagte
: look, a-Chen, like the big Kaka of a cow ! Wie Kuhsch...,
O yes, Master, I know, velly funny, ich kenne das !

Sagt nicht, wir würden wenig erleben hier !
Mit ganz herzlichen Grüssen Euer C.W.

Eben hat Timmy das erste Mal allein gesessen !!! Es gefiel
ihm so gut, dass er sich gar nicht mehr hinlegen wollte.
Wir haben es gleich fotografiert. Es war schrecklich
aufregend. Die ganze Familie und alle Chinesen kamen
gelaufen ! Beate.

19-10-58

Liebe Eltern und Schwiegereltern,

vielen herzlichen Dank für die diversen Briefe aus
Eberstadt und vom Hölderlinweg. Und auch vielen Dank für
den Brief mit Bild von der Omi.

Liebste Mutti, Du schreibst, wir hätten lange nichts mehr
voneinander gehört. Weisst du, einen kleinen Vorwurf kann
ich Dir da nicht ersparen. Hätte ich nur wenigstens eine
Karte aus Graz bekommen, mit dem kleinen Vermerk, dass Ihr
dort längere Zeit bleiben wollt, hätte ich Euch sicher
gerne dorthin geschrieben. So habe ich dann halt nach
Darmstadt geschrieben, einige Briefe, die du komischerweise
noch gar nicht bekommen hattest, als Du mir schriebst.
Hoffentlich sind sie inzwischen gekommen.

Die Oma am Hölderlinweg bittet um ein ebensogrosses Foto
von Tim, wie das von Tomas. Ich konnte mich nicht
entscheiden, welches und so habe ich drei machen lassen.

Zu den Fragen über Timmy : er hat blonde Haare - soweit er
überhaupt schon welche hat ! - und seine Augen werden
wirklich braun. Ich wollte schon die ganze Zeit fragen, war
das bei uns auch so ? Er will jetzt nur mehr sitzen. Da ich
aber keine Zeit habe, bei ihm im Garten zu sein, habe ich
sein Körbchen hier ans Fenster gestellt, und nun sitzt er
da und flirtet und hält mich vom Briefeschreiben ab.
Nachmittags hole ich ihn jetzt auch schon immer herunter
und er bleibt dann bei uns bis 7 Uhr. Er ist zwar nicht
damit einverstanden, dass er mit Tomas zugleich um 7 Uhr
ins Bett soll und grollt dann wie ein kleiner Tiger, aber
er wird sich schon mit der Zeit daran gewöhnen, denn der
Tomas ist vorbildlich im Schlafengehen. In den nächsten
Tagen wollen wir Tim ein Ställchen kaufen, in seinem
Körbchen hat er nicht viel Bewegungsfreiheit.- Essen tut er
sehr lieb, sogar Spinat und sonstiges Gemüse, ohne zu
spucken und Geschrei, nur seine Milch trinkt er nicht aus.
Scheinbar braucht er aber nicht mehr, da er weiterhin mehr
zunimmt, als man von einem Baby in diesem Alter erwartet.

Das zweite Kind von unseren Dienstboten befindet sich bei
A-Chens Mutter. Zuerst hatten wir überlegt es auch hierher
kommen zu lassen. Aber das soll man nicht tun. Ein "Amah-
Kind" genügt, sonst hat sie für ihren Haushalt mehr zu tun,
als für meinen ! Und ausserdem genügt uns schon das
Geschrei von einem Chinesen. Der schreit mehr als unsere
beiden zusammen. Manchmal wird es sogar mir zuviel, aber er
ist sehr ungezogen. Wenn man sagt, sie sollen dafür sorgen,
dass er nicht so schreit, er seine Eltern kurz anschaut
und dann unvermindert weiter brüllt. Nicht einmal ich habe
da viel Autorität. Wenn die Chinesen Kinder kriegen,
verteilen sie diese in der Verwandschaft auf und gehen dann
alle paar Monate nach ihnen sehen. Das nächste Baby, das

wahrscheinlich so etwa im April kommen wird, soll dann zu
irgendeiner Tante von Thong kommen.- Diese Tanten, Mütter
und Schwiegermütter lassen sich natürlich auch einiges
dafür bezahlen, und nicht zu knapp. Seit A-Chen weiss, dass
sie ein Kind bekommt, ist sie so lieb zu Heng, wie nie
zuvor. Früher hat sie ihn wegen jeder Kleinigkeit
angeschrieen und bestraft, jetzt ist sie so zart und
nachsichtig, nimmt ihn sogar auf den Schoss und spielt mit
ihm.

Die Salatsauce vom Hölderlinweg habe ich gestern
ausprobiert. C.W. hat sie gerne gegessen, hat aber gesagt,
seine Mutter gibt viel mehr Kräuter hinein. Nur bekomme ich
die hier nicht. Im Augenblick habe ich einen Schweinebraten
im Ofen, der sehr lieblich duftet. Dafür haben die Chinesen
nicht viel Verständnis. Da sie den Gebrauch von Messer und
Gabel nicht kennen, zerschneiden und hacken sie jedes
Fleisch schon im rohen Zustand.

Wenn man in die Markthalle kommt, hat man auf der linken
Seite die Abteilung für Rind- und Kalbfleisch, rechts
Gemüse. Daran anschliessend kommt die grosse Fischhalle,
danach das Geflügel und Obst. Um die Mohammedaner durch den
Anblick von Schweinefleisch nicht zu beleidigen, muss es
streng getrennt von den anderen Waren verkauft werden.
Deshalb ist am Ende der grossen Markthalle eine Mauer so
versetzt, dass man in diesen Teil des Marktes kommt, ohne
die Ware schon von aussen zu sehen. Wenn ich durch diesen
Eingang komme, winkt mein chinesischer Metzger schon von
weitem, damit ich auch ja bei ihm kaufe. Bei den Koteletten
fragt er immer "chop, chop, chop ?" Seit ich das Fleisch
vom Markt kaufe, geht es mit unserer Küche wieder bergauf.
C.W. hat sage und schreibe 3 Kilo zugenommen in kürzester
Zeit.

Bei mir ist Augenblicklich irgendwie "Ebbe". Ich erlebe
nichts mehr, was zu schreiben sich lohnen würde. Das wird
sich schon wieder bessern. Also bis zum nächsten Brief seid
alle herzlich umarmt von Eurer

Beate

26-10-58

Liebste Eltern und Schwiegereltern,

vielen Dank für die Briefe von meiner Mutter aus Berlin vom
21-10, vom 18-10 vom Hölderlinweg.

Meiner Mutti vielen Dank für die Rezepte. Ich habe den
Guglhupf gleich ausprobiert und er wurde wirklich sehr,
sehr gut. Du willst es nie glauben, aber ich habe noch
genau in Erinnerung, wie Du den Teig immer gemacht hast,
und so war es wohl richtig. Ich habe ihn nachmittags
gebacken und die ganze Nacht davon geträumt, so habe ich
mich darauf gefreut. Alle haben ihn gerne gegessen,
einschliesslich Heng, der aber alles frisst, was man ihm
gibt - sogar Käse, zum Entsetzen seiner Mutter.

Den Opa am Hölderlinweg wollten wir bitten, Tomas' Taufpate
zu werden. Kiki hat geschrieben, sie kann auch von einem
evangelischen Kind Pate werden, und so bitten wir sie und
den Opa, uns einen Schrieb von der Kirche zu schicken, den
wir hier dem deutschen Pfarrer vorlegen und der die beiden
Kinder dann taufen wird. Der deutsche Pfarrer lebt mit
seiner Familie in einer kleinen Stadt in der Nähe von K.L.
als Missionar. Er ist in China aufgewachsen und kennt
natürlich die chinesische Seele ganz genau. Die
Organisation kommt aus Amerika, sie hat ein ganzes Netz von
Missionen und Hospitälern über das ganze Land verbreitet.

Ganz grosse Freude bereiten uns die darmstädter Dias. C.W.
stellt den Projektor neben sein Bett und projeziert das
Bild an die Wand. So kann man im Bett liegen und Euch
betrachten. Wenn er das Bild in den Wandspiegel wirft,
kommt es ganz gross auf die Wand über unserem Bett. Eine
herrliche Spielerei. So haben wir den Hassi in
Überlebensgrösse bewundert und freuen uns immer wieder von
neuem an den schönen Bildern.

Viel Freude macht der Tim. Vor drei Tagen war die Nestlé-
Nurse da. Er wiegt, bzw. wog an dem Tag 17 Pfund 12 Unzen,
das sind sicher heute schon 18 Pfund. Jetzt bekommt er 2
mal in der Woche gedünsteten Fisch und ab nächster Woche
einmal Hühnerleber. Er macht jetzt schon die ersten Ansätze
zum krabbeln. Wir haben ihm einen hohen Stuhl aus Bambus
gekauft, indem er beim Essen sitzen darf. Gestern abend
waren wir wieder mit ihm im Club baden und er hat zum
ersten Mal angefangen mit den Beinchen zu strampeln. Das
ganze sieht dann etwa so aus :

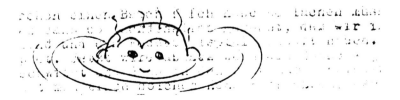

223

Familie Posener war auch im CLub. Er begrüsste uns schon
von weitem aus dem Wasser und sie hatte schrecklich viel zu
tun, um uns nicht zu sehen. Ich weiss zwar nicht, warum,
jedenfalls schoss sie quer durch das ganze Terrain, drehte
sich nach jeder Seite, nur damit wir sie nicht begrüssen
konnten. Einmal kam sie an mir vorbei, entblösste die
Zähne, worauf ich ihr mein freundlichstes Lächeln schenkte.
Mit C.W. passierte ihr das gleiche. Daraufhin verzog sie
sich mit ihrem miesesten Gesicht an ihren Tisch, rauchte
und schaute nicht mehr in unsere Richtung. Er kam aber
trotzdem zu uns, man merkt ihm so richtig an, wie gerne er
deutsch spricht. Er ist schon noch ein Deutscher, wenn er
auch die englische Staatsbürgerschaft hat.

Der Club hat einen neuen Raum bekommen : ein Grill-room,
wie man das nennt. Jedes bessere Hotel hat hier ein solches
Grill-room, das dann auch klimatisiert ist. In diesem Raum
kann man nur à la carte essen. Die Ausstatung selbst ist
ziemlich scheusslich, es sind so etwa alle Farben
vorhanden, die man sich nur vorstellen kann. Die Tische zu
hoch und wacklig um gemütlich daran essen zu können. Aber
dafür gab es eine Überraschung : das Essen war
ausgezeichnet ! Um 1/2 9 kam die Club-Band. Sie setzt sich,
wie alle Bands hier, nur aus Malayen zusammen. Die Malayen
haben musikalisch ein westliches Gehör, während die
Chinesen die grössten Schwierigkeiten haben, eine einfache
Kindermelodie nachzusingen. Sie haben auch nur 4 Töne. Also
die Band besteht aus Malayen und C.W. unterhielt sich
sofort mit ihnen, worauf sie für uns spielten.

Ach, mir fallen die Ratschläge vom Hölderlinweg über C.W.'s
Gewichtszunahme, vornehm ausgedrückt, ein. Ich würde sagen,
er hat schon einen Bauch ! Ich habe so lachen müssen und
ihn selbst hat es dann so nachdenklich gemacht, dass wir in
die Stadt gefahren sind, um ein Federballspiel zu kaufen.
Mit Netz und allem drum und dran. Jetzt wird abends, wenn
die Sonne weg ist, trainiert und geschwitzt. Anschliessend
fahren wir in den Club zum schwimmen. Dort bekommt man dann
solch einen Hunger, dass man zwangsläufig etwas essen muss
und wenn man dann nach Hause kommt, isst man zu abend. Aber
er sagt, dass er sich schon viel wohler fühlt und das ist
die Hauptsache.

Am nächsten Wochenende wollen wir wieder nach Port Dickson
fahren. Wir richten es jetzt immer so ein, wenigstens
einmal im Monat hinzufahren. Es ist so eine herrliche
Erholung und Entspannung. Wir werden auch bald einen Film
dort drehen, die Vorbereitungen sind bereits im Gange.

Vom Tim habe ich vergessen zu berichten, dass er jetzt nur
mehr drei Hauptmahlzeiten bekommt. Ich hatte selbst den
Eindruck, dass ihm die babyhaften Essenzeiten nicht mehr
passten und habe nun, auf Rat der Nurse, alles abgewandelt.
Er bekommt um 7 Uhr morgens etwa 4 Unzen schwarzen
Johannisbeersaft mit seinen Vitamintropfen, um 1/2 9 seinen

Porridge mit entweder einem Löffel Honig, oder einem Löffel
Eidotter, oder einer kleinen Banane. Um 11 Uhr gibt es ein
ganzes Fläschchen, um 1/2 1 sein Mittagessen, um 4 Uhr ein
Fläschchen und abends um 1/2 7 noch mal Porridge mit
Früchten. Zum abgewöhnen noch ein Fläschchen um 9 Uhr, dann
darf er zu uns ins Bett. Mit einiger Anstrengung kommt er
sogar bis in Papas Bett, wo er dann "Zeitung lesen" darf.
Er sitzt jetzt schon sehr schön gerade. Unser einzigster
Kummer ist der Zahn, wo nicht kommt !

Die Oma am Hölderlinweg hat geschrieben, sie hoffe doch
nicht, dass auch wir mal mit einem "Knall" nach Hause
kommen werden !? Bei mir ist es noch nicht so weit, aber
für C.W. hege ich ernste Befürchtungen. Oder ist es
vielleicht nicht bedenklich, wenn jemand ständig auf der
Suche nach Streichhölzern ist, oder besser auf der Lauer,
ob die Dienstboten Streichhölzer "stehlen" ? Wenn man dann
zufällig seine Nachttischschublade aufmacht, stapeln sich
dort die Streichholzschachteln !!! Bemerkungen wie :"ja, um
10 Uhr morgens kommen 2 Flieger am Flughafen an, einer um 9
Uhr und einer um 10" werden bei uns nicht mehr ganz ernst
genommen.

Liebe Eltern, hier schreibt C.W. Das kann ich mir nicht
bieten lassen, was man da über mich sagt. Ich habe nämlich
noch einen viel besseren Witz auf Lager : am letzten Montag
bat ich die Boys meines 1. Semesters, nachmittags nicht ins
Studio, sondern in die Bibliothek zu kommen, da wir
gemeinsam etwas studieren wollten. Ich ärgerte mich
ziemlich, als ich um 2 Uhr dort war und meine Studenten so
allmählich erst eintrudelten. Ich erklärte ihnen, dass es
ein Akt der Erziehung sei, pünktlich zu kommen. "Yes Sir".
Dann arbeiteten wir bis 3 Uhr und danach schickte ich sie
ins Studio um das Gelernte durchzuarbeiten. "Ins Studio,
Sir?", fragte einer, worauf ich sagte "God-dam, yes, fragt
nicht so dämlich". Und so zogen einige ins Studio. Um halb
vier erlaubte ich mir zu fragen, ob denn heute alles am
schlafen sei, da nur 4 gekommen waren. "No, Sir" . Nach 10
Minuten kam ein Student in mein Büro und wollte schüchtern
mitteilen, dass das 1. Semester eigentlich heute den ganzen
Nachmittag frei habe ...und so...please, Sir.

Hahaha ! (Beate)

So, jetzt sind alle abgefüttert und ich kann weiter
schreiben. Thong's Arbeitswut hat wieder erheblich
nachgelassen. Als ich ihm gestern ziemlich wütend aber
bestimmt klarmachte, dass mein Gesichtswaschlappen nicht
zum reinigen der Badewanne genommen werden darf, legte er
sich auf sein Schlafbrett und wurde krank. A-Chen sagte
später Thong habe etwas eingenommen, was C.W. wie
"Icecream" verstand. "Du" sagte er, "stell dir vor, der
Thong macht sich Icecream auf die Stirn, wenn er Kopfweh
hat!" Ich kann ein bisschen besser Amah-englisch : sie
meinte nämlich 'Aspirin'.-Inzwischen hat er (Thong) mir

wieder verziehen. Was er jetzt für die Badewanne nimmt,
weiss ich nicht.

Wenn ich morgens aufwache, habe ich manchmal die
Vorstellung, draussen sei es trüb und regnerisch und graue
Wolken treiben tief über das Haus. Und es sei kalt. Wenn
ich dann aufstehe und aus dem Fenster sehe, ist es immer
der gleiche Blick, seit einem Jahr : immer schönes Wetter,
immer die gleichen intensiven Farben, das tiefe Blau des
Himmels und das für europäische Augen so unnatürliche Grün
der Bäume und Sträucher. Wir verlieren völlig den Sinn für
Jahreszeiten und Monate. Es ist ja doch immer alles gleich.
Dass in den europäischen Geschäften bereits
Weihnachtsdekorationen gemacht werden und ein
Weihnachtsmann unter laufenden Ventilatoren schwitzt, wirkt
geradezu grotesk. Wir verlieren auch das Gefühl für Zeit.
Es ist gänzlich einerlei und ohne Bedeutung , ob man nun
schon ein paar Monate oder Jahre hier ist. C.W. meint,
davon würden die Leute hier so blöd. Na, bevor es mit uns
soweit ist, kommen wir dann nach Hause !

Und damit, liebe Familie, bin ich heute am Ende. Seid alle
recht lieb umarmt und geküsst von Euren 4 Malayen, aber
besondern von Eurem

Coco

27-10-58

Liebste Schweigermutti,

vielen, vielen Dank für das Armband ! Es ist wunderschön
und ich muss es mir immer wieder ansehen. Ich habe es
sofort angelegt und beim gehen immer auf meinen Arm
gesehen. Tomas hat mehrmals gefragt :"warum hat dir die Oma
was geschickt ?"

Die Ankunft des Päckchens ist eine Schilderung wert.
Gestern Morgen brachte der Briefträger eine Karte vom
Zollamt (diese Karten kennen wir nun schon von weitem) auf
der stand, dass ein Päckchen mit "jewelry" für Mr. Voltz
von usw. auf dem Zollamt liegt. Den Schalter kennen wir nun
schon und bevor wir hinfuhren, überlegten wir, was zu tun
sei, falls wir Zoll zahlen müssen. C.W. ging noch unter die
Dusche und machte dabei den Zollbeamten fertig. Er hat mir
das später erzählt. Er sagte ganz laut : "ja, was fällt
dann dir ein, du malayischer Aff, ja, was verstehst dann du
von Schmuck, dieser Schmuck ist schon immer in unserer
Familie gewesen, aber was weisst dann du von Tradition,
dein Grossvater, ach was, dein Vater hat ja noch wie ein
Aff auf den Bäumen gelebt, und du selbst bist auf so einer
Palme geboren. Wenn du glaubst, ich bezahle auch nur einen
Cent, dann hast du dich geschnitten!" Als wir dann auf der
Post waren, sass am Zollschalter so ein ganz goldiger
kleiner Malaye. Wir mussten das Päckchen aufmachen und er
rief sofort :"Der Schmuck ist neu !" (Der wusste vielleicht
nicht, dass man Schmuck reinigen kann und auf Hochglanz
bringen) Aber dann war er so freundlich und lieb, wie halt
alle Malayen sind, dass C.W. sagte :"you know, als wir vor
einem Jahr in dieses Land kamen, sagten alle Leute, nehmt
nichts wertvolles mit, hier sind Kommunisten und das Land
ist nicht sicher. Aber jetzt sehen wir, in Malaya ist man
sicherer als in Europa, und darum haben wir uns den
Schmuck, der schon immer unser Eigentum war, nachschicken
lassen." (Er wird langsam diplomatisch, mein C.W.). Dem
Beamten ging das wie Honig herunter, er strahlte uns an :
"Oh ja, Malaya ist ein sehr sicheres Land!" Nun wollte er
uns helfen und sagte, er möchte nicht, dass wir Zoll zahlen
müssen, ob wir einen Beweis bringen könnten, dass der
Schmuck schon über ein Jahr in unserem Besitz ist. Das
konnten wir natürlich nicht. Und so schickte er uns nach
vielem hin und her und beraten zum Custom-officer. Das ist
der oberste Zollbeamte. Er entschuldigte sich noch, es täte
ihm so leid, er hätte uns so gerne geholfen. Der Custom-
officer bekam den gleichen Löffel Honig hingeschoben und
schluckte ihn genauso gerne. Er liess sich das Päckchen
bringen, sah sich das Armband an, reichte es mir und sagte
zu C.W., er möge auf den Begleitzettel schreiben, dass er
versichert, es sei sein Eigentum und seit vielen, vielen
Jahren in unserem Besitz. Auf beiden Seiten Freundlichkeit
und Lachen und wir zogen glücklich nach Hause. Ist dieses

Land nicht entzückend mit seinen immer freundlichen und zuvorkommenden Beamten ?

Sei nochmals tausendmal bedankt Deine

Beate

5-11-58

Liebste Eltern und Schwiegereltern,

vielen Dank meiner Mutti für den lieben Brief vom 30-10.
Ich, das heisst, wir beide, waren sehr stolz über das
Kompliment, Tim sei ein schönes Kind. "Da siehst du es nun,
woher er das hat," meinte C.W., der sonst immer bestreitet,
dass Tim ihm wie aus dem Gesicht geschnitten ist. Ich habe
manchmal schon gedacht, ich sei vielleicht nicht objektiv,
was dieses süsse Gesichtchen anbelangt. Denn ich weiss noch
ganz genau, was für einen Schreck seine beiden Eltern vor
sechs Monaten hatten, als ihnen plötzlich so ein
schrecklich hässlicher, dürrer und langer Kerl als ihr Sohn
präsentiert wurde ! Seine neueste Errungenschaft -
minutenlang sitzen ohne umzufallen, ist ja nun schon ein
alter Hut -: er stützt sich jetzt mit beiden Ärmchen ab,
zieht die Beinchen an, so dass er sich auf Knie und
Handflächen stützt. Eine Vorstufe zum krabbeln. Er ist zwar
noch nicht ganz sicher darin, besonders wenn er ganz stolz
darüber strahlt, fängt er plötzlich an zu wackeln, um dann
umzufallen. In Port Dickson, wo wir letzten Sonntag wieder
waren, hat er sich das erste Mal im Wasser gefreut und
gestrampelt. C.W. hat schöne Szenen im Wasser gedreht für
den "Port Dickson"- Film. Zu dem Wochenende selbst ist
nicht viel zu sagen. Es ist immer gleich. Immer gleich
schön. Und wahrscheinlich werden wir "zwischen den Jahren"
vier bis fünf Tage dort verbringen.

Ah-Chens kleine Tochter Lang ist gestorben. Vorgestern
nachmittag verschwand unsere Perle Thong plötzlich ohne
Abmeldung und war auch um 4 Uhr, als seine "Arbeitszeit"
wieder beginnen sollte, noch nicht zurück. Auf meine Frage
hiess es, er sei in die Stadt gefahren, um seinen
Führerschein verlängern zu lassen. Er käme um 4 Uhr wieder.
Er kam aber nicht. Ich war recht ungehalten darüber, denn
wir hatten einen unvorhergesehenen Gast zum Abendessen. Als
Thong um 7 Uhr noch nicht zurück war und Ah-Chen vor Wut
über ihn schon fast weinte, sagten wir ihr, wenn er so
etwas noch einmal mache, könne er gehen und sie solle
schauen, dass sie eine zweite Amah findet, mit der sie
zusammen arbeiten kann. Nie wieder wolle sie einen Job mit
ihm zusammen annehmen, er würde immer denken, Ah-Chen kann
ja die Arbeit machen usw. - Nach dem Essen fuhren wir mit
unserem Gast zum Airport und als wir um 10 Uhr nach Hause
kamen, rief uns Ah-Chen aus ihrem Fenster zu :"er ist noch
nicht da, vielleicht ist er tot." Und als C.W. entsetzt
sagte :"was machst du dir für schreckliche Gedanken, der
schläft irgendwo im Strassengraben seinen Rausch aus, denk
nicht an so was", meinte sie ganz gleichgültig :"sicher hat
ihn jemand umgebracht, wo soll er sonst so lange bleiben."
Wir hatten noch Licht im Schlafzimmer, als Thong plötzlich
um 1/2 11 Uhr an die Tür klopfte und sagte, es täte ihm
alles sehr leid, aber da sei etwas wichtiges gewesen, seine
Tochter sei gerade gestorben. Und dann erzählte langatmig,

wie er erst in die Stadt gegangen sei wegen des
Führerscheins, und da das Büro geschlossen war, dachte er
sich, er könne ja mal nach Petaling Jaya fahren und nach
seiner Tochter sehen. Als er hinkam, war die kleine Lang
wieder sehr krank und Ah-Chens Mutter habe gesagt, warum
kommst du nie, ich habe euch doch einen Brief geschrieben
und jetzt habe ich die Adresse verloren, ich wusste gar
nicht wie ich euch erreichen soll. Ich selbst bin alt und
krank.- Das Kind hatte Krämpfe und ganz eigenartige
Krankheitserscheinungen, schon seit einigen Wochen. So nahm
Thong ein Taxi und fuhr mit Kind und Grossmutter ins
Hospital nach K.L. Dort gab man dem Kind 4 Spritzen. Er
habe immer gerufen, das ist zu viel, aber Ah-Chens Mutter
habe gesagt : schweig, du bist noch zu jung um das zu
verstehen. Und dann habe er sie beide wieder ins Taxi
gebracht und unterwegs hat das arme, kleine Ding wieder
einen Krampf bekommen und ist gestorben. Wir fragten, ob
wir ihm irgendwie behilflich sein könnten, aber er sagte,
wozu, jetzt ist doch alles vorbei. Dann nahm er den
Geburtsschein der Kleinen, mit dem er die ganze Zeit
gespielt hatte, zerriss ihn und warf ihn mit einer
gleichgültigen Geste in den Papierkorb :"is gone now,"
sagte er. Viel mehr beschäftigte ihn jetzt der Gedanke, wir
könnten ihn rauswerfen. Ah-Chen hatte ihn mit der
entsprechenden Schimpfkannonade empfangen und nun sagte er
uns, wie gerne er für uns arbeitet, natürlich, wenn wir
sagen 'geh', dann geht er, aber er arbeitet doch gerne für
uns. Als wir wir fragten , ob Ah-Chen nun morgen frei haben
möchte, um zu ihrer Mutter zu fahren, schüttelte er den
Kopf und sagte :" Ich will nicht, dass sie hingeht. Wenn
sie das Bettchen sieht, wird sie sehr weinen und wenn sie
gar nicht erst hingeht, wird sie es bald vergessen. Sie
bekommt ja bald ein neues Kind.". Am nächsten Morgen, als
ich mit Ah-Chen sprach, erzählte sie mir mit monotoner
Stimme :"You know, Mem, sie war so ein liebes Kind. Sie war
nur ein 7-Monatskind gewesen und Thongs Mutter hatte sie im
ersten Jahr. Ich musste immer viel Geld zahlen und sie hat
dem Kind nur Kondensmilch gegeben, weil es ihr zu viel
Arbeit gemacht hat, Milch aus Pulver zu machen. Sie war mit
einem Jahr noch so schwach und klein und ist erst in den
letzten paar Monaten bei meiner Mutter stärker geworden.
Sie war so ein kluges Kind. Sie konnte schon alles
sprechen. Nicht so wie Heng, der ist dumm, und sie war so
ein schönes Kind. Sie hat genau gewusst, dass ich ihre
Mutter bin, obwohl ich sie nur selten gesehen habe." Und
darüber wurden ihre Augen rot und sie weinte ein bisschen.
Als ich sie fragte, ob sie nicht nach Hause zu ihrer Mutter
wolle, sagte sie, nein, ihre Mutter habe gesagt, sie dürfe
nicht mehr kommen. Wenn ein Kind stirbt, lässt man die
Mutter nicht mehr all seine Sachen sehen. Und dies ist
vielleicht auch gar nicht so schlecht. Aber zum Begräbnis
wolle sie doch gehen, fragte ich. "No, Men, ich weiss gar
nicht, wo sie ist. Es gibt kein Begräbnis. Thong hat sie
wieder ins Hospital gebracht als sie tot war und da haben
sie ihm das Kind weggenommen. Ich weiss nicht, was sie mit

ihr gemacht haben. Is gone now. Alles schon vorbei." Dann
ging sie wieder an ihre Arbeit, ein bisschen ruhiger als
sonst, und ein Thong mit sehr schlechtem Gewissen
arbeitete, wie er es noch nie gemacht hatte. Heute, am
zweiten Tag danach, ist wieder alles beim alten in unserem
Haus. Ah-Chen lacht und macht Spässe, spielt mit Tim und
Heng, und Thong denkt vielleicht gar nicht mehr daran.
Diese kleine Chinesin hat, im Grunde genommen, allen nur
einen Gefallen damit getan, zu sterben. Thong hat sie nicht
besonders gemocht, weil sie "nur" ein Mädchen war. Er ist
auch nur deshalb an dem Nachmittag hingefahren, weil er
Abwechslung liebt. Ah-Chens Mutter war das Kind eine Bürde,
weil sie selbst schon alt ist und nicht mehr so recht kann.
Sie hat sich das aber auch immer und regelmässig bezahlen
lassen. Ah-Chen selbst ist natürlich traurig gewesen, es
war ja ihr Kind, aber jetzt braucht sie nicht mehr so viel
zu bezahlen. Die Gleichgültigkeit der Chinesen dem Leben
und Sterben gegenüber ist mir immer noch fremd.

Der Besuch, den wir an dem bewussten Abend hatten, war ein
Engländer, und zwar einer von der sehr, sehr netten Sorte.
C.W. lernte ihn am Morgen im College kennen. Er ist so
etwas wie ein Chiefinspector für das malayische Schulwesen,
fährt durch das ganze Land, besichtigt alle Schulen, berät
und überwacht. In dieser Funktion untersteht er direkt dem
König. Da er schon jahrelang in Malaya ist, ist er als
Berater für die junge Unabhängigkeit des Landes
unentbehrlich. In der Unterhaltung stellte sich heraus,
dass er auch filmt und so schlug er C.W. vor, mit ihm am
Abend in den Filmclub zu fahren, der einmal im Monat im
Airport tagt. Und da er Junggeselle ist, lud ihn C.W. zum
Abendessen ein. Es ist ein Mensch, der auf den ersten Blick
sympathisch ist. Im Filmclub wurden Filme eines
Clubmitglieds gezeigt und danach waren wir der Ansicht, wir
befinden uns hier nur unter Sonntagsfilmern, sogar unser
erster Film war besser. Mr. Louis will uns demnächst seine
Filme zeigen, hoffentlich sind sie besser.

Julius Posener fährt seit ein paar Tagen mit einem alten
Puch-Motorroller ins College. Eine Gelegenheit für 450,-
Dollar. Er hat sofort einen neuen Reifen kaufen und noch
eine Reparatur machen lassen müssen. Ausserdem wackelt und
scheppert das Schutzblech und wenn's bergauf geht, muss er
absteigen. Charmian benötigt den Wagen jetzt täglich,
wofür, ist mir ein Schleier und da hat sie in der Zeitung
einen Gelegenheitskauf gefunden und ihm den angedreht. Ich
habe gehört, wie er zu jemandem sagte :"ich brauche ja das
Geld viel dringender für andere Dinge, aber was soll ich
machen ?"- Gestern Nachmittag erschien er hoch zu Motorross
vor unserem Haus und fragte, ob wir Lust hätten, am Abend
zu ihm zu kommen, es gäbe "Curry-puff" und Bier. Das sind
Pastetchen mit curry gefüllt. Auf C.W.'s Gesicht hin sagte
er, für Andersgläubige gäbe es Sandwichs. Sein Sohn Allan,
der hinter dem Vater sass, rief, der Vater habe Geburtstag.
Und da er C.W. so treuherzig anblickte und er so ein armes

Schwein ist, sagten wir zu. Wir waren beide der Meinung,
dies sei eine Stehgreif-party zum Anlass seines
Geburtstags, zu der man schnell ein paar Leute eingeladen
habe. Wir hörten nicht richtig hin, um wieviel Uhr wir
kommen sollten und so erschienen wir – wie unfein – um 1/2
8. Irgendwie hatten wir diese Uhrzeit verstanden. Es war
noch niemand da und Charmian säuselte vom Balkon herunter,
wir sollten doch bleiben. Ich sagte, unser Baby bekäme
Zähne und ich sei ruhiger, wenn ich noch mal nach ihm sähe.
"I love to see you later" rief sie noch runter und wir
fuhren auf dem schnellsten Weg in den Club und schlugen uns
ein Steak in den Bauch. Nach einer Stunde fuhren wir wieder
zu Poseners. Riesige Überraschung : es war eine
Massenparty. Unter anderen Mr. Nair, Mr. Pillai und viele,
viele mehr. Es sieht ein bisschen sehr danach aus, als habe
man sich sehr lange darum gestritten, ob nun die Voltzens
eingeladen werden sollen oder nicht. Charmian flirtete mit
allen anwesenden Männern, ausgenommen ihrem eigenen und
C.W. Als sie Mr. Nair, den Principal vom College,
vorstellte, nahm sie seine Hand und drückte sie
fortwährend. Im Laufe des Abends bemühte sie sich sehr um
ihre männlichen Gäste. Sie liess sich zu Füssen von Mr.
Pillai nieder und himmelte zu ihm hinauf. Der liebe, gute
Pillai, der ein ganz biederer kleiner Inder ist, hat in
England gelernt, wenn eine Dame keinen Stuhl hat, muss man
ihr seinen überlassen. Da sie aber nun darauf bestand, sich
zu seinen Füssen niederzulassen, sass er ganz verlegen auf
seiner Sesselkante, rutschte darauf hin und her und schaute
zuvorkommend auf sie hinunter.- Julius selbst sass neben
mir. Es entspann sich ein Gespräch mit ihm über die
verschiedensten Länder in denen er schon gelebt hat, an dem
sich C.W. und eine uns unbekannte Dame beteiligte. C.W.
meinte, man müsse den Fernen Osten schon einmal erlebt
haben, es sei eine sehr interessante Erfahrung. Seine
reichlich versnobte Nachbarin meinte :"Nonsense, man lebt
nur sehr 'comfortable' in diesem Land." Für die Engländer
ist Malaya nur ein Teil Englands, der in den Tropen liegt
und Kuala Lumpur ist genauso eine englische Stadt, wie
London. Man hat hier Dienstboten und verdient mehr Geld als
zu Hause und es ist immer schönes Wetter. Und darum kommt
man gerne her. So etwa erklärte sie ihren Standpunkt.
"Isn't it funny that germans trink coffee at teatime ?" und
C.W. konterte prompt : "hm, und ihr trinkt Tee zum Kaffee
am Nachmittag ". Als C.W. fragte, wo wir alle hingehen
werden, wenn man uns hier wegschickt, sagte Julius traurig
:"ich weiss es nicht, ich weiss es wirklich nicht, ich habe
kein Haus, kein Heim, keine Familienbande mehr, ich fahre
seit Jahren von Land zu Land, ich bin der ewige Jude".-

Unsere Orchideen im Garten sind umgefallen. Sie wachsen
hier ganz wild. Es sind grosse Sträucher mit fleischigen,
dicken Blättern und Luftwurzeln. Aus den einzelnen Zweigen
wachsen plötzlich lange Äste wie Keime und daran befinden
sich die Blüten. Sie sind etwa 8 cm im Durchmesser und rot-

weiss gefleckt. Sie wachsen wie Unkraut und so werden sie,
wenn sie wieder aufgerichtet werden, schon weiter gedeihen.

Unser neuer Freund Mr. Louis hat uns erzählt, wie
wunderschön die Ostküste Malayas ist. Wir hatten schon mehr
davon gehört. Farben wie man sie nie in der Strasse von
Malakka sieht. Es ist schon das Chinesische Meer. Wir haben
beschlossen, in den nächsten Monaten eine Expedition
dorthin zu starten. Man muss nämlich einen ganzen Tag durch
den Djungel fahren bis man an der Küste ist. Und dann kann
man sich den Weg in mehreren Tagen bis Kota Baru aufteilen.
Das ist an der siamesischen Grenze und dort hört die
Zivilisation auf.

Ich bin dabei etwas malayisch zu lernen. Es macht mir
Spass, im Markt die einzelnen Sätze oder Wörter anzuwenden.
Es ist ziemlich primitiv. Ruma heisst Haus und Ruma-Ruma
sind die Häuser. C.W. als Lateiner stellt irgendwelche für
mich unverständliche Zusammenhänge zwischen den beiden
Sprachen fest : z.B. Mama, Papa, Orang -der Mensch, Agong -
der König.

Noch schnell eine kleine Kostprobe von Tomas' Witzen :
Clive gibt nächste Woche eine Geburtstagsparty. Gestern
Mittag, als die Kinder von Clives Eltern vom Kindergarten
abgeholt wurden, fragte die Nachbarin Tomas, ob er auch zu
der Party kommen wolle. Worauf er sagte : warum. Na, ob er
Lust hätte, zu der Party zu kommen. "Ich muss erst meine
Mammy fragen." - "Ja, tu das." - "Ich weiss nicht, ob ich
kommen möchte, ich glaube, ich möchte nicht kommen, ich mag
keine Parties, aber meine Mammy liebt Parties" - " Ja, dann
bring deine Mammy nur mit". Dieses Gespräch fand statt, als
das Auto gerade über eine Brücke fuhr. Tomas kam nach Hause
und rief schon von weitem :"Mutti, weisste, der Clive will
eine Party sehen, auf einer Brücke".

Unser Lieferant Ally's hat heute unaufgefordert eine Dose
mit Pumpernickel geschickt. Imported from Germany. Da er
weiss, dass wir Deutsche sind, hat er sich gedacht, das sei
doch sicher etwas für uns. Es ist wirklich sehr gut. Ein
echter, westfälischer Pumpernickel. Wat et nich all jit !

So, und nun seid Ihr wieder dran mit schreiben. Tut es bald
und seid bis dahin tausendmal umarmt von Eurer

Beate

12-11-58

Liebe Eltern und Schwiegereltern,

vielen Dank meinen Eltern für den Brief vom 6.11. mit den
wundervollen Fotos. Alle, ausnahmslos, ganz wunderschön.
Die Aussicht auf den Garten in Eberstadt ist sehr schön und
schrecklich vornehm, und die Ferienbilder sehen so
fabelhaft und natürlich aus, als ob ich Euch gerade vor mir
hätte. Ihr seht beide so gut erholt aus, dass mir ein Stein
vom Herzen gefallen ist. Auf den letzten Bildern, die wir
bekamen, saht Ihr etwas mitgenommen aus. Aber jetzt bin ich
wieder beruhigt. Der Dackel Hassi ist eine Wucht ! Auf dem
Bild im Weingarten bei Graz hat Tomas steif und fest
behauptet, die Figur im Vordergrund sei die Mutti. Als ich
ihm sagte, es sei die Kiki, lachte er nur und sagte, schau
mal, das ist die Mutti, die hat so ein Kleid an. C.W. war
hingerissen und meinte, die Kiki würde jetzt eine Dame.

Ja, und zu meinem Babybild. Es hat mich riesig stolz
gemacht, dass der Tim unverkennbare Ähnlichkeit auch mit
mir hat. Oder meint Ihr, alle Babies sehen sich ähnlich ?
Leider kann ich ihn noch nicht dazu bewegen, in die Kamera
zu lachen. Dann würdet Ihr nämlich viel mehr Ähnlichkeiten
entdecken. Wenn er seinen Mund so breit zum lachen
verzieht, sieht er aus wie ich auf meinen Kinderbildern.
Wäre ja gelacht, wenn er gar nix von mir hätte ! Die Haar
sind hellblond, so dass sie auf den Bildern nicht recht zu
sehen sind und sein deformiertes Köpfchen ist bereits ganz
rund, weil er immer auf dem Bauch liegt. Die Augen sind im
Augenblick braun-grün, vielleicht bleiben sie jetzt so. Wie
gut er es doch hat : in Europa wird so ein armes Baby
nachts in einen Schlafsack gesteckt, weil es sich sonst
losstrampelt. Tim braucht nie zugedeckt zu werden, er kann
die ganze Nacht auf dem Bauch liegen oder sich herumkugeln.
Er schläft seit neuestem wie der Tomas : mit dem Gesicht
auf der Matratze und unter dem Bauch angezogenen Knieen,
also fast in der Hocke. Das ist vielleicht bequem !

Liebe Mutti, Du hast recht, der Stoff zum schreiben geht
mir doch noch lange nicht aus ! Heute habe ich die
Entdeckung gemacht, dass sogar Mutterliebe nicht überall
selbstverständlich ist. Unsere chinesischen Geister leben
nicht gut miteinander, wie ich schon berichtet habe. Er
trägt das Geld fort und versäuft es an einem Abend. Dann
hat er Gewissensbisse und ist wieder ein guter Hausboy, für
ein paar Tage, bis es ihn wieder packt. Dafür bekeift sie
ihn dann tagelang. Gestern abend, als wir uns gerade ins
Schlafzimmer zurückgezogen hatten, klopft es an der Tür und
draussen steht, gänzlich verweint, A-Chen und hält C.W. die
Fragmente ihres Hochzeitsbildes entgegen. Thong wollte in
die Stadt "Freunde sehen" und wollte Geld von ihr. Als sie
ihm keines gab, weil er erst vor einigen Tagen 30 Dollar
versoffen hatte, warf er ihr wohl wieder die üblichen
Gemeinheiten an den Kopf, sie sei eine schlechte Frau, ein

Strassenmädchen usw. Dann hat er zu allem Überfluss das
Hochzeitsbild von der Wand geholt und es mittendurch
gerissen. Dies scheint für sie so unverzeihlich zu sein,
als wenn bei uns ein Mann vor seiner Frau den Ehering
abnimmt und ihn ins Klo wirft. C.W. ging hinunter und
sprach mit Thong. Er sagte, es ginge ihn nichts an, was sie
miteinander hätten, aber er wünsche Ruhe in seinem Haus und
er solle doch bedenken, dass A-Chen ein Kind bekäme und
dann seien alle Frauen besonders empfindlich. Darauf legte
Thong los und sagte, man müsse auch ihn hören. Sie habe ein
böses und nachtragendes Mundwerk und sei unterträglich. Es
gelang uns soweit, sie alle miteinander zu beruhigen. A-
Chen schlief in einem der unteren Amahräume und beachtet
ihn nun nicht mehr. Er hat, in ihren Augen, die Ehe gelöst,
als er das Hochzeitsbild zerrissen hat. Soll er halt jetzt
von ihr weggehen. Wir überlegten uns heute morgen, das
beste sei, für ihn einen neuen Job zu suchen, damit er
nicht arbeitslos wird und versuchen, noch eine zweite Amah
einzustellen, da das Haus zu gross ist, für nur eine. Ich
sagte es ihr vorhin. Sie meinte "ist o.k., ich will ihn
nicht mehr sehen. Wenn das neue Kind kommt, soll er das und
den Heng nehmen und zu seiner Tante bringen, ich will ihn
nicht mehr sehen und auch nicht mehr seine Kinder." Als ich
ihr sagte "aber du kannst doch nicht so einfach deine
Kinder weggeben !" meinte sie gleichmütig :"es sind ja
seine Kinder und ich mag sie nicht mehr aufziehen. Ich will
jetzt alleine bleiben und für mich arbeiten. Soll er doch
für sie sorgen. Ich will die Kinder nicht mehr sehen." Ich
bin schon recht abgebrüht worden hier unter meinen
Chinesen, darum ist es mir nur einen kleinen Schock
versetzt. Nun rief ich mir den Thong, sagte ihm, dass A-
Chen nicht mehr mit ihm zusammen arbeiten wolle und wir für
ihn einen neuen Job suchen werden. Worauf er sagte :"O.K.,
Mem, ich suche mir einen neuen Job, du brauchst dich nicht
darum zu bemühen, ich finde schon etwas."-Unsere A-Chen ist
ein liebes und fleissiges Mädchen. Sie hat halt diesen
jungen Deppen geheiratet, der ebenfalls ein lieber Kerl
ist. Da wir aber wirklich unsere Ruhe haben wollen, muss
halt derjenige gehen, den wir am ehesten vermissen können,
und das ist der Thong.

Am vergangenen Samstag ist je ein Weihnachtspaket an Euch
abgegangen. Wir haben die einzelnen Sachen nicht in
Weihnachtspapier gepackt, da wir von hier wissen, dass man
am Zoll alles auspacken muss. Es steht diesmal alles im
Zeichen des Fernen Ostens und ich hoffe, es wird ein
bisschen Überraschung dabei sein.

Bei uns wird es in diesem Jahr auch einen Weihnachtsbaum
geben. Zwar keine Tanne, aber einen tropischen Baum, der
eine sehr weitentfernte Ähnlichkeit mit einem Nadelbaum
hat. Wir machen es hauptsächlich für den Tomas. C.W.
behauptet steif und fest, der Nikolaus käme am 6. Dezember,
so bestätigt mir doch bitte, dass der Nikolaus mit dem
Krampus wirklich am 5. abends kommt. Er will es nicht

glauben. Der Krampus ist übrigens sehr aktuell bei uns. Er macht die bösesten Kinder wieder lieb, er lebt im Djungel, hat auch einen Korb auf dem Rücken und eine Kette und natürlich wirft er die bösen Kinder in den "Klang-river" !

Bitte, Mutti, schick mir doch noch vor Weihnachten die Rezepte für Kekse : spanische Wind, Vanillekipferln und eventuell Kletzenbrot. Ich wollte auch noch von meinem ersten Guglhupf erzählen. Du hattest geschrieben, das "Dampfl" solle an einem warmen Ort stehen bis es doppelt so hoch gegangen sei. Ich dachte mir, es ist ja warm genug in der Küche und lass es auf dem Tisch stehen. Ich war noch nicht ganz zur Küche raus, als A-Chen rief :" Mem, Mem, das 'Ding' ist aber schon hoch !" Da war es schon dreimal so viel geworden !

Liebste Eltern, schreibt bald wieder, mit den allerliebsten Grüssen und Küssen Eure

Beate

19-11-58

Liebe Eltern und Schwiegereltern,

zuerst vielen Dank für die Briefe. Zunächst den vom
Hölderlinweg vom 9.11. Wir freuen uns, dass Opas Finger
wieder o.k. ist. Und dann den Brief von meiner Mutter vom
14.11. Mach Dir keine Sorgen wegen des Paketes, es wird
schon richtig ankommen. An unserer Post stand angeschlagen,
dass der letzte Termin für Pakete, damit sie auch
garantiert noch vor Weihnachten ankommen, für Holland der
11.11. war. Wir nehmen an, dass es für Deutschland das
gleiche sein wird. Also, wenn Dein Paket am 13.-11. abging,
wird es schon rechtzeitig hier sein.

In unserem Haus ist vorläufig Waffenruhe eingetreten. Das
heisst, unsere Chinesen vertragen sich wieder. Ich habe A-
Chen allerdings im Verdacht, dass sie dies nicht ohne
Hintergedanken tut. Sie sagt sich nämlich, wenn sie Thong
jetzt wegschickt, geht er weit fort von K.L. Irgendwohin in
den Norden des Landes. Dann steht sie alleine da mit den
Kindern. Also verträgt sie sich wieder mit ihm bis das Kind
da ist und wenn er sie dann ärgert, schickt sie alle drei
zusammen fort. Ihr dürft nicht glauben, dass dies ein
Sonderfall ist, viele Chinesinnen versuchen ihre Kinder
loszuwerden. Auch muss man scheinbar längere Zeit hier
gelebt haben, um zu begreifen, dass einfach alles an ihnen
abgleitet. Aber ich kann wohl verstehen, dass dies für Euch
unglaubhaft klingt. Gestern sprachen wir mit dem hiesigen
Kodak-Manager. Er ist ein holländischer Jude - spricht sehr
gut deutsch aber nicht gerne - und ist jetzt amerikanischer
Staatsbürger. Er hat die gleichen Beobachtungen über das
chinesische Seelenleben gemacht wie wir. Aber zurück zu
unseren Dienstboten. Thong hat eine letzte Chance bekommen,
wenn er nochmal irgendwelchen Ärger macht, fliegt er
fristlos. Er hat sich in den drei Tagen, als A-Chen sich
nicht um ihn und Heng kümmerte, rührend um das Kind bemüht.
Er kochte für ihn, gab ihm zu essen, machte ihm sein
Fläschchen und brachte ihn zu Bett. Man wusste tatsächlich
nicht mehr, wer nun eigentlich der schuldige Teil ist.-
Aber schliesslich führt es ja zu weit, wenn die beiden die
Hauptrolle im Haus spielen. C.W. und ich streiten uns nie,
dafür sollen wir uns dauernd das chinesische Gekeife
anhören.

Tomas macht sich Sorgen, ob der Nikolaus wohl auch weiss,
wo er wohnt ? Dann macht er tiefsinnige Betrachtungen :"
gell, der Nikolaus fährt mit dem Auto". Mutti :" sicher
fährt der Nikolaus hier in den Tropen mit dem Auto,
wahrscheinlich hat er einen malayischen Chauffeur". Tomas:
" und wenn er nicht mit dem Auto fährt, dann geht er zu
Fuss !"

Vorgestern gab Clive seine Geburtstagsparty. Es wurden
tolle Attraktionen geboten. Im Garten wurden leihweise

aufgestellt : eine Rutschbahn, eine Schaukel, eine Wippe
und ein Karussel. Das tollste aber war ein Pony, auf dem
jeder einmal eine Runde reiten durfte. Es müssen meiner
Schätzung nach mindestens 20 Kinder gewesen sein. Als sie
dann alle am Tisch verstaut waren zum Kuchen essen, lief
nur noch einer im Garten herum und wollte nicht : natürlich
unser Tomas. Clive's Mutter sagte ihm, er solle Kuchen
essen kommen, aber er wollte keinen. Er sei doch nicht
gekommen um Kuchen zu essen. Ja, wozu denn dann ? Worauf er
sie ganz verständnislos anschaute und sagte :"ich bin zur
Party gekommen !" Die Nachbarin schickte uns dann später
von dem Kuchen herüber. Er war schrecklich bunt : innen
rot, gelb und grün, aussen himmelblau mit silbernen Perlen.
Tomas wollte ihn nicht, unser Vater stürzte sich drauf,
weil er von seiner Freundin kam und Heng schrie: "nice,
nice" und als er ein Stück davon im Mund hatte, spuckte er
es wieder aus und sagte :"bääh!". Dies erfüllte mich
einigermassen mit Stolz, denn meinen Kuchen essen sie
immer. Besonders Clive, dessen Mutter sich immer darüber
ärgert, rührt zu Hause keinen an und kommt bei uns welchen
essen. Gerade heute. Ich hatte eine Obsttorte gerade fertig
gemacht, als der liebe Clive kam und mir in seiner
überlegenen englischen Art mitteilte, er wünsche ein Stück
von diesem Kuchen. Ich sagte ihm, wir würden damit warten,
bis unser Papa vom College nach Hause käme. Daraufhin
verschwand er stillschweigend. Kaum war der Wagen in der
Garage, hatte sich Clive genauso stillschweigend wieder
eingefunden und stand abwartend am Tisch. Nachdem er sein
Stück gegessen hatte, ging er ruhig wieder nach Hause.

C.W. sagt eben, ich solle mich für den Kräutersamen
bedanken. Ich werde ihn demnächst aussäen, besonders über
den Schnittlauch habe ich mich gefreut. Vielen Dank dafür.

Omas Wunsch, ein Strohhut, soll in Kürze erfüllt werden.
Wenn wir das nächste Mal nach Port Dickson fahren, wird für
beide Omas je einer gekauft, sie kommen dann halt erst nach
Weihnachten an.

Die selbstgeernteten Bananen sind bereits aufgegessen. Sie
waren nur etwas klein. Der Baum ging nämlich kaputt und
musste gefällt werden. Darum wurden sie grün abgenommen und
blieben eine Woche liegen. Danach waren sie fast gelb und
sehr, sehr gut im Geschmack. Inzwischen hat ein anderer
Baum wieder neue Bananen. Es gibt übrigens viele
verschiedene Sorten. Die grössten werden bis zu 30-40 cm
lang und die kleinsten, zuckersüss etwa 10 cm. Ich glaube,
es gibt etwa 30 verschiedene Sorten.

Da ich gerade beim Fragen beantworten bin, was die Bäuche
von Vater und Sohn betrifft, so ist das gar nicht einfach
zu beantworten. Also, an und für sich ist Vater's Bauch
grösser aber wenn Tim sitzt ist wiederum sein Bauch im
Verhältnis dicker, wenn er steht, hat er gar keinen,
wohingegen seines Vaters Bauch in der gleichen Situation

immer noch zu sehen ist... also, Ihr seht, das ist gar
nicht so einfach zu beantworten. Aber Timmy ist natürlich
trainierter. Er tobt so viel und schaukelt und schlägt um
sich, dass er gar kein Fett ansetzen kann. Mrs. Gill, die
Nurse, sagte, es sei ein Freude, meine beiden Kinder zu
sehen.- Aber unser Vater tut ja jetzt auch etwas gegen
seinen Bauch : wir spielen jeden Abend Badminton. Heute hat
er versucht, den verrückten Bibliothekar von der Uni, dem
immer so heiss ist, davon zu überzeugen, dass es gut tut,
Sport zu treiben. Der sagte nur :"Haha, das glaube ich
nicht !"

Unser Sport leidet nur etwas unter dem Wetter. Ihr
schildert uns so schön, wie es jetzt bei Euch aussieht, und
die Mutti schreibt uns, die Sonne sei jetzt in Malaya. Hier
hat vor einigen Wochen der Wintermonsun eingesetzt mit
täglichen Wolkenbrüchen. Morgens ist es grau und bedeckt,
dann scheint die Sonne gegen Mittag aber spätestens um drei
fängt es an zu gewittern und giessen. Sehr oft wird die
Wäsche dann überhaupt nicht trocken. Die Luft ist so sehr
mit Feuchtigkeit geladen, dass man glaubt, nicht mehr atmen
zu können. Dann verzieht sich die ganze Familie ins
elterliche Schlafzimmer und segnet die Erfindung des Air-
conditioners.

Tims Beisserchen sind noch immer nicht da. Ich mache mir da
nicht allzuviel Sorgen, er hat ja noch Zeit. Er tut mir
halt so schrecklich leid, weil er so leiden muss. Jetzt
dauert das schon 3 Monate. Man kann die Backenzähne und die
vier Eckzähne genau mit dem Finger fühlen, von den
Schneidezähnen ist noch nichts zu merken. Er sitzt immer so
todtraurig in seinem Stühlchen oder Bettchen, reibt sich
die Ohren und den Kopf und jammert. Aber er isst
unvermindert gerne weiter, nur die Milch verweigert er fast
ganz. Sein tägliches Menu besteht jetzt schon aus Fleisch,
natürlich als Brei, Leber, Huhn, Kalbfleisch, Rindfleisch
oder Fisch. Die fertigen Mahlzeiten der Firma "Heinz" sind
ganz grossartig. Gemüse mit Schinken, mit Leber usw. Alles
genau abgestimmt auf das richtige Alter und nur
warmzumachen. Sein Porridge besteht aus fertigen
getrockneten Getreideflocken, angereichert mit Vitaminen
und ist nur mit Milch anzurühren.

Wir haben ein neues Möbelstück : ein Ställchen für den Tim.
Ach nein, es ist eigentlich schon ein Stall ! 1,40 m X 1,40
m, mit Holzboden und äusserst stabil. Da drinnen hockt er
nun wie ein Äffchen im Käfig und strahlt jeden an, der
vorbei geht. Am glücklichsten ist er, wenn Tomas bei ihm
drinnen sitzt und mit ihm spielt. Nachmittags darf er in
seinem Stühlchen bei der Amah sitzen und schaut ihr sehr
ernst beim bügeln zu. Und bei der Gelegenheit haben wir
noch einen kleinen Sportwagen zum spazieren gehen gekauft,
der mir aber gar nicht gefällt, er schiebt sich so schwer
und ich muss sehen, ob ich ihn wieder verkaufen kann. Er
war halt so billig und da kann C.W. nie widerstehen !

Wir bekommen in den nächsten Tagen eine Kodak-outfit und können dann unsere Filme selbst entwickeln. Erstens machen die Chinesen das alles ziemlich schlecht und dann ist es ein schönes Hobby. Der Kodak-Manager hat uns erzählt, wie schlecht die Chinesen arbeiten und dass sie sich nichts sagen lassen, es sei geradezu unwahrscheinlich, dass die Bilder überhaupt so würden.

Über die Berlin-Lage haben wir uns hier Sorgen gemacht. Aber wahrscheinlich ist es zu weit entfernt um es richtig beurteilen zu können. Wir lesen natürlich immer "die Welt", es ist die einzig gute Zeitung, die wir hier haben. Aber es ist alles so weit, weit fort von uns.

So, das wäre es wieder einmal für heute. Seid alle recht, recht lieb und herzlich umarmt und geküsst von Euren 4 Malayen, besonders von Eurer

Beate

3-12-58

Liebe Eltern und Schwiegereltern,

unsere Karten habt Ihr ja sicher bekommen. Wir haben
augenblicklich so viel zu tun, dass wir zu rein gar nichts
mehr kommen. Und Ihr könnt auf jeden Fall beruhigt sein :
wenn man nichts mehr von uns hört, geht es uns bestimmt
gut.

Nun habe ich mehrere Briefe zu bestätigen, die wie immer,
grosse Freude gemacht haben : aus Eberstadt den Brief vom
20.11.- mit den diversen Rezepten (dass Du Dich weigerst,
mir das Rezept für die 'spanischen Wind' zu schicken, hat
mich ja tief getroffen, und statt dessen einen Ersatz
schickst, von dem Du selbst sagst, er sei nix, das finde
ich allerhand !) trotzdem vielen Dank dafür, ich glaube, es
wird trotz tropischer Hitze schon gehen. Vielen Dank auch
für den Brief vom 26.11. und für den Brief von der Omi. Vom
Hölderlinweg der vom 19.11. mit den zwei Darm-Echo
Sendungen. Sie haben uns wieder viel Spass gemacht.

Liebe Grosseltern am Hölderlinweg. Ihr dürft wirklich nicht
glauben, dass Ihr hinter meinen Eltern zurücksteht wegen
des Weihnachtspakets von ihnen. Ihr könnt uns die grösste
Freude mit ein paar Büchern machen. Wir stürzen uns immer
darauf. Und was unser eigenes Paket betrifft, so müsst Ihr
Euch schon alle ein bisschen von uns verwöhnen lassen, wir
sind doch so weit fort und Ihr habt so wenig von uns. (O
je, wenn Ihr die beiden Kinder den ganzen Tag hättet !!!!)

Übers letzte Wochenende waren wir wieder einmal in Port
Dickson. Es war wunderschön wie immer. Wir trafen einen
Arzt aus Singapore mit seiner Frau wieder, die wir schon
ein paarmal dort gesehen haben. Sie fahren aus dem gleichen
Grund wie wir nach "Si-Rusa", wie der Ort heisst. Stellt
Euch nur vor, sie machen diese Tour, alle vier Wochen mit
etwa 8 Stunden Autofahrt. Es gibt scheinbar an der ganzen
Küste keinen Ort, an dem man sicher baden kann und
einigermassen gut untergebracht ist. Dieser Arzt, ein
Schotte, war jahrelang als Governmentsarzt tätig, in
Indien, Ceylon, Australien und Malaya. Jetzt praktiziert er
seit einiger Zeit als Privatarzt in Singapore und macht
einen Haufen Geld. Seine Patienten sind hauptsächlich
Chinesen, die ihm sehr recht sind, weil sie sofort
bezahlen. Zu Weihnachten werden sie auch einige Zeit hier
verbringen. Es ist sehr nett, jedes Mal Bekannte
wiederzutreffen.

C.W. war schrecklich "busy", das heisst, er war sehr
beschäftigt mit seinem Film. Es wird bestimmt ein sehr
langer werden, denn es gibt immer neue Szenen zu filmen.

Das "seltene" Kind Tim hat immer noch keine Zähne.
Vorgestern hat er sich zum ersten Mal selbst aufgesetzt.

241

Und zwar nicht aus der Rückenlage, sondern erst hat er sich
mit Affengeschwindigkeit auf den Bauch gelegt, dann kam ein
Liegestütz mit viel Gewackele, dann die Beine hochgestemmt,
angezogen und aufgerichtet. Es ging ganz schnell und er war
sehr stolz. Seine ersten verständlichen Laute sind so etwas
wie "a-ma". Irgendwie hat er bereits heraus, dass ich dann
über und über gerührt bin und sofort angerannt komme.

Über Tomas ist zu berichten, dass er ein schreckliches
deutsch spricht und ich nichts dagegen machen kann. Er
spricht nur mit uns deutsch und das nur etwa 1 bis 2
Stunden am Tag, sonst spielt er ständig mit Engländern. Er
denkt auch englisch. Wenn ich zu ihm sage : "Tomas, ich
fahre jetzt in die Stadt", so sagt er :"wen - dir ?" was
heissen soll :wer -du? Oder er erzählt aufgeregt, dass der
father-christmas mir eine christmastree bringt, und zu
meine christmas bringt er mich ein helicopter. Dabei muss
ich noch froh sein, dass er überhaupt deutsch mit uns
spricht. Man muss ihm ganz strikt sagen, man verstünde ihn
nicht, wenn er englisch spricht. Er lernt in seiner Schule
Buchstaben schreiben, Ihr wisst ja, a for apple, c for cut,
o for orange. Nun ist im englischen "Buchstabe" und "Brief"
das selbe Wort, nämlich "letter". Da schreibt der Tomas nun
eifrigst Buchstaben und erklärt dann :" das ist meine
Brief, weisste. Ich schreibe hier eine Brief" und zeigt
immer auf die Buchstaben.

Die Omi schreibt, der Tim sei weit entwickelt, ob es am
Klima läge. Ich weiss es nicht, aber heutzutage bekommen
kleine Kinder auch ganz andere Sachen zu essen, als vor 50
Jahren. Aber die viele Sonne und Bewegungsfreiheit, die die
Kinder hier haben, sind bestimmt sehr gut für sie. Aber
eigentlich sind nur die europäischen Kinder so stark. Dass
es nicht nur am KLima liegen kann, sieht man an den
eingeborenen Babies. Ein chinesisches Kleinkind bekommt bis
zu seinem 7. Monat nur Milch zu trinken und dann sofort
Reis. In den Reis geben sie dann später etwas Fleisch. Aber
mit nur so einer einseitigen Ernährung bleibt ein Kind
natürlich entsprechend klein. A-Chens Tochter Lang ist
offensichtlich an falscher Ernährung gestorben.- Malayische
Babies bekommen ebenfalls 6 Monate lang nur Milch zu
trinken und werden dann sofort an alle starken Gewürze
gewöhnt, wie chilly (eine sehr scharfe Paprika), Zwiebeln
und Currygerichte.

A-Chen, die sich auf ihr Baby vorbereitet, näht bunte
Hemdchen. Chinesische Kinder tragen nichts weisses. Das
wird sonst nicht richtig sauber und man darf keine Wäsche
für Kinder kochen. Das ist nämlich sehr ungesund für sie.
Ebenfalls gebügelte Wäsche. Erst wenn sie ein Jahr alt
sind, können sie das vertragen. "Aber A-Chen, und unsere
Babies, zum Beispiel der Tim ?" - "Ja, Mem, das gilt nur
für chinesische, den europäischen macht das nichts!"

Was das Buch betrifft, das ich zu schreiben gedenke, so ist
es noch zu früh. Ich habe vor, noch eine ganze Menge hier
zu erleben und um ein Buch zu schreiben, muss man ein
bisschen länger hier sein, als nur ein Jahr. Ich mokiere
mich immer über die Leute, die eine Woche im Fernen Osten
sind und dann lange Artikel und Bücher über das Leben hier
schreiben. Ich merke selbst, wie ich alles hier mit anderen
Augen sehe als noch vor einem halben Jahr. Die Briefe
selbst werde ich nicht überarbeiten. - Die Frage, ob wir
einen Duden haben, war gar nicht lästig, wie Du schreibst.
Das ist ein Buch, das in keinem guten Haus fehlen sollte.
Vorläufig orientiere ich mich noch an Hand von Knaurs
Konversationslexikon ob man schwer mit oder ohne "h"
schreibt !

Die politische Lage in Berlin macht uns Angst und
Kopfschütteln. In Deutschland kennt man nur zwei Lager :
die Amerikaner sind gut und die Kommunisten sind böse.
Dazwischen gibt es nichts mehr. Es muss doch möglich sein,
Verhandlungen zu führen, die eine Verbesserung der Lage
bringen. Ihr werdet es vielleicht ketzerisch finden, aber
auch Berlin ist keinen dritten Weltkrieg wert. Es sieht
halt alles ganz anders aus von hier. Man denkt anders über
den Osten und auch über die Amerikaner.

Meine Kinder sind jetzt beide so weit aus dem Gröbsten
heraus, dass ich mir überlegt habe, etwas zu arbeiten.
Tomas ist morgens so gut im Kindergarten untergebracht und
Tim wird gut versorgt. Meine beiden Dienstboten machen den
Haushalt, so dass ich nur herumsitzen kann und nichts
rechtes zu tun habe. Zunächst bin ich dabei für Clive's
Mutter zwei Kleider zu machen. Es scheint ein grosse
Nachfrage zu herrschen nach guten Kleidern. Und ich habe
den Vorteil, es zu Hause machen zu können. Es macht mir
viel Spass. Das "zu-Hause-herum-sitzen" ist in der ersten
Zeit ganz schön, fällt mir aber jetzt schon arg auf die
Nerven. Ich bin es jedenfalls nicht gewöhnt, nichts zu tun.

Julius Posener hat einen Unfall mit seinem Moped gehabt,
wie wir es schon vorausgesehen haben. Es ging noch einmal
glimpflich ab. Er muss aber weiterhin mit dem Ding fahren,
weil Madame mit dem Auto herumfährt. Wir sind übrigens
wieder in Gnaden aufgenommen worden. Sie spricht wieder mit
uns.

Jetzt habe ich nichts mehr zu berichten. Ich verspreche
aber, Euch nicht mehr solange warten zu lassen oder
wenigstens Karten zu schicken. Macht Euch also bitte keine
Sorgen, aber es soll nicht mehr vorkommen, dass Ihr so
lange auf Post warten müsst.

Ich gehe jetzt und versuche die Vanillekipferl zu machen !
Herzlichst Eure

Beate

K.L. 7-12-58 CW

Liebe Eltern,

kraft meiner Präsidialgewalt konnte ich erreichen, dass der
Nikolaus nun doch am 6. Dezember abends kam (obwohl er, wie
wir nun erfahren haben, in Holland auch am 5. kommt), und -
der Nikolaus kam ! Als Tomas gestern einen Düsenflieger
sah, sagte er gleich, dass das der Nikolaus sei. Es traf
sich glücklich, dass gegen abend ein Army-Helikopter über
unserem Viertel herumkurvte : der Nikolaus sucht die Syers
Road ! Nachdem Tomas gebadet war und gerade schlafen gehen
wollte, kam Beate und sagte, dass nun aber der Nikolaus
kommen müsse. Alles ging nach unten, Tomas, Tim und auch
der Heng. Da sah man ein Licht von der Strasse kommen, erst
suchend, dann hörte man ein tiefes Gebrumm : wohnt hier der
Tomas Voltz ? Dann kam der gute alte Mann in tiefem
dunkelblau gekleidet (mein Morgenrock, nicht
wiederzuerkennen. Anmerkung Beate), weisser Bart, rote
Mütze -es war scheusslich heiss da drunter, denn vor dem
Gesicht war eine Maske mit zu kleinen Luftschlitzen - und
Korb, Rute und einem grossen Buch. Da wurden nun die
Missetaten vorgelesen und Tomas hat entsetzlich gezittert -
er tat mir so leid - und die A-Chen, die in ihrer Blödheit
natürlich nicht wusste, wer der Nikolaus ist, sagte zu
Beate :"Mem, du musst jetzt den Master rufen, dass er das
sieht !" Die Mem gab an, der Master habe Kopfweh und könne
nicht kommen. Na ja, dann habe ich die Nüsse und kleinen
Spielsachen verteilt und bin weitergestapft. Das heisst,
ich bin nur bis in die Garage gegangen, da lagen nämlich,
schon vorsorglich deponiert, meine Shorts und ein Hemd. So
kam ich dann 2 Minuten später hinten ums Haus rum in
"zivil" zum Tomas, der mir ganz aufgeregt seine Erlebnisse
erzählte.

Zu Weihnachten bekommt er verschiedene nette Sachen,
darunter ein Gummiboot zum aufblasen für die See (Das ist
hautpsächlich für C.W. Anmerkung Beate). Wir können hier
keinen Schwimmkork finden. Daher die Frage, ob der
Hölderlin-Opa uns (Tomas) vielleicht einmal einen solchen
Kork kaufen und schicken könnte ? Die Gummiringe sind zwar
auch gut aber nicht sicher wegen der heissen Sonne, die den
Gummi spröde macht. Und als Techniker spielen wir doch so
gern mit dem Ventil, weisste Papa?!

Gestern abend hatten wir das Ehepaar Lörky bei uns zu Gast.
Er ist Kanzler der Botschaft und damit der einzige
"richtige" Verwaltungsmann. Seine Kinder leben in den USA,
seine Frau ist eine Deutsche, die in Amerika aufgewachsen
ist und sie waren schon vor dem Krieg an der deutschen
Botschaft in New York. Eine weitgereiste Familie, die uns
sehr sympathisch ist. Sie mögen die Engländer auch nicht
besonders (und ihren Frass) und gehen auf keine Parties.
Wir haben viel Spass gehabt, als er uns von Herrn Dr. Vocke
erzählte, der jetzt hier an der Botschaft

Wirtschaftsdezernent ist. Sein Vater ist ein hohes Tier bei
der Bank deutscher Länder, oder so. Dieser Tropf hat hier
einen Rennstall (sagt er, dabei haben sie ihm zwei
abgemagerte Klepper geschenkt) und er schreitet durch sein
Haus nur im Anzug mit Krawatte. Er sagt, man muss diesen
Leuten doch zeigen, WER man ist. Als neulich der Empfang
des Botschafters mit dem Premier war, belegte er diesen
eine halbe Stunde mit Beschlag, sodass Pallasch zu Lörky
sagen musste :"Bringen sie mir doch diesen Mann vom Tengku
weg." So seht Ihr also, dass die Deutschen, in dieser
typischen Art, auch hier vorhanden sind.

Lörky hat mein Gesuch über Pallasch nach Bonn
weitergegeben. Ich hatte schon im November das Geld für
1959 beantragt und einen Bericht angefügt. Lörky schlug nun
vor, ich müsse etwas tun, um einen Tropenurlaub zu
bekommen, der jedem Beamten nach 2 Jahren zusteht. Da die
Verhältnisse bei mir anders sind, haben wir vereinbart,
dass der neue Botschafter von sich aus eine entstrechende
Anfrage nach Bonn gibt. Wir erwarten, dass das genehmigt
wird. Und sofern wir nicht plötzlich einen tollen Job
irgendwo bekämen, würde das heissen, dass wir vielleicht
Ende 59 auf ein paar Monate nach Deutschland kämen. In der
Regel sind das 5 Monate, abzüglich Schiff mit zwei mal vier
Wochen. Wir würden gerne mal mit dem Schiff fahren.

Lörky's haben auch ihre Art Tropenkoller : sie haben
scheussliche Angst vor Hundewürmern und vorm Baden. Da
bekäme man alle Krankheiten. Er merkt aber nicht, dass der
Aff, der auf der Lörky'schen Terasse wohnt, auch
Krankheiten übertragen könnte. Und dieser Aff hat eine
Untugend : wenn Frau Lörky im Morgenrock auf der Terasse
erscheint, macht er einen Satz, springt auf sie, packt den
Reissverschluss, der über die ganze Vorderpartie geht und
reisst ihn nach unten, sodass die Dame entblösst dasteht.

Letzte Woche haben die Prüfungen angefangen, die in ein
paar Tagen zu Ende gehen. Mein erstes Semester muss ein
Schwimmbad entwerfen. Dann sind für uns 5 Wochen Ferien bis
zum 19. Januar.Wie schon geschrieben, sind wir vom 26.-
31.12 oder 1. Januar in Si-Rusa.

Das College macht im März einen Techincal-College-Day
(offene Türen für jedermann). Man wollte erst eine
Ausstellung machen, aber ich sagte, dass das totlangweilig
ist. Dafür ist meine Idee einstimmig angenommen worden, das
College bei der Arbeit zu zeigen. In einer Art Band sollen
die Besucher einen Einblick bekommen. Das Band - vielleicht
ein buntes Seil - soll durch die wichtigsten Labors und
Studios führen. Man hat mir einstimmig die Planung
übertragen und ich bin sehr froh darüber, weil sonst
niemand genügend Erfahrung darin hätte. Ich denke, es wird
eine grafisch ganz lustige Sache mit vielen bunten
Hinweisen.

Unser Freund Kuo kommt eben gar nicht mehr. Vielleicht hat ihn meine Rechnung erschlagen ? Dabei muss man wissen, dass die Chinesen nur so stinken vor Geld. Da muss ich eine Geschichte wiedergeben, die Lörky uns aus Afghanistan erzählte :

er war dort an der Botschaft und wartete eines Tages im Vorzimmer eines Ministers auf eine Unterredung. Da kam noch ein Besucher, ein vollständig zerlumpter, stinkender Geselle in verrissener Kleidung und einer Art Kartoffelsack über der Schulter. Die grosse Tür zum Ministersaal tat sich auf, heraus kam der Prinz des Landes, umarmte den finsteren Gesellen. Wie im Märchen. Er küsste seine stinkenden Wangen, entliess ihn und empfing dann Lörky. Wer das gewesen sei, wollte der natürlich wissen. Dies, sagte der Prinz, war der reichste Mann Afghanistans ! Vor dem Haus warteten 6 Spiessgesellen, die in bestimmtem Abstand, schwerbewaffnet, als Schutz folgten. Der reiche Mann trug nämlich in dem Sack seine ganze Barschaft ! Auch die Chinesen hier gehen nicht gern zur Bank, weil sie ihr nicht trauen ! Übrigens haben wir im Readers Digest gelesen, dass es in Malaya mehr Millionäre gibt als im Staate Texas, der wegen seines Ölreichtums gewiss wohlhabend ist.

Unser Christkindchen ist gestern angekommen. Wir haben uns (die Grossen) einen Vergrösserungsapparat gekauft und die vielen Chemikalien und Gläser, die man dazu braucht. Der Apparat ist die japanische Kopie des Leica-Gerätes und kostet die Hälfte. Man versteht fast den Zorn von Herrn Dulles über chinesisches und japanisches Dumping ! Als gute Kunden bekamen wir noch 15 % Rabatt. Wir können jetzt alles, die Papierbilder und Vergrösserungen zu Hause machen.

Nochmal zum Thema Präzisionsgeräte. Es ist natürlich toll, dass man eine Kodak-Kino-Kamera für 70 Dollar (DM 100,-) kaufen kann. Das gibt es in Deutschland nicht. Linse = 1,9 wie die Leica, sodass Zimmeraufnahmen möglich sind. Natürlich ist der Zusammenbau amerikanisch. Oder unser Air-Conditioner : wüst zusammengehauen. Ausgezeichneter Motor, aber die Drehknöpfe brechen ab. Auch wird Euch interessieren, dass es auf der ganzen Welt nur einen guten Bleistift gibt : Faber. Haben wir schon berichtet, dass in Malaya alle Autotypen der Welt verkauft werden ? Die Borgward Isabella ist eben ganz grosse Mode. Jetzt sind die ersten Japaner gekommen. Billig, spottbillig. Der Service ? Nur der Europäer fragt nach dem Service. Die Eingeborenen machen das nicht. Sie kaufen Benzin und Öl und fahren. Das ist alles. Offensichtlich geht es ! Natürlich tut's einem in der Seele weh, wenn man die schmutzigen Inder in 220 S Mercedes herumflitzen sieht. Ein Wagen, der in Deutschland "alles" bedeutet und hier einer von vielen. Die Engländer fahren hauptsächlich 1,5 und 2,5 Liter Autos. Auch hier spielen, wie in England, Benzin und Steuer und Versicherungskosten kaum eine Rolle, da die Unterschiede

minimal sind. Der Tengku fährt einen Spezial Cadillac mit
eingebauter Klima-Anlage !

Gibt es im Kaufhof die Papier-Schallplatten noch ? Falls es
welche mit deutschen Weihnachtslieder gibt, hätten wir gern
solche. Andere zu schicken, ist zu riskant.

Unvorstellbar - Tong arbeitet heute am Sonntag im Garten.
Er macht gerade unser Badminton-Feld neu, ebnet das
Grasfeld und bringt neuen Kalk in die Linien ein. Dafür
zieht seine Frau heute ein Gesicht, weil Beate gemerkt hat,
dass sie den Morgenkaffee schon um 7 Uhr macht, und ihn,
bis zum Frühstück um 9 Uhr auf dem Herd lässt. Beate nennt
sowas Negerschweiss. Nun hat sie ihr gezeigt, wie man es
richtig machen soll.

Wir müssen uns entschuldigen, dass wir den Penang-Film noch
immer nicht abgeschickt haben. Wir hatten Pech mit dem
Kitten und erwarten eine neue Presse von Kodak, dann wird
der Film noch einmal geschnitten. Das Schiff mit den neuen
Sachen von Kodak kommt nächste Woche hier an, sagt der
Manager. Wir schicken Euch aber auch einen Tomas-Timmy-Film
in Farben.

Euch allen herzliche Grüsse
Eure C.W. und Beate

K.L. 14-12-58   CW

Liebe Eltern,

sicher hat es am Hölderlinweg etwas Aufregung gegeben wegen
Tomas, aber alles ist in Ordnung. Das kam so : Clive und
Tomas haben in einem Sandhaufen gespielt und - keiner
weiss, ob Zufall oder Absicht - Clyve holte aus, mit einer
Gartenhacke und haute Tomas ein Loch in den Kopf.
GottseiDank hörte das Bluten sehr rasch auf. Wir setzten
ihn gleich ins Auto und fuhren zur Unfallstation im
Krankenhaus, wo er auch gleich auf den grossen Tisch kam.
Und wir dachten natürlich an den Opa, der gleiches Geschick
mit seinem Finger hatte. Tomas fand das ganze höchst
interessant. Natürlich wurde er genäht und verliess die
Stätte mit grossem Kopfverband. Es ist eine Platzwunde und
nichts tieferes. Morgen werden die Fäden gezogen. Er bekam
noch Penicillin und Tetanus und jetzt ist die Wunde schon
sehr gut verheilt. Auf dem Krankenschein steht ....Cut
Scalp ! -Da kann man nur sagen "Howgh,howgh!"

Gestern war letzter Kindergarten-Tag, man sagt hier
"Schule", da die Kinder ja schon richtig lernen. Er bekam
sein 2. Zeugnis, das folgendes besagt :

Sprache, Lesen, Schreiben :	kennt fast alle Buchstaben und ihre Aussprache, hat aber noch Schwierigkeiten mit b,d,p,q,t,f. Gut.
Singen :	hat gern lebhafte Lieder
Zeichnen, Ausdruck :	gut, sehr geschickt mit Farben
Führung :	sehr gut, "a very friendly child", gut im Zusammenleben mit anderen Kindern
allgemeiner Progress :	gut, macht stetig Fortschritte, ein vielversprechendes Kind.

Na ja, da seht Ihr's. Und wir sind natürlich stolz auf
unser kluges Kind. Heute ist erster Ferientag (das geht für
4 Wochen), und Tomas tyrannisiert das ganze Haus.

Auch der Tim macht Fort-Schritte, ja, er läuft ein paar
Schritte, wenn man ihn hält. Beate sagt, er würde mir von
Tag zu Tag ähnlicher. Ich liebe ihn auch sehr.

Das Wichtigste zur Zeit ist ein Brief, den ich vorgestern
von einem Professor Freeland von der School of Architecture
an der University of Technology in Sydney bekam. Dieser hat
einen Hinweis von Seidler erhalten und schickte
Antragsformular und Ausschreibungstext für 3 Stellen an
seiner Fakultät. Es sind Senior- und einfache Lecturer
Stellen für Statik, Konstruktion und Zeichnen. Da ist zwar

keine spezifische für mich drin, aber die Zeichen-
Dozentenstelle ist natürlich weit mehr als "Buildln-Malen"
und umfasst einiges, was ich auch hier treibe. Ich habe
heute geantwortet und meine Fächer geschildert. Wenn sie
mich haben wollen, lässt sich da sicher ein Weg finden.
Diese T.H. (wörtlich Technische Universität) ist erst 10
Jahre alt und im Aufbau.

Ich war auf dem australischen Konsulat, wo man mir ein Buch
mit Jahresbericht und Vorlesungsverzeichnis eben dieser Uni
in die Hand drückte und auch sonst jede Hilfe versprach.
Die Bezahlung ist, mit hier verglichen, schlechter. Ein
Senior bekommt dort monatlich etwa DM 1.700. Das ist nicht
Grundgehalt sondern die runde Summe. Allerdings stellt die
Uni dort das Wohnhaus und auch die sozialen Leistungen, wie
Arztversorgung, sind staatlich.

Ich glaube, wir würden bei günstigen Bedingungen dorthin
gehen, denn der Staat New South Wales ist der bedeutendste
und auch klimatisch der ideale (milde Winter, viel Wasser
und Berge). Wir sagen uns auch, dass es bei diesen
politisch bewegten Zeiten vielleicht nicht schlecht ist, in
ein ruhiges Land zu gehen, schon wegen der Kinder, die dort
ja freie Ausbildung bis zur Uni haben und sorglos leben
können. Wo gibt es das heute noch ?

Da dort zur Zeit Sommerferien sind, wird eine Antwort und
Entscheidung nicht vor Ende Januar zu erwarten sein. Wir
nehmen an, dass ich dann im positiven Fall zu einem
Interview (so heisst das englisch) bestellt werde.

Nachdem ich den ganzen Tag heute damit zugebracht habe, die
verschiedenen Unterlagen zusammenzustellen und Briefe nach
Sydney zu schreiben, reicht es bei Euch nur für diese 2
Seiten. Beate ist sehr beschäftigt mit Kleiderproduktion,
sodass kaum mehr ein Tisch frei ist.

Gestern abend waren wir in einem Jazzkonzert, es war ein
amerikanisches Sextett, für Kenner : Jack Teagarden, einer
der alten Gefährten von Louis Armstrong. Für Beate war es
das erste Erlebnis dieser Art und sie war ehrlich
begeistert über diese Musik, vor allem über die Darbietung
so erstklassiger Musiker !

Ich sprach gestern noch mit Pallasch, dass wir endlich eine
Art Vertrag machen müssen. Er ist ganz entschieden auch
dafür und glaubt, dass wir Ende 59 unseren Erholungsurlaub
nach Old-Europe machen können. Ihr wollt doch sicher
endlich den bis dahin 1 1/2 Jahre alten Timmy sehen !

Für heute herzliche Grüsse
C.W.

Herzlichen Dank für den Brief vom 10-12. Eben gekommen. Da
bin ich aber mit meinen Ausführungen über die Berlinkrise
ins Fettnäpfchen getreten, ich werde aber in Kürze dazu
Stellung nehmen. Über das Postamt in Eberstadt die Pest !
Die beiden Karten gingen, wie alle Post, gemeinsam ab.
Coco.

19-12-58

Liebste ELtern und Schwiegereltern,

dies also wird ein sogenannter "Weihnachtsbrief", weil Ihr
ihn hoffentlich zu Weihnachten bekommt. Dabei fällt mit
gleich wieder die Post in Eberstadt ein. Liebste Mutti, Du
darfst nie wieder denken, geschweige denn schreiben und
sagen, dass ich Dich nicht mehr mag. Alle unsere Briefe
gehen zum gleichen Zeitpunkt ab, manchmal gehen Deine etwas
früher weg. Es ist also wirklich die Post in Eberstadt, die
bummelt.

Pakete sind noch keine da, aber es wird schon werden. Ach
ja, für den Timmy ist ein Wackeli gekommen, wir haben es
noch nicht ausgepackt. Übermorgen kommt unser Baum. Schmuck
dafür haben wir auch schon, was man so unter dem englischen
Kitsch alles kaufen kann. Mit den Kerzen wird es nicht
klappen, weil die Zweige nicht sehr stark sind. Ich habe,
aus lauter Sentimentalität "Hubertus-Weihnachtskerzen" made
in Western Germany, beim Ally's, unserem Hoflieferanten,
gekauft. Den Baum bekommen wir von Herrn Kuo, der in
solchen Sachen sehr rührig ist. Die Kletzenbrote habe ich
auch bereits gemacht und sie erfreuen sich jetzt schon
grosser Beliebtheit. Es wurden zwei. Eins ist schon weg und
das andere geht mit nach Port Dickson. Weil man dort so gar
keinen Kuchen bekommt. Ausserdem ein kaltes gebratenes
Hähnchen, wenn man mal den ewigen "Ikan merah" mit Erbsen
und Pommes frites nicht mehr sehen kann. Ikan merah ist
malayisch und heisst roter Fisch. Dieser ist etwa 50 cm
lang und rötlich. Ich weiss nicht, ob es bei uns auch
solch einen Fisch gibt.

Timmy hat uns eben mit einer Neuigkeit überrascht : ich
brachte ihn nach seinem Fläschchen mit Fruchtsaft wieder
ins Bett, wo er sich sofort hingekniet hat und an den
Gitterstäben festhielt. Ich ging wieder hinunter und beriet
mit C.W., dass er nun bald wird stehen können und wir das
Bett stabiler leimen lassen müssen. (Seit unser Papa eine
Sicherheitsvorrichtung mittels Zigarettenschachteln für das
Gitter angebracht hat, fällt das Bett alle 14 Tage fast
auseinander. Mit ein paar Hammerschlägen geht es dann
wieder). Auf einmal kreischt es im Kinderzimmer ganz
aufgeregt, ich geh gucken, da steht er tatsächlich im Bett
und strahlt. Natürlich mit Festhalten am Gitter. Fest wie
ein Zinnsoldat, bis Tomas an sein Bett kam. Da freute er
sich so, dass er losliess und umfiel. Es ist schon etwas
schönes, so ein kleines Kind, das noch täglich Fortschritte
macht. Vor ein paar Wochen ist er noch umgekippt, wenn ich
ihn hingesetzt habe.

Tomas überrascht und hält die Familie in Spannung : er ist
windpockenverdächtig. Ich will jetzt gleich zum Arzt mit
ihm. Er hat den typischen Ausschlag, aber kein Fieber, nur
gestern Abend. Möglicherweise beeinflussen die beiden

Penicillinspritzen von voriger Woche die Krankheit. Die
einzige Schwierigkeit ist, dass Clive sie noch nicht hatte,
und wenn er krank wird, kann er am 16. Januar nicht auf der
"Hessenstein" nach England fahren. Das ist natürlich
Quatsch, da Windpocken ganz schnell wieder vergehen. Auf
jeden Fall haben wir die beiden getrennt.

Seine Mutter, die schöne Nachbarin, gab eine
Abschiedsparty. Es waren so ungefähr 25-30 Leute da. Die
Einladung war wundervoll. Zu ihrer und meiner Überraschung
nahm unser partyfeindlicher Hausherr die Einladung an. Ich
hatte ihr zu diesem Anlass ein türkisblaues Empirekleid
genäht. Als sie es an diesem Abend anzog und ihrem Mann
zeigte, meinte er, geh jetzt die Gäste begrüssen, dann
kommst du wieder rauf und ziehst dich an. Er ist ein Tropf,
weil das Kleid sehr schön ist, wenn man auch über die hohe
Taille streiten kann.-Die Party selbst fing sehr nett an.
Es waren, wie schon gesagt, schrecklich viele Leute, aber
man konnte sich ganz gut unterhalten. Da es regnete, fanden
alle Leute nur stehenderweise Platz. Es gab ein kaltes
Buffet, das seht gut aussah aber nicht ganz so gut
schmeckte. Der Gemüsesalat hatte einen Salpetergeschmack
und das Fleisch schmeckte wie üblich. Nur die gefüllten
Tomaten, die sie selbst gemacht hatte, waren sehr gut.
Hinterher gab es Eis mit Früchten. Nachdem dieses Essen
stattgefunden hatte, wusste niemand mehr so recht, was er
tun sollte. Und da wurden die Engländer so lustig ! Sie
steckten den chinesischen Holzmasken an der Wand brennende
Zigaretten in den Mund, füllten Luftballons mit Wasser und
warfen sie mitten in die Gesellschaft, zogen an
Knallbonbons und klebten sich falsche Schnurrbärte ins
Gesicht. Schliesslich, so um 12 Uhr ging man dann
hochbefriedigt über den gelungenen Abend, nach Hause.

Eben komme ich mit Tomas vom Arzt zurück. Er hat wirklich
Windpocken. Es käme schon vor, dass sich kein oder nur kaum
Fieber einstellt. Die Ärztin meinte, Tim bekommt es sicher
auch noch und mir wäre das sehr recht. Dann haben wir das
auch hinter uns gebracht. Eben spielen sie zusammen in dem
Stall. Im Stall kann Tim auch schon allein aufstehen, er
hat es eben demonstriert.

Zu der Dienstbotenfrage und dem Bleiben unserer männlichen
Perle : Ihr habt vollkommen recht, wir animieren ihn nicht
zum weggehen. Wenn ein Fremder herkommt zum arbeiten, ist
das nicht das Gleiche. Ausserdem scheint sich alles wieder
eingerenkt zu haben. Dafür hat sich meine
Dienstbotensammlung dennoch um ein Stück erweitert : einen
Kabuhn. Das ist ein Gärtner. Wir sagten Thong, dass er ja
jetzt der A-Chen mehr helfen müsse und Gartenarbeit auch zu
schwer für ihn zu sein scheint (er hatte uns vor einiger
Zeit mal gesagt :"you let me work too hard, Sir.) und dass
wir deshalb einen kabuhn nehmen wollten. Kenne sich einer
bei den Chinesen aus : auf einmal will er alles machen. Er
meinte, wenn die Amah ihr Kind hat, könnte er wieder den

ganzen Garten machen. Na, jedenfalls fand sich ein Gärtner,
der noch zwei andere Gärten in der Nachbarschft betreut. Er
kommt, oder vielmehr soll, zwei Stunden am Tag und bekommt
dafür 30,- Dollar im Monat. Am ersten Tag schnitt er wie
ein Irrer an der Hecke, etwa bis zur Hälfte. Danach ging er
ins Nachbarhaus und sagte vorher, er wolle uns die Hecke
bis Weihnachten sehr schön machen. Viel mehr als die Hälfte
ist aber noch immer nicht geschnitten, weil er so oft krank
ist. Er ist ein Inder mit dürren, ausgemergelten O-Beinen,
70 Jahre alt, verheiratet mit einer jungen Malayin. Das
gemeinsame vierjährige Kind sei aber bestimmt von ihm,
betont er immer. Er wohnt in mehreren Häusern. Das sind ein
paar, ich glaube zwei- oder dreiräumige Ställe, für die er
im Jahr 10 Dollar bezahlt. Beim Nachbarn muss er das Gras
mit dem Motorrasenmäher schneiden. Wenn das Ding mal läuft,
geht das ganz gut, er kann bloss nicht anfangen. Dazu muss
entweder der Master selbst oder die Amah geholt werden.
Wenn die Maschine mal läuft, zieht sie ihn schon hinter
sich her. Es ist ein schrecklich grotekes Bild, wenn er
mit diesem Ding hantiert : mit riesengrossen, erschrockenen
Augen schaut er dann um sich.

Weihnachten ist wieder mal allerhand los. Dienstboten hat
man scheinbar eingepaukt, dass zu Weihnachten alles ganz
toll sauber sein muss. Falls man irgendwelche
Beanstandungen äussert, wie etwa, im Schlafzimmer sind die
Fenster zu putzen, oder den Ventilator könntest du auch mal
wieder entstauben, dann kommt wie aus der Pistole
geschossen :"Mem, ich wollte das alles schön für
Weihnachten machen !" Da warte ich nun schon 4 Wochen
drauf. Heute endlich wurde der Anfang gemacht. C.W. war
anwesend. Mal waren sie beide im grossen Zimmer, dann
überhaupt niemand, dann kehrte sie und als sie damit fertig
war, kam er mit einem langen Bambuszweig und wedelte den
Dreck von den Lampen und Ventilatoren herunter. Als C.W.
meinte, es ginge bestimmt besser, wenn er den Ventilator
abstellt, schaltete Thong das Ding aus, verlor aber darüber
den Faden und stellte das Saubermachen überhaupt ein. Dann
kam sie zu mir und sagte, dies hier sei schon ein komisches
Haus, sie habe doch erst vorige Woche Staub gewischt und
nun sei schon wieder alles voll. Worauf ich ihr erzählte,
dass man in Europa jeden Tag Staub wischt. Sie lachte und
meinte, im Haus von ihrer Mutter sei es auch so, wenn man
morgens Staub wischt, sei abends alles wieder voll, da
hätten sie es überhaupt eingestellt.

Dass meine Bemerkung über Berlin solche Entrüstung
ausgelöst hat, tut mir leid. Dennoch kann ich nicht ganz
verstehen, was Du mit einem politischen Fehltritt
bezeichnest. Ich habe doch mit keinem Wort gesagt, dass man
Berlin aufgeben soll. Sondern, dass man andere Wege finden
soll als einen Krieg, über dessen Ausmass man sich doch im
klaren sein sollte. Mit meiner Bemerkung über die
Amerikaner und die Kommunisten meinte ich folgendes : für
die Amerikaner ist die einzig richtige Staatsform die

Demokratie. Sie übersehen oder vielmehr verstehen überhaupt nicht, dass dies für die jetzigen kommunistischen Länder und überhaupt für Asien ganz unmöglich ist. Die Ostzone betrifft das alles natürlich nicht, das ist etwas anderes. Aber zum Beispiel den asiatischen Völkern fehlt jede Initiative und Unternehmungsgeist. Sie sind jahrhundertelang unterdrückt und ausgebeutet worden, so dass sie noch gar nicht dazu in der Lage sind, für sich selbst zu sorgen. Als Beispiel China. Seit langer Zeit von den Engländern ausgebeutet und unterdrückt. Jetzt kommt Mao an die Macht und will seinen Landsleuten helfen, aber mit Mitteln, die für uns undenkbar sind. Plötzlich gibt es keine Hungersnot mehr, jeder hat zu essen und ein Hemd an, die Wege sind sicher. Schaut Euch Indien an, dort geht es immer weiter bergab. Dies meinte ich mit meinem Ausspruch die Amerikaner sind gut, die Kommunisten sind böse. Die Menschen in diesen Ländern haben einen uns unverständlichen Fatalismus, so dass man ihnen nur auf diese Weise helfen kann. Zu diesem Zeitpunkt jedenfalls. In die Freiheit muss man auch erst hineinwachsen. Aber man darf solche Dinge nicht in einem Brief schreiben, weil sie zu leicht zu Missverständnissen führen. ich werde es nicht mehr tun.

Nach Neujahr kommen dann einige Fotos von Tomas und Tim an. Diesmal schwarz-weiss, selbst vergrössert. Alle mit der kleinen Kodakkamera gemacht. Das Vergrössern macht uns grossen Spass. C.W. vergrössert und ich entwickele. Leider können wir das nur abends machen, da wir keine Dunkelkammer haben. Mein Wunsch für die nächste Zeit ist die japanische Kopie der Rolleiflex, die fast um die Hälfte billiger ist als die deutsche ! Noch ein paar Kleider und ich habe sie. Was das arbeiten betrifft, es ist gar nicht einfach, den Leuten klarzumachen, dass ich keine Änderungsschneiderin bin, die schon vorhandene Kleider kopiert. Aber ich werde mir meine Kundschaft schon zusammen suchen.

Jetzt wünschen wir Euch allen ein recht schönes Weihnachtsfest, hoffentlich ist unser Paket schon da. Wir werden wahrscheinlich fast den ganzen Abend in Gedanken bei Euch sein, wenn der Papa mit dem Schlauchboot spielt und die Mutti mit der Eisenbahn und Tomas dabei zuschaut.

Tausende Millionen Bussis von Eurem Coco mit Familie

25-12-58

Liebe, liebe Mutti und Vati, Omi und Erika,

Ihr habt uns so eine riesige Freude mit Euren Päckchen und
Paketen gemacht. Die wunderschönen Spielsaschen für die
Kinder, mit so viel Liebe ausgesucht. Der Omi Dank für die
Tischdecke, wir sind beide sehr gerührt und dankbar, dass
sie zu unserer Aussteuer beisteuert. Dem Gold-Kiki tausend
Dank für die totschicke Sonnenbrille, C.W. sagt, sie sei
aufregend schräg. Das Glas hat eine wundervolle Farbe und
sie steht mir sehr, sehr gut. Und vor allem der lieben
Mutti vielen Dank für das Parfum, dieses bekomme ich hier
gar nicht, darum war es eine doppelte Freude, das süsse
kleine Eselchen und nun die grosse Überraschung : ich kann
Euch gar nicht beschreiben, wie sich C.W. über die Salami
freut. Ich packte sie aus und als ich merkte, was es war,
liess ich ihn raten. Er kam aber nicht drauf. Jetzt ist er
ganz hin und her gerissen und zerfliesst vor Rührseligkeit
und Lob über die europäische Esskultur. So etwas bringen
die hier nicht fertig. Auch der Kukuruz wird demnächst für
mich und alle die es versuchen wollen, ein Genuss sein.
Nochmal vielen Dank. Das Bäumchen mit den Tannenzweigen
steht immer auf dem Tisch. Nur die echten Tannenzweige
waren natürlich gänzlich vertrocknet, sogar die im
Luftpostpäckchen. Es macht aber nichts, wir haben sie
trotzdem auf den Tisch gelegt.

Sorge macht mir, dass anscheinend unser Paket noch nicht da
ist. Wir hatten es doch früher abgeschickt, als Ihr Eures !
Und Kiki's Cheong Sam ? Hoffentlich ist inzwischen alles
angekommen.

Ihr habt zwar alle C.W:'s Neujahrskarte bekommen, ich, das
heisst, wir, wünschen aber trotzdem noch einmal ein gutes,
neues Jahr, mit baldigem Wiedersehen, und, wie man so schön
sagt - einem guten Rutsch !

Tausende Millionen Bussis Euch allen, besonders der Mutti
von Eurem

Coco

25-12-58

Liebste Eltern und Schwiegereltern,

vielen, vielen Dank für die Pakete, Geschenke und Briefe.
Timmy's Wackeli, die Bilderbücher und das grosse Paket aus
Eberstadt kamen schon am 20-12. an, etwas ramponiert, aber
wir brauchten es nicht aufzumachen. Am 23. kam dann das
Luftpostpäckchen von meiner Mutti nebst Brief. Vielen,
vielen Dank. Und heute morgen noch die vielen rororo Bücher
vonm Hölderlinweg ! Ihr habt uns alle so verwöhnt. Beide

Kinder sind so aufgeregt, dass sie weder essen noch schlafen wollen.

Unser Weihnachtsfest war tropisch. Von Herrn Kuo bekamen wir einen Weihnachtsbaum, eine Art Zypresse mit langen, dünnen Zweigen. Wir hatten alles so vorbereitet, um abends recht lange mit den Kindern spielen zu können. Tomas wurde nachmittags schlafen geschickt und wir bereiteten eine kalte Platte vor. Danach schmückten wir den Baum und bauten die Geschenke auf. Es waren unwahrscheinlich viele. Besonders aus Darmstadt. Liebe Weihnachtsmänner und Christkinder ! Als es dann dunkel war, sassen C.W. und ich je in einer Ecke gänzlich verschwitzt, matt und abgekämpft mit einem kalten Drink in der Hand.

Tomas war gänzlich überwältigt. Er brachte kaum einen Ton heraus und das erste, was er sagte, war :"der Weihnachtsmann hat mir eine Eisenbahn gebracht !" Er war so unwahrscheinlich lieb und brav und wusste gar nicht, was er zuerst anfassen sollte. Die Eisenbahn oder die Radarstation (made in Japan), die Bilderbücher, das Gummiboot, die Autos, die Puppa von Herrn Kuo, den grossen Gummifrosch, die Steckbausteine (Gell, solche habe ich schon mal gehabt, wie ich klein war ? erinnerte er sich) und all die anderen Sachen. Timmy war so aufgeregt über seine diversen Wackelis und Frosch und Teddybär, dass er hinterher nicht mehr schlafen wollte. Timmy hat seinen Eltern auch etwas zu Weihnachten geschenkt : den ersten Zahn !!! Es ist der untere Schneidezahn, vorgestern trat er in Erscheinung und heute kam gleich der nächste nach. Jetzt brauche ich doch nicht mit ihm im Zirkus aufzutreten !

Bei einer so aufregenden Familie wie wir es sind, wäre es erstaunlich gewesen, wenn das Weihnachtsfest normal verlaufen wäre. Prompt geschah auch etwas : in der Nacht vom 23.12 auf den 24-12 klopft es plötzlich um 4 Uhr früh an unserer Zimmertür. Erst hatten wir die Vorstellung, dies seien Einbrecher, die vorher anklopfen, bevor sie reinwollen. Mitten aus dem Schlaf gerissen kann so etwas schon mal passieren. Wir stellten die Klimaanlage ab und fragten, wer da ? Keine Antwort. Nach 5 maligem, vergeblichen Rufen öffnete C.W. vorsichtig die Tür, da steht ein schlotternder, bleicher Thong draussen :"Sir, Sir, die A-Chen... sie will ins Hospital, baby is coming !"- Es war ja schon immer so eine Sache, niemand, am wenigsten sie selbst, wusste genau, wann das Baby kommen sollte. Bei jeder Befragung gab sie einen anderen Zeitpunkt an, um die Ankunft auszurechnen. Das letzte Ergebnis war "Chinese Newyear" gewesen, das wäre Mitte Februar. C.W. fuhr die beiden also in die chinesische Entbindungsklinik und war bald wieder da. Thong kam später mit einem Taxi zurück. Um 7 Uhr brachte er prompt den morning-tea und nach dem Frühstück - er macht jetzt alles allein und sogar sehr gut - fuhr er mit seinem Sohn wieder in die Stadt. A-Chen hatte um 1/2 7 einen kleinen Sohn bekommen. Grosse Freude

auf allen Seiten, nur ich stehe nun ganz allein da.
Zunächst mit dem Tim, der sich von mir nicht füttern lassen
wollte, weil das sonst seine Amah macht. Inzwischen hat der
Hunger gesiegt und er erkennt mich wieder an. Dann war
niemand da zum Windeln waschen. Tong kam mit der Nachricht,
A-Chens Freundin, die für sie einspringen wollte, ist jetzt
noch nicht frei, da man ja mit Februar gerechnet hatte. Wir
fragten die Amah im nächsten Haus, ob ihre Schwester kommen
könne, o nein, hiess es, meine Schwester wäscht keine Baby-
Windeln. Feine Dame.- Eine andere Amah in der Nachbarschaft
wollte für den Job 120 Dollar, da wurde es mir zu bunt, ich
nahm Thong und fuhr mit ihm zusammen zum Arbeitsamt. Dort
fanden wir eine Amah, die für 70 Dollar halbtags waschen
und bügeln kann. Da sie mit dem Fahrrad kommen wollte,
nahmen wir sie im Auto mit, um ihr den Weg zu zeigen.
Vorsichtshalber drückte ich ihr jedoch einen Zettel mit
unserer Adresse in die Hand. Sie kam natürlich nicht heute
morgen. Statt dessen fuhr um 1/2 10 ein Taxi vor und dem
entstiegen eine Amah nebst Tochter mit meinem Zettel in der
Hand. Die andere sei krank geworden (kennen wir alles
schon) und nun habe sie die andere geschickt, ob es
allright wäre ? Diese nun will hier bei uns wohnen und zog
deshalb nach dem Mittagessen nach Hause um ihre Sachen zu
holen. Vielleicht kommt sie morgen wieder.Ich kenne mich ja
in Amahs gut aus. A-Chen selbst will den Monat nach der
Entbindung nicht zu Hause bei ihrer Mutter verbringen
sondern hier bei uns. Schliesslich ist ja ihre Familie
hier. Ich habe sie gestern schnell besucht und sie hat sich
sehr darüber gefreut. Das neue Baby heisst A-Ming und
bekommt Tim's Körbchen und wenn es bray ist und nicht zu
viel schreit, darf es bei uns bleiben.

Thong arbeitet nun mehr als er jemals in seinem Leben
geschafft hat. Haha ! Er kocht sogar. Nur als C.W. ihm
sagte, er solle die Tassen beim Henkel anfassen und nicht
immer mit den Fingern reingreifen, war er beleidigt, seine
Finger seien sauber, Sir. Erst als C.W. sagte, niemandes
Finger seien sauber, nicht einmal seine eigenen, lachte er
verständnislos. Ich glaubte schon, er würde nun wieder
krank und verlangt gleich Aspirin. Das macht er nämlich in
solchen Fällen immer.

Nun haben wir heute ausgerechnet, dass C.W. mit seinen etwa
2 1/2 tausend DM ausser seiner Familie noch 9 Personen
ernährt : den Thong, die A-Chen, den A-Heng, den A-Ming,
die neue Amah, deren 8 jährige Tochter, den Kabuhn mit Frau
und Kind. Ganz beachtlich, so etwas werden wir nie wieder
haben !

Ich muss Tomas ins Bett bringen und Thong will wissen, was
er zu essen machen soll. Habt noch einmal tausend Dank für
alle Liebe und die schönen Sachen, vielleicht habt Ihr uns
dann alle nächstes Jahr unterm Baum ! Seid für heute alle,
alle tausendmal umarmt von eurer
Beate

3-1-59

Liebste Eltern und Schwiegereltern und die übrige Familie,

dies ist der erste Brief in diesem Jahr und wird wieder
einmal ein langer Bericht. Zuerst vielen Dank für den Brief
von meiner Mutti, den von der Omi und den vom Hölderlinweg,
vom 29.12. und letzterer vom 26.12. Mit Ärger und grosser
Traurigkeit bemerke ich, dass die Pakete immer noch nicht
da sind. Wie kommt das nur, wir haben sie doch früher
abgeschickt, als Ihr die Euren ? Und nicht einmal Kiki's
Cheong Sam scheint da zu sein. Ich bin ganz wütend.- Dafür
noch einmal vielen Dank für Inges Buch. Ich habe es schon
fast ausgelesen und es gefällt mir sehr gut. Von den rororo
Büchern haben wir auch schon einen Teil vertilgt.

Gestern kamen wir aus Port Dickson zurück. Es waren diesmal
richtige Kurzferien von 6 Tagen und wir haben uns wirklich
gut erholt. Wir fuhren am 26.12. nachmittags los und kamen
gegen 7 Uhr dort an. Es war völlig ausgebucht, aber wir
hatten ja schon 2 Monate vorher bestellt und konnten so
unser Chalet beziehen. Die Dienstboten, Chinesen und Inder,
begrüssten uns mit "Merry Christmas", was auf englisch ganz
natürlich klingt, nur wenn man es übersetzt in "fröhliche
Weihnachten", klingt es für uns bei der Hitze mit wolkenlos
blauem Himmel und Palmen etwas grotesk. Wir bekamen diesmal
die eine Hälfte des Chalets, indem die Frau des Besitzers
wohnt. Da wir nun langsam etwas klarer sehen, was diese
Familie betrifft, will ich die Mitglieder etwas schildern :
also, da ist zunächst Mr. Chillaie selber, ein langer, fast
schwarzer Inder mit überaus freundlichem Kindergesicht. Er
kam vor 20 Jahren aus Ceylon und hat in K.L. als
Bauingenieur im Governmentservice gearbeitet. Vor 7 Jahren
hat er sich dann zurückgezogen, dieses "Si-Rusa Inn"
gekauft und es nach und nach ausgebaut. Es ist tatsächlich
der einzige Ferienplatz hier zwischen Kuala Lumpur und
Singapore. Er verdient sich krumm und bucklig dabei, wie
man sich vorstellen kann. Seine Frau gab ihm den Anstoss,
in den anderen Beruf überzuwechseln, weil sie die
Marktlücke gesehen hatte. Sie ist eine Japanerin. Vor
eineinhalb Jahren hatte sie einen Schlaganfall und kann
seit dem nur mehr im Rollstuhl herumgefahren werden. Es
geht ihr aber von Mal zu Mal besser und manchmal kann man
sie am Arm ihrer Amah sehen, wie sie versucht ein paar
Schritte zu machen. Sie ist sehr freundlich, spricht aber
leider kein englisch. Die beiden haben einen Sohn, der sich
"Harry" nennt, etwa Anfang 20 und der zusammen mit dem
Vater den ganzen Betrieb führt. Dann ist noch ein kleines
Mädchen da, von dem ich nicht weiss, ob es eine Tochter
oder ein Enkelkind ist. Die ganze Familie liebt sich sehr
und zeigt eine auffallende Zuneigung füreinander. Mr.
Chillaie selbst freut sich über sein ganzes Gesicht, wenn
man ankommt und hängt an jeden Satz den er sagt "please".
Einmal hatte er einen Fehler in der Rechnung entdeckt, als
wir schon wieder zu Hause waren. Er schrieb und

C.W.schickte sofort einen Scheck. Postwendend kam eine
Karte auf der stand : your check reached me safely,
please.- Der Doktor aus Singapore erzählte uns einmal, wie
er mit ein paar Freunden die halbe Nacht in einem der
Chalets durchgefeiert hatte und um 4 Uhr früh Hunger bekam.
Sie klopften an Mr. Chillaies Schlafzimmerfenter. Dieser
fuhr aus dem Schlaf mit den Worten :"Yes, please?" So weit
also die Familie, deren männliche Mitglieder indisch
aussehen und die weiblichen japanisch.

An bekannten Gesichtern fanden wir nur den Dr. aus
Singapore mit seiner Frau. Aber dann fand sich eine
deutsche Familie ein, ein Hamburger Kaufmann, der in
Singapore ein Lampengeschäft hat und mit einer Chinesin
verheiratet ist. Seine Mutter war gerade aus Deutschland zu
Besuch und bestaunte alles mit grossen Augen. Enttäuscht
war sie nur, dass sie nicht mit leichten Sandalen im
Djungel spazieren gehen durfte.

Tomas zeigte sich von seiner besten Seite. Am ersten Tag
drehte er den Haupthahn für das heisse Wasser ab, der sich
ausserhalb der Chalets befindet. Erst als Mr. Chillaie
schon den Klempner holte, wurde die Missetat aufgedeckt.
Voriges Jahr hat mich so etwas noch schrecklich
aufgebracht, aber jetzt fange ich an ihn zu verstehen. Es
geht mir sogar schon so, wenn ich irgendwo einen Hahn oder
eine grosse Schraube sehe, denke ich, das wäre etwas zum
dran drehen. Die japanische Zimmernachbarin stellte abends
immer brennende Rauchstäbchen vor das Haus gegen die bösen
Nachtgeister. Die kickte der Sprössling kurz in den Drain.
Danach sahen sie aus, als ob ein Hurrikan darüber
weggegangen wäre.

Am Silvesternachmittag lud uns Mr. Chillaie zu seinem
Neujahrsdinner am Abend ein. Es war eine besondere Ehre,
denn es waren nur alte Gäste eingeladen und Freunde aus der
Umgebung. Es gäbe japanisch zu essen und als C.W. sein
Sprüchlein aufsagte, versprach man ihm, es gäbe auch Turkey
und Schinken. Wir kamen so um 9 Uhr in die Bar, alles in
grosser Toilette und die Herren mit Krawatte. C.W. hatte
keine mit. Der Doktor lud uns sofort zu einem Drink ein (es
ist seine Hauptbeschäftigung, zu trinken) und C.W. sass in
einer Ecke der Bar und maulte vor sich hin :"mich kotzt das
schon wieder an, ich möchte schlafen gehen". Beim Dinner
wurde es dann sehr nett. Auf der grossen Veranda war eine
lange Tafel aufgebaut an deren einem Ende die Japanerin in
ihrem Rollstuhl sass und allen Leuten freundlich
zulächelte. Auf dem Tisch standen riesige Platten mit für
mich undefinierbaren Dingen, aber auch Truthahn und
Schinken und Salat. Ausserdem eine Unmenge von Cognak- und
Whiskyflaschen und eine riesengrosse Flasche mit Reiswein.
Die Gemüse, die ich versuchte waren Bambussprossen, Bohnen,
Muskatnüsse und einiges, von dem ich nicht weiss, was es
ist. Dazu gab es Saucen. Es gab auch rohen Fisch mit einer
speziellen Sauce. Hartgekochte Eier, Mandarinenscheiben,

und eine Art Krautsalat. C.W., der noch nicht ganz in
Stimmung war, schokierte seine englische Umgebung mit
seinen schon bekannten Sprüchen über asiatisches Essen und
als er ein Stück Brot verlangte, lief Mr. Chillaie ganz
erstaunt zu ihm, warum Brot, es ist doch soviel auf dem
Tisch von den anderen Sachen ? Wir wurden jedenfalls satt
und bekamen ziemlich bald einen Schwips. Kurz vor 12
verabschiedeten sich die Leute, die noch auf eine andere
Party gehen wollten. Wir wollten uns gerade zurückziehen
als Mr. Chillaie, ziemlich stark angesäuselt uns nachlief
und rief : "please, nicht schlafen gehen, kommen sie mit
uns baden". Er geht nur einmal im Jahr ins Meer : In der
Neujahrsnacht. Dann packte er uns beide an den Händen und
liess gar nicht mehr los. Er erzählte, seine Frau habe
gesagt, die Deutschen hätten im letzten Krieg den Japanern
so viel geholfen, sie hätten die Japaner immer mit
Lebensmitteln unterstützt, ganze Schiffsladungen mit Gemüse
und Geflügel, sie hätten ihnen so geholfen, please. Und nun
sollten wir mit zu ihr kommen, um mit ihr anzustossen. So
gingen wir denn mit in ihr Zimmer, er lief nochmal zurück
um etwas zum trinken zu holen und wir versuchten uns zu
unterhalten. Eine kleine Inderin, die irgendwie auch zur
Familie gehört, übersetzte. Wir unterhielten uns über alles
mögliche, den Tim, der überall Aufsehen erregt und den sie
so gerne hat, seit er das erste Mal nach Si-Rusa kam.
Endlich kam Mr. Chillaie auch dazu, mit einer riesigen
Fahne und ein bisschen unsicher auf den Beinen. Er erzählte
uns die ganze Geschichte, wie er hierher gekommen ist und
dann sagte er immer wieder, dass seine Frau die Deutschen
so gerne hat, wegen dem Gemüse und so weiter, und wie die
Deutschen doch so viel geholfen hätten. Und seine Frau, sie
sei ja ein böses Weib, aber wenn sie helfen kann, dann sei
sie auf Draht, niemand sei so hilfsbereit wie die Japaner.
Die Deutschen und die Japaner hätten "much brain", was so
viel heisst wie "Grips", aber die Inder seien doof. Und da
sei es schon gut, wenn man so eine Frau habe, wenn sie auch
ein Drachen sei.-Dabei fasste er sie immer unters Kinn und
streichelte sie. Sie verstand ja kein Wort davon und so
legte sie die Hand an die Stirn und verbeugte sich
unentwegt, indem sie japanisch oder malayisch ein gutes
neues Jahr wünschte und alles, was ihr Mann sagte, mit
einem lächelnden "ja, ja" begleitete. Endlich konnten wir
dann gehen und uns umziehen. Als wir zu den anderen kamen,
war es genau 12 Uhr. Wir stiessen mit einer englisch-
deutschen Familie an, die wir schon von der Botschaft her
kannten. Er ist Botschaftsmitglied an der englischen
Botschaft und sie ist Deutsche. Er hat sie nach dem Krieg
während der Besatzung in Osnabrück kennengelrnt. Und
genauso sieht sie auch aus. Sie war schwer beschwipst und
sprach deutsch nur mehr mit englischem Akzent. Mr. Chillaie
kam dazu und stiess mit allen an. Darauf stürzte sich alles
ins Wasser. Es hatten sich so an die 20 Leute eingefunden.
Es war noch nicht ganz Flut aber man brauchte nicht sehr
weit zu gehen. Zu meiner grössten Freude und Überraschung
war Meeresleuchten. Ich kannte das schon von der Adria und

auch hier hatte man den Eindruck, ganz von Gold umgeben zu
sein. Die anderen Leute hatten alle kein Verständnis für
meine Begeisterung, sie waren ja auch ziemlich voll und
sogar mein Alter meinte, "was ist denn das schon
besonderes". Der hatte auch mehr zu tun. Eine ziemlich
vollbusige Malayin aus der Nachbarschft kam im Büstenhalter
ins Wasser und hüpfte hin und her.- Anschliessend setzten
wir uns noch auf die Terasse und unterhielten uns. Jetzt
war ich so müde, dass ich gerne schlafen gegangen wäre,
aber siehe da, C.W. wurde erst so richtig wach. So überwand
ich den toten Punkt und - es geschehen noch Zeichen und
Wunder - mein lieber Mann, der immer behauptet, ich könne
gar nicht tanzen, forderte mich ein paarmal dazu auf. Er
ging sogar so weit, zu Benny Goodman Klängen mit mir auf
dem Tisch Boogy-Woogy zu tanzen. Das hatten die
langweiligen Engländer noch nicht gesehen und wohl von uns
am allerwenigsten erwartet. Um 3 Uhr zogen wir uns dann
zurück. Fragt mich nicht, wie ich am nächsten Morgen
aufgewacht bin ! Der Tim sass fröhlich in seinem Bett, rief
Mama und verlangte Saft. Mr. Chillaie ging mit etwas
gequälten Gesichtszügen herum und verschwand nach dem
Mittagessen ganz.

Tim war ganz verrückt nach dem Wasser. Überhaupt entwickelt
das Kind ein beängstigendes Temperament. Wenn ich andere
Kinder beobachte, sitzen sie ganz lieb und still wo man sie
hinsetzt und spielen mit ihren Spielsachen. Unser Tim
stösst wilde, unartikulierte Laute aus, schmeisst sich nach
vorn und auf das Sonnenöl. Kaum hat man es ihm entrissen,
dreht er sich um und schmeisst sich auf den Fotoapparat.
Ist man dabei, den nun zu verstecken, ist er auch schon
weg, etwa 3 m und rupft Gras. Hat man ihn endlich wieder
auf seiner Matte, dreht er sich kurz um und lutscht an der
Plastikhülle vom Statif. Nimmt man ihm irgendetwas weg,
schreit er ganz fürchterlich. Schliesslich hebt man ihn
völlig entnervt hoch um mit ihm baden zu gehen. Das ist
dann das Signal begeistert zu kreischen, wenn er die ersten
Wellen sieht. Er trinkt dann meist das Salzwasser und dabei
bin ich darauf aufmerksam geworden, dass man sein Essen
wahrscheinlich mehr salzen muss. Er braucht, genau wie wir,
mehr davon.

C.W. ist unbedingt die bessere Baby-Amah. Er versteht es
sehr gut, Tim zu unterhalten, nur hat er keine Ausdauer und
dann sitzt man wieder da und entreisst dem schrecklichen
Kind ständig irgendwelche Apparate oder macht ihm die
Finger sauber. Seit 2 Tagen hat er auch Windpocken. Er ist
aber völlig fieberfrei, isst unentwegt weiter und ist nur
ein bisschen quengelig.

Als wir nach Hause kamen, war A-Chen schon mitsamt neuem
Baby da. Es ist schrecklich klein, besonders gegen die
anderen Kinder, hat aber unverkennbar Thongs Gesichtszüge
und eine wundervolle Haarpracht, wie alle chinesischen
Babies. Tim kennt seine A-Chen nicht mehr, es wird aber

sicher schnell gehen, bis er sie wieder anerkennt. Thong
hat sich sehr gut bewährt. Es war so schön, wieder nach
Hause zu kommen, alles sauber, schön aufgeräumt, Thong hat
gekocht und es herrscht Frieden im Haus. Auch die neue
Wasch-Amah ist gut.

Die grösste Neuigkeit erfuhr C.W. heute bei Poseners :
Charmian erzählte ihm mit freudigem Lächeln, dass sie
wieder ein Kind bekäme ! In ihrer überstürzten Art will sie
nun alles von mir kaufen : Babykorb, Babybett und
Spielstall, möglichst sofort. Sie ist gerade im 2. Monat.
Den Korb habe ich gerade A-Chen gegeben, das Bett braucht
der Tim noch, wo soll denn das arme Kind schlafen ? Und den
Stall habe ich doch gerade erst gekauft. Ideen hat diese
Frau ! Er, Posener sagt gar nichts, er hat ja auch nichts
zu sagen. Er weiss noch nicht mal, wo sie nächstes Jahr
sein werden, falls man ihm seinen Vertrag nicht verlängert.

Der neue Botschafter ist angekommen. Er hat dem König sein
Beglaubigungsschreiben überreicht und wird demnächst eine
Party geben. Er soll bis jetzt ziemlich entsetzt sein über
die Botschaftshäuser, das Büro, sein Wohnhaus und das Haus
von Kanzler Lörky. Alles andere als repräsentativ ! Es wird
wohl einiges geändert werden bei ihm.

Das wäre so alles, was ich heute zu berichten weiss. Ich
hoffe nur, dass ich im nächsten Brief von Euch endlich
lese, dass das Paket angekommen ist. Sie werden es doch
wohl nicht ins Wasser geschmissen haben ?????

Seid herzlichst umarmt von eurem

Coco

21-1-59

Liebe Eltern und Schwiegereltern,

ich bin in der letzten Zeit etwas schreibfaul gewesen, es
ist aber auch nicht allzuviel passiert. Und nun sehe ich,
dass es bereits wieder Ende des Monats ist und ich habe ein
schlechtes Gewissen.

Unsere Dienstboten sind alle noch vollzählig versammelt. Es
hat aber auch schon einen schönen Krach gegeben. Die neue
Wasch-Amah hatte nicht immer ganz einwandfrei gewaschen und
ich schickte, da sie nicht englisch spricht, die
betreffenden Wäschestücke durch Thong zurück. Da ich sie
nicht verstehe, weiss ich nicht, ob er seine Befugnisse ein
bisschen überschritten hat und was er gesagt hat.
Jedenfalls hat sie mir bis jetzt schon einen neuen
wunderschönen blauen Rock verdorben (eine Stoffbahn mit
Chlor entfärbt, weiss der Geier wozu sie Chlor benutzt),
die Hälfte aller Servietten gelb verfärbt, C.W.'s Hosen
bekamen 4 Bügelfalten und ausserdem wollte sie mehr Geld.
Eines morgens erzählt mir A-Chen, dass die Amah gar nicht
bei uns im Haus schläft. Sie habe gesagt, in unserem Haus
wolle sie nicht mehr schlafen, da seien böse Nachtgeister
oder Diebe, einmal wollte ihr jemand das Kissen unterm Kopf
wegziehen. Ich fragte, wo sie denn schliefe. In einem der
Nachbarhäuser. Da in der letzten Zeit mehrere Einbrüche in
unserer Umgebung waren - es ist bald chinese newyear - und
gerade bei diesen Nachbarn eingebrochen worden war, fragte
ich die Nachbarin, ob sie davon wüsste, dass unsere Amah in
ihrem Haus schläft. Sie wusste es nicht und war ärgerlich.
Es stellte sich aber dann heraus, dass die Amah in Clive's
Haus schlief und die Nachbarn es erlaubten. Ich liess der
Amah sagen, ich wünschte so etwas zu wissen, sie könne doch
nicht einfach weggehen. Es gab ein ungeheures Gezeter und
Geschrei hinterm Haus zwischen sämtlichen chinesischen
Dienstgeistern und da stellte sich heraus, dass sie sich
die ganze Zeit über gar nicht vertragen haben. Thong habe
ihr ein paarmal gesagt, sie dürfe nicht so viel Seife
verbrauchen und nicht andauernd den Kerosinkocher brennen
lassen, wenn sie weggeht, weil der Master das bezahlt und
da war sie so wütend, dass sie nicht mehr mit ihnen
zusammen essen wollte. Aber das erfuhr ich erst jetzt. Die
Perle verschwand und Thong meinte, sie sei irgendwohin in
die Nachbarschft gegangen, um sich einen Brief schreiben zu
lassen. Sie kam 3 Stunden später mit selbigem in der Hand
zu mir. Hier ist er übersetzt :

Liebe Madam,

ich möchte Dich informieren, dass der Koch "Ah-Thong" Dir
berichtet gewesen, ich nicht habe geschlafen drin. Er
verursacht eine Menge Ärger und beklagte das verloren von
Master's Taschentücher, deren 6. So, ich denke, das ist
unvernünftig für mich. Sonst, ich werde verlassend den

263

17. 1. 59.

Dear Madam.

I beg to inform you that the Cook "Ah Thong" has been reported to you. I have not sleep in he disturbed a lot of trouble and complaint the lost of master's handerchif of 6.

So. I think this is unreasonable to me. Otherwise. I will leaving the service at anytime if your kind require. or dislike.

regarding this matter and Hoping your kind action please.

Thanking you.

Your truly,

New Amah.

Dienst zu irgendeiner Zeit wenn Dein freundliche brauchen
oder nicht mögen. - Ansehend diese Weise und erwartend
Deine freundliche Handlung, bitte, dankend Dir,

Deine aufrichtige Neue Amah.

Nachdem ich das nun mühsam entziffert hatte, lachte ich
mich halb kaputt und liess ihr sagen, sie solle nicht
verrückt sein, kein Mensch habe gesagt, dass sie
Taschentücher geklaut habe. Ausserdem sei es doch nur mehr
für ein paar Tage und sie solle jetzt weiter arbeiten. In
den Amahquarters grollte noch weiterhin das Gewitter und am
Abend kamen zwei tief gekränkte Chinesen zu mir : Ah-Chen
und Ah-Thong. Sie muss ihnen fürchterliche Dinge gesagt
haben, so etwas wie "Kriecher", was auf chinesisch heisst :
den Europäern den Hintern waschen. Thong bekam zum Trost
ein Bier geschenkt.

Der kleine A-Ming wächst und gedeiht. Nur nehmen die
Chinesen nichts an. Ich habe A-Chen in den vergangenen
Monaten erklärt, warum ein Baby eine saubere Umgebung
braucht, warum wir die Windeln jeden Tag kochen und warum
die Schnuller jeden Tag ausgekocht werden. Der arme kleine
Chines hat noch nie einen sterilen Schnuller bekommen, die
Windeln sind jetzt schon ganz grau und einmal, als ich ihn
in seinem Zimmer besucht habe, war das arme Kind mit einer
Wolldecke bis unters Kinn zugedeckt und alle Fenster fest
verschlossen. Da kann man nichts machen, denn es ist so :
was gut für europäische Kinder ist, schadet den Chinesen.
Sie sind schon arg blöd !

Unser Timmilein kann schon fast laufen. Stehen geht schon
ein paar Sekunden, dann fällt er um. Die Nurse kommt jetzt
nur mehr zum Ming, denn die Nestlé Waage geht nur bis 22
lb. und das ist etwas mehr als 10 kg. Tim ist jetzt sehr
brav, bleibt stundenlang in seinem Stall. Er hat etwas
affenartiges : er steht auf, macht einen Klimmzug, weil er
noch nicht drüber gucken kann und schaukelt dabei hin und
her, lässt sich wieder runter, guckt durch die Stäbe,
wieder hoch, wieder runter, geht an den Stäben entlang. Und
wehe, man kommt mit seinem Gesicht zu nahe, dann greift er
blitzschnell nach der Nase und reisst sie kreischend hin
und her.

Gestern sind die Nachbarn ausgezogen. Die Nachbarin bekam
noch eine Mandelentzündung und da sie sich halb kaputt
machte mit dem saubermachen, luden wir sie an den beiden
letzten Tagen zum Essen ein. Sie freuten sich sehr darüber
und wir waren traurig, dass sie nun gehen. Der Nachfolger
in ihrem Haus ist schon eingezogen und zwar ist es der
dritte Lecturer vom T.C., also C.W.'s Kollege. Er ist aus
Melbourne und seine Familie wird in drei Wochen hier sein.
Er, Norman Lehy, ist bereits seit 4 Jahren hier, aber seine
Familie kommt erst jetzt. Sollte das auch so eine Art
"Posener-Familie" sein ? Wait and see.

Wir haben jetzt ein Telefon. C.W. meinte, er brauche gar
keines, es sei nur für seine Frau, damit sie immer schnell
den Arzt rufen kann, wenn eines der Kinder krank ist. Aber
bis jetzt ist das Telefon nur für unsere Dienstboten.

Noch schnell eine chinesische Geschichte : die Chinesen
können doch kein "R" sprechen. Als wir neulich im Club
einen Orangensaft tranken, dessen Marke sich "green Spot"
nennt, schrieb der Boy auf die Rechnung "gleen Spot". Der
schreibt es eben auch, wie er es spricht.

Tomas geht wieder in den Kindergarten. Er fing ganz
plötzlich an Theater zu machen und wenn wir ihn dort
ablieferten, brüllte er los, schlug um sich, stiess mit den
Füssen nach der Tante und boxte alle Umstehenden. Wir
bekamen nicht heraus, warum. Wenn er morgens aufwachte,
fragte er, darf ich in den Kindergarten heute ?, dann fiel
ihm ein, dass er ja spinnen will und sagte "ich will aber
gar nicht, ich habs nicht gern." Wir wollten ihn nicht dazu
zwingen, er muss noch lange genug in die Schule gehen. Dann
löste sich das Problem von selbst. Wir haben mit noch drei
anderen Familien ein Abkommen über den Transport. Je zwei
Familien übernehmen die Kinder für eine Woche. Als diese
Woche morgens plötzlich ein ganz kleiner Morris Minor -
etwa die Grösse eines Topolino - mit 6 Kindern und einem
Inder am Steuer vorfuhr, vergass er alles um sich herum,
sagte nicht einmal "auf Wiedersehen" und stieg ganz schnell
ein.

Von der Botschaft haben wir einen neuen Zahnarzt empfohlen
bekommen. Es ist ein Engländer. Er arbeitet mit noch drei
anderen Zahnärzten zusammen und ist viel besser
eingerichtet als der teure und ebenso schlechte Chinese.
Jedes Behandlungszimmer ist air-conditioniert. Ausserdem
interessierte er sich sehr für das Emda-Gerät und hatte
viel Spass, als er sich mit C.W. darüber unterhalten
konnte.

Dabei fällt mir der Botschafter ein. Er sitzt in seinem
baufälligen Haus und wartet auf die Möbel, die man in
Singapore für ihn gekauft hat. Er kann deshalb noch keinen
Empfang geben. Im Augenblick reist er durch die Gegend und
scheint ausserdem sein Personal zu schikanieren. Er soll
ein strenger Mann sein und Pallasch wird es sicherlich
nicht mehr lange hier aushalten. Dr. Granow kam meist mit
offenem Hemd in die Botschaft, jetzt wird sehr auf Etikette
gesehen. Was um so blöder ist, als die Botschaft in einem
miserablen Haus untergebracht ist : im Eingang hat sich ein
Bazar eingenistet und der Liftboy sieht aus wie ein
heruntergekommener Gangster im verrissenen Hemd und
verschmierter Kopfbedeckung.

C.W. hat jetzt den Kanzler Herrn Lörky eingespannt, weil
Herr Kuo nicht zahlen will. Er sagt, es sei hier üblich

erst dann zu zahlen, wenn der Bau beginnt und steht jetzt
mit 3.500 Dollar in der Kreide. Als C.W. ihn das letzte Mal
in seiner Pfandleihe - C.W. sagt Spelunkenhöhle -
aufsuchte, fuhr er Sekt auf, als wenn das helfen würde !

Letzte Woche waren wir auf einen Sprung bei Poseners. Sie
ist ganz werdende Mutter, strickt Wolljäckchen und
Strümpfchen. Als ich ihr sagte, dass Tim nie ein
Wolljäckchen anhatte, nur auf Penang-Hill, war sie ganz
enttäuscht. Julius meint, weil das Baby hier geboren wird,
braucht es fast gar nichts und wird dementsprechend nichts
kosten. Der wird sich wundern. Sie sparen schon so
furchtbar, dass sie uns gar nichts zu trinken anboten.
Charmian erklärte laut, Malaya sei das einzige Land, in dem
man leben könne : "I love Malaya and I everytime did !" -
Worauf C.W. und ich uns nur angrinsten.

Liebe Mütter, darf ich, wenn Ihr Zeit habt, darum bitten,
mir ein paar Tips zu geben, was man ausser Wiener
Schnitzel, gewöhnlichen Schnitzel und Braten sonst noch
alles mit Schweinefleisch machen kann ? Das Fleisch ist
ganz wundervoll, aber ich weiss nicht, was man alles kaufen
kann und was man so alles damit anfängt.

Liebe Mutti, die A-Chen hat einen Wunsch geäussert : weil
sie so fleissig und lieb ist, würde ich ihn ihr, wenn
möglich, gern erfüllen : ob Du ihr ein oder zwei Dutzend
Windeln schicken könntet ? Da die englischen so teuer sind,
kann sie sie nicht kaufen und der kleine Chines wird jetzt
in Leinenfetzen gewickelt. Ich habe ihr schon ein paar von
uns geschenkt, es ist halt nicht genug. Sie möchte sie auch
gern bezahlen. Das ist zwar schwierig, aber vielleicht
können wir Dir dafür etwas schicken, was Du gerne hättest ?

Das wars wieder einmal. Wenn ich auch einmal nicht
schreibe, so dürft Ihr glauben, dass wir oft in Gedanken
mit Euch zusammen sind.

Beate

27-1-59

Liebe Eltern und Schwiegereltern,

am letzten Samstag waren wir in Port Swettenham und haben
die "Hessenstein" besichtigt. Am liebsten wären wir gleich
dort geblieben. Wir fuhren gegen 11 Uhr hier weg und waren
eine knappe Stunde später am Hafen. "Hafen" ist ja ein
Witz. Wie wir schon einmal im vorigen Jahr beschrieben
haben, ist das eine Bucht, der ein paar unbewohnte Inseln
vorgelagert sind. Am Ufer sind nur ein paar dreckige
Holzbaracken. Weiter landeinwärts liegen die Büros der
Schiffahrtsgesellschaften. Wir holten uns die Erlaubnis zu
dem "german ship" zu fahren und wurden gleich mit einem
Boot der Hapag-Loyd zur Boje 3 gebracht, wo das Schiff vor
Anker lag. Port Swettenham hat nur einen Pier, an dem die
Schiffe kurz anlegen um Fracht und Passagiere aufzunehmen.
Wir stiegen das Fallreep hinauf, etwa 20 Meter, eine
wackelige Leiter mit breiten Sprossen. Vom Wasser aus sah
das Schiff nicht sehr gross aus, aber als wir drin waren,
nahm es enorme Formen an. Man hatte das Gefühl hoch über
dem Wasser zu sein und das Schiff wirkte jetzt doppelt so
lang, als vom Boot aus. Im Innern war alles sehr schön und
gepflegt eingerichtet, eine Empfangshalle mit GLastür zum
Speisesaal, sehr vornehm. Eine Menge weissgekleideter
Stewards lief herum. Es war wie in einem Hotel. Eine Treppe
über zwei Stockwerke hinauf führte zum Promenadendeck mit
Swimmingpool, Liegestühlen und Badmintonfeld. Unter Dach
eine Bibliothek, Leseraum, Schreibraum, Bar und
Aufenthaltsraum. Der Kindergarten ist im ersten Stock, die
Kindergärtnerin natürlich Deutche. Der Chefsteward, ein
Österreicher, zeigte uns die Kabinen der Familie
Merryfield, unserer Nachbarn. Es sind richtige kleine
Appartments. Ein Schlafzimmer mit zwei Betten und
Toilettentisch, ein winziges Bad mit Dusche und zwei
eingebauten Schränken. Wir fragten, ob wir hier zu Mittag
essen könnten. Ja, natürlich, aber Kinder seien nicht
erlaubt im Speisesaal. Was nun mit Tomas ? Wir wollten ihn
zurück ins Kinderzimmer bringen, kaum waren wir dort, fing
er an zu brüllen und schreien, "ich habs nicht gern", und
hielt sich an den Beinen seines Vaters fest. Die hungrigen
Eltern versprachen dem Kind das Blaue vom Himmel herunter,
einen Hubschrauber zum aufziehen, ein neues kleines Auto
usw. Er hörte sich das kurz an und fing dann wieder an zu
schreien.- Wahrscheinlich hatte er Angst, dass wir ohne ihn
nach Hause gehen. Und so sah ich unser deutsches
Mittagessen davonschwimmen und meinte, dann müssten wir
halt nach Hause fahren. Wir gingen wieder hinunter und in
der Empfangshalle sagt das kleine Biest plötzlich, er könne
doch hier ganz lieb in einem Sessel sitzen und auf uns
warten. Und so wurde es dann auch gemacht. Das Essen selbst
war ganz schlicht eine Wucht. Der Service, wie wir ihn von
Deutschland her gewöhnt sind, die Speisekarte liebevoll
geschrieben in deutsch und englisch und in der Mitte ein
"Vorschlag", was man sich zum Lunch zusammenstellen kann.

Wir assen zuerst eine Vorspeise, eine Platte mit Krabeen,
Salaten und Oliven. Dann kam eine spanische Fisch-
Gemüsesuppe, anschliessend ein szegediner Gulasch mit
Nockerln, dazu frischer Salat. Und hinterher ein Ananaseis.
Man erzählte uns, dass in Japan und Manila viele Deutsche
leben, die immer wieder auf die deutschen Schiffe zum Essen
kommen. Die Besatzung des Schiffes konnte sich gar nicht
vorstellen, dass da hinter diesem dreckigen Hafen mitten im
Djungel eine grosse Stadt mit 340.000 Einwohnern liegt, in
der man leben kann. In Singapore gehen sie natürlich alle
an Land, aber in diesem Hafen wissen sie nicht, was sie
machen sollten. Auf unsere Frage, welchen Hafen sie am
wenigsten mögen, kam die Antwort : Colombo. Dort würden die
Leute überhaupt nicht arbeiten wollen und jedes Schiff, das
Fracht lädt, verliert mindestens 4-5 Tage. So rechneten sie
jetzt noch 5 Wochen bis Hamburg.- Uns gefiel es so gut auf
dem Schiff, dass wir in den nächsten Tagen mit der
Hessenstein nach Hause fuhren, in Gedanken natürlich,
leider. Wir blieben bis 4 Uhr und fuhren dann wehmütig
wieder nach Hause.

Die "Neue Amah" hat uns inzwischen verlassen und A-Chen
arbeitet
wieder mit vollem Einsatz. Ihr A-Ming ist jetzt einen Monat
alt und wurde den Göttern vorgestellt. Dazu kochte sie
einen ganzen Hahn, färbte Eier rot, kochte Gemüse, ein
grosses Stück Schweinefleisch, eine Tasse Tee und baute das
alles auf einem Tischchen vor ihrer Küche im Garten auf.
Dazu stellte sie noch vier kleine Gläser mit Wasser, eine
Dose mit langen Räucherstäbchen und verbrannte grosse
Packen beschriebenen Papiers. Dann holte sie ihren
Säugling, der ganz in rot gekleidet war,(Von Purpur, über
Zinnober bis himbeerfarben, Hauptsache rot) schwenkte das
Kind auf und ab und sang chinesisch dazu. Sie erzählte den
Göttern, dass dies ihr Sohn A-Ming sei, der jetzt einen
Monat alt ist, und bat sie, auf ihn aufzupassen und ihm
viel Glück zu bringen. Leider hatten wir einen starken Wind
an dem Morgen, der alle Rauchstäbchen auseinanderstob.
Tomas wollte gerne damit spielen, dabei haute er Heng
seinen Stuhl über den Kopf, worauf dieser ihn in den Rücken
biss. So endete das Ganze in einem Riesengeschrei. Die
Familie zog sich in ihre Gemächer zurück und ass die
präsentierten Gemüse- und Fleischstücke auf. Der glückliche
Vater Thong hatte während der Zeremonie in der Küche
Geschirr gespült und C.W. oben vom Balkon aus seinen Senf
dazugegeben. Danach zog die Familie nach Petaling Jaya um
das Kind A-Chens Mutter zu zeigen.

Tim hat uns gestern vorgeführt, wie er ganz alleine die
Treppe hinaufkrabbelt. Die erste Stufe war etwas hoch, aber
er schaffte es doch, dann ging es sehr schnell und
plötzlich war er im ersten Stock. Er ruft jetzt ganz
bewusst "Ma-ma-ma-ma" und ist sehr stolz darauf. Er stürzt
sich immer mit grossem Geschrei auf Schrauben und Muttern
und versucht daran zu drehen. Den Riegel an seinem Bettchen

kennt er schon ganz genau, Gott sei Dank kann er ihn noch nicht aufmachen.

C.W. war gestern beim neuen Botschafter. Er soll sehr nett zu ihm gewesen sein und vor allem sehr interessiert an C.W.'s Arbeit hier. Dr. Vogel, das ist der Botschafter, kommt jetzt aus Rhodesia, Salisbury und ist schwer enttäuscht von Malaya. Er sagte, er verstünde nicht, warum man hier eine Botschaft habe, es sei doch nichts los. Sein Haus sei eine Katastrophe, er hat noch immer keine Möbel, die werden wahrscheinlich aus Europa geschickt. Man hatte ihm geschrieben, hier gäbe es alles zu kaufen. Als er nun herkam, hat er Möbel in Singapore bestellt und jetzt kommen sie doch aus Europa. Herr Pallasch, der mit all diesen Dingen beauftragt war, hat da wohl versagt, und man munkelt, dass er sich nicht mehr lange hier halten kann. - Warum man hier eine Botschaft aufgemacht hat, ist uns schon klar : Dr. Röhreke, mit dem C.W. damals brieflich verhandelt hatte, war hier Konsul, und Dr. Granow Generalkonsul in Singapore. Nun hatte Dr. Röhreke den Ehrgeiz hier Botschafter zu werden, und da er sich hier wohl sehr fühlte und sich mit allen gut verstand, machte er die tollsten Berichte nach Bonn über die wirtschaftliche und kulturelle Bedeutung Malayas. Er hat damit solchen Wind gemacht, dass man in Bonn überzeugt davon war, hier müsse eine Botschaft her, aber Dr. Röhreke ist scheinbar noch zu jung um Botschafter zu sein. So kam Dr. Granow nach Kuala Lumpur als Botschafter und Dr. Röhreke wurde Generalkonsul in Singapore. So kann es einem gehen ! Seit ich Diplomaten so aus nächster Nähe kenne, habe ich keine so hohe Meinung mehr von ihnen. Das sind alles ein bisschen hohlköpfige Figuren, mit mehr oder weniger würdevollem Auftreten, die nichts weiter als munter dahinplätschernde Konversation machen können. Herr Legationsrat Pallasch hat sich übrigens ein bisschen unmöglich gemacht mit seinen Freund- oder Liebschaften chinesischer Nachtclubtänzerinnen. Er führt alle Gäste, auch die Vertreter der Gewerkschaften vor ein paar Wochen, in den Bukit Bintang Park, das Vergnügungsviertel mit Schönheitstänzen. Ein Glück, dass Prof. Erhard doch nicht nach K.L. kam, er hätte ihn möglicherweise auch dorthin geführt. Jetzt habe ich aber wieder genug gelästert !

In den nächsten Tagen geht ein Farbfilm an Euch ab, der aus den verschiedensten Abschnitten des Jahres 1958 zusammengestellt ist : das Haus, der Tomas, die Amahs, Tim im Hospital, beim baden, beim essen, bis Weihnachten. Wir schicken ihn diesmal per Schiff. Ich glaube, er wird Euch sicher gut gefallen.

Über das nächste Wochenende fahren wir wieder nach Si-Rusa. Wir freuen uns wie immer darauf. Schreibt bald wieder und seid umarmt von Euren 4 Malayen und besonders von mir Eurem

Coco

2-2-59

Liebste ELtern und Schwiegereltern,

heute möchte ich mich vielmals bedanken für den
"Speisezettelkalender" von der Schwiegermutter. Er ist
heute gekommen und ich habe mich gleich hinein vertieft.
Ich bin sicher, dass er mir eine grosse Hilfe sein wird.

Wir haben unsere Wochenendpläne geändert und sind am
Freitag Abend nach Fraser's Hill hinauf gefahren. C.W. rief
am Mittwoch an und buchte für 2 Tage. Da telefonische
Buchungen schriftlich nachgeholt werden müssen,
telegrafierte er noch schnell. Aus Spass sagte ich ihm,
"telegrafiere gleich mit dazu, dass du ein schwieriger
Kunde bist, und kein Lamm und keinen Fisch isst". Er nahm
es ernst und telegrafierte : please, tell cook, no lamb and
no fish ! Die Fahrt ging sehr schnell, wir waren in 3
Stunden oben. Die Gegend ist überall die gleiche, ob man
nun im Süden oder im Norden ist, an der Küste oder in den
Bergen. Die gleichen Bäume und Sträucher, auf die Dauer
etwas langweilig. Wir waren in einem grossen Bungalow
einquartiert. Nun wissen wir genau, wie es in einem
englischen Landhaus aussieht. Die Temperatur war, als wir
ankamen, etwas kühl und es wehte eine herrlich frische
Luft. Es liegt ja etwa 1.500 m hoch. Das Haus ist, wie
gesagt, ein englisches Landhaus, ungemütlich und kalt. Wir
hatten zwei Zimmer, gleich neben der Eingangshalle. Eines
der Zimmer hatte einen Kamin. Grosse, sehr hohe Räume mit
langen, hohen Fenstern. Zu meinem Entsetzen kein Bad. Bis
ich herausfand, dass Klo und Bad eins ist. Jedes Zimmer
hatte durch einen Gang getrennt so ein Klo mit einem
kleinen Waschbecken mit Kaltwasser. Eine zweite Tür führte
zum Hof hinaus, die hatte sich aber durch die Feuchtigkeit
so verzogen, dass sie gar nicht mehr richtig schloss.
Deshalb hatte ein findiger Kopf eine Schnur von dem Riegel
zum Wasserhahn gezogen, sodass sie halbwegs zu war. Wenn
man also auf dem Klo sass, und draussen wehte ein Lüftchen,
wurde die Tür etwa 10 cm weit aufgestossen, da der Strick
nicht gespannt war. Wenn man sich waschen wollte, rief man
eine Amah, die eine Zinkbadewanne brachte und einen Kübel
mit heissem Wasser. Wahrscheinlich ist das in England auch
so. Um 5 Uhr kam dann eine Amah und machte Feuer im Kamin.
Das ist dann sehr gemütlich, so gemütliche Möbel da stehen.
Aber wir sind ja auf dem besten Wege, gute Engländer zu
werden. Mit dem Essen ging es diesmal besser. Der Koch
empfing uns mit der Mitteilung, er habe für uns "Chicken"
und Rindfleisch. Mein Spass war also wirklich eine gute
Idee gewesen. Wir stellten an Hand des Gästebuches fest,
dass der neue Botschafter, Dr. Vogel, vor ein paar Wochen
im gleichen Zimmer wie wir gewohnt hatte.

Die Temperaturen waren nachts schön kalt, etwa 15 ° und wir
haben wundervoll geschlafen. Tomas hatte seine Decke bis
unters Kinn gezogen, nur Timmy wollte keine haben. Er ist

271

es noch nicht gewöhnt. Ich hatte ihm einen Schlafanzug aus
Flanell genäht, aber trotzdem hatte er kalte Händchen.
Tagsüber war es ein bisschen regnerisch und wir gingen viel
spazieren, was bei Tomas keine Begeisterung hervorrief, er
wollte wieder zu "meinem Auto" zurück.

Ausser uns wohnte noch eine englische Familie in dem Haus,
mit zwei Buben, 5 und 8 Jahre. Wie immer finden wir, dass
die Engländer einzeln so reizende Menschen sind, mit denen
man sich wirklich gut unterhalten kann.

Als es einmal zum Mittagessen Lamm gab, bekamen wir Steaks
auf dem Grill zubereitet, worüber C.W. ganz hin und her
gerissen war vor Freude. Das Essen selbst war nichts
besonderes. Aber je länger man in diesem Land ist, um so
weiter steckt man seine Ansprüche zurück und findet sich
mit vielem ab und schliesslich findet man dies sogar schön.

Für Tomas war alles ein aufregendes Erlebnis. In unserem
Zimmer lagen Teppiche auf dem Boden. Tomas stand etwas
ratlos davor :"Papa, was ist das für?" - "Das ist zum
draufgehen" - "Papa, wie geht man da drauf ?" - "Na, da
geht man halt drauf, das sind Teppiche, so etwas hat der
Opa auch". Worauf Tomas drauf lief, ins rutschen kam, mit
dem ganzen Ding durch das Zimmer segelte und mit dem Kopf
gegen den Nachttisch stiess. Dann zeigte er auf seinen
Regenmantel und sagte :"das Hemd will ich anziehen, wenn
wir spazieren gehen". Und als ich mir wegen der Kälte
Nylonstrümpfe anzog, war er so begeistert darüber, dass er
mir immer die Beine streichelte.

Tim sah aus wie ein dicker Bauernbub mit seinen langen
Hosen und Pullover, aber ich glaube fast, er fühlt sich
hier unten in der Wärme wohler und C.W. meinte auch, jetzt,
mit nur einer Windel bekleidet, sei er wieder der alte Tim.

Nächste Woche ist wieder Chinese Newyear. Gestern wurden in
Singapore die Tempel geöffnet und Geld unter den
Bedürftigen verteilt. Da es jedes Jahr sehr wüst dabei
zugeht, wird immer die Polizei geholt. Dieses Jahr kam sie
jedenfalls zu spät. Diejenigen, die ganz vorne an den
Gittern standen, wurden von den weiter hinten Stehenden
totgetreten, und viele, viele schwer verletzt. Chinesen
sind so geldgierig, dass sie alles andere darüber vergessen
und buchstäblich über Leichen gehen, um zu Geld zu kommen.

Thong glaubte uns darauf aufmerksam machen zu müssen, dass
es üblich sei, den Dienstboten zum Chinese Newyear einen
ganzen Monatslohn zu geben. Wir erkundigten uns und
erfuhren, dass dies keineswegs der Fall sei, manche täten
es im Zuge der Sozialisierung. Als wir ihnen sagten,
erstens könnten wir ihnen keinen vollen Monatslohn geben,
weil das für uns zuviel sei und zweitens hätten wir ihnen
doch gerade den ganzen Lohn weiterbezahlt, obwohl A-Chen
nicht gearbeitet habe. Meinte er : er habe aber sehr, sehr

schwer gearbeitet ! Und ausserdem bezahle man diesen Bonus
doch, wenn man mit seinen Dienstboten das Jahr über
zufrieden gewesen sei. Worauf C.W. ziemlich kühl sagte
:"mit A-Chen bin ich hunderprozentig zufrieden, sie ist
eine sehr gute Amah, aber mit Dir nicht besonders. Du
arbeitest gerade das allernotwendigste und was du nicht
sehen willst, machst du nicht". Darauf legte ich schon
Aspirintabletten bereit, aber kenne sich einer mit den
Chinesen aus, er hat nicht einmal gekündigt daraufhin. Er
hat sogar den ganzen Schlafzimmerboden gebohnert, aber
natürlich auch dabei wieder vergessen, die Ecken
sauberzumachen.

Der Botschafter will aus dem Gebäude mit dem unmöglichen
Liftboy, ausziehen und hat auch bereits die Bewilligung
dafür aus Bonn. C.W. wurde zur Begutachtung eines neuen
Hauses hinzugezogen und so fand sich ein schöner Neubau, in
wenigen Wochen beziehbar, mit vornehmer Einfahrt und
Parkplatz. Ich glaube, C.W. steht sehr hoch im Kurs bei
ihm. Ich kenne ihn leider immer noch nicht, aber C.W.
imponiert sein bestimmtes und sicheres Auftreten.

Die malayische Regierung hat einen offiziellen Brief an die
Botschaft geschrieben, dass sie C.W.'s Dienste in der
Föderation sehr schätzen und es doch sehr begrüssen würden,
wenn er noch länger bliebe. Worauf C.W. bei einer
Besprechung mit seinem Prinzipal, der das ganze veranlasst
hatte, sagte, das tropische Klima ohne Urlaub sei schon ein
rechter Schlauch. Darauf versprach Mr. Nair, er werde dafür
sorgen, dass C.W. jedes Jahr einen "leave" von 2 Monaten
bekommt. Unter diesen Umständen sieht eine Arbeit hier
natürlich anders aus. So wäre es eventuel möglich, dass wir
am 22.5. in Frankfurt landen. Dies als Vorfreude gedacht.

Tomas' Geburtstag wurde noch oben auf Fraser's Hill
gefeiert. Er bekam einen grossen Wagen zum ziehen mit
vielen bunten grossen Bauklötzen drin und ein paar kleinere
Spielsachen. Er hatte sehr viel Freude dran und bestellte
gleich fürs nächste Jahr ein Fahrrad. Ob er jetzt mit 4
Jahren endlich vernünftiger wird ? Wenn ich mir vorstelle,
das Tim auch mal so wird... ?! Aber es ist schon gut so,
eine Familie ohne Kinder ist gar keine. Das stellen wir
fast täglich fest.

Und damit, liebe Familie, für heute genug und schreibt uns
bald

Euer Coco

10-2-59

Liebe Eltern und Schwiegereltern,

Chinese Newyear ist vorbei und alle Chinesen sind um ein
Jahr älter. Als ich A-Chen am Sammstag Abend fragte, wie
alt sie jetzt sei, sagte sie, 24 Jahre. Und Morgen ? Morgen
sei sie 25. "Siehst du," sagte ich triumphierend zu C.W.,
der es noch immer nicht ganz glauben wollte. Da rief A-Chen
aus der Küche :"und der A-Ming ist jetzt 2 Jahre alt". Als
wir in herzliches Gelächter ausbrachen, sagte sie, wir
dürften nicht darüber lachen, es sei so, aber sie konnte
selbst nicht ganz ernst dabei bleiben. Ich habe
festgestellt, dass das chinesische Neujahr zeitlich mit
unserer Fastnacht zusammenfällt, es wird auch nach dem Mond
berechnet. Es fällt jedes Jahr mit dem Ende unserer
Fastnachtszeit, dem Aschermittwoch, zusammen und ist eine
einzige Gaudi. Mit Knallfröschen, als Drachen verkleideten
Männern, Tanz und Fröhlichkeit. Das Ganze kostet unheimlich
viel Geld, da jeder viel davon verschenken muss. A-Chen zum
Beispiel, muss allen ihren Brüdern, und soweit sie Familie
haben, deren Kindern, Geld in einem roten Umschlag
schenken. Wenn sie das nicht tut, verliert sie ihr Gesicht.
Als C.W. den Film für Euch zur Post brachte, musste er
diesmal sehr lange warten, weil da unheimlich viele
Chinesen mit ihren roten Briefumschlägen in einer langen
Schlange vor dem Schalter standen. Über diese Geldgier habe
ich ja schon berichtet. Es ist fast ekelhaft.

Für mich persönlich war Chinese Newyear kein Vergnügen, wir
hatten unseren Dienstboten 2 Tage frei gegeben. Ich machte
deshalb natürlich alles selber, vom Betten machen bis zum
Geschirrspülen. Aber die leichteste Hausarbeit wird hier
zur körperlichen Schwerarbeit. Ihr könnt Euch das sicher
nicht vorstellen, aber ich habe in der Küche fast genauso
geschwitzt wie bei Timmys Geburt. Mir lief das Wasser
buchstäblich übers Gesicht. Heute sind sie wieder da, aber
A-Chen, die Perle, hat zu fett gegessen und ganz
offensichtlich Leibschmerzen. Alle paar Monate bekomme ich
mal einen grossen Rappel und möchte am liebsten alle meine
Servants entlassen, weil sie mir das Haus nicht sauber
genug halten, aber dann, wenn sie wiederkommen, ist die
ganze Wut verraucht. Und wenn ich dann noch sehe, wie das
arme Ding sich krümmt vor Schmerzen, kann ich gar nichts
sagen und ihr nur eine Wärmflasche in die Hand drücken.

A- Chen ist am Abend vor dem Fest von einem Tausendfüssler
gebissen worden. Halb weinend vor Schmerzen sass sie auf
dem Boden und jammerte. Aber plötzlich sagte sie : "Weisst
du, Mem, es ist nur gut, dass ich ihn totgemacht habe,
jetzt kann er mir nichts mehr tun. Wenn ich ihn nämlich
laufen lasse, geht er fort, auf einen Baum und beisst immer
in den Stamm, und jedes Mal, wenn er heineinbeisst, habe
ich dann fürchterliche Schmerzen. Und er macht dies
tagelang !". Als ich mir daraufhin erlaubte herzlich zu

lachen, sagte sie :"Lach nicht, Mem, du weisst das nicht,
ihr habt solche Tiere nicht in Europa.".

C.W. ist sehr damit beschäftigt, eine Reise in die Schweiz
für uns beide auszuarbeiten. Wir wollen gerne einen Urlaub
von etwa 2 Wochen mit Wanderungen machen. Es wird uns
sicher sehr, sehr gut tun. Dürfen wir die Kinder dann bei
den diversen Grosseltern lassen ? Wir freuen uns überhaupt
schon so auf unsere Ferien zu Hause, dass wir fast nur mehr
davon sprechen.

Liebste Mutti, ich würde mich natürlich sehr darüber
freuen, wenn ich diesmal wirklich das schon so lange
versprochene Kochbuch aus Österreich bekäme. Aber bitte,
kein Elementar-Baby-Kochbuch, sondern eines mit Anregungen,
was man alles machen kann. Ich wollte auch nicht 150
Rezepte für Schweinefleisch, sondern 3 oder 4. Ausserdem
kommt noch hinzu, dass das Fleisch hier ganz anders
geschnitten wird. Ich wollt halt gerne wissen, was man noch
alles vom Schwein kaufen kann, ausser Filet und Braten.

Wie lange werdet Ihr in Österreich bleiben ? Hoffentlich
wirst Du mir diesmal ein paar Karten schreiben, es brauchen
wirklich keine Briefe zu sein, aber wenigstens ein
Lebenszeichen. Nicht so wie im Herbst, als Ihr für mich 4
Wochen oder länger richtiggehend verschollen wart ! Ich
mache mir ja auch Sorgen um Euch wenn Ihr nicht schreibt .

Eben kommt der Brief von der Omi, vielen Dank dafür. Mein
Mutterherz ist empört (im Spass natürlich), der Tim ist
nicht zu fett !! Sie schreibt, er würde sicher bald laufen
können, wenn er nicht so dick wäre ! Er ist schrecklich
stark und sieht nur auf den Bildern so gedrungen aus. In
einem hast Du aber recht, Omi, wenn er erst mal richtig
laufen kann, muss man die ganze Zeit auf ihn aufpassen. Er
reisst jetzt schon alles herunter. Auf Fraser's Hill
neulich, habe ich ihn im Zimmer herumkrabbeln lassen. Er
arbeitete sich am Tisch hoch und holte ein Tablett mit
Dosen und Flaschen herunter und als ich ihn von dort
verjagte, zog er eine Tischlampe von der niedrigen
Fensterbank. Unglücklicherweise war das so ein komisches
Glasgebilde mit rosa Wasser gefüllt. Er hatte natürlich
eine Riesenfreude, als alles um ihn herum schwamm.

Die neueste Neuigkeit in Malaya : der Tengku hat abgedankt,
Johoho. Plötzlich und ganz unerwartet aus etwas
rätselhaften Gründen. Im Radio hiess es, er sei überlastet
von den vielen Parties, auf die er immer gehen müsse und in
der Zeitung stand, dass er sich jetzt intensiver mit dem
Wahlkampf befassen könne. Irgendwie ist es aber doch
komisch. So plötzlich von heute auf morgen.- Gestern abend
besuchten wir auf einen Sprung Familie Lörky und Herr
Pallasch, der auch da sass, empfing uns sofort mit den
Worten :"wissen Sie, wo Putschi ist ?- Nein ? Niemand
weiss, wo Putschi ist, er ist einfach verschwunden !"

Worauf C.W. fragte :"Putschi ? Wer ist das, der Tengku ?"
Putschi ist der Hund von Herrn Pallasch. Auf C.W.'s Frage
lief der rot an und befürchtete wieder diplomatische
Verwicklungen. Nur Herr Lörky, vom gleichen Kaliber wie
C.W., meinte, der Tengku habe sich um die ausgeschriebene
Stelle als Gastwirt auf Cameron Highland beworben, darum
sei er von den Regierungsgeschäften zurückgetreten. Obwohl
dieses Gespräch sozusagen auf deutschem Boden mit nur
deutschen Teilnehmern stattfand, wand sich der Herr
Legationsrat zum Vergnügen aller Übrigen, aus Angst vor den
von ihm ewig zitierten "diplomatischen Verwicklungen".-

Das wäre es wieder einmal. Schreibt uns bald wieder und
seid herzlichst umarmt von Eurer

Beate

22-2-59

Liebste Eltern und Schwiegereltern,

vielen Dank für die beiden Briefe von meiner Mutti vom
10.2. und vom 11.2. Ihr seid ja jetzt schon in Gallspach.
Übrigens gut, dass Du mich an die Strohhüte erinnert hast,
wir schicken sie morgen oder spätestens übermorgen ab. Bis
Ostern werden sie dann wohl kaum noch ankommen, aber es
macht doch hoffentlich nichts. In der Aufregung der letzten
Wochen, ging es ein bisschen vergessen. Und das Gefühl für
die einschneidenden Feiertage, wie Ostern es ist, haben wir
völlig verloren.

Hier im Hause werden einige Neubesetzungen beim Personal
vorgenommen. Ah-Chen war so "krank", dass sie kaum mehr
arbeiten konnte und sich nur mehr in ihrem Zimmer aufhielt.
Thong tat fast gar nichts mehr und erzählte, wie hart er
doch arbeiten müsse und ich ärgerte mich täglich über
ungeputzte Fussböden, dreckige Fenster usw. So beschlossen
wir, den Herrschaften zu kündigen. Thong machte mir die
Sache sehr leicht, indem er Aufträge, die ich ihm gab,
einfach überging. Ich sagte ihm, er solle die Fenster
putzen, darauf schaute er mich an, als verstünde er nicht
und machte "ha?". Am Nachmittag fuhr er in die Stadt, ohne
sich abzumelden und da wurde es uns einfach zu viel. Wir
versammelten sie um uns und erklärten Thong, es sei besser,
wenn er sich einen anderen Job suche. In mir hatte sich der
ganze Ärger der letzten Woche aufgestaut und ich war ein
bisschen sehr "europäisch". Das heisst, recht ziemlich
erregt. Warum er die Fenster nicht geputzt habe ? Worauf er
meinte, er habe sich gedacht, dass er das besser morgen
mache, und so ging das mit jedem Vorwurf weiter. Als ich
ihm schliesslich vorwarf, das Haus sei schmutzig, meinten
beide ganz erstaunt, aber nein, Mem, das Haus sei sauber !
Schliesslich sagten wir Ah-Chen, sie könne als Koch- und
Baby-Amah bei uns bleiben, für 120 Dollar und wir nehmen
eine 2. Amah für die Wäsche und das Haus, die bekommt dann
100 Dollar. Prompt kam dann auch : "Master, gib mir 130
Dollar oder das ganze Gald und ich mache alles !" Darauf
liessen wir uns natürlich nicht ein und so verblieben wir
so, dass Thong sich einen Job sucht und wenn er, so schnell
wie möglich, einen gefunden hat, kommt eine neue Amah.
Üblicherweise arbeiten gekündigte Leute fast gar nichts
mehr. Unsere waren noch nie so fleissig wie nach dem Krach.
Sie wurde über Nacht wieder gesund und er arbeitete
überfreundlich, etwas mehr als sonst. Und dabei blieb es
dann. Er tat nichts, um eine neue Stellung zu finden und
ich glaube, seine Absicht war es, alles beim Alten zu
belassen. Er wird sicher nie wieder einen so "ruhigen" Job
finden, das weiss er ganz genau. Nachdem er nach einer
Woche noch immer nichts getan hatte, um etwas zu finden,
eröffneten wir ihm, dass am 1.März hier eine malayische
Amah anfangen würde. Das war nicht ganz aus der Luft
gegriffen, da wir eine ganz reizende Malayin aus der

Nachbarschaft gefunden hatten, die gerne bei uns arbeiten
wollte. Er nahm es zur Kenntnis, berichtete es Ah-Chen, die
sofort hereinstürzte und sagte :" Mit einer Malayin arbeite
ich nicht. Ich mag keine Malayen, die sind schmutzig.
Bitte, Mem, lass mich eine Freundin finden, die mit mir
arbeitet, ich finde ganz bestimmt eine. Wenn du eine
Malayin hierher holst, gehe ich weg, ich mag Malayen
nicht."- Ah-Chen hatte sich in den letzten Tagen sehr
gebessert. Sie fütterte wieder den Tim, machte alle Arbeit
in der Küche und plötzlich brauchte sie auch gar nicht mehr
so viel Zeit für ihre eigenen Kindern, so dass wir meinten,
es sei doch besser, sie zu behalten, als jetzt einer
Malayin kochen beizubringen. So zog Ah-Chen auf die Suche
nach einer Freundin. Thong musste nun herumfahren und diese
"Ladies", wie er die Amahs in seinem Pidgin-englisch
bezeichnet, fragen, ob sie für 100 Dollar in die Syers Road
kommen wollen. Der einen Lady war es zu weit weg von der
Stadt, sie müsse dann immer so viel Geld für Taxis
ausgeben. Dabei fährt ein paar hundert Meter von hier ein
Autobus in die Stadt ! Der anderen passten die 100 Dollar
nicht. Gestern fand Ah-Chen nun eine, die ganz in unserer
Nähe wohnt und in der Nachbarschaft gearbeitet hat. Sie
sieht ganz passabel aus, etwa 27 Jahre alt - sie wissen
selber nie genau, wie alt sie sind - und wird am 1. hier
anfangen. Sie heisst Ah-Yeng.

Der zweite Personalwechsel ist der Kabuhn. Wir werden
ebenfalls am 1. einen jungen malayischen Gärtner bekommen,
von dem wir wissen, dass er gut arbeitet, und zwar für 35
Dollar. der alte, den wir jetzt haben, hockt meist im
Schatten und raucht. Wenn es regnet, sitzt er in der
Garage, wartet bis seine Arbeitszeit um ist und geht dann
nach Hause. Ah-Chen hatte Mitleid mit dem "armen alten
Mann" und hat jeden Mittag für ihn gekocht, dafür hat er
C.W.'s sämtliche Taschentücher mitgehen lassen und Ah-Hengs
Spielhöschen, wahrscheinlich für seine Kinder. Jetzt läuft
der Chines immer nackt rum.

Vor ein paar Tagen kam die "Comet 4" von der BOAC nach K.L.
Sie machte hier Testflüge. Wir fuhren natürlich zum
Flugplatz. So etwas ist immer ein gesellschaftliches
Ereignis und es waren entsprechend viele Leute da. Die
Maschine selbst ist einfach toll. Fast völlig geräuschlos
kurvte sie erst ein paar Mal über der Stadt, bevor sie zur
Landung ansetzte. Das war grossartig anzusehen, die Comet
brauchte etwa die Hälfte der Rollbahn, also nicht mehr als
eine gewöhnliche Maschine. Dann stand sie eine Stunde auf
dem Airport und war zur Besichtigung freigegeben. C.W. und
Tomas gingen hinein, während Tim und ich draussen blieben
und uns den Vogel von dort ansahen. C.W. hat nur leider
nicht sehr viel gesehen, weil Tomas eine schreckliche Angst
hatte, sie könne jetzt wegfliegen. Der Start nachher war
nicht minder schön als die Landung. Wieder etwa auf der
halben Rollbahn hob die Maschine ab und stieg sofort in
einem Winkel von fast 45° auf. Alle Ängste sind über Bord

geworfen - wir möchten auch mit dem Vogel fliegen. Er wird
auf der Fern-Ost Strecke am 4. Juni das erste Mal
eingesetzt und dafür wird die Britannia nur mehr nach
Afrika fliegen. Die Reise geht mit der Comet viel schneller
vonstatten und das ist das Verlockenste an dem Flug.

Tomas hat gerade eine leichte Angina überstanden. Wenn es
hier länger nicht regnet, wie es gerade im Moment der Fall
ist, treten Fälle von Angina oder leichterer Halsentzündung
öfter auf. Leider hat es der Tim jetzt auch bekommen. Wir
hatten ihn heute Nacht mit seinem Bettchen in unserem
Zimmer - ein Privileg kranker Kinder - und weil er immer
gehustet hat, habe ich ihn zu mir ins Bett genommen. Ich
bin aber nicht sehr glücklich dabei gewesen. Er machte sich
so breit, lag mitten im Bett, alle Viere von sich
gestreckt, selig, und schob mich völlig an den Rand.
Zwischendurch boxte er mich in den Rücken, also, viel habe
ich nicht geschlafen. Da unsere Kinder grundsätzlich nur
übers Wochenende krank werden, war unglücklicherweise Amahs
day-off und wir ganz alleine. Die Ärztin vom Dienst war
über Umwege zu erreichen, Gott sei Dank eine Engländerin.
Eine Andere wäre trotz "Dienst" nicht an einem Sonntag
gekommen. Sie fuhr mit ihrem Mann vor. Er ist ebenfalls
Arzt und da er auch zufällig Dienst hatte, sass er ernst
und steif in der grössten Mittagshitzer im weissen Hemd mit
Krawatte am Steuer. Er taute - bildlich gesprochen - erst
auf, als C.W. ihm ein Bier anbot. Sie hatte eine
geflochtene Einkaufstasche in der sich eine Flasche
Hustensaft, eine Schachtel Penicillintabletten, ein paar
Schächtelchen mit Pülverchen und Sälbchen, ein Stetoskop
und eine Taschenlampe befanden. Sie gab uns ein paar Unzen
Hustensaft, ein paar Tabletten und sie bekam von uns einen
Orangensaft. Danach fuhren sie wieder fort.

Morgen zieht Familie Lehey in das Nachbarhaus. Wir sind
schon gespannt, ob sie nett sind oder ob wir weiter
bedauern werden, dass Merrifields fort sind. Am schlimmsten
ist es ja für Tomas, dass sein Clive nicht mehr da ist.

Das Papier ist zu ende, für heute herzlichste Grüsse von
euren Malayen und besonders von eurem

Coco

1-3-59

Liebste Eltern und Schwiegereltern,

heute ist bei uns Dienstbotenwechsel. Gestern abend
erschien die neue Amah Ah-Yeng und wie alle neuen Amahs,
zeichnete sie sich sofort durch eine Besonderheit aus : sie
putzte unaufgefordert die völlig verdreckten Fenster im
Amahtrakt. Thong wurde gestern endgültig "fired", auf
deutsch : rausgefeuert, nachdem er wiederum ohne ein Wort
nachmittags wegfuhr und erst am nächsten Abend wiederkam.
Ah-Chen war halb krank vor Angst - ich glaube, sie hat
Angst, er könne fortgehen und sie müsse dann allein für die
Kinder sorgen. Sie erzählte mir, man liest immer in der
Zeitung von Männern, die in den Djungel verschleppt und
dort bis zur Unkenntlichkeit zerhackt liegengelassen
werden. Als wir sagten, der liegt in einem Strassengraben
und schläft seinen Rausch aus, schüttelte sie den Kopf und
sagte, das täte er nicht. Er sei sicher krank, oder
ermordet oder mindestens schwer verletzt im Krankenhaus und
niemand wisse, wie man sie, Ah-Chen, verständigen könne,
weil er nicht polizeilich in der Syers Road gemeldet sei.
Sie führte lange Telefongespräche mit Freunden in der
ganzen Stadt und plötzlich erschien ein strahlender Thong.
Er kam lächelnd zu mir und sagte :"Mem, sorry, aber ich bin
nach Kluang gefahren". Das ist eine Stadt in der Nähe von
Singapore. Ich sagte, wir hätten ein Telefon. "Ja, Mem, du
musst wissen, von Kluang nach K.L. telefonieren kostet 3
Dollar. Ich hoffe, du wirst das verzeihen." Ich sagte ihm,
der Master sei böse, er wolle ihn nicht mehr sehen. Er habe
nun lange genug meine Gutmütigkeit ausgenützt und ich hätte
keine Lust mehr, mich für Thong einzusetzen.- Ich bin
überzeugt davon, dass die Chinesen uns im Grunde genommen
gar nicht leiden können. Soweit alles gut geht, ja. Aber so
wie irgendetwas nicht nach ihrem Kopf geht, hassen sie uns.
Und das hat seinen Grund in der Kolonialherrschaft der
Engländer, die von den Chinesen früher als die "rothaarigen
Teufel" bezeichnet wurden. Ich habe vor ein paar Wochen ein
Buch gelesen von der eurasischen Schriftstellerin Han
Suyin. Es ist eine Geschichte die 1950 in Malaya spielt,
also noch in den letzten Jahren der Kolonialherrschaft. In
diesem Buch wird die ganze Problematik der englischen
Kolonialpolitik deutlich. Und dabei ist mir klar geworden,
wie die Chinesen in Wirklichkeit über uns Europäer denken.
Und so verhielt sich auch Thong, der ganz beleidigte Würde,
ohne ein Wort zu sagen, verschwand. Die Chinesen sind ja so
clever ! Und falls er versuchen sollte, nun Ah-Chen mit
sich zu ziehen, so soll er es von mir aus tun. Wir werden
sicher keine neuen Chinesen einstellen, sondern es diesmal
mit Malayen versuchen.

Als ich nun heute morgen meine beiden Amahs an der Hand
nahm und ihnen zeigte, was alles wie saubergemacht werden
muss, hättet Ihr mal das beleidigte Gesicht von Ah-Chen
sehen sollen. Sie erklärte mir glatt ins Gesicht, sie sei

jetzt eine Koch-Amah, und die würden nicht sauber machen.
Ich sagte, dass mich das nicht interessiert, wer was macht,
aber da ihre Freundin nur malayisch spricht, müsste sie es
ihr sagen. Ah-Chan war so eingeschnappt, dass sie ein paar
Stunden nicht mehr mit uns sprach. Inzwischen hat sie mir
wieder verziehen, aber glaubt ja nicht, dass inzwischen
alles sauber sei. Saubermachen der unteren Räume geschieht
nämlich immer morgens um 8 Uhr und ich hatte es ihnen erst
um 9 Uhr gezeigt, als sie schon "fertig" waren.

Die erfreulichere Veränderung ist der Kabuhn. Der alte, als
wir ihm gestern sagten, er brauche nicht mehr zu kommen,
erklärte, er müsse 2 Wochen Kündigungsfrist haben, sonst
ginge er aufs Arbeitsgericht. Das ist auch so eine neue
Errungenschaft der Unabhängigkeit. C.W. liess ihm sagen,
wenn nicht sofort die verschwundenen Gegenstände, wie 2
Einkaufstaschen, Taschentücher und Kinderhöschen wieder
auftauchten, ginge er zur Polizei. Darauf zog er tief
gekränkt vondannen. Er tat mir schrecklich leid, der arme
alte Scheisser, aber C.W. behauptet, er habe die Sachen
bestimmt genommen. - Nun erschien der junge Malaye heute
Mittag, um sich im Garten umzusehen. Er sagte, er käme
nicht zu einer bestimmten Arbeitszeit, er käme morgens oder
abends, wenn es kühler sei. Ausser bei uns arbeitet er noch
bei Mr. Iron, einer unserer Nachbarn, ganz reizende Leute.
Als er das Auto sah, fragte er, wer das wäscht, worauf C.W.
sagte :"du. Wieviel willst du dafür haben ?" -"10 Dollar,
Tuan." Und dann ging er freundlich lächelnd nach Hause.
Nach 2 Stunden, es ist inzwischen etwas kühler, erschien er
wieder und arbeitet jetzt wie ein Wilder. Besagter Mr. Iron
hatte uns, als wir ihn nach einem Gärtner fragten, seinen
eigenen empfohlen. Er wohnt in Iron's Garage - es ist da
noch ein Raum vorhanden - mit seiner Frau und drei Kindern.
Er ist freundlich und lächelt immer, wie alle Malayen.

Gestern fuhr ich mit einem Taxi aus der Stadt nach Hause,
einen Malayen am Steuer. Als wir an einen Zebrastreifen
kamen, wollte dort auch gerade eine malayische Familie über
die Strasse gehen. Das Taxi hielt an um die Familie, den
Vater, seine Frau und drei Kinder die Strasse überqueren zu
lassen. Die wiederum trauten sich nun nicht zu gehen. Da
rief der Chauffeur :"Vole, vole, vole." Dieses Wort ist aus
dem hindu übernommen worden und heisst soviel wie geh, oder
fahr. Nun machte der malayische Familienvater eine
Handbewegung und rief seinerseits :"vole, vole, vole, ah !"
- der Taxichauffeur : "ah, vole, vole, vole, lah !" - Der
Vater :"vole, vole, ah !" - Der Taxichauffeur, immer
lächelnd und geduldig :"vole, vole, ah !" Da kam
schliesslich von hinten ein Chinese und schob die ganze
malayische Gesellschaft über die Strasse und rief :"Ah,
vole, vole, vole." Könnt Ihr Euch so etwas in Deutschland
vorstellen ? Mein Taxichauffeur lachte noch 50 m weiter
über die Episode.

C.W.'s Ausstellung ist ein Riesenerfolg. Entschuldigt, dass
dies erst so mitten im Brief erwähnt wird. C.W. lacht schon
immer über meine Amahgeschichten an erster Stelle. Er hat
ja nicht ganz unrecht, es hat mich heute wieder einmal am
meisten berührt. Das soll aber nicht heissen, dass mich die
Ausstellung nicht interessiert. Euch alle Einzelheiten zu
schildern, wie diese Ausstellung nun endlich das wurde, was
sie ist, ist unmöglich. Das muss man einfach erzählen,
damit man auch die stupiden Gesichter der Beteiligten
wiedergeben kann. Nun, C.W. hat so ungefähr alles selber
machen müssen. Es war eine Ausstellung, die die Studenten
veranstaltet haben, aber sie kamen den ganzen Tag hilflos
zu C.W. gerannt und wussten nicht, was sie machen sollten.
Wie C.W. schon geschrieben hat, wurde das College bei der
Arbeit gezeigt. So etwas hat man hier überhaupt noch nicht
gesehen. Die einzelnen Abteilungen zeigten ihre Arbeiten.
Die Physiker hatten sich sogar, trotz C.W.'s Protest, ein
Modell von einem Sputnik und einem amerikanischen Explorer
ausgeliehen. Das war ein Riesenerfolg. Gestern waren über
800 Besucher da und heute vormittag bereits wieder gegen
500. Zum Anlass des gestrigen feierlichen Graduationsday
waren auch der Erziehungsminister und der Board of
Governers, so etwas wie ein Aufsichtsrat des Colleges, da.
Einer der Mitglieder des Boards, ein Inder, interessierte
sich sehr für C.W., seine Arbeit und die Erklärung, man
könne hier durchaus kühle, den Tropen angepasste Häuser
bauen. Einige der englischen Gäste und natürlich auch
Charmian Posener übersahen C.W. völlig, weil er als
Einziger mit offenem Sporthemd ohne Krawatte gekommen war.
(Um 4 Uhr nachmittags bei 33 Grad !) Die Europäer
erschienen tatsächlich in Anzug mit Krawatte, ein wahrhaft
ästhetischer Anblick, wie sie sich dauernd den Nacken mit
dem Sacktuch trockenwischten, und die Anzüge feucht an
ihnen schlotterten, als ob sie durch eine Sauna gingen. Es
wurde erwogen, die Austellung länger zu zeigen als
vorgesehen. Mr. Nair, der Principal, strahlte über sein
dunkles Gesicht. Wie Ihr wisst, besteht eine Rivalität
zwischen der Uni und dem College und es ist ein gutes
Aushängeschild für sein College gewesen.

Gestern lief ganz ruhig und seelenvergnügt ein Aff durch
unseren Garten. Als wir auf ihn aufmerksam wurden, sah er
sich einmal um und verschwand dann langsam in den Büschen.

Unsere beiden Kinder haben ihre Mandelentzündung gut
überstanden, wenn man von den laufenden Nasen absieht. Wir
haben uns langsam Gedanken gemacht, wie wir nun die
Grosseltern in Eberstadt benennen sollen, und ich dachte,
da die Namen "Opa" und "Oma" bereits an den Hölderlinweg
vergeben sind, und um keine Verwirrung hervorzurufen, bei
den in der Familie Triebnigg traditionellen Namen
"Grossmama" und "Grosspapa" zu bleiben. Ihr hattet uns doch
im Sommer von Eurer Italienreise Bilder geschickt. Die
liegen immer in meiner Schreibtischschublade und werden oft
angesehen. Als wir neulich beim Ansehen dieser Bilder eben

diese Namen diskutierten, zeigte Tomas auf das Bild von
Vati und sagte :"Gell, das ist mein grosser Papa ?" Tomas
kann übrigens schon recht gut lesen. Natürlich nur die
einzelnen Buchstaben. Zum Beispiel "Tomas". Dann
buchstabiert er T for Tomas, O for orange, M for mammy, A
for apple, S for sun. Nur mit dem G,'D,B kommt er noch nicht
so ganz klar. Aber da es ihm Spass macht, ist es auch nicht
zu früh für ihn, das alles zu lernen. Wenn er uns aus
irgendeinem Grund ärgern will, hat er eine fürchterliche
Drohung : er geht weg, dreht sich auf halbem Weg um und
sagt :" Ich schreie, wenn du mich in den Kindergarten
bringst !!!"

Timmy kann sehr lieb "Mama" sagen, und noch ein Wort, sehr
ausgeprägt und deutlich. Lieber Opa am Hölderlinweg, bekomm
jetzt keinen Schreck : wenn ihm etwas nicht passt, sagte er
"nein, nein, nein" und schüttelt den Kopf dabei. Es fing
damit an, dass er abends beim spielen in unserem Bett immer
an den Drähten der Nachttischlampen ziehen wollte. Wir
riefen beide immer warnend "nein, nein, nein". Nach ein
paar Tagen rief er dann, wenn er die Drähte der
Nachttischlampen sah, strahlend :"nein, nein, nein !". Das
mit dem Kopfschütteln hat er natürlich von jemand anderem.
Aber derjenige andere ist ein sehr liebes Kind. Heute
hatten wir das Ehepaar Loerky zu Besuch zum Kaffee und
Tomas zeigte sich von seiner besten Seite. Loerkys sind,
wie schon berichtet, reizende Leute, nur ist er ein
schrecklicher Hypochonder, der immer das Schlimmste kommen
sieht und immer Geschichten von Leuten erzählt, die an ganz
harmlosen Krankheiten zugrundegegagen sind. Er selbst ist
auf diese Weise mehrmals dem Tode entronnen. Aber ganz
abgesehen davon, sind sie wirklich liebe Leute.

Charmian, im 3. Monat, trägt bereits Umstandskleider.
Offensichtlich will sie meine Kleider nachahmen, was aber
völlig daneben ging. Man könnte meinen, sie habe ein
Nachthemd an und sei bereits im 8. Monat.

Vom Hölderlinweg kam eine Zeitungssendung, die wir bereits
wieder verschlungen haben. vielen Dank dafür.

Für heute seid wieder einmal herzlichst umarmt von Eurem
Coco

10-3-59

Liebste Eltern und Schwiegereltern,

Wir sind am letzten Wochenende wieder in Port Dickson
gewesen. Dabei muss ich noch schnell Stellung nehmen zu
Euren Bedenken über diesen Ort. Ihr meint alle, es sei dort
ungesund und es wäre besser, nach Frasers Hill hinauf zu
fahren. Das stimmt nicht ganz. In Port Dickson geht
zunächst immer ein frischer Wind, man sitzt nie direkt in
der Sonne (das machen nur Neuankömmlinge und Menschen mit
Lederhaut) und in der Nacht wird es so kühl, dass man
unbedingt eine Decke braucht. Es ist schon eine Erholung
und ich persönlich, aber ich glaube wir alle, ziehen es
Frasers Hill vor. Das soll aber nicht heissen, dass wir
nicht trotzdem wieder auf den "Berg" fahren. Wir werden
halt immer so abwechseln.

Mr. Chilliai, der Besitzer von Si-Rusa, vermietet 2 Meilen
weiter noch einmal ein paar Häuser. Sie liegen direkt an
einer Steilküste, ganz einsam. Dies reizte uns, da in Si-
Rusa selbst den ganzen Tag die Musikbox Rock'n Roll spielt.
Und darum haben wir diesmal eines dieser Häuser gemietet.
Der Koch, beziehungsweise das Essen, das er kochte, war
ganz passabel, aber es war so schrecklich einsam und still,
dass wir jeden Abend zu Mr. Chilliai fuhren, um dort einen
zu heben. Die Trinkerei wurde sehr billig, da wir immer
eingeladen wurden. Seitdem wir auf seiner Sivesterparty
waren, zählen wir zu seinen Freunden. Und nachdem wir ihm
auch noch die Fotos von der Party geschickt haben, sind wir
seine besten Freunde. Er sucht und findet gerne einen Grund
zum picheln und so hiess es immer, so oft wir auftauchten
:"you have a drink with me." Seine Frau besuchten wir auch.
Sie macht immer grössere Fortschritte in ihrer Gesundung.
Sie kann schon wieder alleine aufstehen. Es ist immer recht
lustig, weil sie kein englisch versteht und so gar nicht
weiss, was er alles sagt. Er redet so hin und her über sie,
und sagt dann, ein Mann, der es 30 oder sogar 40 Jahre mit
seiner Frau aushält, sei ein Gott. Er sei jetzt bald 40
Jahre verheiratet.

Die Steilküste war zum baden herrlich, am schönsten morgens
und abends. Das Wasser ganz klar und wunderschöner, feiner
Sand. Nur waren wir eben so schrecklich allein. In Si-Rusa
hat man immer etwas zu sehen. Man braucht sich gar nicht
mit anderen Leuten zu unterhalten, aber man kann so viele
beobachten und ein bisschen lästern. Das nächste Mal gehen
wir wieder an den alten Platz. Wir hatten diesmal Ah-Yeng
mit. Obwohl ich alles selbst machen musste, war sie eine
Hilfe, denn sie konnte auf Timmy aufpassen. Aber selbst da
fiel ihr nichts besseres ein, als ihn immer nur in seinem
Wägelchen herumzufahren, sogar im Zimmer. Ich glaube nicht,
dass er sehr glücklich dabei gewesen ist. Er ist froh, dass
er wieder zuhause ist. Hier darf er auch mal am Boden
spielen. Nur im Auto wird er ein richtiges Ekel, gar kein

"Reisebaby" mehr. Er jammert und schreit und will an allen
Türgriffen spielen. Wir werden viel Freude im Fugzeug mit
ihm haben ! Er ist jetzt so ungefähr im blödesten Alter für
Reisen. Ich spiele mit dem Gedanken, ihn mit Schlafpulver
leicht zu benebeln.

Wir haben ihm jetzt schon ein paar von den üblichen
albernen Scherzen beigebracht. Zum Beispiel, wenn man
"backe, backe Kuchen " singt, klatscht er in die Hände,
macht "Winke, winke" und klatscht sich mit der flachen Hand
auf den Mund usw. Es ist sehr lustig ihn zu beobachten.
Wenn man ihm etwas vormacht, schaut er ganz ernst zu, ohne
Bewegung. Auf einmal sieht man förmlich den Groschen
fallen, er lacht und macht alles nach.

Gestern abend hatten wir eine Neuerscheinung hier, den
Ingenieur von Mercedes Benz. Herr Schubert, so heisst er,
war 2 Jahre in Singapore und wurde jetzt hierher geschickt.
Er wohnt ebenfalls in der Syers Road und man hat ihm
angemerkt, wie sehr er sich gefreut hat, wieder einmal
deutsch zu sprechen. Er erzählte uns recht interessante
Dinge, zum Beispiel, dass alle Sultans in Malaya nur
Mercedes fahren, die meisten haben 2-3 Stück, einige fahren
den 300 er. Auch das, was wir auch schon gesehen haben,
dass irgend so ein Stinkbudenbesitzer, der mit dem Hemd
über der zerrissenen Hose in seinem Laden auf Strohsäcken
sitzt und Makan in sich hineinschaufelt, vor der Tür den
neuesten Mercedes 220 stehen hat. Ein Taxiunternehmer in
K.L., ein Inder, dem man, wenn man ihn auf der Strasse
sieht, 20 cent schenken möchte, weil er so arm aussieht,
hat 16 Mercedes 180 D laufen, alle bar bezahlt.

Morgen Abend sind wir beim Botschafter zum Essen
eingeladen. Ich bin schon schwer gespannt darauf. Aber am
gespanntesten ist wohl C.W. auf die Töchter, haha ! Frau
Loerky sagt, sie seien ein bisschen reizlos. Hoffentlich
gibt es keine zu grosse Enttäuschung für den armen Mann !

Für die Malayen beginnt jetzt wieder ihr Fastenmonat. Aber
erst müssen sie den Mond gesichtet haben. Da sie ihn nun
gestern, infolge des Regens nicht sehen konnten, fängt der
Fastenmonat erst morgen an. Sie dürfen dann einen Monat
lang tagsüber nichts essen, erst bei Dunkelheit und vor
allem, nur halbtags arbeiten. Für das College, in dem nur
Chinesen und Inder lehren und studieren, bedeutet das, dass
der Schulbetrieb nur mehr morgens stattfindet. Am Ende
dieses Monats, der entsprechende Tag heisst "Hari Raya",
steigen die Malayen auf den Penang Hill und schauen nach
dem Mond aus. Sehen sie ihn, wird gefeiert und sie dürfen
wieder essen. Sehen sie ihn nicht, wiederholen sie den
Aufstieg am nächsten Tag noch einmal. Wird er dann immer
noch nicht gesichtet, fangen die Feierlichkeiten trotzdem
an.

In den letzten 4 Wochen hatte es nicht ein einziges Mal
hier geregnet. Es war eine furchtbare Trockenheit und
grosser Wassermangel. Habt Ihr schon mal von trockenen
Tropen gehört ? In Europa würde man sagen, das sind die
Atombomben. Jedenfalls gab es kaum noch Wasser und in
mehreren Stadtteilen war es rationiert. Bei uns noch nicht,
da wir in der Nähe der Pumpe wohnen. Inzwischen haben die
Regenfälle wieder eingesetzt und alles atmet auf.

C.W. hat Ärger mit dem Trödelladenbesitzer Herrn Kuo, für
den die Planung eines Architekten keine Arbeit ist und der
erst zahlen will, wenn die Schule gebaut wird. Falls gar
nicht gebaut wird, soll C.W. 500 Dollar bekommen. So etwas
ist schon unverschämt. Er ist ein richtiger Chinese, der
bezahlt doch kein bemaltes Papier, Pläne, na ja, die muss
man halt haben, aber dass die bezahlt werden müssen, weil
sie die Hauptarbeit sind, das sieht er nicht ein.

In Singapore gibt es einen deutschen Metzger, der seit
neuestem den Cold Storage mit Wurst beliefert. Ganz
wunderbar und deutsch. Ausser den Deutschen kann sowieso
keiner Wurst machen. Wir bekommen jetzt oft richtige
Knackwurst, Mettwurst und Bratwurst. Seit neuestem gibt es
auch an jedem Wochenende frische Sahne aus Holland.
Natürlich ist sie, da sie per Flugzeug kommt, sehr teuer
und sie lässt sich auch nicht festschlagen, aber zum kochen
und für Kartoffelsalat ist sie ganz toll. Der Erfolg des
verbesserten Essen bleibt nicht aus : wir haben beide rapid
zugenommen. C.W. legt nicht viel Wert auf sein Äusseres, er
behauptet, er habe keinen Bauch (!), erklärt mir aber, ich
müsse weniger essen, dabei habe ich an Umfang überhaupt
nichts zugenommen. Dies nur, falls bei Euch irgendjemand
die Vorstellung von ausgemergelten Tropenkörpern haben
sollte.

Unsere Nachbarn aus Australien sind eingezogen. Ich habe
sie bis jetzt nur einmal gesehen.

Für heute seid herzlichst umarmt von Euren 4 Malayen und
besonders von mir Eure

Beate

20-3-59

Liebe Eltern und Schwiegereltern,

vielen Dank für die Briefe aus Gallspach, sowie die Karte
vom "goldenen Dachl", die grosses Interesse bei Ah-Chen
hervorgerufen hat. Ihr imponiert immer am allermeisten,
dass es in Europa Häuser gibt, die schon ein paar
Jahrhunderte alt sind. Von der Omi kam auch ein Brief, für
den ich mich herzlichst bedanke. Wir freuen uns riesig,
wenn sie dem Timmy Söckchen strickt. Ich hätte noch eine
Bitte, könnte sie ihm auch noch welche aus Wolle stricken ?
Denn bekannterweise wird die Klimaumstellung etwas hart für
ihn sein, auch wenn Ihr gerade Sommer habt, für den Tim ist
das Winter.

Vorige Woche war nun das Abendessen beim Botschafter. Wir
waren schon ein Woche vorher für 19 Uhr 30 am Mittwoch
Abend gebeten worden. Am Nachmittag rief die Sekretärin des
Botschafters noch mal an, der Herr Botschafter liesse
sagen, C.W. möge bitte ganz informel gekleidet kommen. Das
heisst hier in den Tropen auf jeden Fall ohne Jakett, aber
vielleicht mit Krawatte. C.W. nahm eine Fliege um. Wir
fuhren zur Residenz. Dort sass Herr Dr. Vogel mit Rock und
Krawatte auf seiner Veranda und sah ernst unserem Wagen
entgegen. Wir fuhren vor, wir stiegen aus, keiner kam,
niemand machte Licht, na, dachten wir uns, gehen wir mal
zur Veranda. Dort sass Herr Dr. Vogel immer noch in der
gleichen Haltung und blickte uns ernst entgegen. Erst als
wir vor ihm standen, erhob er sich und begrüsste uns.
Glücklicherweise für C.W. zog er dann sein Jakett aus, als
er sah, dass C.W. keines anhatte. Danach rief er Frau und
Töchter. Die jüngere ist trotz boshafter Bemerkungen ein
hübsches Mädchen. Nun wurden wir gefragt, was wir trinken
möchten. Wir sagten Whiskey-Soda und auf einmal fanden wir
uns vor unseren Gläsern während die Familie selbst nichts
trank. Die Räume im Haus sind überhaupt nicht möbliert, mit
Ausnahme des Esszimmers, in dem ein Tisch und 6 Stühle
stehen. Frau Vogel, das ganze Gegenteil von Frau Granow,
die so viel Herzlichkeit ausströmte, war sehr ernst aber
trotzdem nett. Wir wurden zum Essen gebeten, es gab eine
Suppe, Filetbraten mit Erbsen und Kartoffeln, hinterher
einen Zitronenschaum. Es war nicht toll. Nach dem Essen
wurden wir in den ersten Stock gebeten, sie haben sich
einen der klimatisierten Räume als Wohnzimmer eingerichtet.
Die Unterhaltung war ganz gut, wir bekamen jeder noch ein
eisgekühltes Bier vorgesetzt und Pfefferminzplätzchen dazu.
Als wir nach 1 Stunde gänzlich ausgefroren waren, gingen
wir. Die Familie begleitete uns ins Erdgeschoss und
verabschiedete sich von uns. Wir gingen zum Wagen und als
wir uns umdrehten, waren sie alle schon weg, die Türen zu
und die Lampen aus.- Die Zeiten der bezaubernden
Gesellschaften von Granows gehören wohl der Vergangenheit
an.

Ausserdem schimpft der Botschafter so entsetzlich auf
dieses Land, dass man unwillkürlich den Eindruck hat, er
will sich hier gar nicht einrichten, er möchte so schnell
wie möglich wieder fort. Aber es ist hier genauso wie
überall, wenn man sich nicht wohlfühlen WILL, kann man
riesig unglücklich sein. Wir kennen auch die Vor- und
Nachteile dieses Landes und fühlen uns dennoch sehr wohl.
Und die Langeweile, von der seine Töchter sprechen, habe
ich auch noch nicht erlebt. Gestern bin ich hinter dem
Botschaftswagen hergefahren, da sass Frau Vogel im Fond und
hatte doch wahrhaftig einen europäischen Filzhut auf! Das
ist sogar noch verrückter als Strümpfe. Es gibt halt Leute,
die müssen mit aller Macht zeigen, wer sie sind. Und das
bei 35 Grad Celsius.-

Wir haben eine Neuerscheinung im Haus, und diesmal
hoffentlich die letzte. Wir möchten nun endlich festes
Personal haben, von dem wir wissen, es geht alles in
Ordnung, wenn wir wegfahren. Ah-Yeng machte vorige Woche
ihren freien Tag. Ich hatte mit ihr ausgemacht, sie könne
am Donnerstag Abend gehen und müsse Freitag wieder da sein.
Das sind 24 Stunden und das höchste, was man gibt. Ich
kenne Leute, die nur einen Nachmittag frei geben. Na, kurz
und gut, die Lady erschien erst am Samstag morgen. Am
Freitag wurde Ah-Chen krank, und wenn sie krank wird, ist
sie ja bekanntlich gleich ganz krank. Sie nahm Aspirin,
danach schwitzte sie und als sie das sah, kam sie an, sie
habe schweres Fieber, weil sie so schwitze. Ich mass
Fieber, kaum 37 Grad. Egal, sie war jedenfalls erkältet,
die andere kam nicht, wir wollten gerne zur deutschen
Wochenschau, das fiel alles ins Wasser. Weil Ah-Yeng gar
keine so gute Amah war - sie hatte an einem Abend aus
lauter Faulheit einfach die Glastüren zum Garten nicht
abgesperrt - schickten wir sie ohne Kündigungsfrist weg.
Sie drohte uns zwar mit dem Arbeitsgericht, aber das
beeindruckte uns gar nicht. Nun stand ich aber an diesem
Samstag wieder einmal gänzlich ohne Personal da. Ah-Chen
war beim Arzt und kam von dort, wie erwartet, schwer krank
wieder. So überlegten wir uns, mit der chinesischen
Freundin hat es nicht geklappt, jetzt holen wir die kleine
Malayin, die Frau vom Kabuhn, und wenn es der Ah-Chen nicht
passt, soll sie gehen. Ich ging also in Mr. Irons Garage um
die Malayin zu holen, da sie aber gerade im nächsten Haus
für 4 Tage Aushilfe macht, schickten sie uns für diese Zeit
eine andere. Als wir Ah-Chen davon erzählten, reagierte sie
wieder einmal ganz anders als man es von ihr erwartete. Sie
sagte :"O.K. Mem, warum nicht ?" Als nun dieses Mädchen
anfing zu arbeiten und wir sahen, wie sie das so macht,
fragten wir uns, warum haben wir uns eigentlich 1 1/2 Jahre
mit Chinesen herumgeärgert? Sie macht Dinge ganz von
selbst, die man in Chinesen einfach nicht hineinbekommt.
Sie hängt ganz von allein die trockenen Handtücher wieder
ins Bad. Und wenn C.W. sich umgezogen hat, geht sie ins
Schlafzimmer und räumt wieder auf. Dabei ist sie ruhig und
freundlich und alle mögen sie gern. Sie bewegt sich ganz

langsam und mit sehr viel Würde, und wenn man ihr etwas
zeigt was sie machen soll, lächelt sie und sagt :"baik,
baik, Mem" -gut, gut, Mem - und macht es. Sie ist etwa 28
Jahre alt, verheiratet und hat keine Kinder. Sie arbeitet
so gut mit Ah-Chen zusammen, sie lachen und reden
miteinander und Ah-Chen kam selbst um uns zu sagen, sie
möchte gerne, dass dieses Mädchen bleibt. Gestern liess nun
die Frau vom Kabuhn sagen, sie könne jetzt kommen. Da
verzog sich unsere "Sya" auf ihr Amahbrett und Ah-Chen
übersetzte, sie sei traurig, sie möchte gerne bleiben. So
ging ich halt zum Kabuhn und erklärte ihm, wir möchten Sya
behalten. C.W. und ich gingen dann in die Amahküche um mit
Beiden darüber zu sprechen. Da hockte unsere malayische
Schönheit - sie ist wirklich eine - auf einer Kiste und
rieb sich seelenruhig mit angezogenen Knien ihre Zehen
sauber, während sie mit uns sprach. An der linken Hand hat
sie einen grünen Ehering aus Plastik. Sie trägt einen
farbigen Sarong, das ist ein langes Tuch, das um die Hüften
gewickelt wird und ein enges Jäckchen dazu. Tomas und Tim
lieben sie beide und gehen jeden Nachmittag mit ihr
spazieren. Heute hat sie ihren day-off - Freitag, denn sie
ist natürlich Mohamedanerin - und Tomas, der dachte, sie
ginge ganz weg, fing bitterlich an zu weinen.

Der Kabuhn arbeitet nur mehr ganz früh morgens, da er ab 11
Uhr vormittags schlafen muss. Das Fasten schwächt ihn so,
erklärte er uns. "Darfst du denn den ganzen Tag nichts
essen ?" -"Nichts, Tuan, erst wenn es dunkel ist" - Worauf
ich zu C.W. auf deutsch sagte : "Wer's glaubt, wird selig",
denn als ich neulich zu ihnen ging wegen der Amah, kam er
um 10 Uhr vormittags mit vollen Backen kauend aus seiner
Küche. Unsere Sya ist wenigstens so ehrlich, zu sagen, dass
sie nicht fastet, sie würde sonst vor Hunger sterben.

Ah-Chens Baby Ming wächst und gedeiht. Er schreit fast gar
nicht und wir spüren praktisch nichts von ihm. Dafür ist
der Heng ein recht "beeses" Kind. Er hat natürlich 2 grosse
Vorbilder : eines ist der Tomas, von dem er Redewendungen
lernt, wie I don't want, I will, I don't care (ich mache
mir nichts draus) oder Wasser und Saft verlangt und ihn
dann seiner Mutter vor die Füsse schüttet. Sein zweites
Vorbild ist der Tim. Er steckt die Finger in den Mund,
macht Ah, ah, ah, rutscht auf allen Vieren rum und sabbert
dabei.

Julius Poseners Zeit hier wird wohl langsam begrenzt sein.
Man hat offiziel in England die Stelle eines Head of
Department für die Architekturabteilung in K.L.
ausgeschrieben. Man wird ihm wahrscheinlich und auch
hoffentlich einen Vertrag anbieten bis der neue Mann kommt.
Das wird ja auch eine Weile dauern. Und da er doch nicht so
schnell etwas Neues findet und im August das Baby kommt,
wird er wohl bleiben. Er macht halt immer Ärger und Unruhe,
so dass er hier nicht mehr gerne gesehen ist und man ihn
abschieben will.

Eben kommt die Karte vom Hölderlinweg mit der Nachricht,
dass meine Eltern wieder da sind und dass der Frühling
kommt. Ihr schreibt, Ihr habt keine Post von uns. Ich habe
zwar eine Woche nicht geschrieben, aber die beiden anderen
Briefe müsst Ihr doch bekommen haben ?

C.W. zieht heute mit seinem ersten Semester durch den Lake
Club und andere Häuser, um sich diese anzusehen. Dabei
kamen sie auch zu uns. Da stolperten nun 8 kleine, taurige
Chinesen durch unser Haus, stillscheigend, tranken ein Glas
Coca Cola mit ebenso traurigen Gesichtern und fuhren dann
weiter. Wenn C.W. mir von seinen Studenten erzählt, sehe
ich immer eine Gruppe von kleinen, weissgekleideten
Chinesen vor mir, die mit traurigen Gesichtern mal nach
links, mal nach rechts schauen, ohne die geringste
Gemütsbewegung.

Das Paket mit den Strohhüten und sonstigen Kleinigkeiten
ist endlich vorige Woche abgegangen. Wir haben alles in
eine Schachtel gepackt und es an die Heidelberger
Landstrasse geschickt. Obendrauf in der Schachtel liegt ein
Zettel, was für wen ist. Bitte um Weiterreichung.

Wegen der Ferien in Darmstadt habe ich noch einige Fragen :
voriges Jahr hat der Opa einmal geschrieben, dass das
Kinderbett und der Kinderstuhl von Tomas nicht verkauft
worden sind. Ist das so ? Damit unser Timmy ein Bettchen
hat. Und die zweite Frage : existiert das Sportwägelchen,
von Tomas "Ata-Ata" genannt, noch ? Wenn Ihr es nämlich
nicht mehr habt, nehmen wir unseren mit und müssen das bald
wissen, weil wir dies der Fluggesellschaft angeben müssen,
wegen des Gepäcks. Der Tim kostet, beziehungsweise seine
Reise hin und zurück, genau 309 Dollar. Und das nur, weil
er zur Zeit der Reise schon über ein Jahr alt sein wird.
Bis zu einem Jahr kostet er gar nichts. Na, uns ist es
gleich, es zahlen ja doch die Malayen. Wir haben schon
vorgebucht für den 13. Juni, das heisst, dass wir am 14.
Juni morgens in Frankfurt landen werden.

Eben spielt sich folgender Dialog ab. Ah-Chen ist in
unserem Schlafzimmer und räumt auf. Unten im Garten hockt
der Heng und schreit :"Ah-Maaaa" - "Ah-Heng, good boy, ah,
Ma upstairs ah, after come down again ah, good boy ah" -
"no" -"You good boy, ah, after come down, ah, smack you
velly haad (verhau dich sehr) ah" - "No, I don't care, Ah-
Maaaa"-

Timmy meldet sich, er hat ausgeschlafen und wünscht jetzt
unterhalten zu werden. So muss ich also aufhören, ich freue
mich übrigens riesig auf das Kochbuch aus Österreich.

Für heute seid wieder einmal herzlichst umarmt von Eurer

Beate

25-3-59

Liebe Eltern und Schwiegereltern,

inzwischen ist eine Zeitungssendung und ein Brief vom
Hölderlinweg gekommen. Herzlichen Dank dafür. Ihr seid
jetzt schon mitten in den Ostervorbereitungen. Auch bei uns
wirft der Osterhase Schatten voraus. Er kommt fast jeden
Abend wenn der Tomas gebadet wird und verliert dabei 2 oder
3 kleine Schokoladeneier. Das ist schrecklich aufregend.
Krainerwürste und Schinken gibt es leider nicht bei uns,
mir lief das Wasser im Mund zusammen beim lesen.

Heute spricht das Bild vom Timmy für mich. Er hat so einen
spitzbübischen Ausdruck darauf, als ob er genau wisse, dass
er die Bauklötze nur deshalb anfassen darf, weil der grosse
Bruder im Kindergarten ist.

Tomas ist "fallen in love" mit seiner neuen Amah und lässt
sich nur mehr von ihr baden, an- und ausziehen. Heute
morgen wollte Ah-Chen ihm seine Schuhe anziehen, da stiess
er sie zur Seite und rief :"You go away, Sya must do !" Ah-
Chen ging tief gekränkt weg und sagte zu mir, er mag mich
nicht mehr. Ich tröstete sie und sagte, das sei nur der
Reiz der Neuheit. Ich muss aufpassen, uns ist schon einmal
ein Amah weggelaufen, weil Tomas sie nicht mochte.

Bei uns fangen die grossen Reisevorbereitungen schon an.
Beide Kinder müssen eingekleidet werden, denn ein paar
Shorts und eine Windel werden wohl nicht genügen. Ich habe
aber schön viel Zeit dafür.

Wir haben vor einer Stunde wieder die Comet am Flugplatz
gesehen. So etwas ist immer ein Ereignis in K.L. Sie kommt
jetzt alle 14 Tage auf Testflügen hierher. Diesmal bin ich
auch drin gewesen. Es ist ja ein bisschen enger als in der
Britannia, aber für eine Nacht wird es gut gehen.

So, dies sollte nur ein kurzes Lebenszeichen sein. Habt Ihr
den Farbfilm schon bekommen ?

Wir wünschen Euch fröhliche Ostern, mit viel
Krainerwürsten, Schinken und Kren. Seid herzlichst umarmt
und geküsst von Eurer

Beate

30-3-59

Liebste Eltern und Schwiegereltern,

herzlichen Dank für die beiden Briefe von je einer Familie.
Und vor allem vielen Dank für das Paket, das inzwischen
kam. Grosse Freude auf allen Seiten ! Das Nachthemd ist
bereits in Arbeit, Tomas hat sofort das Geheimnis des
Kabrio-Super heraus gehabt. Es durfte sogar mit ihm
schlafen gehen. Tim wirft den Hasen mit grosser Freude
immer wieder aus dem Bett und in den Höschen sieht er so
erwachsen aus. Ah-Chen war eitel Freude und Stolz über die
Windeln, besonders als sie hörte, dass sie sie geschenkt
bekommt. Sie bedankt sich bei Dir, dass Du Dir so viel Mühe
gemacht hast.

Wenn unser Kinderbettchen einsatzfähig ist, ist das
natürlich sehr schön. Nur, liebe Oma, ob sich der Tomas
noch in ein Gitterbettchen legt...dafür kann ich nicht
garantieren. Es ist möglich, dass er Dir glatt ins Gesicht
sagt, er sei kein Baby mehr.

Dass Euch unser Film gefällt, ist erfreulich. Die Farben
sind wirklich so echt. Noch in keinem Dia sind sie so gut
herausgekommen. Aber Ihr könnt Euch sicher nicht
vorstellen, dass gerade diese Farben und dieser blaue
Himmel, die Bäume und Sträucher mit ihren ewigen Blüten das
ganze Jahr hindurch einem nach spätestens einem Jahr etwas
auf die Nerven gehen. Wir freuen uns so auf Europa ! Ihr
wisst gar nicht, wie schön so ein Jahreszeitenwechsel mit
Frühling, Sommer, Herbst und Winter ist. Es ist geradezu
unnatürlich für uns wenn man jeden Morgen beim aufstehen
aus dem Fenster schaut und immer das gleiche dunkle Grün
der Bäume, das intensive Blau des Himmels und die gleichen
Blumen sieht. Es kommt allerdings oft vor, dass wir abends
auf der Terasse sitzen und Euch dabei haben möchten um Euch
das alles zu zeigen : wenn die Sonne untergeht kommt die
erste Dämmerung. Plötzlich werden die Wolken von den
letzten Sonnenstrahlen erfasst und alles wird noch einmal
richtig hell, für zwei Minuten. Dann ist alles in ein rosa-
gelbliches Licht getaucht. Der Himmel selbst leuchtet vom
zarten hellblau, über türkis, hellgrün bis zum tiefen blau.
- Aber heute Nacht habe ich von Schnee geträumt und mit
Schneebällen geworfen.-

Die Frage ob wir das Personal wegschicken, wird mit "nein"
beantwortet. Wir müssen ja jemanden im Haus haben, damit
nicht eingebrochen wird. Ausserdem werden wir ja
voraussichtlich etwas länger als 6 Wochen wegbleiben. Und 6
Wochen darf man sein Haus verlassen, sonst wird es einem
weggenommen und man muss wieder ins Chalet. Der liebe Gott
behüte uns davor !!! Also wenn wir unsere Amahs dahaben,
sieht das Haus bewohnt aus. Die beiden verschiedenen
Rassen vertragen sich weiterhin sehr gut. Die Malayin ist
die bessere Amah, aber wir können Ah-Chen mit ihren beiden

Kindern nicht so auf die Strasse setzen. Wir müssen sehen, ob es weiterhin so gut seht. Sya ist keinesfalls intelligenter als Ah-Chen, aber sie macht jede Arbeit so langsam, dass sie schon dadurch gründlicher und besser gemacht ist. Ausserdem diskutiert sie nicht mit mir, wenn ich ihr etwas zeige.

Ostern war sehr lustig bei uns. Der Osterhase hat sehr viele Eier gebracht und Schokolade und es gab ein eifriges Suchen. Tim durfte mitmachen, er kroch aber in die verkehrte Richtung, ins Zimmer hinein, holte sich eine Packung Zigaretten vom Tisch und kam damit fröhlich wieder in den Garten. Tomas war natürlich sehr aufgeregt. Aber auch bei ihm macht sich das immer gleichbleibende Wetter bemerkbar : mitten im Suchen schaut er uns an und fragt, "kommt der Nikolaus heute auch ?"

Die Botschaft ist inzwischen in ein neues Gebäude umgezogen, das mit C.W.'s Hilfe ausgewählt wurde. Es ist für eine Botschaft besser geeignet, der Liftboy ist auch ziemlich sauber !

Morgen hat C.W. Geburtstag, er bekommt etwas von mir, woran er überhaupt nicht denkt, dass er es bekommen könnte, es sich aber schon lange wünscht. Er möchte es riesig gerne wissen und rät schon seit einer Woche daran herum ! Ich schreibe es Euch im nächsten Brief, damit Ihr auch lachen könnt.

Seid für heute herzlich von mir gegrüsst Eure

Beate

Liebste Mutti, wenn Du meinst, Du kannst einen Sportwagen ausleihen, lasse ich unseren lieber zu Hause. Vielleicht bekommst Du auch irgendwoher ein Spielställchen, weil er Dir möglicherweise das Blumenfenster ausräumen könnte. Aber Du wirst das schon machen. Ich glaube wieder einmal, nur ich allein kann das alles organisieren. Typische Familieneigenschaft, jetzt auch bei mir !!!
Bussi

Coco

Liebe sämtliche Eltern,

die Beate sagt, ich müsse heute schreiben, weil sie Angst
davor hat. Nämlich Angst Euch zu sagen, dass die Malayen
unsere Reise nicht bezahlen wollen. Die Begründung war die,
dass man kein Exempel statuieren dürfe gegenüber den
Experten, die von anderen Ländern geschickt sind. Leider
konnte auch Mr. Nair nichts erreichen. Es sieht so aus, als
hätten die Engländer, die noch immer die wichtigsten Plätze
in den Ministerien innehaben, den Antrag abgelehnt. Die
Deutschfeindlichkeit ist immer noch gross, jedenfalls hier.

Nun ist das aber nicht so schlimm, denn mein deutscher
Antrag läuft auch. Ich habe jetzt DM 11.000 für 1960 in
Bonn beantragt und davon mein weiteres Jahr abhängig
gemacht. Ich kann mich dabei auf einen Brief von Dr. Granow
aus dem Jahr 1957 und auf ein Gespräch, das ich mit dem
Botschaftervogel hatte, stützen. In dem genannten Brief
wurde ausgedrückt, dass nach den 2 Jahren neue
Vereinbarungen getroffen werden müssen, und dass auch die
Urlaubsfrage geregelt werden müsse.

Hier wäre natürlich wieder ein neuer Amah-Bericht fällig,
den Beate ja so gern gibt. Wir haben nun endlich Schluss
gemacht mit unserem gelben Gesindel, denn die Hauptrolle
spielen wir und nicht sie. Nun hat nämlich auch Ah-Chen
angefangen schlechte Laune zu zeigen, und da gibt es nur
eines : raus. Was mit einigem Geheul ihrerseits vollzogen
wurde. Sie ist jetzt sehr freundlich, wie alle Chinesen in
solchen Fällen.

Jetzt kommt bald eine Malayin zum putzen und eine zweite
für die Küche. Unser Gärtner besorgt sie uns.

Wisst Ihr, dass der Wind in diesem Land entsetzlich ist ?
Ich schreib das gerade, weil Beate am grossen Esstisch
operiert und schimpfend ihren Schnitten nachjagt. Ein
Schreibtisch besteht aus vielen Sachen, die nur zum
Beschweren dienen : auf allen Briefbogen z.B.
Wassergläser, Steine, Tintenfässer und Locher. Und der Wind
wird nur durch die Ventilatoren erzeugt, die man tunlichst
über seinem Kopf drehen lässt. Macht man sie aus, ist man
nass. Daher !

Mr. Kuo hat nun die ersten 500 Dollar gezahlt. Für einen
Chinesen ist die Planungsarbeit erst dann wertvoll, wenn
der Bau ausgeführt wird. Er hat mir das gesagt. Auch, dass
das Komitee, das die Gelder verwaltet, nicht dazu zu
bewegen sei, einen Cent auszugeben, wo man das Grundstück
noch nicht habe. Sie suchen jetzt einen neuen Platz. Da Kuo
nur mittelfreundlich zu mir war (nicht mit Sekt, es gab nur
Bier) so sieht das Ganze noch ganz gut aus. Denn nur wenn
die Chinesen liebenswürdig sind hauen sie einen übers Ohr

und sagen : du bist daran schuld. Im übrigen hauen die Chinesen den weissen Mann immer übers Ohr. Sie halten sich für die einzige Rasse, die ein Lebensrecht auf der Chinesischen Welt hat (und die Welt ist nur China und der Ferne Osten) und ausserdem lügen die Chinesen immer und überall. Bekanntlich ist das mit der Lüge und der Wahrheit eine christliche Errungenschaft. Da die Chinesen in der Regel keine Christen sind, so ist für sie die Lüge nichts anderes, als für den Europäer die Ohrfeige. Beides führt zum Ziel und Moral wird nicht mit den gleichen Masstäben gemessen wie bei uns. Da das Wort Sünde nicht bekannt ist – nicht übersetzt werden kann, gibt es keine Hemmungen.

Wir lesen eben das Buch eines Schweizers über Rotchina, das hier in der englischen Ausgabe zu haben ist. Es bestätigt alle unsere Beobachtungen und ist äusserst interessant. Es kommt darin zum Beispiel vor, warum die Chinesen Schriftzeichen haben und keine Buchstaben brauchen können. Sie haben -zig verschiedene Sprachen innerhalb Chinas, die völlig verschieden voneinander sind. Nur mit Hilfe der Zeichen (eine Frau unter einem Dach = Friede !?!?!?) ist die Verständigung möglich. Und die im Westen so gelobte blumenreiche Sprache der Chinesen ist aus der Hilflosigkeit entstanden, sich richtig auszudrücken.

Beate und ich lesen seit einiger Zeit fast ausschliesslich englische Bücher, die man in Taschbuchausgaben billig bekommt. Es war nur natürlich, dass Beate einen Hemmingway sehr leicht lesen kann, wo er so einfach schreibt. Ich selbst brauche schärferes Gegengewicht zur Arbeit und lese (bei meinem friedlichen Job) ausnahmslos Kriegsgeschichten. Die Engländer haben ihre besten Kriegsberichte von der Marine und Luftwaffe in Taschbuchausgaben herausgebracht, es sind meist Bücher auf sehr hohem Niveau und keinesfalls Reisser. Man lernt vieles verstehen, was man von deutscher Seite nicht begreifen konnte. So habe ich gelesen : die V-1 und 2 Angriffe auf London, wie sie von drüben aussahen, die entsetzliche Wirkung dieser Waffen (aufgrund derer die Engländer dann bei uns Minen warfen), das Ende unseres U-Boot-Krieges (technisch interessant), die französische Widerstandsbewegung (von einem französischen Offizier), die Geschichte der freiwilligen französischen Jagdflieger in England, aber auch den Originaltext von Montgomeries Erinnerungen (der die Unzulänglichkeit der Führung Eisenhowers beweist). Und jetzt lese ich die Erlebnisse höherer alliierter Offiziere in deutschen Gefangenlagern, die ziemlich klar erkennen lassen, warum man uns in der Welt noch immer nicht sehr gern hat.

Mein Geburtstagsgeschenk von Beate war übrigens ein indischer Sarong !

Seid herzlichst gegrüsst

C.W.

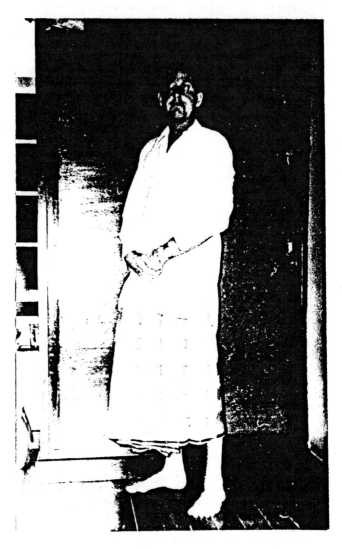

Das Geburtstagsgeschenk !

10-4-59

Liebste Eltern und Schwiegereltern,

diesmal bin ich wieder dran und damit der sicher schon
belachte aber dennoch unbedingt fällige Amah-Bericht !

C.W.'s Brief mit der etwas enttäuschenden Nachricht ist
sicher schon angekommen, aber wir selbst sehen die
Urlaubsaussichten gar nicht so schwarz. Also drückt uns
weiter die Daumen, wir werden es sicher bald wissen.

Die neueste Neuigkeit : Timmy kann stehen ! Und macht auch
schon in seinem Ställchen oder im Bett mal schnell ein
einzelnes Schrittchen ohne sich festzuhalten. Sein
Vokabular hat sich erweitert auf "Auto" und "Papa".
Letzteres erst seit gestern. Eben geht er mit seiner
neuesten Amah "jalan", das heisst spazieren.

Unsere aufregenden Erlebnisse hier, inklusive der Amah-
Geschichten, passieren so regelmässig, man wird es mir,
falls ich diese Briefe wirklich einmal veröffentliche,
wahrscheinlich nicht abnehmen, dass alles gerade so
passiert und gar nicht gestellt ist.

Dass wir Ah-Chen gekündigt hatten, hat C.W. schon
geschrieben. Am nächsten Morgen erschien der Kabuhn mit
einer kleinen Malayin mittleren Alters. Sya ist am 1.,
nachdem sie ihr Geld bekommen hatte, nicht mehr hier
erschienen. Wie wir später erfuhren, hat sie das schon
öfter in anderen Häusern gemacht, in einer Art Anfall von
geistiger Umnachtung. Sie soll sich den Tod ihres Mannes
vor einiger Zeit so sehr zu Herzen genommen haben, dass sie
zeitweise nicht ganz da ist. Armes Ding. Nun also zu dem
neuen Mädchen. Sie hat die tollsten Zeugnisse, die wir je
gesehen haben. Ich gebe zwar nicht mehr viel auf solche
Zeugnisse, da aber die Arbeitgeber jeweils höhere Militär-
und Polizeioffiziere waren, darf man ihnen vielleicht schon
Glauben schenken. Der letzte hatte sogar geschrieben, falls
man eine "Musteramah" suche, so solle man sich dieses
Mädchen nehmen. Sie sei immer bereit mehr zu tun, als man
von ihr erwarte. Englisch spricht sie überhaupt nicht, was
aber in Anbetracht der Leichtigkeit, mit der man malayisch
lernen kann, kein Hindernis ist. Wir einigten uns darauf,
dass sie am Tag nach "Hari Raja" bei uns anfangen sollte.
Ah-Chen nahm am Montag ihren day-off und als sie am
übernächsten Tag wieder erschien, hatte sie einen Job in
Aussicht und vor allem ein schlecht gelauntes Gesicht. Sie
spülte 3 Stunden lang Geschirr und um 10 Uhr stanken die
Windeln von 2 Tagen immer noch so sanft vor sich hin. Ich
ging zu ihr und sagte, sie solle jetzt mit der Wäsche anfangen
anfangen, sonst würde sie nicht mehr trocken. Da fängt sie
an zu keifen, sie habe heute so viel Geschirr und noch
immer nichts gegessen und ausserdem müsse sie hier viel zu
hart arbeiten. Ich verbat mir den Ton kam aber dagegen

nicht an. Ich brachte nur heraus : be quiet. Sie schrie
mich an, sie wolle nichts mehr mit uns zu tun haben, sie
sei froh, dass sie gehen könne, das Geld, das wir ihr für
die Zeit in der sie hier alleine arbeitet, geben wollten,
will sie gar nicht haben, sie will gar nicht mehr für uns
arbeiten und hört sofort auf, für uns zu arbeiten. - Ich
kann gut verstehen, dass der Thong sie fürchtet, sie hat
ein schreckliches Mundwerk. Irgendjemand muss sie
entsetzlich aufgehetzt haben. Ich ging ans Telefon und rief
C.W. im College an. Der kam sofort und erklärte ihr und
Thong, dass sie das Haus noch heute zu verlassen haben und
zwar ohne ein weiteres Wort der Diskussion. Am Nachmittag
zogen sie aus. Als sie vor einem Jahr hier einzogen, kamen
sie im Taxi an, als sie auszogen, brauchten sie einen
Lastwagen ! Sie hatten von uns so viel bekommen, unter
anderem Matratzen, Kinderbett, Schränkchen. Als sie dann
ihr restliches Geld in Empfang nahm, versuchte sie noch
einmal, auf mich einzureden und mir zu sagen, wie hart ich
sie habe arbeiten lassen. Ich schnitt ihr das Wort ab und
sagte :"you shut up".
Da verzog sie sich auf den Lastwagen und ohne einen
weiteren Blick auf ihren angeblich so geliebten Tim
verschwanden sie aus unserem Gesichtskreis. Für uns sind
jedenfalls chinesische Dienstboten ab jetzt tabu.

So weit ganz gut. Aber bis Hari Raja waren es noch 3 Tage
und vor diesem Fest unmöglich eine Amah zu finden. Und
selbst eine Chinesin zu nehmen scheiterte daran, dass sie
für so kurze Zeit nicht kommen. Nun stand ich da mit dem
grossen Haus, 2 Kindern und inzwischen noch mehr Windeln.
Zu allem Überfluss hatten sich für den nächsten Nachmittag
Pfarrers mit Kind und Kegel zum Kaffee eingeladen und waren
telefonisch nicht mehr zu erreichen. Die Frau des Kabuhn
hatte ein krankes kind und konnte auch nicht kommen. Wie
ich nun am Tag nach dem dramatischen Abzug der Chinesen so
trübsinnig in der Küche stehe und nicht weiss, wo ich
anfangen soll, schaut der Kabuhn herein und sagt :"Mem, wer
wäscht deine Wäsche ?" - "Ich selbst" - "Mem, I can do" -
"You?" - "Yes, Mem, before I work dobi-ich früher arbeiten
Wäscher". Und so hat er uns die ganze Wäsche und Windeln
liebevoll und sorgfältig gewaschen und zum Trocknen im
Garten aufgehängt. Ich habe inzwischen einen Kuchen
gebacken, das Haus saubergemacht und aufgeräumt. Was das
für eine Schwitzkur ist, könnt Ihr Euch nicht vorstellen.
In diesem Land kann man zwar jegliche Art von Sport
treiben, aber während der Hausarbeit muss man sich mehrmals
umziehen, weil man sofort wieder völlig durchnässt ist.
Aber auch das ging vorbei, zu Mittag assen wir im Club und
nachmittags, mitten im grössten Gewitterregen fährt ein
giftgrüner Volkswagenbus vor. Ihm entspringen Herr und Frau
Pfarrer nebst zwei Kindern. Er hatte in der Hand eine
Einkaufstasche mit einem Nachttopf drin, auf den er sofort
das jüngste Kind setzte. Im Nu war unser ohnehin schon
lebhaftes Haus in einen turbulenten Kinderspielplatz
verwandelt, und 4 Kinder zwischen 11 Monaten und 4 Jahren

tobten zwischen Kuchentellern und Coca Cola Flaschen herum,
im Zimmer und im Regen. Pfarrers, das heisst, er selbst,
war heute viel netter, wenn auch salbungsvoll. Was die
Taufe anbetrifft, so hat er sie von sich geschoben. Wir
sollten es, da wir doch im Sommer nach Hause fahren, doch
lieber dort machen. Es sei auch sicher netter für Kiki,
selbst dabei zu sein, ausserdem könne er sie nur als
Taufzeugin anerkennen, nur in Deutschland könne sie richtig
Taufpatin sein. Das hinge irgendwie mit der lutherianischen
Kirche, der er hier untersteht, zusammen. Nun, wir werden
es in Deutschland schon durchkriegen. Und dann ist es für
den Kiki wirklich schöner, selbst den Tim halten zu dürfen.

Der nächste Tag war das grosse Hari Raja. Und da an diesem
Tag auch der Kabuhn nicht kam, musste ich die Wäsche selbst
waschen. Aber auch der Tag ging gut vorüber. Als die neue
Amah am Abend nicht erschien, ging ich mit der Überzeugung
ins Bett, die kommt überhaupt nicht. Aber als wir heute
morgen aufwachten, stand sie lachend vor der Küchentür. Sie
heisst Che Nya bini Yahim, Frau Nya, Tochter des Yahim. Ich
habe ihr dann alles gezeigt, wie ich es gerne gemacht haben
wollte und nun tut sie das mit freundlichem Lachen. Jetzt
steht sie in der Küche und bügelt liebevoll C.W.'s Hemden.
Wenn ich von jemandem sage, er kann bügeln, so ist das
schon ein Lob. Denn ich habe bis jetzt jeder Amah schlecht
gebügelte Wäsche wieder hinausgeschickt. Mein malayisch ist
zwar nur "kitchen-malay" aber C.W. machte riesige Augen als
ich zu ihr sagte : "Mem, Tuan pergi Kuala Lumpur makan. Mem
sini dua pukul. Tomas makan sini. Baby tidor, baby jaga
bawa susu." und wollte von mir wissen, was ich gesagt habe.
Also wie folgt : "Mem und Tuan gehen nach Kuala lumpur
essen. Mem ist um 2 Uhr wieder hier. Tomas isst hier. Baby
schläft, wenn es aufwcht, gib ihm Milch." Sie lachte und
sagte "Baik, baik, Mem".

Jetzt wo Hari Raja vorbei ist, werden wir auch mühelos eine
Koch-Amah finden, die sich auch sonst die Hausarbeit mit
Nya teilen kann. Wir wollen bestimmt keine Chinesen mehr
nehmen. Die Malayen sind so freundlich und immer bereit zu
arbeiten, leise, langsam und gründlich. Tomas liebt seine
neue Amah auch diesmal wieder und ist dabei malayisch zu
lernen.

So, das ist es für heute. Hoffentlich schreibt Ihr auch mal
wieder. Wir haben schon lange nichts mehr von Euch gehört.
Seid herzlichst umamrt von euren 4 Malayen und besonders
von Eurem

Coco

16-4-59

Liebe Eltern und Schwiegereltern,

herzlichen Dank für zwei Briefe, gestern kam vom
Hölderlinweg einer vom 10.4. und heute von meiner Mutti vom
12.4. Ich hatte schon wieder einmal schwer darauf gewartet,
aber langsam weiss ich ja um Dein "Bienenhaus", habt Ihr so
viel Platz oder campieren die Leute da auf dem Fussboden ?

Vorige Woche habe ich C.W. auf unser zuständiges
Polizeirevier begleitet, wo er sich irgendein Papier für
seine Reise nach Australien geholt hat. Das waren mehrere
alte Häuser auf einem grossen Grundstück mit Büros und
einer Unmenge Polizisten beiderlei Geschlechts. Komisch,
obwohl die Malayinnen so schöne Mädchen sind, bei der
Polizei haben sie jedenfalls die Reizlosesten. C.W. war
ziemlich lange beschäftigt, unter anderem auch mit
sämtlichen Fingerabdrücken, rechts, links, beide
Handflächen. Es war eine wahre Pracht und zum Schluss waren
beide, C.W. und der Polizeibeamte gänzlich schwarz
verschmiert. Ich sah mir das eine Weile mit an und ging
dann ein bisschen herum. Auf einmal kommt ein dicker
Polizist aus einem der Gebäude, geht hinter die vor dem
Portal aufgestellten grossen Blumenkübel und putzt sich
virtuos die Nase, indem er sich je ein Nasenloch zuhält und
dann bläst. Danach zieht er umständlich ein Taschentuch
heraus und wischt sich damit um die Nase. Wohl dem, der
schon so weit in die westliche Kultur eingedrungen ist,
dass er um den Gebrauch eines Taschntuchs weiss ! -
Derjenige, der mit C.W.'s Fingerabdrücken beschäftigt war,
drehte sich, nachdem er damit fertig war, zum Fenster und
spuckte genau durch die Gitter in den Drain. Er hatte meine
volle Bewunderung für diese Leistung. Es gab so viel zu
sehen, dass ich ganz beschäftigt war. Auf einmal wurde ein
Krimineller hereingebracht. Er wurde nur am Schlafittchen
festgehalten und warf wüste Blicke um sich. Wahrscheinlich
sah es nur so wüst aus, weil er dreckig und schwarz war. -
Ich habe jedenfalls viel Spass dort gehabt.

Neulich abends beim Federballspiel kommt plötzlich unser
Kabuhn mit einer dicken Amah. Sie hatte einen tollen Umfang
und wie sie da so langsam und bedächtig den Abhang von der
Strasse herunterstieg, rief C.W. aus : "Ebe kommt's
Mariesche !" Sie wurde uns als Kochamah vorgestellt, zeigte
ihre Zeugnisse und als wir auf Geld zu sprechen kamen,
stellte sie zu hohe Forderungen, schliesslich wollte sie
nur mehr 130 Dollar, aber wir blieben bei unseren 120
Dollar. So wurden wir nicht einig und das malayische
Mariechen sagte :"tabeh, Tuan, tabeh, Mem" und wälzte sich
von dannen.- Dazu muss man wissen, dass 120 Dollar für so
ein Weibsbild eine ungeheure Menge Geld darstellt. Ich
weiss inzwischen von Chinesen und Malayen, wieviel sie im
Monat für ihr Makan brauchen. Unsere Sya brauchte, wie sie
selbst sagte, ganze 20 Dollar im Monat. Das chinesische

Ehepaar im Nachbarhaus isst für nicht mehr als sage und
schreibe 15,- Dollar im Monat. Die Wohnung haben sie frei,
sie brauchen keine Kohlen oder warme Sachen, sondern nur
ein paar billige dünne Baumwollstoffe für ihre Kleidung.
Schuhe haben sie keine, dafür tragen sie Sandalen, die etwa
2-3 Dollar kosten. Ich komme langsam zu der Überzeugung,
dass C.W. recht hat, wenn er sagt, man solle den Lohn mal
10 multiplizieren, das wären dann 1.200 Dollar für unsere
Begriffe. Und das ist ungefähr der Geldwert für die Leute.

Wir haben aber doch eine Köchin gefunden. Schliesslich sind
wir zum Arbeitsamt gefahren und schon am nächsten Tag
schickte man uns eine Malayin. Sie ist etwa 30 Jahre alt,
kann recht gut kochen und ist auch sehr freundlich, aber
nicht ganz so leise wie Nya. Die hört man überhaupt nicht.
Die Köchin heisst Saham. Sie ist recht energisch und kann
sogar etwas englich sprechen.

In unserem Haus ist es seit einer Woche so ruhig, als sei
immer "day-off". Kein böser Heng schreit mehr, niemand
diskutiert mehr, warum er nun gerade dies und das nicht
machen will, alles ist sauber und fröhlich. Ich merke erst
jetzt, wie sehr mich das in der letzten Zeit doch bedrückt
hat. Naja, dafür kennen wir jetzt die Chinesen besser. Ob
man nämlich einen Kuli oder einen gebildeten Chinesen
nimmt, reagieren werden sie immer gleich und für uns
irgendwie unverständlich. Auch Herr Kuo, der ein "Baba-
Chinese" ist, verhält sich genauso wie unsere Amah Ah-Chen.

Die Baba-Chinesen sind die Nachkommen der Chinesen, die als
erste nach Malaya gekommen sind. Sie kamen teilweise schon
vor 100 und mehr Jahren aus der Provinz Hokkien. Heute sind
sie die Gummiplantagenbesitzer, grosse Kaufleute und
Millionäre. Das sind die Chinesen, die ein höheres
Bildungsniveau haben als diejenigen, die erst vor 20-30
Jahren gekommen sind. Die Baba-Chinesen haben die
malayische Kleidung übernommen, soweit es sich um die
Älteren handelt. Die Jungen sind sich wieder ihrer Rasse
bewusst, die Männer kleiden sich europäisch und die Frauen
tragen die hübschen Cheong Sams. Aber trotz ihrer
Weltreisen und Auslandstudien sind sie noch lange keine
Europäer und reagieren nicht wie wir. Schlagfertigkeit,
Witz und schnelle Auffassungsgabe findet man bei ihnen
nicht.

Die Malayen dagegen sind langsam, ruhig, bequem und lehnen
jegliche Verantwortung ab. Wir kennen die Geschichte eines
malayischen Beamten bei der Eisenbahn. Nachdem Malaya im
Herbst 1957 aus den Kolonien entlassen wurde und ins
Commonwealth aufgenommen wurde, blieben die Engländer noch
als Berater in den Ministerien und Verwaltungen. Die
Politik geht dahin, diese Posten ausschliesslich mit
Malayen zu besetzen. Da wurde, als Beispiel von vielen, ein
Malaye von einem Engländer in seinen neuen Posten
eingearbeitet und als der Engländer dann vor kurzem das

Land verlassen musste, wurde dem Malayen gesagt : So, ab
morgen machst du es nun allein. Am nächsten Morgen wurde
der Malaye krankgemeldet. Und nach 14 Tagen liess er dann
endlich von sich hören und sagte : ich will ja gar keinen
verantwortungsvollen Posten. Ich will nur so arbeiten, aber
bitte, keine Verantwortung.

Bezeichnend ist ja auch, dass die Terroristen im Djungel
ausschliesslich Chinesen sind. Die Malayen sind dazu viel
zu gutmütig.

Das hat sogar schon unser Tim bemerkt. Er beschäftigt
ständig mindestens eine Amah und lässt sich verwöhnen.
Gestern Abend erwischt er seine Puderdose und haute damit
seiner Nya über den Kopf. Sie hielt sich den Kopf, rief :
"sakit, sakit -(weh, tut weh)" und hielt still. Solange bis
ich dem süssen Engelchen endlich die Puderdose abnahm.

Heute morgen ist der Principal vom College, Mr. Nair (meine
stille Liebe) nach Europa abgeflogen. Er wird bis August
bleiben und in England herumfahren. Er wird aber auch für
14 Tage nach Deutschland kommen. C.W. hat ihm einen Plan
ausgearbeitet, der an das Auswärtige Amt ging. Darin sind
Besichtigungen verschiedener Fabriken vorgesehen, aber auch
die TH Darmstadt. Wenn bei uns alles so geht, wie wir es
uns vorstellen, werden wir zu diesem Zeitpunkt auch in
Darmstadt sein. C.W. hat ihm ausserdem noch die
Telefonnummer vom Hölderlinweg gegeben. Stellt Euch
inzwischen vor, wie Ihr einen rabenschwarzen Inder, einen
gebildeten, zum Essen dahabt !

Ich schicke Euch heute ein Bild von Tim, wie er Nya beim
Bügeln beaufsichtigt.

An diesem Wochenende werden wir wieder nach Port Dickson
fahren und auf dem Hinweg Pfarrers als Retourkutsche
ebenfalls mit Kind, Kegel und Amah überfallen. Er will C.W.
nämlich einige Dörfer abseits der Landstrasse zeigen.
Eventuell bekommt C.W. auch einen Auftrag zu bauen.

Schreibt bald wieder und seid für heute alle recht
herzlichst umarmt

Beate

29-4-59

Liebe Eltern und Schwiegereltern,

heute in acht Tagen wird unser Timmy ein Jahr alt !!! Ich
kann es mir noch gar nicht vorstellen. Er wird langsam
erwachsener und nennt alles, was ihm zwischen die Finger
kommt "Aaaatto!. folgendes Spiel kann dann bis zum
Erbrechen geübt werden : die Mutti sagt : Auto, Timmy :
Aaaatto, dann wieder die Mutti : Auto...Aaaatto, solange
bis der Papa schreit : hör auf, das arme Kind ! Das "arme
Kind" stellt sich dann hin und macht Motorengeräusche nach,
wie er es vom Tomas gehört hat. Der ja überhaupt Vorbild
ist, er lässt ihn kaum aus den Augen.

Ich habe ein schlechtes Gewissen, weil ich so lange nicht
geschrieben habe. Wir hatten nämlich einen sehr netten
Besuch. Vorige Woche rief plötzlich Herr Pallasch an und
mit seinem üblichen "ääh, äh, hm, also," usw. brachte er
hervor, dass zur Zeit gerade ein deutscher Journalist mit
seiner Frau auf der Durchreise hier sei und uns gerne
kennenlernen möchte. Aber das sei so schwierig, also man
könne das eventuel so machen, dass man die beiden zu Lörkys
einlädt - Frau Lörky sei doch bekannt für ihren guten
Kuchen, hä hä, ääh - und wir könnten dann ja vorbeikommen,
so wie gerade zufällig, ääh - ja, der protokollarische Weg
sei etwas schwierig - usw. bis C.W. ihn endlich unterbrach
und fragte, wo der Mann wohne. im Hotel Majestic. Na, da
riefen wir eben einfach an, verabredeten, dass wir in einer
Stunde dort an der Bar sein würden und fuhren hin. Dieser
Herr Granier, wie er heisst, ist Berliner und fährt im
Auftrag der "Inter Nationes" durch Südost-Asien, um für
Berlin zu werben. Er kam gerade aus Burma, Thailand und
Indonesien, wo sie ihm überall seine Bilder und Schriften
über Berlin aus der Hand gerissen haben. Hier in Malaya
interessiert sich keine Seele dafür, ja, man wisse nicht
einmal richtig, wo Berlin ist, und von einer politischen
Krise hat man keine Ahnung und wie gesagt, auch keinerlei
Interesse. Das ist uns schon klar, da Malaya völlig
englisch beeinflusst ist. Man liest hier in der Zeitung
aber auch gar nichts über Deutschland. Frau Granier ist
Fotografin und hat den Auftrag von der "Constanze" für eine
Artikelserie : "woanders lebt man anders". Sie ist etwa in
meinem Alter und sehr, sehr nett. Wir haben die beiden dann
gleich mit nach Hause genommen zum Essen. Es gab zufällig
Brathendl, dazu Bratkartöffelchen und Gurken- und
Tomatensalat. Hinterher Obstsalat mit Sahne. Das Essen war
gut und unsere Köchin hat sich fabelhaft bewährt. In den
darauffolgenden Tagen zeigten wir ihnen die Stadt und was
es so alles Interessantes zu sehen gibt. Und wir bedauerten
wirklich, dass solche Leute nicht hier wohnen.- Sie flogen
dann weiter nach Singapore und von dort nach Indochina und
Kambodja. Sie wollen sich etwa ein Jahr im Fernen Osten
aufhalten, aber wohl kaum in Malaya. Sie waren ganz
begeistert von Indonesien. Was wohl nicht so sauber ist,

wie Malaya, aber ein Land, in dem man die Deutschen mit
offenen Armen empfängt. Die Holländer hat man nach Hause
geschickt, und die Deutschen, von denen es schon immer eine
Menge dort gegeben hat, mag man sehr gern. Es gibt deutsche
Lehrer, Dozenten und Ärzte. Auf den höheren Schulen wird
deutsch als Fremdsprache gelehrt. Das war für uns alles
sehr interessant zu hören. Hier hat man immer das Gefühl,
es sei ein Geburtsfehler, kein Engländer zu sein.

In Singapore ist vor 2 Wochen eine leichte Pockenepidemie
ausgebrochen, wahrscheinlich aus Indien eingeschleppt. Sie
ist aber im Keim erstickt worden. Die Folge davon war, dass
sofort eine landesweite Pockenschutzimpfung in der ganzen
Föderation durchgeführt wurde. Man versuchte, mindestens
75% der Bevölkerung zu impfen. Als wir vorletztes
Wochenende nach Port Dickson fuhren, wurden wir auf halbem
Weg von einer Polizeistreife angehalten, ob wir geimpft
werden wollten. Am Wegrand war eine Baracke aufgestellt
worden und dort mussten sich alle Eingeborenen, die
vorbeikamen, impfen lassen. Wir sagten, dass wir uns nach
unserer Rückkehr in K.L. impfen lassen würden. Bei den
Weissen sind sie nicht ganz so streng. Wir liessen uns dann
zu Hause impfen, mit Ausnahme von Timmy, der ja erst im
vorigen Jahr dran war. Es ist übrigens in Europa eine
irrige Auffassung, dass eine einmalige Pockenimpfung für
das ganze Leben immun macht. Die Impfung hält drei Jahre an
und muss dann wiederholt werden. Aber bei uns in Europa
haben die Pocken ja längst an Schrecken verloren, nur hier
im Fernen Osten spielt das so eine grosse Rolle. Besonders
in Indien, das ein grosses Drecksland sein muss. Wir haben
uns dann auch gleich gegen Cholera impfen lassen, weil wir
das sowieso für unsere Reise brauchen. Diese Impfung hält
überhaupt nur 6 Monate an. Cholera kommt in Malaya gar
nicht mehr vor, aber in Burma gibt die Regierung täglich
1000 Tote zu, wobei wahrscheinlich noch einmal so viele,
die man gar nicht erfassen kann, auch daran sterben.

Wir haben jetzt versucht unseren Flug umzubuchen. Wir
wollen lieber doch nicht mit der Comet fliegen. Wir werden
mit einem kleinen Flieger der Malayan Airways am 14.6. nach
Singapore fliegen, dort um 12 Uhr mittags die Britannia
nehmen, die dann direkt Colombo-Bombay-Bahrein-Beirut-
Frankfurt fliegt, und wären dann am Montag morgen um 10 Uhr
in Frankfurt. Die fliegt genauso schnell und eingedenk
Vaters Ausspruch, man solle nicht so ganz neuen
Flugzeugen reisen, sondern lieber mit solchen die schon
älter sind, und weil bei der Comet scheinbar doch noch
nicht alles so reibungslos funktioniert, nehmen wir lieber
wieder die
Britannia.

Hoffentlich können wir im nächsten Brief schon genaueres
sagen !

Herzlichst Eure 4 Malayen

8-5-59

Liebste Eltern und Schwiegereltern,

zunächst die traurige Nachricht : unser Urlaubsgesuch ist
abgelehnt worden. Wahrscheinlich ist das ja immer so beim
Staat : so eine Situation war noch nie da, und dann geht so
etwas eben nicht durch. Nur war in diesem Fall der Ton aus
Bonn ausgesprochen daneben gegangen und C.W. überlegt, sich
eventuel sogar zu beschweren. Dr. Vogel, von dem ich
persönlich, seit ich ihn kenne, nicht viel halte, hat sich
in der Angelegenheit recht passiv verhalten, nur Pallasch
meinte sofort, man müsse sich wegen dieses Briefes
beschweren. Naja, hin und her, jedenfalls wird nichts aus
unserer Sommerreise. Und wahrscheinlich schliessen wir dann
unseren Aufenthalt hier mit Ende des Jahres ab. Alle
weiteren Pläne hängen nun von C.W.'s Australienreise ab.
Optimisten, die wir immer sind, haben wir uns bereits nach
den Schiffen der Hapag erkundigt, die im Winter nach Europa
fahren.

Etwas Erfreulicheres : Timmileins Geburtstag. Er bekam ein
paar Spielsachen, einen Kuchen mit einer grossen Kerze und
den Brief von seiner Grossmama. Den er sofort zerknüllte
und zur Hälfte aufass. Es ist aber alles gut durchgegangen
ohne Bauchweh. Er kann seit voriger Woche ein paar
Schrittchen laufen. Das sieht sehr lustig aus. Inzwischen
hat er sich so verändert, dass man wirklich nicht mehr von
einem Baby reden kann. Er ist ein richtiger kleiner Junge
geworden. Seine Amah Nya liebt er so, dass man fast
eifersüchtig werden könnte. Morgens, wenn wir zum Frühstück
kommen, ist der kleine Tuan schon unterwegs und wird
spazieren gefahren. Wenn man nach dem Frühstück in die
Stadt fährt, sieht man auf der Syers Road die beiden so
ganz langsam dahin wandeln. Nya spricht dabei die ganze
Zeit malayisch und Tim wird wahrscheinlich, wie alle
europäischen Kinder hier, zuerst nur malayisch sprechen.
Wenn er uns unterwegs kommen sieht, winkt er ernst und
hoheitsvoll wie die englische Königin, bis er uns erkennt.
Dann ruft er sehr laut auf deutsch sein "Aaaatto". Er
schläft vormittags noch eine Stunde und sonst spielt er
sehr lieb in seinem Stall oder lässt sich einfach von
seiner Amah verwöhnen. Sie ist dabei so liebevoll und
sorgfältig und überwacht jede Bewegung.

Unser Wechsel zu den Malayen ist überhaupt ein guter
Schritt gewesen. Wir sind halt einfach falsch beraten
worden. Poseners, die sich damals wirklich rührend bemüht
hatten uns zu helfen, lieben die Chinesen und kommen
glänzend mit ihnen zu recht. Unsere Nachbarn Mr. und Mrs.
Iron wiederum haben seit Jahren nur malaisches Personal und
haben uns jetzt geholfen. Jetzt ist es überall, besonders
in den Amahquarters so sauber, wie es bei den Chinesen nie
war. Wenn ich jetzt in Häuser komme, in denen chinesische
Dienstboten sind, werde ich immer an unsere erinnert. Es

ist überall dreckig, gebrauchte Konservendosen,
Papierfetzen und Reisreste im Garten. Scheinbar geht es
nicht anders. Die Malayinnen haben dagegen einen
ausgesprochenen Sinn für Ordnung, Sauberkeit und
Dekoration. Nya hat ständig eine Vase mit Blumen an ihrem
Fenster stehen. Auch sonst scheinen die Malayen mehr
Phantasie zu besitzen. Vor ein paar Tagen kam Saham zu mir,
mit dem Wecker in der Hand und sagte :"Mem, die Uhr
schläft."

Was die malayische Sprache betrifft, so hat sie viel aus
dem portugiesichen übernommen. Die Portugiesen, die vor
einigen hundert Jahren in Malakka gelandet sind, haben
nicht nur den Baustil beeinflusst. Ihr werdet Euch sicher
noch an meinen Bericht vom vorigen Jahr, als wir in Malakka
waren, erinnern. Zum Beispiel heisst der Sonntag auf
malayisch "hari-minggu"- Tag des Herrn-Domingo. "Dua"
heisst zwei. Und so kann man weitere finden. Bei neuen
Wörtern, etwa technischen Ausdrücken aus Europa, wird das
betreffende Wort dann auch, meistens aus
Sprachschwierigkeiten, umgeändert : Telefon = talipon, Post
= pos, Telegramm = taligram, Fabrik = pab(e)brik.

Vorgestern hatten wir das scheusslichste Gewitter, das wir
je erlebt haben. Augenblicklich wechselt der Monsun von
Nordosten nach Südwesten und dies führt anscheinend zu
besonders heftigen Gewittern. Um die Mittagszeit fing es
mit mehreren heftigen Einschlägen ganz in unserer Nähe an.
Dann auf einmal ein Knacken und Knistern, blaues Licht und
ein scheusslicher Donnerschlag. Im selben Moment fing meine
Nähmaschine an zu laufen, die ich dummerweise vergessen
hatte auszuschalten. Sie läuft normalerweise natürlich nur,
wenn man das Fusspedal betätigt, aber seit dem Einschlag
lief sie, scheinbar mysteriöserweise, ganz von alleine mit
voller Geschwindigkeit. Die arme Nya bekam davon so einen
Schreck - sie wurde buchstäblich grau im Gesicht - dass wir
ihr einen Cognak verpassten. (Seitdem wird den Amahs immer
schlecht, wenn ein Gewitter im Anzug ist). Alle
Nachbarhäuser hatten irgend etwas abbekommen, bei den einen
ging der Kühlschrank nicht mehr, die anderen hatten
überhaupt kein Licht. Eben kamen die Leute von der "pos"
und reparierten unser "talipon" wieder. Auch hier war der
Blitz eingeschlagen und hatte die Sicherungen durchgehauen.
Die Nähmaschine ist inzwischen in Reparatur. Und mitten im
grössten Getöse legte sich unser Tim in seinem Bett hin und
schlief süss und sanft ein.

Weil wir nun wieder den ganzen Sommer hier bleiben müssen,
wollen wir für zwei Wochen an die Ostküste fahren. Man muss
von hier aus quer durch den Djungel und dann geht eine
Strasse der Küste entlang bis zur siamesischen Grenze. Dort
ist noch einmal eine Stadt, Kota Baru (Kota-die Stadt,
baru-neu). Es soll dort ganz wundervoll sein und das Land
selbst rein malayisch. Ich habe gestern abend den Auftrag
bekommen, die Reise vozubereiten und an hand einer

Landkarte und einem Rasthaus-Verzeichnis das Ganze zu
planen.

Tomas wird nächste Woche endlich wieder in den Kindergarten
gehen. Die Ferien waren diesmal erträglich, weil das
Chinesenbalg Heng nicht mehr da war. Tomas ist auffallend
lieber geworden. Warum die Kinder alle Vierteljahre einen
ganzen Monat Ferien haben, weiss ich nicht, und er, glaube
ich, auch nicht. Er geht nämlich sehr gerne in den
Kindergarten.

Ich habe versucht auszurechnen, in welchem Semester die
süsse Kiki jetzt ist. Ich bin nicht dahinter gekommen. Will
sie noch immer in den Diplomatischen Dienst ? Seit ich
Diplomaten näher kenne, bin ich nicht überzeugt, dass das
so erstrebenswert ist, einer zu werden. Die wir kennen
haben jedenfalls alle nicht viel Grips. Das sollte aber
nicht heissen, dass ich ihre Intelligenz anzweifeln wollte.
Ihr könnt ihr sagen, sie könne mir ruhig wieder mal
schreiben.

Ach ja, Mutti, kannst Du mir jetzt bitte doch die neue
Constanze und das Kochbuch schicken ? Du kannst es ja per
Drucksache schicken, das ist billiger.

Mrs. Posener, die inzwischen im 5. Monat ist, hat sich für
eine Woche nach Frazers Hill bringen lassen. Die Kinder
wurden bei Bekannten verteilt und wir haben ihn vor ein
paar Tagen zum Dinner eingeladen. Zuerst ein Badminton-
Spiel, wobei es mir leid tat, es nicht filmen zu können.
Der kleine, dicke Posener hampelte im Feld herum mit
kreisenden Armbewegungen, der Ball flog immer in eine
andere Richtung als erwartet, und im anderen Feld der lange
C.W., von dem man in dem Augenblick nur mehr Arme und Beine
sah. Das Essen hat ihm dann so gut geschmeckt, dass er
sagte, ja, die Engländerinnen könnten alle nicht kochen und
er wisse nicht, wie er seine eigene Frau dazu bekehren
könne, auch in der Markthalle das Fleisch zu kaufen.
Inzwischen habe ich von Frau Lörky den Tip bekommen, wie
man das Fleisch mürbe macht. Es gibt hier ein salzartiges
Pulver, mit dem man alles Fleisch einreibt und dann stehen
lässt. Es besteht hauptsächlich aus Papaya, einer hiesigen
Frucht. Jedes zähe Fleisch wird damit weich. Die Malayen
wickeln das Fleisch vor dem kochen über Nacht in die
Blätter der Papayabäume. Papaya ist übrigens die
langweiligste Frucht, die ich kenne. Es ist eine längliche,
melonenartige Frucht mit rötlichem Fleisch und schwarzen
Kernen, und wie gesagt, damit sie überhaupt nach etwas
schmeckt, muss man sie mit Zitronensaft beträufeln. Sie
soll aber sehr vitaminreich sein. Tomas hat seine Liebe zu
Mangos entdeckt und ich muss ihm täglich welche kaufen. Ich
hatte vor, Euch ein paar mitzubringen, aber das ist ja nun
ins Wasser gefallen.

Neulich wollte ich unserer Saham beibringen, wie man einen
Kaiserschmarrn macht. Und wie ich da so stehe und den
Schmarrn mache, sagt sie plötzlich, "Men, so machen wir
auch."-"Wer, wir?" frage ich, "Wir Malayen". Sie essen das
mit Zucker und gekochtem Obst und nennen das "Lembing". Ob
da mal irgendein Österreicher an Land gegangen ist und
ihnen gezeigt hat, wie man einen Schmarrn macht ?

Das wäre es für heute, schreibt uns bald wieder, seid nicht
zu traurig, aufgeschoben ist nicht aufgehoben und seid
herzlichst umarmt und geküsst von eurem

Coco

und von dem Ableger
Tim.

13-5-59

Liebste Eltern und Schwiegereltern,

herzlichen Dank für die beiden Briefe, einer vom 5.5.- von meiner
Mutti und am darauffolgenden Tag den vom Hölderlinweg. Ausserdem
kam noch die Sendung mit den Schweiz-Prospekten, die uns etwas
traurig gestimmt haben. Traurig waren auch Eure Briefe, weil Ihr
Euch alle so gefreut habt auf unseren Urlaub. Wir sind auch
traurig, aber wenn alles klappt, kommen wir ja im Winter.

C.W. ist etwas krank, das heisst, er hat es gerade überstanden Im
Familiensprachgebrauch heisst die Krankheit "Rrratsch-bumm", der
medizinische Name ist wohl Darminfektion. Herr Pallasch machte
gestern einen geistreichen Witz : "Ihr Mann hat wohl
Darmgeschichten weil er aus Darmstadt ist, hähä, ähäm." Wie dem
auch sei, wir haben ihn auf strengste Diät gesetzt, trockenes
Knäckebrot und ungesüssten Tee. Schon nach 2 Tagen fing er an
Kochbücher zu lesen und er hätte sogar Hammelfleisch gegessen.
Seit heute darf er wieder etwas mehr essen, er war so schwach,
dass er meinte, nicht mehr laufen zu können.

Tomas geht wieder in den Kindergarten. Wir haben einen neuen
Kindertransport, weil eine der Nachbarsfamilien nach England
zurückgeht. Dafür haben sich zwei andere gefunden. Das geht sehr
schön : je zwei Familien machen eine Woche lang den
Kindertransport für alle 4 Familien, das sind 5 Kinder. Einer
bringt sie morgens hin und der andere holt sie mittags ab.

Vielen Dank für das Kompliment zu den Fotografien. Wenn wir wieder
Geld flüssig haben, bekomme ich die neue Contina IIIc, weil man
mit der alle Objektive von C.W.'s Contaflex benutzen kann.
Vielleicht ist es ganz gut, dass ich im Lettehaus nicht in der
Fotoklasse war, denkt nur an meinen überfüllten Kleiderschrank. Wo
sollten wir dann mit all den Fotos hin ? Und bei C.W. habe ich
wahrscheinlich besser fotografieren gelernt als im Lettehaus.

C.W. bereitet gerade seinen Vortrag in Sydney vor. Er wird ein
oder zwei Diavorträge vor Harry Seidler und wichtigen Leuten
halten.

Wenn C.W. in Australien ist, werde ich mit den Kindern und einer
Amah für ein paar Tage nach Port Dickson fahren. Wir freuen uns
schon drauf, wenn wir auch alleine fahren müssen. Mit dem Papa ist
es sicher lustiger, aber warum sollen wir die ganze Zeit hier in
K.L. sitzen.

Dies ist nur ein kurzer Brief. Gute Erholung den Schwiegereltern
für ihre Schweizreise und herzlichste Grüsse

Beate

24-5-59

Liebe Eltern und Schwiegereltern,

Vielen Dank für den lieben Kartenbrief aus Berlin. Ich
hatte mir schon recht Sorgen gemacht ob Eures Schweigens.
Dann habe ich immer gewartet, ob nicht etwas von Euch
kommt, und daher mein Schweigen.

C.W. ist mitten in den Reisevorbereitungen und auch bereits
dementsprechend aufgeregt. Seine Reise ist toll
vorbereitet, auch für die armen Hinterlassenen, wie ich
eine bin, mit Schecks usw. und für ihn mit einer ganzen
Ausrüstung an Schlaftabletten, Alka Seltzer, Aspirin,
Mundwasser Odol und dergleichen mehr. Seit einer Woche
reisst er sämtliche Koffer aus ihren Verstecken um zu
sehen, welchen er mitnehmen soll. Er lässt mich auch keinen
Koffer packen.

Gestern ist Julius Posener auf Urlaub gefahren. Bis zum
Schluss gab es noch Aufregungen. Vorige Woche hatte man ihm
erst gesagt, dass er seinen Urlaub und damit verbunden
seinen neuen Kontrakt mit Gehaltsaufbesserung bekommt. Da
seine Frau aber bald ihr Kind bekommt, will er bis dahin
wieder zurück sein. Die Ärzte sind sich nicht ganz einig
darüber, wann der Pinkel kommen soll. Die einen sagen Mitte
Juli, die anderen Mitte August. Das heisst also, dass der
arme Kerl, der seinen Urlaub so dringend braucht, bis Mitte
Juli wieder hier sein wird. Das bringt wieder neue
Komplikationen. Er bekommt seinen Urlaub nämlich nur, wenn
er für mindestens 66 Tage wegfährt. Nun musste er wieder
ein Gesuch einreichen, damit er seinen Urlaub doch bekommt.
Und mitten in den Verhandlungen stellt sich heraus, dass
die BOAC Israel nicht anfliegt. Er will erst nach Tel Aviv
zu seinen Verwandten und danach erst nach England. So wurde
in letzter Minute bei der Air France gebucht, die von
Hongkong über Bangkok nach Israel fliegt. Nun endlich
klappt alles und gestern flog er mit seinem Sohn Allan mit
einer Malayischen Maschine direkt nach Bangkok.- Wir fuhren
zum Flugplatz, wo er im Kreise seiner Familie und zweier
Studenten sass. Madame rang sich ein gequältes Lächeln ab,
als wir erchienen, aber er freute sich offensichtlich. Da
es schon spät war, kamen wir gerade zur Abschiedsszene ,
die in aller Öffentlichkeit sehr rührselig gestaltet wurde.
Man fragt sich, warum machen sie eigentlich dieses Theater,
wo doch jeder weiss, dass sie froh sind, wenn sie sich
nicht sehen ? Kaum war das Flugzeug ausser Sicht, als sie
auch schon von einer Schar Verehrer umringt ziemlich
ausgelassen noch am Flugplatz blieb und Tee trank.

Wir selbst waren auf ein Ehepaar am Nebentisch aufmerksam
geworden, von dem ich wusste, dass wir es schon irgendwo
einmal gesehen hatten. Ich wusste nur nicht, wohin damit.
Er ist genau der Typ für meine Mutti : dick mit einem
komischen Ziegenbart, sie, eine etwas verblühte

Erscheinung. Sie sassen da und flirteten miteinander.
Plötzlich merkten wir, dass sie deutsch sprachen. Wir kamen
ins Gespräch und erinnerten uns auch, woher wir sie kennen.
Wir hatten sie einmal bei einem Filmabend von Herrn
Pallasch gesehen. Er ist Kanadier und bei der kanadischen
Mission, sie ist Berlinerin. Als ich sie fragte, wo sie
denn gewohnt habe, sagte sie :Charlottenburg. Darauf sagte
ich, ich habe am Steubenplatz gewohnt. Grosses Geschrei :
ich auch, bis 1956. Und zwar Ecke Olympische Strasse. Nach
einer Weile sagte ich :"Wenn Sie in der Olympischen Strasse
gewohnt haben, und alte Neuwestendlerin sind, müssen Sie
doch Familie Ott kennen." Wiederum grosses Geschrei :
"Natürlich, das waren doch meine Nachbarn. Nein, ist die
Welt ein Dorf !" usw. - Es ist schon lustig, was man hier
für Leute kennenlernt.

Timmilein sieht aus wie ein kleiner Bauernbub. Derb und
braun. Ich habe versucht, ihn langsam stubenrein zu machen.
Er wurde aber jedes Mal so böse darüber, dass er den Topf
immer auf den Boden knallte. So habe ich es wieder sein
lassen. Dafür hat er mir neulich den ganzen Laufstall mit
der Bescherung braun gemalt, Gesicht, Hände usw. und ich
kam gerade noch dazu, um ihn davon abzuhalten, die Finger
in den Mund zu nehmen. Nach Freud soll das sowas wie
künstlerische Begabung sein. Ein bisschen zweifelhaft,
meint Ihr nicht auch ?

Die Bilder von Tims Geburtstag werden demnächst für Euch
dupliziert, es sind ein paar sehr nette dabei.

Und jetzt, schreibt bitte bald, das letzte Schweigen ist ja
nun erklärt, aber bitte, ich mache mir auch Sorgen. Und nun
seid für heute tausendmal umarmt von Eurer

Beate

5-6-59

Liebe Eltern und Schwiegereltern,

herzlichen Dank für den Brief von meiner Mutti, ich glaube
vom 28.5. und für die Karte vom Zugersee von den Hölderlin-
Grosseltern. Ich habe die Karten sofort an Tomas
weitergegeben, der dann ganz beglückt damit schlafen ging.

Die "andere Hälfte" hat nun schon einige Briefe geschrieben
und kommt endlich morgen früh zurück. Einen Brief werden
die Schwiegereltern ja auch haben, da es ein Durchschlag
war. Heute kamen wieder 2 Briefe, und auch in diesen ist
die Stimmung nicht besser. Wir bereiten uns nun beide
seelisch und mit allen möglichen Plänen darauf vor, wieder
nach Germany zu kommen. Ich nehme an, C.W. wird alles
selbst noch ausführlich berichten. Aber im Grossen und
Ganzen kann man sagen, dass er in Australien die
Bestätigung dafür gefunden hat, was wir schon hier im
Fernen Osten empfinden : Europa ist das geistige und
kulturelle Zentrum der Welt.

Zur Familie : Tim kann laufen wie ein Alter. Zwar wackelt
er noch recht, aber er rollt wie eine richtige Gefahr mit
unheimlicher Geschwindigkeit auf alle möglichen Dinge zu :
Tomas' Spielsachen, Mittagstisch, Flaschen, Küchenschränke.
Er hat schon eine Jenaer Glasschlüssel auf dem Gewissen.

Ich war mit den Kindern 5 Tage in Port Dickson. Am Tage
bevor wir dorthin fuhren, wurde die Baby-Amah krank.
Bauchschmerzen auf der linken Seite, Übelkeit und Fieber.
Ich habe sie nix wie ins Krankenhaus gebracht, obwohl sie
sich dagegen wehrte. Die Köchin meinte hinterher, die Amah
sei halt ein Dorf-Mädchen, die hätten alle Angst vorm
Doktor. Womit sie sagen wollte, dass sie selbst aus der
Grosstadt ist, in Singapore geboren. Als wir aus Port
Dickson zurückkamen, war Nya wieder da. Sie hat zwar keine
Blinddarmentzündung, aber sie hat sich an unserem Tim
überhoben ! Der Arzt habe gesagt, sie solle 2-3 Wochen
nicht arbeiten, und nun habe ich heute wieder so ein neues
Herzerl als Aushilfe bekommen. Auf den ersten Blick sehr
lieb und nett, mit Brille, was ihr ein fast gebildetes
Aussehen gibt, mit Namen Escha.

Solange C.W. fort ist, habe ich beide Kinder bei mir im
Schlafzimmer. Eine Mordsgaudi für den Tim. Morgens weckt er
mich Punkt halb sieben mit dem Ruf : "Hey". Dann ist er
auch noch trocken. Ich versuche ihn dann auf den Topf zu
setzen, worüber er sehr erbost ist. Wenn ich dann die
Geduld verliere und ihn laufen lasse, pinkelt er auf den
Boden. Danach gibt es pausenlose Gespräche : er macht "hey"
und ich sage dann "Timmilein"-"hey"-"hast du gut
geschlafen?"-"hey" usw. Hin und wieder ein deutliches
"O.K." und vor allem, seit C.W. weg ist, immer wieder
"Papa".

312

Tomas kam mitten in der Nacht und weckte mich mit Küsschen
und Streicheln. Als ich ihn fragte, was das soll, sagte er,
ich bin doch jetzt der Papa, und der macht das auch immer
so. - Ich konnte ihn nur mit Mühe davon überzeugen, dass
der Papa nachts auch schläft.

Heute habe ich im Cold Storage "Tomy's Mayonnaise"
gefunden. Gerade aus Switzerland eingetroffen. Ihr könnt
Euch gar nicht vorstellen, was das für uns bedeutet.
Nachdem es hier nur englische und amerikanische gibt.
Beides schaurig, süss und sauer mit ekligem Geschmack.

In Port Dickson selbst war es sehr schön. Es war ein
ruhiges Wochenende, scheinbar weil es Monatsende war und
die drei folgenden Tage waren wir überhaupt die einzigsten
Gäste. Ich habe versucht Wasser-Ski zu fahren. Es ist aber
sehr schwer überhaupt zum Stehen zu kommen. Man steht erst
auf dem Grund mit den Dingern an den Füssen und dann fährt
das Motorboot los und nun muss man damit an die
Wasseroberfläche kommen. Ich bin erst ein paar Mal
umgefallen bis es ging.

Hier in K.L. haben sich Lörky's sehr nett um mich
gekümmert, immer angerufen und ich bin auch 2 mal bei ihnen
gewesen. Aber trotzdem bin ich nur ein halber Mensch bis
morgen früh.

Den nächsten ausführlichen Brief schreibt dann C.W.

Bis dahin, seid herzlichst umarmt von Eurer

Beate

K.L. 8-6-59   cw

Liebe Eltern und Schwiegereltern,

ich bin am Samstag morgen hier gut gelandet, und Ihr werdet
nun eine Menge wissen wollen. Ihr sollt auch gar nicht auf
die Folter gespannt werden, sondern es soll hiermit gleich
gesagt sein : wir werden nicht nach Australien gehen. Ich
habe vielmehr heute schon der Botschaft mitgeteilt, dass
ich bis 31.März 1960 hier noch arbeiten werde. Dann können
wir im April mit dem Schiff zurückfahren und werden so um
den 1.Mai herum in Darmstadt sein. Zu dieser Zeit ist es
schon mild in Europa und unsere Kinder bekommen keinen
Schock wegen des Klimawechsels. Ausserdem ist dann unser
akademisches Jahr fast zu Ende.

Bei der Botschaft hat man mir Hoffnung gemacht, dass ich im
Anschluss an meine Dozententätigkeit hier eine Art
bezahlten Urlaub auf ein paar Monate, oder - was dasselbe
ist - noch einige Monate das Gehalt weiter bekomme. Damit
kann dann der Übergang geschaffen werden für unsere neuen
Pläne, mit denen Beate und ich seit gestern sehr
beschäftigt sind. Diese sind : wir werden uns zunächst
irgendwo in Darmstadt einmieten, und Eure Aufgabe wird es
sein, uns etwas zu suchen. Details darüber nächste Woche.
Ich werde ab jetzt sämtliche Verbindungen zu deutschen
Schulen und Firmen aufleben lassen, sodass mein Büro sofort
laufen kann, wenn wir uns eingenistet haben. Wir haben
unter allen Umständen vor in Darmstadt zu bleiben.

Nun zur Reise ! Es war eine aufregende Sache und trotz der
Kürze so ungeheuer wichtig. Sydney ist ganz amerikanisch
und Melbourne englisch-europäisch. Wer nach Australien geht
ohne Geld, macht schnell welches, und es wäre kein Problem
für mich mit einem lokalen Architekten dort zusammen zu
arbeiten und in wenigen Jahren Geld zu "machen". Das aber
ist nicht das, was ich will. Geld verdienen kann ich
zuhause auch. Die Schulen : ich war in Sydney bei Prof.
Freeland, der mir Empfehlungsbriefe mitgab für den Dekan
der Architektur Schule an der Universität Melbourne und für
den Chef des Royal Technical College in M'bourne. Ich
sprach mit sehr vielen Dozenten. Ergebnis : man möchte mich
schon gern haben, aber man könne den tiefen Standard der
Schulen nicht verbessern. Keiner der Dekane und Lehrer dort
hat einen "drive" etwas neues zu machen. Die Schulen sind
miserabel untergebracht und die Dozenten hausen in kleinen
Kabuffs, etwas grösser als ein mittleres Klosett. Die
Schulen sehen aus wie deutsche Mittelschulen, riechen auch
so und sind unfreundlich. Das geistige Klima ist schlecht.
Das wären alles Plätze, von denen ich nach 4 Wochen
davonlaufen würde. Damit war meine Entscheidung, nicht nach
Australien zu gehen, gefällt.

Diese Entscheidung traf ich aber schon am 2. Tag in Sydney.
Man sieht nur Immigranten, Juden, Tschechen, Ungarn, Polen.

Die viel zitierte "kulturelle Mitte" existiert nicht. Auch
keine besseren Wohnviertel, abgesehen von den unbezahlbar
teuren Gegenden entlang der malerisch gelegenen Küsten, die
wie Fjorde ins Land gehen. Die Vororte, die Suburbs, sind
Kolonien von tausenden von kleinen Backsteinhäusern, die
wie Ameisen bergauf-bergab verlaufen, alle mit ihren
Tankstellen, Einkaufszentren und hässlichen Gebrauchtwagen-
Läden. Da wohnt ein Professor neben dem Omnibuschauffeur,
der Kaufmann neben dem Dockarbeiter. Und die Dockarbeiter
verdienen so gut, dass sie 2 Autos haben. "John is as good
as his boss" heisst die Devise. Fernsehen (4 Programme)
sind überall obligatorisch. Alles ist in wahnsinniger
Hetze. Die Landschaft ist - abgesehen vom bezaubernden
Sydney - eintönig, und besteht aus endlosem Busch oder
Steppe. Ich bin in einem Tourenbus in die blauen Berge
gefahren und sah 2 Stunden lang nichts als Busch und die
gleichen kleinen Ortschaften, die alle wie eine Ansammlung
von Würstchenbuden aussehen und die man nicht voneinander
unterscheiden kann. Plötzlich sah ich hinunter in die
berühmten Canons der Blue Mountains, sozusagen ein
negatives Gebirge. Diese Canons gehen wiederum hunderte von
Kilometern ins Land hinein, sind eigentlich nur
"interessant" und die einzige landschaftliche Attraktion
in N.S.W. Zum Skifahren kann man zwar, aber das ist noch im
Aufbau. Es ist ziemlich weit weg und kostet viel Geld.
Österreicher bauen nun Hütten und haben Ski-
Ausrüstungsläden in Sydney. Wunderschön ist Tasmanien und
Neuseeland, aber wer kann sich das schon leisten. Die
Reisebüros hängen voll mit Reklamen : Urlaub in Europa !

Die Stadt Sydney ist natürlich überwältigend, vor allem für
einen, der aus den Tropen kommt. Es gibt praktisch alles,
der Standard ist hoch. Viele Europäer haben hier in den
letzten Jahren Geschäfte, Espressobars und Unternehmen
aufgemacht, sodass man sehr oft deutsch sprechen kann. Es
gibt 2 deutschsprachige Zeitungen und natürlich sämtliche
deutsche Illustrierte zu kaufen. Die Geschäfte haben
schweizer Niveau.

In Sydney und im ganzen übrigen Land scheint man keine
Heizung zu kennen. Ich habe nirgends einen Ofen oder eine
Zentralheizung gefunden und entsprechend ständig gefroren !
Nur die modernen Bürobauten sind voll klimatisiert, Fenster
können nicht geöffnet werden. In Australien ist gerade
Herbst, die Temperatur war zwischen 12 und 16 Grad, in der
Sonne mittags nahe 20°. Das ist eine Temperatur, bei der
man fröstelt. Die Australier nehmen das in Kauf und ziehen
Pullover an. Meine Heizung im primitiven Zimmer (die
Hotellerie ist noch hinter dem Mond) bestand aus einer
Flasche Whisky. Dafür hatte ich den vollen Blick über den
Hafen.

Es gibt keine "Klassen" und darum auch keinen Service.
Niemand trägt die Koffer und niemand bedient im
europäischen Sinne. Das Land ist sicher, und deshalb werden

weder Haustüren, Hoteltüren noch Zimmertüren abgesperrt,
ja, es gab nicht einmal einen Zimmerschlüssel. Mein Bett
wurde nicht richtig gemacht, sondern eher nur glatt
gestrichen und irgendwie zugedeckt. Der Schlafanzug war
eine Wurst. Um halb acht klopfte es und herein kam eine
Jungfrau mit einem Tablett mit Tee, Toast und Butter und
knallte das auf den Nachttisch. Sie fing gleich an mit mir
zu reden, da man Respekt vor dem Gast nicht kennt, sprach
über Wetter und verschwand. Ich musste sehr schnell mein
Frühstück im Bett einnehmen, weil sie nach 15 Minuten
wieder erschien und ausgesprochen sauer wurde, wenn das
Tablett noch nicht leer war. Die Taxichauffeure reagieren
ebenfalls sauer, wenn man hinten einsteigt, weil sie das
als "Diener" entwürdigt. Sitzt man aber vorn, dann
unterhalten sie sich mit einem sofort, als sei man ihr
Nachbar. Trinkgeldgeben ist in den meisten Fällen nicht
erwünscht, weil das erniedrigt. Die Friseure rauchen
während des Rasierens ihre Zigaretten weiter und blasen
einem den Rauch in die Nase. Das ist mir zweimal in
verschiedenen Läden passiert. Die Kellnerinnen rauchen
hinter der Theke. Auch sie nehmen kein Trinkgeld. Dafür
sind alle riesig hilfsbereit. Sagt man, dass man Deutscher
sei und eventuell hierherkommen wolle, strahlen sie und
strecken einem ihre Pratze entgegen : Ja, komm nur hierher,
das ist das beste Land der Welt und du wirst einen Haufen
Geld machen.

Ihre Interessen sind Fernsehen, Baden, Fussball, Autos.
Mein Beruf ist nicht gefragt. Der Architekt hat Erfolg,
wenn er billiger baut als sein Kollege, und Design ist
weder gefragt noch bekannt. Harry Seidler hat mich gefragt,
was ein Grafiker sei und wie der bei uns arbeitet. Das ist
dort alles unbekannt. Natürlich - und das ist das paradoxe
-- es ist eine Menge dort noch zu tun, - aber das Land ist
etwa da, wo Amerika 1920 war.

Harry Seidler verdankt seine Karriere einem Umstand : er
wurde, als er in Amerika mit Marcel Breuer arbeitete, von
seinem Vater nach Sydney auf Besuch eingeladen. Seine
Eltern und sämtliche Seidlers aus Wien sind nach Australien
emigriert. Harry kam also vor 11 Jahren und baute seinem
wohlhabenden Vater ein sehr modernes Haus in Sydney. Dann
eines für seinen Onkel. Und damit hatte Harry es geschafft,
denn bei den damals 1 1/2 Millionen Einwohnern der Stadt
kamen bald einige, die auch so ein Haus haben wollten, und
Harry baute für sie. Viel muss nicht dabei herausgesprungen
sein, denn er wohnte und arbeitete in einem kleinen Raum im
Keller eines Miethauses. Nun hat er die Tochter eines
Politikers geheiratet und sich endlich ein anständiges Büro
mieten können. Er ist entsetzlich beschäftigt und hatte
nicht allzuviel Zeit für mich. Da er Geld machen will und
grossen persönlichen Ehrgeiz hat, ist er an irgendwelchen
Ideen für Verbesserungen der Schulen zwar interessiert,
will aber aktiv nichts tun. Seine Bauten sind erstklassig
und er ist Australiens bester Architekt.

Melbourne ist, wie gesagt, englischer. Dort sitzt das Geld
und dort hat es auch "bessere" Leute. Dafür ist Melbourne
nicht mit landschaftlichen Schönheiten gesegnet und man
kommt sich dort vor wie auf einer Insel. Es gibt keinen
Ferienort, keine richtigen Hotels, nichts. Ich traf dort
auch einen Freund von Posener, Prof. Strizic (Jugoslawe),
der früher mal in Berlin studiert hatte und heute an der
Uni Architektur lehrt. Er hatte mir bereits vor meiner
Abreise geschrieben, dass ich um Gottes Willen nicht kommen
solle, es sei trostlos. Das ist nun übertieben, aber im
Prinzip hat er recht. In Melbourne wurde ich von Richard
Berryman am Flugplatz erwartet, ein Freund meines hiesigen
Collegen und Nachbarn, Norman Lehey. Richard nahm mich
sofort in seinem Auto mit, hatte ein Hotel bestellt und
zeigte mir soviel er konnte. Er führte mich bei den Schulen
ein, brachte mich zum modernsten Melbourner Architekten und
lud mich abends zum Essen ein. Seine Frau ist Eurasierin
und stammt aus einem Dorf bei Kuala Lumpur. Er hat ein
altes Haus gekauft und umgebaut, was nach einem bekannten
Sprichwort ziemlich teuer sein soll. Immerhin - es war
überall kalt, bis auf einen elektrischen Ofen - vor dem
Esstisch. Er hat ein Wohnzimmer mit Küche drin, hochmodern
und etwas völlig anderes als die schäbige deutsche
Wohnküche.

Die Reise selbst war wundervoll, wenn auch anstrengend wie
alle Flugreisen. Fliegen ist etwas ganz wunderschönes. Ich
hatte von hier bis Singapore eine lokale Dakota, die uns
ziemlich durchschüttelte. Ich bekam es ziemlich mit der
Angst zu tun, denn der Pilot war ein Malaye. Immerhin war
sein Co-Pilot Engländer - was typisch für die Lage hier
ist. In Singapore hatte ich 4 Stunden auf die BOAC-Maschine
zu warten. Mit Privatauto der Fluggesellschaft wurde ich
ins berühmte Raffels-Hotel gebracht, erhielt ein Zimmer mit
Airconditioner und Bad, Abendessen usw. Um Mitternacht
wurden wir im Bus an den Airport gebracht und stiegen in
die Britannnia. Ich hatte zwei Sitze für mich und konnte
leidlich ein paar Stunden schlafen. In Djakarta war die
Piste kaputt und deshalb flogen wir durch bis Darwin. Dort
wurde aufgetankt und Geld gewechselt. Alles war schon
fertig zum Abflug, da mussten wir wieder raus, weil eine
Airforcemaschine auf der Rollbahn stand mit verklemmten
Bremsen und erst abgeschleppt werden musste. Dann ging es 6
Stunden lang über Steppe nach Sydney. Ich durfte eine halbe
Stunde lang mit einem Australier, Direktor einer
Metallfabrik, nach vorn ins Flightdeck, wo man uns alle
Instrumente erklärte. Die Britannia flog natürlich
automatisch und im Pilotensitz sass der 1. Offizier und las
ein Buch. Man zeigte uns alles, wie Radar, Feuerwarnung
usw. Alles wurde vorgeführt. Der Captain nahm eine
Sicherung heraus, lachte und sagte, siehste, jetzt brennen
die Lichter draussen nicht mehr. Dann liess er die
Feueralarmanalge klingeln und grinste über die Präzision

317

seiner Technik. Die Maschine schien in der Luft zu hängen,
und die Erde drehte sich langsam unter uns vorbei.

In Sydney stand Harry Seidler mit seiner Frau bereit zum
Empfang. Daneben zwei Presseweiber und Fotografen, die 2
Bilder machten. Erschienen war nur eine kurze Notiz in der
Zeitung. Das Fernsehen wollte mich für eine Frauensendung
haben, aber glücklicherweise haben sie meine Hoteladresse
nicht gefunden. Da am nächsten Tag ein berühmter Boxer
ankam, war ich natürlich schnell vergessen.

Für den Flug nach Melbourne bekam ich einen Platz in der 1.
Klasse, da in dieser Maschine, der neuesten Super-Viscount
keine Touristenklasse war. Nach einer halben Stunde
steckten wir in dicken Wolken und es schüttelte ziemlich.
Immerhin gab das Rückenwind, und als ich glaubte, das sei
nun die halbe Strecke, drosselten sie die Motoren und
setzten zur Landung an, die ja bei diesen grossen Höhen
schon eine gute halbe Stunde vor der Ankunft eingeleitet
wird.

Der Flug Melbourne-K.L. verspätete sich. Wir waren draussen
am Airport, wo uns die Quantas mit 2 grossen amerikanischen
Wagen höchst feudal hingebracht hatte, als es hiess, die
Maschine sei noch gar nicht in Sydney gestartet. Die
Feueralarmanlage am Motor 4 müsse erneuert werden. So ging
es wieder in die Stadt in ein Hotel, wo uns eine lächelnde
Stewardess begrüsste und zum Essen einlud. Wir fuhren dann
später wieder hinaus und warteten noch einmal 1 Stunde.
Endlich landete die Super Constellation und wir waren
fertig zum einsteigen, als man die grossen Leitern an Motor
4 schob udn die Hauben öffnete. Es verging wieder eine
Stunde, da man einen neuen Zündverteiler einbauen musste.
Na ja, sagten wir, wenn das so weiter geht, haben wir bald
alle Teile neu ersetzt und es ist sicher besser, das hier
zu tun, als über dem Meer. Der Service bei der Quantas war
besser als bei der BOAC, auch das Essen und alles war
persönlicher. Ich hatte wieder 2 Sitze am Fenster. In Perth
hatten wir eine Stunde Aufenthalt zum Auftanken. Die
Verspätung betrug jetzt 3 1/2 Stunden. So ging es bei Nacht
über die Westküste Australiens, und das Frühstück (mit
gebackenem Fisch !!) gab es kurz vor Sumatra. Rechterhand
sahen wir die sehr hohen Berge von Java aus den Wolken
hervorschauen. Singapore - wie bekannt, heiss und feucht.
Ich rief gleich Beate an, die schon wusste, dass wir
verspätet sind. Lörkys fuhren mit Beate und Kindern an den
Flugplatz. Als sie ankamen, sagte man ihnen, die
Constellation sei schon über der Stadt. Als ich ausstieg,
stand Herr Lörky mit Tomas direkt unten an der grossen
Treppe. Welch Senstion für Tomas ! Und Beate mit Tim kam
rein zum Zoll. Grosses Wiedersehen.

So viel hab ich noch nie schreiben müssen !

Viele herzliche Grüsse Euch allen Euer

C.W.

13-6-59

Liebe Eltern und Schwiegereltern,

C.W.'s Brief mit der freudigen Botschaft habt Ihr ja nun
sicher schon bekommen. Tomas ist ganz aufgeregt und
erzählte Lörky's, dass "iur fahren bald zum Opa nach
Germany, und uir kommen nie uieder hierher". Das liebe Kind
hat so einen englischen Akzent, dass Ihr ihn kaum verstehen
werdet. Als ihn Herr Lörky neulich, wie ein älterer Herr
das so macht, fragte : "Na, mein Kleiner, was willst du
denn später mal werden ?", sagte Tomas mit leuchtenden
Augen :" Uenn ich gross bin, uwerde ich ein policeman, und
dann habe ich eine grosse gun, und damit shoote ich alle
Leute. In der gun sind grosse bullets und uenn ich die
Leute shoote, dann sind sie alle dead." Der grosse Wunsch
nach dem "Gun"-Schiessgewehr kommt nur daher, weil sein
Vater, als Pazifist keine im Haus duldet.

Tim kann laufen wie ein Alter. Seitdem er entdeckt hat,
dass man zur gleichen Zeit laufen und sprechen kann,
kreischt er ganz laut quer durch den Garten. Beim Essen ist
er nicht mehr in seinem Stuhl zu halten und die Amah geht
immer hinter ihm her, durch das ganze Haus, mit dem Teller
in der Hand. Ich habe ihm jetzt ein Paar richtige Schuhe
gekauft, "Jumping Jacks" heissen sie, in denen er einen
guten Halt hat und fast von selbst läuft.

Heute ist Kuala Lumpur 100 Jahre alt. An den
Regierungsgebäuden und Geschäften hängen die üblichen
Fahnen und Pappmaché-wappen und im Rathaus ist eine
Austellung. Man hat vergessen - oder es nicht gewusst -
Propaganda für dieses Fest zu machen und nun wundern sich
die Hoteliers, dass keine Gäste gekommen sind. Ich habe
noch nicht ganz heraus gefunden, was nun eigentlich vor 100
Jahren stattgefunden hat : entweder ist zu diesem Zeitpunkt
der erste Engländer so weit in den Djungel und Sumpf
vorgedrungen und hat hier sein Zelt aufgeschlagen oder es
hat zu dieser Zeit schon so eine Art Kampong gegeben. Wie
dem auch sei, K.L. hat jetzt auch seine Geschichte. Um
10:30 findet im Lake Garden ein Feuerwerk statt und dehalb
kann ich auch nicht schlafen gehen, wir haben nämlich dem
Tomas versprochen mit ihm dort hinzufahren.

Herr und Frau Lörky fahren am 1. Juli auf Urlaub nach
Deutschland. Sie werden sich hauptsächlich bei ihren
Kindern in Heidelberg aufhalten und bei Gelegenheit Freunde
in Darmstadt besuchen. Sie haben uns versprochen, Euch
mindestens anzurufen. Es wäre doch nett, wenn Ihr Euch
einmal mit jemandem unterhalten könntet, der direkt aus
K.L. kommt und sozusagen als Augenzeuge über uns berichten
kann. So, dies nur als kurzes Lebenszeichen. Nächstes Mal
wieder mehr. Herzlichst

Beate

Liebe Mutti,

kannst Du mir bitte doch das Kochbuch und die Constanze
schicken ? Ich hätte es halt schon so gern. Und bitte noch
etwas : leg ein Strickmodenheft für Kinder dazu. Bei den
englischen komme ich nicht klar und die deutschen sind auch
netter. Ich würde mich übrigens sehr freuen, wenn sich
sämtliche Grossmütter und Urgrossmütter und Tanten an einem
grossen Strickwettbewerb beteiligen würden für meine armen
Tropenkinder. Ich selbst werde ebenfalls in den kommenden
Monaten die Garderobe der beiden jungen Herren auf Europa
ausrichten. Zumindestens was wir auf dem Schiff brauchen.

Als vertrauliche Mitteilung an Dich : wir bringen dann
gleich nochmal so einen Kleinen mit. Und ich habe gar keine
Ahnung, was so ein armes Wurm in Europa alles anziehen
muss. Bitte, erzähl es aber Sir Richard noch nicht. C.W.
hat nämlich Angst, er wird sagen, wir seien verrückt. Von
ihm stammt nämlich der Ausspruch, Kinder seien eine
Belastung und mehr als eines sei Wahnsinn. Mir ist es
ziemlich gleich, was er sagt, ich wollt es gerne haben !

Für heute tausend Bussis an alle aber besonders Dir von
Deinem

Coco

21-6-59

Liebe Eltern und Schwiegereltern,

C.W. liest gerade aus Grimms Märchen vor :.....aber
Grossmutter, was hast du für ein grosses Maul heute ? -
Damit ich dich besser fressen Kann ! Tomas Gegenfrage :
"Warum?". Kinder fragen immerzu "warum" und meistens bloss
um eine Satzpause auszufüllen. So etwa wie die Bayern "ha?"
machen, um Zeit zu gewinnen.

Wir kommen gerade wieder einmal von einem billigen Kauf
zurück. Wir fanden gestern in der Zeitung eine Anzeige von
Leuten, die zurück nach Europa gehen und alle möglichen
Haushaltsgegenstände, vom Klavier bis zum Kinderbett zum
Kauf anboten. Wenn die Engländer nach Hause gehen,
verkaufen sie ja bekanntlich alles, was nicht niet und
nagelfest ist. Manchmal kann man da schon was finden, und
da wir gerade für unseren Tim ein neues Bett suchen, fuhren
wir hin. Das Bett, das sie da hatten, war noch wackliger
als unseres und ich hätte ihm in unserem Haus höchstens 2
Wochen gegeben, dann wäre es auf dem Müll gelandet. Wir
erstanden aber eine Schneiderpuppe mit Ständer aus Bambus
für einen Dollar.

Tims Bett wird nicht mehr sehr lange halten. Der Einsatz
unter der Matratze besteht aus einem Rahmen mit Querlatten,
in 15 cm Abständen. Das Neueste ist also, dass Tim die
Matratze hochhebt und die Beine in die Zwischenräume
steckt. Er kriegt sie natürlich nicht mehr raus. Nachdem
wir ihm 2 mal nacheinander zu Hilfe eilten, wurde es im
Kinderzimmer ruhig. Als ich später hinkam, steckte er
wieder mit beiden Beinen drin und war dabei eingeschlafen.
Wir mussten das ganze Bett auseinandernehmen und den
Einsatz samt Kind auf den Boden legen. Wir haben daraufhin
eine Hartfaserplatte draufnageln lassen. Die neueste Tour
ist jetzt, dass er sich unter seine Matratze legt. Ich
erzähle das nur, damit Ihr Euch überlegen könnt, ob unser
liebes, altes, weisses, ehrwürdiges Bett in Darmstadt
diesen Rowdi überstehen kann ? Ihr müsst nicht glauben,
dass er sich so einfach brav in seinem Bett hinlegt. Erst
wird eine ganze Weile getobt, wobei mit einem Handgriff das
Leintuch von der Matratze gerissen und auf den Fussboden
geworfen wird, dann folgen sämtliche Stofftiere hinterher.
Schliesslich hängt er sich an die Gitterstäbe und schaukelt
und rüttelt wie ein Aff im Käfig. Vielleicht sollten wir
das Bett lieber für ein ruhigeres Kind aufheben. Kikis
Kinder werden vielleicht mal weniger wild ?

Wir werden in den nächsten Tagen eine liste von
Haushaltsgegenständen aufstellen, die wir besitzen und
solche die wir benötigen. Wir werden hier nichts verhökern,
sondern fast alles mitnehmen, da wir es doch bezahlt wird.
Allein das ganze Koch- und Essgeschirr. Es sind schrecklich
aufregende Zeiten angebrochen und wir sind voll von

Zukunftsplänen. C.W. plant unser Wohnhaus, er hat jetzt in den Ferien viel Zeit dafür und alles wird genau durchdacht. Wir sehen es beide schon direkt vor uns.

Unser Schiff geht am 1. April 1960, die "Viktoria" vom Lloyd Triestino und ist am 21. April in Genua. Wir sind zwar erst auf der Warteliste, da alles schon vorgebucht ist. Das hat aber nichts zu sagen, da viele Leute auf mehreren Schiffen zugleich buchen und nach einigen Wochen wieder abbestellen. Wir haben ebenfalls noch auf zwei anderen Schiffen vorgebucht. Einmal auf der italienischen Flotta Lauro Linie und auf einem holländischen Schiff. Von den deutschen Hapag Frachtern raten alle Leute ab. Erstens gelten deutsche Passagiere auf den Schiffen bei ihren Landsleuten nichts und zweitens verlangen sie unverschämte Trinkgelder. Und drittens weiss man bei einem Frachter nie, wann man nun eigentlich abdampft und geschweige denn, wann man ankommt.

C.W. bereitet gerade in der Botschaft, zusammen mit Dr. Vogel und Herrn Pallasch, einen Vertrag vor. Es geht darum noch 3 bis 4 Monatsgehälter als Übergang zu bekommen. Ausserdem hat C.W. Verbindung mit mehreren ihm bekannten Persönlichkeiten aus der Industrie aufgenommen. Ich glaube, der Sprung sollte nicht allzu schwer werden.

Das Feuerwerk zum 100 jährigen von K.L. war eine Wucht. Man hatte die Raketen in Japan gekauft und gleich einen Feuerwerksspezialisten mitgeliefert bekommen. Die Japse haben aber nur eine Art Raketen aus dem Westen kopiert und so sah man immer nur eine grosse Kugel, die erst rot, dann blau und dann grün wurde. Wenn sie weg war, kam an der gleichen Stelle die Nächste. Und das ging 1 1/2 Stunden so. Wir hatten uns auf dem Dachgarten im Lake Club installiert und Tomas war hell begeistert.

Wir haben gerade den letzten Tag einer endlosen Feiertagswoche. Man weiss nie, wann nun eigentlich Sonntag ist. Es begann mit Mittwoch, da war wieder mal so ein malayisches Hari Raja. Zum Frühstück erschien Nya, die Amah die sich an Tim überhoben hat und gerade 2 Wochen Ferien macht, bei uns am Tisch mit grossen Schachteln. In einer war ein Kuchen für uns mit Zuckerguss in rosa und grün : Selamat Hari Raja Haji, und in den anderen Schachteln waren Spielsachen für Tomas und Tim. Das überreichte sie uns mit dem Gruss "Selamat Hari Raja". Wir waren sehr gerührt darüber, da sie nur deshalb von ihrem Kampong zu uns gekommen war. Den beiden anderen Amahs gaben wir für den Tag frei. Wir fuhren vormittag in die berühmten Batu Caves, Tropfsteinhöhlen, etwa eine halbe Stunde von hier entfernt.

Nächster Tag war Werktag, dafür der Freitag Kings Birthday. An sich war das schon früher, aber der König hatte den Tag verschoben wegen des Todes des Sultans von Johore. Im Radio hiess es : in diesem Jahr hat der König am 19. Juni

322

Geburtstag. - Es war ebenfalls eine grosse Feierlichkeit
mit Ordenverteilung und Salutschüssen. Tomas marschierte
zum Entsetzen seines Vaters, mit seiner Trommel im
Gleichschritt zur Übertragung im Radio. Das muss er wohl
von seinem Opa geerbt haben. Er hat auch schon grosse
Hoffnungen auf diesen Opa gesetzt, indem er überall
erzählt, der Opa in Germany kauft ihm bestimmt ein Gewehr.

Mit unserer Köchin sind wir nicht mehr so zufrieden. Sie
kocht uns zu englisch. Und wenn ich doch alles selbst
machen muss, tut es mir um die 120 Dollar leid. Sie leistet
sich manchmal Sachen, über die man nur staunen kann. Ich
weiss noch nicht, ob wir sie behalten. Falls wir sie
wegschicken sollten, werde ich alleine kochen und nur eine
Amah dazunehmen.

Was macht die Oma jetzt ohne Mariechen, hast Du schon
jemanden gefunden ? Ich freue mich schon so darauf, wenn
ich wieder alles alleine machen kann, ohne gleich zu
schwitzen !

Seid für heute alle herzlichst umarmt von Eurer

Beate

11-7-59

Liebe Eltern und Schwiegereltern,

heute bin ich wieder einmal dran mit schreiben. Ich habe in
der letzten Zeit so viel zu tun gehabt, dass mir einfach,
wie die Grossmutter sagt, "der Löffel" zum schreiben
gefehlt hat. Ausserdem sind wir den ganzen Tag schon in
Gedanken zu Hause. Zwar noch nicht so wie Herr Pallasch,
der die Stunden bis zu seiner Abreise zählte. Da er damit
schon vor ein paar Monaten begann, erreichte er unheimliche
Zahlen.

Gestern habe ich ein wundervolles Geburtstagsgeschenk
bekommen. Nicht, dass Ihr glaubt, ich hätte diesmal meinen
Geburtstag im Juli – frei nach dem malayischen König –
sondern wir fanden etwas so Tolles, dass wir es gerne haben
wollten und eben einen Grund gesucht haben. Das Ding ist
eine elektrische Bratpfanne, die man auf den Tisch stellen
kann und beim Suppe essen zusieht, wie das Fleisch bruzelt.
Im Griff ist ein Thermostat, den man für die verschiedenen
Gerichte einstellt, und der Deckel ist aus feuerfestem
Glas. Erst dachte ich, man könne halt nur jede Art von
Schnitzel und Steak, Ei und Pfannkuchen darin zubereiten,
aber inzwischen habe ich festgestellt, dass man einfach
alles damit kochen kann. Die Pfanne hat einen ziemlich
hohen Rand, so dass man Gulasch, Paprikahendl,
Gemüsesuppen, Auflauf, halt einfach alles drin kochen kann.
Da wir unsere Köchin zum ersten August wegschicken wollen,
war der Hauptgedanke, mir die Kocherei zu erleichtern. Wir
werden dann nur mehr eine Amah dazu nehmen. Diejenige
bekommt dann etwa 70 oder 80 Dollar. Ist immer noch genug.
Die gute Saham hat so wenig im Kopf, dass es fast gar
nichts sein kann. Wenn man ihr sagt, sie solle
Pellkartoffeln machen, macht sie Kartoffelpüree, und wenn
man ihr dreimal gezeigt hat, wie sie den Spinat machen
soll, bekommt man ihn beim vierten Mal wieder auf englische
Art. Dann sagt sie "sorry, Mem", und wir müssen den Frass
essen. Sie ist zwar eine sehr liebe Frau, aber für so viel
Dummheit ist sie einfach überbezahlt.

Die Pfanne steht im Esszimmer auf dem Buffet. Das ist jetzt
meine zweite Küche. Daneben steht die Kaffeemaschine, für
die wir jetzt endlich Melitta-Filter gefunden haben. Ich
reinige die Pfanne selbst. Der Amah habe ich gesagt," fass
ja nicht an, das ist sehr, sehr gefährlich, da ist
Elektrizität drin". Jetzt hat sie einen so heillosen
Respekt vor dem Ding, dass sie es sich nur aus 2 Meter
Entfernung ansieht. Der ganze Apparat ist natürlich
amerikanisch.

Vorige Woche war nun endlich der Begrüssungsempfang vom
Botschafter im Lake Club. Als wir hinkamen, stand das
Botschafterehepaar mit Herrn Pallasch am Eingang. Letzterer
musste ihnen immer zuflüstern, wer nun gerade kommt. Als

wir erschienen, flüsterte er auch ziemlich laut, "hier
kommt Herr Voltz, unser Architekt", worauf der Botschafter
sagte :"ach, wer ist das ?" Dann wusste er es aber wieder.
Er drückte mir zuerst die Hand und riss sie dann nach
preussischer Art hoch, um einen Handkuss zu markieren. Ich
werde mich nie an diese komische Art Handküsse gewöhnen,
bei der man nie weiss, was da eigentlich vorsichgeht.
Danach drehte er sich zu seiner Frau und sagte :"ach,
kennen Sie eigentlich schon meine Frau ?" Ich dachte bei
mir, "bei dem Mann muss wohl eine Schraube locker sein, bei
denen im Wohnzimmer habe ich doch erst neulich 2 Stunden
neben dem Airconditioner so frieren müssen". Sie sagte aber
sofort, "ach ja, ich glaube schon." Wir wurden sofort ohne
weitere Unterhaltung entlassen mit den Worten :"ach, bitte,
machen Sie es sich gemütlich". Na, es ist sowieso kein
Vergnügen, sich mit so ungewandten Leuten zu unterhalten
und so suchten wir halt unsere diversen Bekannten auf. So
ein Empfang ist etwas sehr lustiges, wenn man viele Leute
kennt. Man stellt sich so lange man Lust hat, zu
irgendjemanden und spricht miteinander, und wenn man keine
Lust mehr hat, geht man weiter. Mitten in der Veranstaltung
wurde dann die malayische Nationalhymne gespielt - die
gekürzte Version dauert genau 31 Sekunden - , danach ein
Toast, ein paar Wort zum Tag der deutschen Einheit, die
aber durch ein schlecht gestelltes Mikrofon gänzlich
verloren gingen und das Deutschlandlied. Wir fanden, dass
wir doch eine sehr schöne Hymne haben. Um halb neun
verzogen wir uns dann in den Grillroom des Clubs und assen
zusammen mit Lörkys ein Kognak-Steak.

Zwei Tage später gab dann Herr Pallasch seinen
Abschiedsempfang. Eine sehr originelle Idee. Er machte
nämlich am Sonntagmorgen um halb elf eine "open-door
party", das heisst, er hatte etwa 30 Leute gebeten zu
kommen, wann sie wollen, zwischen halb elf und halb eins,
und man konnte gehen wann man wollte. Es war sehr nett.

Ja, und dann sind Lörkys und Herr Pallasch abgeflogen.
Langsam wird es in der Botschaft langweilig. Die nettesten
Leute sind weg. Sie werden wahrscheinlich auch nicht
wiederkommen. Wir haben den Eindruck, sie wollen so ganz
schön langsam wieder ein Konsulat daraus machen. Es gibt ja
auch nichts zu tun hier für sie.

Tomas hat eine grosse Partywelle hinter sich. Ich fürchte,
wir werden eine schrecklich grosse Party zu seinem
Geburtstag geben müssen, mir graut jetzt schon davor.

Kennt Ihr schon meinen grössten Essenswunsch wenn wir
zurück kommen ? Ein Stück Graubrot mit 2 cm
dickgestrichenem frischen Sahnequark und darüber sauren
Rahm ! Kann man hier nicht bekommen.

Herzlichst Eure Beate

Hier schreibt C.W. ein P.S.:

Tomas sagt, wenn er nach Germany kommt, gell, dann darf ich
bei der Mutti schlafen. Und wenn die Mutti sagt, dass sie
beim Grosspapa schlafen muss, dann will Tomas auch zur
Mutti beim Grosspapa. Also ist es nichts mit dem Bett für
den Tomas beim Opa am Hölderlin ? Schwierige Fragen, wenn
man noch nicht einmal weiss, wo man hingeht. Und noch viel
schwieriger, wenn man sich am Anfang teilen müsste, bis
eine Wohnung da ist : der Papa und der Tomas würden am
Hölderlinweg wohnen, und die Mutti mit ihrem Tim in
Eberstadt. Und mit Sabine, die am 19. Januar dazukommen
soll. Da habt Ihr's. Wie sag ich's meinen Eltern. Und wir
freuen uns alle so furchtbar auf ihn oder sie, nachdem Tim
schon gross wird und gar kein richtiges Spielzeug mehr ist.

Herzliche Grüsse an alle Familien

C.W.

EMBASSY OFFICIALS LEAVE K.L.

THE First Secretary of the Embassy of the Republic of Germany in Kuala Lumpur, Mr. Heinz Pallasch, and the Chancellor, Mr. Karl Loerky, left yesterday on a five-month holiday. Both the Embassy officials had been in Malaya for more than two years. Mr. Karl Loerky was accompanied by his wife. Mr. Pallasch (left) and Mr. Loerky at Kuala Lumpur airport.—Malay Mail picture.

327

15-7-59

Meine liebe Mutti,

inzwischen hast Du ja sicher wieder einige Nachrichten
bekommen. Obwohl ich wirklich nicht gleiches mit gleichem
vergelten wollte, aber gerade Du weisst ja, wie das so
vorkommen kann, dass man einen Brief vor sich herschiebt.
Übrigens , das ist eine Entschuldigung die Du immer
bringst, bei Dir sei alles anders ! Du hast nur drei
Personen zu versorgen, ich habe 4 und 2 Amahs !!! Aber das
nur als Spass nebenbei.

Auf Deine Frage, wie ich mich so fühle : wie man sich halt
so im 4. Monat fühlt. Man weiss es zwar, aber richtig
glauben kann man es doch erst, wenn man das Pützchen im Arm
hält. Im Gegensatz zum ersten Mal, wo mir in der ganzen
Zeit nur 2 oder 3 mal schlecht gewesen ist, war es mir
diesmal so übel, dass man mir Tabletten gegeben hat, mit
denen es jetzt gut geht. Dann hatte ich Schwindelanfälle
und die Ärztin meinte im Spass, weil alles so anders sei,
als das erste Mal, gäbe es bestimmt ein Mädchen. Seit einer
Woche habe ich jedes Übel überstanden und gehe wieder
täglich schwimmen und spiele jeden Abend einen Satz
Badminton.

Unserer Köchin habe ich eben gekündigt, weil C.W. gestreikt
hat. Ich habe ihr gesagt, dass wir sie gern als
Halbtagsamah für 60 Dollar behalten würden, weil sie so
lieb ist, aber ich weiss nicht, ob sie das machen wird. Sie
hat mich mit so traurigen Hundeaugen angesehen, dass es mir
schrecklich leid tat. Aber besser eine traurige Amah, als
einen Mann, der sich bei fast jedem Essen ein Käsebrot
macht, weil ihm nicht schmeckt, was er vorgesetzt bekommt.

Der Tim ist ein Autonarr. Er erkennt jeden grauen Ford
Consul aus einer Menge Autos heraus, stürzt sich drauf und
schreit "Papa-Auto, Papa" und versucht die Türen
aufzumachen. Wenn er hier mal in Freiheit gesetzt wird, das
heisst, aus seinem Stall gelassen wird, rennt er sofort in
die Garage und ist kaum mehr von dort wegzubekommen. Das
Schlimmste ist das empört-traurige Gesicht, wenn wir ohne
ihn wegfahren. Meistens hält man dann wieder und nimmt ihn
doch mit. Er wird langsam ein richtiger Bub, der versteht,
was man ihm sagt. Seine Amah Nya liebt er immer noch über
alles und beim Essen lümmelt er in seinem Stuhl mit den
Beinen auf dem Tischchen und lässt sich füttern. Wenn das
Essen nicht schnell genug kommt, stösst er ein wildes
Gebrüll aus.

Übermorgen fahren wir wieder auf ein Wochenende nach Port
Dickson. Wir haben alle dringend Farbe nötig, bis auf Tim,
der immer wie ein derber Bauernbub aussieht !

Liebste Mammy, sei tausendmal umarmt von Deinem Coco

24-7-59

Liebe Eltern und Schwiegereltern,

zunächst vielen Dank für diverse Briefe : vom 15.7. aus
Eberstadt und die Zeitungssendung vom Hölderlinweg, die
heute kam. Aus den Wohnungsannoncen im Darm Echo kann man
schliessen, das es langsam aufwärts geht, das heisst, es
scheinbar jetzt möglich wird, eine Wohnung ohne
Baukostenzuschuss zu bekommen.

Meine Mutti macht sich Sorgen wegen der gekündigten Koch-
Amah und das zeigt mir, dass man sich bei Euch, trotz
meiner Erzählungen über personifizierte Dummheit, kein Bild
davon machen kann. Oder Ihr mir einfach nicht glaubt. Ich
will auch nicht darauf bestehen, sondern werde dann
mündlich noch einmal glaubwürdiger berichten. Nur als
kleine Draufgabe gebe ich kurz ein Beispiel für diese
Köchin, wie sie sich nennt : ich habe ihr also dreimal
hintereinander gezeigt und vorgemacht, wie wir gerne den
Spinat essen. Ihr wisst schon, mit Einbrenne und Milch
vergossen, Knoblauch usw. Als es dann ein paar Tage später
zum 4. Mal Spinat geben soll, frage ich, ob sie es jetzt
selbst machen kann. Ja, ja, natürlich. Was mittags auf den
Tisch kam war gekocht und einfach durch den Fleischwolf
gedreht, ohne Salz und Pfeffer. Als ich sie frage, warum
sie es nicht gemacht habe, wie ich es ihr gezeigt habe,
sagt sie ganz erstaunt :"Wie denn dann ?" - " Ja weisst du
denn nicht mehr, wie ?"-"No, Mem, sorry".- Wenn ich sage,
mach Pellkartoffeln, dann gibt es sicher Pommes frites und
das Kartoffelpürre schmeckt wie 1945 aus der Volksküche in
Lindau.- So gibt es viele Histörchen. Mit meiner neuen
Bratpfanne geht das Kochen so wundervoll, die Amah hat die
unangenehme Arbeit, wie Gemüse putzen und Kartoffeln
schälen. Das Essen schmeckt wieder allen und die
Stromrechnung ist zurückgegangen. (Die Weiber lassen alle
Kochplatten immer auf der höchsten Stufe eingeschaltet).

Gestern abend sitzen C.W. und ich auf der Terrasse und
geniessen die aufkommende abendliche Brise. Auf einmal
reibt C.W. sich oben am Kopf und sagt :"es fängt an zu
regnen" und schaut nach oben. Da steht auf dem Balkon ein
strahlender, nakter Tim und pinkelt auf seinen Vater
hinunter !

Und dann kam Besuch und als der wieder weg war, sind wir
beide ganz erschöpft ins Bett gesunken. Wir hatten die eine
Tochter und den Sohn des Botschafters da, um ihnen unseren
Port Dickson Film zu zeigen. Es waren sowieso Perlen vor
die Säue, denn es hat sie gar nicht so sehr interessiert,
es sind junge Leute ohne besondere Interessen und ohne
eigene Meinung. Das einzigste , was sie haben, und das ist
schlagend : ein Mundwerk. Sie redeten so ungeheuer schnell
und viel und beide zugleich, dass es mir manchmal ging wie
in der ersten Zeit hier, als ich noch nicht genug englisch

verstand und eine Unterhlatung einfach an mir
vorbeirauschte. Ihr habt immer gesagt, ich würde schnell
sprechen aber bei denen weiss ein Zuhörer manchmal
garnicht, was für eine Sprache sie überhaupt sprechen !

Als wir letztes Wochenende in Port Dickson waren, haben wir
dort ebenfalls unseren Film vorgeführt und hatten dazu so
eine nette Zuhörermenge und dankbares Publikum. C.W. hatte
seinen Projektor und die Leinwand im Garten aufgebaut, als
es dunkel wurde. Mr. Chillaie und sein Sohn Harry, alle
Gäste und das ganze Personal kamen, um den Film zu sehen.
Eine lange Szene nimmt die Bootsfahrt in einem gemieteten
Boot ein, deshalb wurde auf der malayische Bootsmann
eingeladen. Er kam sehr fein in seinem Festtagssarong mit
schwarzer Kappe und freute sich wie ein kleines Kind über
seine Mitwirkung im Film. Überhaupt jeder Boy und Kabuhn
strahlte, als er sich auf der Leinwand erkannte. Und Mr.
Chillaie wusste die Namen von allen Gestalten, die da
herumliefen. Wir stellten fest, dass wir das erste Mal ein
wirklich verständnisvolles und dankbares Publikum hatten.

Eure tropische Hitzewelle muss ja schrecklich gewesen sein.
Julius Posener, der vor ein paar Tagen aus Europa
zurückkam, erzählte, es sei fast unerträglich gewesen. Ihr
dürft nicht glauben, dass es bei uns so ist.
Irrtümlicherweise meint man, am Äquator sei es am
schlimmsten mit der Hitze. Unsere Temperaturen schwanken
zwischen 25 Grad in den Morgenstunden bis zu 30 Grad am
Nachmittag. Und es ist keine trockene Hitze. In Port
Dickson war es am Samstag wegen des Regens so kühl (etwa 24
Grad), dass ich mir meine Wärmflasche nebst zwei Wolldecken
mit ins Bett genommen habe. C.W. meint zwar, das sei das
Sabinchen.

Um bei diesem Thema zu bleiben, es geht mir sehr gut und
ich denke kaum daran, weil es noch so unwirklich ist. Und
allen lieben und besorgten werdenden Grossmüttern zur
Beruhigung : ich habe doch schon einmal so ein derbes
Bauernkind in die Welt gesetzt, womit ich sicherlich
bewiesen habe, dass ich zäh und widerstandsfähig bin.

Tomas fragt fast täglich, wie oft er noch schlafen muss,
bis wir zum Opa fahren. Aber mehr als 5 Mal geht nicht in
sein Köpfchen hinein. Ausserdem versteht er gar nicht,
warum er Weihnachten nicht feiern kann, wann er möchte und
sich nach einem Kalender richten soll !

Herzlichst

Beate

25-7-59

Liebste Mutti,

heute kam Dein lieber Brief vom 21.7. Liebste Mutti, bitte
mach Dir doch nicht unnötig Sorgen, wo gar keine zu machen
sind. Ganz offensichtlich hast Du mich missverstanden, ich
gedenke nicht, nur mehr mit einer halben Amah auszukommen
und mich hinzustellen und zu putzen. Die Babyamah Nya
bleibt weiterhin bei uns. Unser Haus ist zwar etwas grösser
als Eures aber dennoch nicht gross genug, um 2 Amahs den
ganzen Tag zu beschäftigen. Dafür, dass die Köchin den
halben Tag vor ihrem Zimmer sitzt und vor sich hinsturt,
bekommt sie einfach zuviel Geld. Ihr Gehalt ist 120 Dollar,
das sind etwa 150 DM. Täte Dir so etwas nicht auch leid ?
Die neue Halbtagsamah wird also morgens das Frühstück
machen, die beiden Zimmer unten und die Küche saubermachen,
Wäsche waschen und mir beim kochen helfen. Dafür bekommt
sie dann 50 - 60 Dollar. Das Haus ist zu gross, als dass
Nya, die mit dem Tim viel zu tun hat, es alleine bewältigen
könnte, aber zu klein für 2 Amahs. Ich hatte nicht die
Absicht, mich körperlich zu viel zu betätigen. Bist Du nun
beruhigt ?

Was Kiki's Sebstständigkeit betrifft, so meckert C.W. auch
die ganze Zeit, dass er gar nicht wisse, wozu sie nun nach
Köln müsse. Bis ich ihm klar und deutlich gesagt habe, dass
ihn das einen feuchten Kehrricht angehe. Er sagt, junge
Mädchen in dem Alter hätten nur Männer im Kopf !

Dein Vorschlag, Möbel von den wegziehenden Amis
aufzukaufen, fand grossen Anklang bei uns. Sir Richard hat
uns immer noch nicht verstanden. Überhaupt, sag mal ganz
ehrlich, freut Ihr Euch auch so wenig auf uns, wie der Opa
am Hölderlinweg ? Seit 4 oder 5 Briefen schreibt er jedes
Mal, dass wir schon "vorübergehend" nach Darmstadt kommen
sollen und zwar so, dass man den Eindruck hat, wir seien
gar nicht willkommen. Auf die Nachricht von unserem neuen
Baby hat er mir tatsächlich geschrieben, in der Familie
Voltz sei eigentlich nur ein Kind üblich. C.W. meint, es
sei nur Angst, er müsse uns finanziell unterstützen, wenn
etwas schief geht. Es ist jedenfalls ein bisschen
enttäuschend, immer solche Briefe zu bekommen.

So, ich hoffe Dich beruhigt zu haben. Tausend Bussis Dir
und Deiner Familie von Deinem Coco mit Anhang.

2-8-59

Liebste Eltern und Schwiegereltern,

vielen Dank für das nun endlich angekommene Kochbuch und
die Constanze. Ich hatte schon alle Hoffnung verloren, dass
das Paket wirklich abgeschickt worden sei. Und schnappte
hörbar ein. Nun kam es also doch noch und vielen, vielen
Dank dafür. C.W. kann das Buch nicht lesen, da er alle die
österreichischen Küchenausdrücke nicht kennt, mich mutet es
sehr heimatlich an.

Vorige Woche waren wir mit Herrn Wolf – das ist der
Konsulatssekretär an der Botschaft und aus Mainz – abends
auf dem malayischen "malam pasar" das heisst "Nacht-Markt",
weil er nur abends stattfindet. Er befindet sich im
malayischen Viertel der Stadt, dem campong baru – dem neuen
Dorf. Das ganze "Dorf" liegt in einem Palmenhain und
besteht fast ausschliesslich aus malayischen Holzhäusern.
Mittendrin ist die grösste Moschee der Stadt. Der Markt
selbst befindet auf einer langen Strasse mit Buden und
Ständen, in denen man alles kaufen kann. Wenn man dorthin
kommt, fällt einem zunächst die völlige Stille und Ruhe
auf. Ganz anders als in den chinesischen Vierteln, wo es
immer eine Menge Lärm gibt. Im malam pasar gibt es kleine
Buden, in denen auf Holzkohlenfeuer eine Art Schaschlick
gebraten wird und andere malayische Spezialitäten, übrigens
äusserst sauber und ziemlich geruchlos. Bis auf die Stände,
an denen Durianfrüchte verkauft werden ! Ausserdem kann man
dort malayische Stroharbeiten, Silberschmuck und Dolche –
Kris – kaufen, Sarongs und japanische Spielsachen. Mitten
auf der Strasse stand ein richtiger Bänkelsänger. Als wir
vorbeigingen, schaute er uns an, lachte und fing an etwas
zu singen, von dem wir nur immer das Wort "puteh", der
Weisse, verstanden. Er muss uns schon recht durch den Kakao
gezogen haben, denn auf einmal sahen alle Malayen, die uns
vorher gar nicht beachtet hatten, an und grinsten. Ich fand
es dort sehr interessant und würde gerne wieder hingehen. –
Später gingen wir in den berühmten B.B. Park, das
Vergnügungsviertel von K.L. Herr Wolf, der als Junggeselle
da recht gut Bescheid weiss, führte uns sofort in ein
malayisches Tanzlokal. Ein solches Tanzlokal besteht aus
einer sehr grossen Tanzfläche, die etwas erhöht ist, und
rundherum stehen Tische und Bänke. An der Kopfseite der
Tanzfläche ist die Kapelle und davor sitzen in einer Reihe
auf Stühlen die Tänzerinnen. Jeder Mann, der nun gerne
tanzen möchte, kauft sich einen Bon, ich glaube für 20
cents, und gibt ihn dem Mädchen, mit dem er tanzen möchte.
Beim tanzen dürfen sie sich nicht anfassen, sie stehen sich
gegenüber, und das Mädchen muss nun die gleichen Schritte
machen wie der Tänzer. Wenn der Mann ein guter Tänzer ist,
wirkt das wundervoll harmonisch und graziös. Dazu kommen
die schönen Gesichter und Figuren der Mädchen, C.W. war
ganz weg. Das ging bis Mitternacht, samstags bis 1 Uhr,
dann wird überall in allen Lokalen der Stadt die

Nationalhymne gespielt und danach ist Feierabend. Das mit
der Hymne haben sie von den Engländern übernommen, die
spielen ihre Hymne auch jeden Abend.

Ansonsten wird der Hass auf die Engländer, bzw. auf die
Europäer , immer grösser. Zwiespalt in der chinesisch-
malayischen Partei, Streit um eine neue Landessprache, die
neue Regierung - eine ziemlich links gerichtete rein
chinesische Volkspartei - in Singapore, das alles gibt
einem das Gefühl, dass es Zeit wird, nach Hause zu gehen.
Schon kommen die grossen Geschäftsleute aus Singapore und
richten ein zweites Geschäft in K.L. ein mit dem
Hintergedanken, sich ganz hier niederzulassen. Wenn man
solche Dinge und mehr aus Singapore hört, drängt sich
unwillkürlich die Vorstellung auf, dass es dieser Weltstadt
über kurz oder lang so ergehen könnte wie Shanghai. Bis vor
ein paar Jahren noch eine blühende internationale Welt- und
Grosstadt und heute nichts mehr als ein Provinzdorf mit
Hafen.- Der Streit um die Landessprache Malayas ist
diktiert vom Rassenhass, den keiner wahrhaben will. Man
rühmt sich, die beste Demokratie der Welt zu sein, das
einzige Land in dem es möglich sei, dass so viele Rassen
friedlich nebeneinander leben, aber wenn man hinter die
Kulissen blickt, oder eben nur die Augen aufmacht, sieht
man die wirklichen Zusammenhänge. Die Chinesen, die ja
bekanntlich das Geld hier haben, wollen chinesisch als
Landessprache, die Inder hindustani und tamil und die
Malayen natürlich malayisch. Dabei haben alle diese
verschiedenen Sprachen gar keinen ausreichenden Wortschatz
um dem englischen gleichwertig zu sein. Man kann immer
wieder verfolgen, wenn sich beispielsweise zwei Elektriker
unterhalten, dass sie in jeden Satz englische Wörter und
technische Ausdrücke einflechten. Der Tengku (johoho) hat
sich mit seinem Malayisierungsprogramm offensichtlich etwas
übernommen, ausserdem stösst er die Chinesen vor den Kopf,
denen er nur wenige Sitze im Parlament geben will. So
langsam bereitet sich ganz Südostasien ungewollt auf den
Kommunismus vor. Heute schon greift Die UDSSR Indonesien
unter die Arme und so, wie die sich verkaufen, könnte sich
Malaya auch eines Tages verkaufen müssen, wenn sie alle
Engländer hinausgeworfen haben. Trotzdem haben wir viel
hier gelernt. Die bewundernswerte Ruhe und Zeit, die
jedermann hat und vor allem oder trotz allem, die
freundlichen Gesichter.

Gestern Abend waren wir bei unseren Nachbarn Lehey zu einer
Filmschau eingeladen. Ausser uns waren noch Poseners da.
Seit C.W. Charmian vorige Woche gesagt hat, wie gut sie
aussieht, ist er wieder in Gnaden aufgenommen worden und
wir verkehren gesellschaftlich miteinander. Welch Glück !
Sonst wäre der Abend schrecklich gewesen. Charmian sieht
ihrer Niederkunft jede Minute entgegen. Das Dilemma ist nur
dieses : ursprünglich war das Kind für Ende August
berechnet worden. Dann stellte einer der Ärzte fest, dass
es bereits Ende Juli zu erwarten sei, worauf Julius sofort

rief :"dann bin ich nicht der Vater !" und dies auch noch
überall erzählte. Wenn nun das Kind nächste Woche kommt
(laut ärztlicher Prognose ist es fertig zur Geburt)
entsteht die Frage - zu spät für Ende Juli und zu früh für
Ende August - ist er nun oder ist er nicht ??? Na, wie dem
auch sei, die Filme waren sehr nett und ausserdem gab es
ein Abendessen. Maggi's Hühnerbrühe aus dem Beutel,
Kalbskeule gebraten, die ich mir noch heute aus den
verschiedenen Zähnen hole, grüne Bohnen nur im Wasser
gekocht und Bratkartoffeln, hinterher eine
Erdbeerschaumspeise. Dazu australischen Rotwein, der das
Beste von allem war. Als Abschluss Kaffee. Wenn man weiss,
dass Leheys aus Melbourne sind und aus C.W.'s Erzählungen
den Kaffee dort kennt, kann man nur sagen, ihr Kaffee hat
alle diese Vorstellungen noch übertroffen. Nur unsere
Erklärung, wir könnten nachts nicht schlafen, wenn wir so
viel Kaffee trinken, bewahrte uns vor einer zweiten Tasse.
Aber wenn ich mich jetzt auch schon wieder in Bosheit
ausgelassen habe, es war doch ein sehr netter Abend.

Unsere neue Halbtagsperle heisst Sariga, ist etwa 18 Jahre
alt, sehr adrett, hübsch und willig. Sie spricht nur
malayisch. Als erste und einzigste meiner Amahs schaut sie
sehr interessiert zu, wenn ich irgendetwas koche. Es sieht
fast so aus, als ob sie es gerne lernen möchte.

Tomas springt (mit Ring) vom Brett in den Swimmingpool im
Club, besonders wenn irgendwelche Mädchen zwischen 4 und 40
Jahren zusehen. Timmy ist das ungezogenste und verzogenste
Kind in der ganzen Syers Road, aber schliesslich muss ich
ihn doch für 2 Grossmütter, eine Urgrossmutter und 2 Tanten
mitverziehen. So erscheint es irgendwie gerechtfertigt. Den
Laufstall lehnt er aufs schärfste ab und er macht die ganze
Wohnung unsicher. Er wackelt mit ernstem Gesicht herum,
räumt Servietten und Tischtücher aus dem Schrank, schmeisst
Türen auf und zu, räumt Papas Bücherschrank aus, alles
immer mit unbeweglichem Gesicht. Plötzlich steht er in
einer Ecke und fixiert mich, die kleine Faust fest
geschlossen. Schaue ich nach, hat er sich meinen Fingerhut
geklaut. Ihr werdet schon Eure Freude an ihm haben.

Und damit für heute alles, alles liebe von Euren 4 Malayen.

12-8-59

Liebste Eltern und Schwiegereltern,

vielen Dank für den Brief vom 2.8. von meiner Mutti mit
Adressenangaben und Ferienplänen. Wir wären gerne dabei.
Und dies ist ja nun auch gar nicht mehr in so weiter Ferne.
Es geschehen noch Zeichen und Wunder : C.W. hat sogar
Campingpläne, und wer ihn näher kennt, weiss oder vielmehr
erkennt, dass tiefe Veränderungen in seiner Seele
vorgegangen sein müssen. Ja, ja, der Ferne Osten.

In den letzten Tagen war für unseren internationalen
Flughafen eine aufregende Zeit. Und da dies ja für uns die
mehr oder minder einzige Verbindung zur grossen Welt ist,
nahmen wir daran teil. Vorgestern flog die letzte Britannia
nach England zurück. Sie ist nun auf dieser Route ganz aus
dem Verkehr gezogen worden, und wird nur mehr nach
Südafrika fliegen. Wie sich das gehört, fuhren wir zu
diesem Ereignis natürlich zum Airport. Im Hintergrund zog
bereits ein Gewitter auf. Die Britannia fuhr auf die
Rollbahn um zu starten, als der Wind stark abflaute. So
rollte sie an das andere Ende der Piste, um in die
entgegengesetzte Richtung zu starten, als der Wind völlig
verging. Fünf Minuten später zog ein scheussliches Unwetter
über die Stadt. Am nächsten Tag stand in der Zeitung, dass
in den Kampongs die Dächer von den Häusern geblasen worden
seien. Das klingt schrecklich als Überschrift ! Wenn man
dann allerdings weiterliest, handelt es sich
ausschliesslich um Attap-Dächer, ein Palmenstroh, dass sich
die Leute bei Bedarf aus dem Djungel holen.- Die Britannia
flog dann eine Stunde später, als der Regen vorüber war,
endlich ab, hatte aber, wie wir auch am nächsten Tag in der
Zeitung lasen, Motorenschaden und kam zurück. In K.l. waren
aber bereits alle Lichter aus und so konnte sie nicht
landen und flog weiter nach Singapore. Abflug mit vielen
Hindernissen. Gestern sollte nun die erste Comet nach
England planmässig landen, aber aus uns nicht bekannten
Gründen, flog sie weiter nach Singapore und kam erst heute
morgen. Es waren ein paar hundert Leute gekommen um sie zu
sehen und es war kaum möglich, einen Parkplatz zu bekommen.
Am gleichen Tag eröffnete die "Cathey"-Fluggesellschaft den
neuen Service mit dem Turbo-Prob Elektra, Strecke :
Hongkong - Singapore, und schliesslich zog noch die Boing
707 von der Quantas, die leider hier nicht landen kann,
eine Ehrenrunde über K.L.

Da im Programm der Malayisierung so ganz schön langsam auch
die Hospitäler und medizinischen Beratungsstellen in
eingeborene Hände kommen, ist auch unsere Governmentsärztin
nicht mehr da. An ihrer Stelle sitzt ein kleiner,
unsicherer, schwarzer Inder, vor einem Jahr aus Australien
vom Studium zurückgekommen und wälzt während der
Sprechstunde unsicher sein Lehrbuch. Die meisten Europäer
ziehen daraus die Konsequenz und gehen zu einem Privatarzt.

335

Das haben wir jetzt auch gemacht. Die Botschaft hat uns zu
ihrem Vertrauensarzt, einem Dr. Hugh Wagner, dessen
Grossvater noch in Deutschland geboren ist, gechickt. Er
selbst spricht nur englisch ist aber sehr deutschfreundlich
und hat eine blitzsaubere Praxis in der Stadt, mit
Extraeingang für Europäer. Seine Sprechstundenhilfe, Lotte
Frankfurt, ist eine schöne Eurasierin. Ich bekomme einige
Eisenspritzen und wieder mal B 12. Kein Grund zur
Besorgnis, liebe Mutti, es ist alles in bester Ordnung, und
dies sei das Beste, was es im Moment gibt. Ich fühle mich
bedeutend wohler unter der Aufsicht dieses Arztes, werde
aber voraussichtlich trotzdem im Bungsar Hospital
entbinden, da wir dort nichts zu bezahlen haben. Und eine
Geburt ist ja auch keine Krankheit, besonders nicht die
zweite. Das Baby stösst schon ganz ordentlich, und laut Dr.
Read, dessen Buch ich wieder studiere, ist das gut möglich.

Es gibt Dinge im Leben, gegen die man einfach machtlos ist.
Die einem immer wieder passieren, ohne dass man auch nur
das geringste dazutut. So etwas wie ein Schicksalspaket,
dass man mitbekommt oder nicht mehr loswird. So etwas
ähnliches ist das mit meinen Dienstboten. Ob ich nun etwas
dazutue oder nicht, immer wieder passiert etwas und ich
habe schon wieder so ein neues Gesicht. Mit der neuen
Halbtagsamah Saripa und der Baby-Amah Nya lief alles
wundervoll. Plötzlich kommt Nya an und sagt, sie müsse
wieder 2 Wochen ausruhen und wolle nach Malakka in ihr
Kampong fahren und hier sei eine "ganti" – Aushilfe – für
diese Zeit. Die Ganti heisst Mariam und kam mit Mann und
Kind. Der Mann hockt den ganzen Tag auf dem Schlafbrett und
sturt vor sich hin, er ist arbeitslos. Sie selbst ist recht
nett und willig aber strohdumm. Sie glaubt immer, sie müsse
den Tim ständig bewachen, und lässt ihn keinen Schritt
allein tun. Ich bin den ganzen Tag dabei ihr zu sagen, sie
solle das Kind laufen lassen, wohin es will. Der Tim geht
nicht weg. Sie stellt sich dann 2 m von ihm entfernt hin
und wenn er über einen Graben klettern will, rennt sie hin
und hilft. Wenn ihm die Nachrennerei zu viel wird, fängt er
an zu schreien und schmeisst sich zornig auf den Boden.

Wenn die arme Kiki Omisitter ist, bekomme ich sicher bald
wieder einen Brief von der Grossmutter. Als Ihr das letzte
Mal weg wart, hat mir die Grossmutter geschrieben, sie
müsse in der Küche immer nach dem Rechten sehen, die Kiki
koche zwar aber sie sei etwas unpraktisch, weil sie
studiert ! Was würde meine Grossmutter erst zu meinen Amahs
sagen, die schon seit einer halben Stunde ein kleines Stück
Fleisch durch den Fleischwolf drehen ? Die haben doch
sicher nicht studiert ?

Im College beginnt das neue Semester und C.W. hat gestern
13 kleine "Affchen" in Empfang genommen, von denen die
Hälfte gar nicht weiss, was ein Architekt überhaupt macht.
Ein Mädchen kam am nächsten Morgen gar nicht wieder und

zwei haben nach der ersten Arbeit bereits aufgegeben. Er
hat 4 hübsche Mädchen in seiner Klasse, und das tröstet !

Mrs. Posener erzählt seit 4 Wochen jedem der es hören will
oder nicht, dass sie es spürt, es geht jetzt jeden
Augenblick bei ihr los. Sie probiert jeden Tag ihr
Patentrezept aus : in einer Hand eine Zitrone und in der
anderen ein Stück Brot, das abwechselnd lutschen und kauen,
dann ein heisses Bad und 10 Minuten später kämen die ersten
Wehen. Aber bis jetzt tut sich noch nichts.

Tomas hat ab morgen wieder mal Ferien. Allerdings nur für 3
Wochen. Er springt im Club vom Sprungbrett und wenn niemand
hinschaut, versucht er einen Kopfsprung. Es wird meistens
ein Bauchklatscher. Ansonsten ist er ein relativ liebes
Kind, man soll solche Prognosen nicht allzu sicher stellen,
man könnte es verschreien.

Dies wäre es für heute. Der Briefträger kommt überhaupt
nicht mehr in unser Haus. Ich habe ihn im Verdacht, dass er
alle Eure Briefe in den Drain wirft ! Denn es kann doch gar
nicht angehen, dass Ihr nie schreibt. Also seid für heute
herzlichst umarmt von Eurer

Beate

2-9-59

Liebste Eltern und Schwiegereltern,

ich versuche Euch nach Österreich zu schreiben und hoffe,
dass die Post diesmal keine 8 Tage geht. Eigentlich ist das
schon eine arge Bummelei, denn Eure Briefe gingen teilweise
nur 3 Tage. Ist mir irgendwie unverständlich. Mich ärgert
das besonders wegen des Geburtstagsgeschenks für die Mutti,
ich hatte es so genau ausgerechnet und noch ein paar Tage
zugegeben. Hoffentlich hast Du es wenigstens inzwischen
bekommen.

Vielen Dank für das neue Constanzeheft, welches direkt von
der Buchhandlung geschickt wurde, es kam gestern nachmittag
an. Gerade jetzt, wo wir in Gedanken schon wieder so halb
zu Hause sind, interessiert uns alles sehr und die
Constanze liest sich sehr schön.

Tomas hat seit gestern wieder Kindergarten und freut sich
darüber. Aus dem Tim ist unversehens ein kleiner Bub
geworden, der sich alleine beschäftigt und von seinem
Laufstall nichts mehr wissen will. Gestern hat er uns sehr
in Erstaunen versetzt. Ihr könnt ja jetzt über das
Wunderkind lachen, wenn Ihr wollt : er hielt sich beim
spielen einen Stecker mit Schnur ans Ohr und sagte "Hallo",
wie er es von uns beim telefonieren gesehen hat. Er ist
halt ein Europäer, ein Chinese hätte das mit 2 Jahren noch
nicht fertiggebracht. Alles was sich bewegt, sei es nun
Auto, Eisenbahn, Flieger oder Hunde ist für ihn "Auto". Die
Eisenbahn interessiert ihn sehr. Am liebsten spielt er mit
Tomas japanischen Autos und Fliegern, aber vor allem mit
dem roten Tretauto. Natürlich kann er mit den Füsschen noch
nicht an die Pedale, er geht halt damit. Rückwärts geht es
schneller aber da sieht er nichts und so knallt er dann
strahlend an irgendeine Mauer.

Viel Spass hättet Ihr mit C.W.'s und Tomas' malayischen
Sprachkenntnissen. Es geht irgendwie perfekt. Tomas nimmt
sofort einen chinesischen Akzent an, wenn er mit
Eingeborenen spricht und bei C.W. weiss ich eigentlich
nicht, wie er es macht, er wird aber immer verstanden.

Unsere neue Aushilfsperle Mariam bleibt scheinbar noch für
weitere Zeit an uns hängen. Nya kam nach 2 Wochen wieder
und der alte Medizinmann im Djungel von Malakka (keine 10
Pferde bringen sie zu einem richtigen Arzt) habe gesagt,
sie müsse noch 2 bis 3 Monate ausruhen. Da haben wir halt
die Mariam behalten. Ihr Mann arbeitet noch immer nichts,
nun, da seine Frau ja wieder für 2 Monate Arbeit hat, ist
er wieder sorgenlos. Sie selbst ist an Dummheit nicht mehr
zu übertreffen. Solange alles schön gleichmässig seinen
altgewohnten Gang geht, ist es ja gut, aber wehe, es wird
etwas geändert !

Ich muss der Oma am Hölderlinweg noch erzählen, wie es uns
mit unserem Käsefondue ergangen ist, für das sie uns das
Rezept geschickt hat. Zunächst zogen wie in die Stadt um
einen Spirituskocher zu kaufen. Wir sahen im Wörterbuch
nach, was Spiritus heisst. Es heisst Alkohol. In den
verschiedenen Geschäften, in denen wir nun erklären
wollten, was für eine Art Kocher wir meinen, fragten sie
immer, was für einen Alkohol ? Schliesslich gaben wir es
auf und beschlossen, eben doch unsere neue elektrische
Pfanne dafür zu benutzen. Dann gingen wir in ein
Spirituosengeschäft um Kirsch zu kaufen. Der Chinese in dem
Laden wollte uns unbedingt Sherry verkaufen, und dann
meinte er, Cognak wäre doch auch sehr gut. Alles andere in
seinem Laden sei "from China, hahaha". Danach gingen wir
etwas mutlos in den Cold Storage um Käse zu kaufen. Wir
fanden dort einen echten schwarzwälder Kirsch aber an Käse
mussten wir nehmen, was sie halt unter schweizer Emmentaler
verkaufen. Von Maizena oder Kartoffelstärke haben sie hier
noch nie etwas gehört, denn die Engländer verwenden so
etwas nicht. Deshalb musste ich es halt selbst aus
geriebenen Kartoffeln herstellen. Es war etwas mühsam und
als es trocken war, wollte Tim es unbedingt essen, weil er
meinte, es sei Zucker. Er kletterte in einem unbewachten
Moment auf den Tisch und tat sich an meiner kostbaren
Kartoffelstärke gütlich. Das Fondue war dann auch ganz gut
geworden aber sicher nicht so, wie es zu Hause geworden
wäre. Und meine Pfanne brauchte 24 Stunden um danach wieder
sauber auszusehen. Wir haben uns entschlossen, es doch
nicht mehr zu machen.

Ich habe heute wieder ein Strickjäckchen für das "neue
Baby" in den einzelnen Teilen fertig. Es macht
wahrscheinlich deshalb so viel Spass, weil es so kleine
Teile sind und schnell geht. Immerhin muss man sich direkt
unter den Ventilator setzen, weil sonst alles
davonschwimmt. Das Baby trampelt, wie der Tim damals, schon
sehr stark. Und Tomas erkundigt sich dann sachverständig,
wie gross das Kind schon sei. Er zeigt dann auf meinen
Bauch : wenn es so gross ist, dann kommt es raus. Dem kann
keiner mehr die Geschichte vom Storch erzählen !

Ich bin bei unserem neuen Arzt gut aufgehoben und die
Wirkung der Eisenspritzen ist bereits spürbar. Dieses Baby
hat die gleiche Eigenart an sich, wie der Tim, es drückt
jetzt schon auf den Magen, dass ich wieder nichts essen
kann. Mir wurde erklärt, ich habe sehr starke Bauchmuskeln,
die dem Kind nicht nachgeben. Da es nun irgendwohin muss -
es entwickelt sich völlig normal - drückt es halt alle
Eingeweide zusammen. Ich werde offensichtlich auch diesmal
nicht sehr dick. Es ist auch nicht so schlimm, weil ich
jetzt essen kann, was ich gerne möchte, wenn es auch nicht
viel ist.

Charmian hat nun endlich ihr Baby bekommen. Es ist ein Sohn
und die Ähnlichkeit mit Julius ist unverkennbar. Wir

besuchten sie am nächsten Tag im Hospital, wo sie bereits
wieder wie ein Schlot eine Zigarette nach der anderen
rauchte und erzählte, wie schnell die Geburt abgelaufen
sei, nur 5 Stunden. Tim und ich haben auch nur 5 Stunden
gebraucht, was glaubt Ihr, wie schnell wir diesmal sein
werden ! Wenn ich das sage, bekommt C.W. immer Angst, das
Kind könne zu Hause auf die Welt kommen und er wisse dann
nicht, was er machen solle. Auf jeden Fall würde er riesige
Mengen Wasser zum kochen bringen.

Aus Bonn kam die Nachricht, dass sie die Reisekosten von DM
7.000 auf DM 9.000 erhöhen , damit "die Seereise eine Art
Erholung darstelle". Weiter will man nichts bezahlen, aber
wir sind damit schon sehr zufrieden, so können wir auf
jeden Fall das Schiff nehmen.

Wir haben schon oft mit dem Gedanken gespielt wie schön es
wäre, wenn irgendein Elternteil auch mal nach Malaya käme.
Bei den verschiedensten Bekannten, die wir haben, kommen
Mütter auf ein paar Monate auf Besuch. Ist so etwas sehr
unmöglich für Euch ?

Dies für heute. Seid tausendmal umarmt und geküsst, mit
liebsten Wünschen für Erholung, die einen in Österreich,
die anderen in der Schweiz, Eure

Beate

7-10-59

Liebste Eltern und Schwiegereltern,

meine Karte habt Ihr sicher bekommen und seid gespannt auf
alle Neuigkeiten. Zunächst bedanke ich mich recht, recht
herzlich für alle Geburtstagsglückwünsche. Alle haben an
mich gedacht, nur aus Berlin von Inge kam keine Zeile. What
is the matter ? Ich dachte, die Lage sei entspannt ? Es
macht nichts, ich hatte nur gedacht, sie würde mir
wenigstens einen Gruss schicken.

Mein Geburtstag verlief höchst spannungsreich. Am Vorabend
liess C.W. plötzlich verlauten, dass es sich immer noch
lohnen würde, eine Waschmaschine zu kaufen, nachdem die
Wäsche von den Amahs immer kaputter gemacht wird. Ihr
solltet so was mal gesehen haben : da hockt so ein Weib auf
dem Betonboden hinter dem Haus und bearbeitet die Wäsche
mit der Wurzelbürste solange, bis der Dreck einigermassen
draussen und vom Gewebe auch nicht mehr viel da ist. Auf
diese Weise haben sie mir alle Servietten und Tischtücher
zerrissen und ich muss für das neue Baby fast alle Windeln
neu kaufen. Meine englischen Nachbarinnen haben mir gesagt,
das käme davon, weil ich die weisse Wäsche und vor allem
die Windeln kochen lasse !- Jedenfalls kauften wir dann
eine kleine Waschmaschine von Hoover, die das Wasser
aufheizt, dann die Wäsche wäscht, mit einer Schleuder, die
das ganze handtrocken schleudert. Und so kam die neue
Maschine am nächsten Tag ins Haus. Sie ist toll und wir
werden sie natürlich mitnehmen, wenn wir nach Hause fahren.
Allerdings habe ich eine Reklamation und jetzt ist jemand
von der Vertretung gekommen, weil ich ganz empört angerufen
habe : die Wäsche hat nämlich immer Flecken wenn sie aus
der Schleuder kommt. Die Leute haben mir das ganze Ding
auseinandergenommen. Ob die sie wohl wieder zusammen
bekommen ? Es sind nämlich ein Inder und ein Chinese.

Mit meinen Amahs gab es auch wieder einige Neuigkeiten. Die
gute Mariam, die mir von unsrer kranken Perle Nya gebracht
worden war, entwickelte sich als so faul, dass ich sie
nicht mehr ertragen konnte. Sie machte jede Arbeit so
schnell, dass sie einen Zeitrekord hätte aufstellen können.
Z.B. Tomas und Tim baden, abtrocknen und ins Bett bringen -
5 Minuten, Zimmer aufräumen und Betten machen - 15 Minuten,
bohnern, das ganze obere Stockwerk mitsamt Treppenhaus - 10
Minuten. Fragt nicht, wie das aussah - Teller und Gläser
sämtlich immer verschmiert. Wenn ich etwas sagte, machte
sie sofort ein schuldbewusstes Dackelgesicht und sonst
stand sie immer um mich herum, als wollte sie sagen, ich
stehe ja ganz zu deiner Verfügung. Davon wurde die kleine
Zaripa so verdorben, dass auch sie anfing zu schludern.
Also kündigte ich Mariam und als ich nun Zaripa fragen
wollte, ob sie als Ganztagsamah bei uns bleiben wolle,
kommt sie an und sagt, sie will heiraten. Da ich
prinzipiell keine Amah zurückhalte, liess ich sie ziehen.

Der Kabuhn brachte mir nach vielem Suchen eine Neue. Zu mir
will nämlich keine mehr, ich bin anscheinend als "böse Mem"
verschrieen. Ich möchte nur mal wissen, wie ich das
verdient habe ! Die neue, genannt "hitam" das heisst
"schwarz", hatte offensichtlich noch nie in einem Haushalt
gearbeitet. Ich musste ihr dreimal vormachen, wie man ein
Bett macht und dann war es immer noch nicht richtig.
Ausserdem kehrte sie auch, wie Mariam, um die Spielsachen
herum, anstatt sie aufzuräumen. Wir schickten sie also
wieder weg und fuhren aufs Arbeitsamt. Dort bekamen wir
eine gute, alte Malayin. Ich habe nun mal eine Schwäche für
Malayen. Es standen zwei zur Auswahl. Eine, die sehr adrett
aussah, aber nur zwei Zeugnisse aus dem Jahr 53 hatte. Die
andere unbestimmbaren Alters hatte sehr gute Zeugnisse. Die
Altersbestimmung bei diesen Weibern ist völlig unmöglich,
da sie zwischen 35 und 70 alle gleich aussehen. Wir
berieten nun hin und her, schliesslich entschieden wir uns
für die unbestimmbaren Alters und ich sagte, da sie die
zweite gewesen, die sich vorgestellt hatte : die Zweite,
was auf malayisch "dua" heisst. Das heisst aber auch zwei
und so trippelten plötzlich beide Figuren hinter uns her.
Auf dem Weg zum Auto berieten C.W. und ich, ob ich nun zwei
engagiert hätte. Scheinbar wirklich. Aber als ich der
anderen sagte, sie wolle ich nicht, drehte sie sich mit
unbeweglichem Gesicht wieder um und ging zurück. Die neue
Amah, Zainab kam also am nächsten morgen um halb 8 und fing
mit unerschütterlicher Ruhe zu arbeiten an. Um 3 Uhr
nachmittags war sie schliesslich mit aufräumen fertig. Um 5
Uhr kam sie dann und sagte, sie wolle nach Hause ihre
Sachen holen, weil sie gar nichts mitgebracht habe. Sie
käme um 8 Uhr wieder. Dann zog sie mit Schirm und Tasche
wieder von dannen, freundlich vor sich hinlächelnd und wir
fragten uns, ob wir die wohl jemals wieder sehen würden.
Denn um 8 Uhr kam sie nicht. -Am nächsten Morgen, als ich
schon halb verzweifelt am Frühstückstisch sass, fuhr um
halb neun ein Taxi vor und ihm entstiegen Amah, Koffer,
Brennholz und Töpfe. Sie ist eine sehr gute, aber äusserst
langsame Amah. Es macht nichts, wir haben diese lieber als
zu schnelle und Nya hat mir sicher versprochen, dass sie am
1. November wiederkommt. Was halt bei den Asiaten
"versprechen" ist. Die sagen schnell etwas und nehmen es im
Grunde genommen nicht so ernst wie wir.

Die beiden Waschmaschinenheinis haben inzwischen
festgestellt, dass die Maschine völlig in Ordnung ist. Ich
habe, da ich keinem Chinesen traue, auch hineingeguckt und
gefunden, dass sich in dem Ding nichts befindet, was rosten
könnte. Sie meinten dann, es könne nur an unserem
Leitungswasser liegen. Also rief ich das Wasserwerk an, die
mir sofort einen süssen Inder schickten. Er hat den Filter
im Garten gereinigt und seit dem habe ich ganz schwarze
Brocken Dreck im Wasser. Dann nahm er noch eine Flasche von
unserem Leitungswasser mit, zur Untersuchung und empfahl
mir, die Waschmaschine nur dann zu benutzen, wenn das
Wassser sehr sauber sei, so ein Heini.

Timmilein bekam plötzlich am Wochenende wieder Fieber und
offensichtlich Ohrenweh. Er war sehr grantig und rieb sich
die Ohren. Da er aber im Moment alle Backenzähne auf einmal
bekommt, waren wir nicht ganz sicher, ob es nicht daran
liegt. Der Arzt fand heraus, dass das arme Kind eine
Mittelohrentzündung hat, und zwar verschleppt von der
letzten Angina, weil er nicht genug oder nicht lange genug
seine Sulfonamide bekommen hat. Er bekam eine
Penicillinspritze und weitere Sulfonamide in Form von
süsschmeckendem Sirup. Am nächsten Tag war er wieder der
Alte. Er hat natürlich in unserem Zimmer schlafen dürfen
und das heisst dann, in meinem Bett. Irgendwie bildet er
sich ein, nur dann schlafen zu können, wenn er quer auf mir
liegt. Es war eine sehr "gemütliche" Nacht !

Tim ist jetzt wieder völlig in Ordnung und lebhaft wie
zuvor. Er ist ein ausgesprochenes Mamma-baby - seine Amah
Nya ist ja auch nicht da - und hängt mir bei Schritt und
Tritt am Rockzipfel, schreit, wenn ich ohne ihn aus dem
Zimmer gehe, steigt hinter mich auf jeden Stuhl und wenn
ich aufstehe, hängt er wie ein Affe auf meinem Rücken.
Falls er mal ohne mich irgendwo spielt und zurückkommt,
segelt zuerst entweder eine leere Zigarettenschachtel oder
ein Holzklotz oder eine grosse Dose ins Zimmer, so dass
alles schnell in Deckung geht, und dann kommt er selbst
grinsend angewackelt. Sein Sprachschatz hat sich rapide
erweitert. "Papa" sind für ihn beide Eltern. Es ist ihm
völlig gleich ob es sich dabei um C.W. oder mich handelt.
Auto, Fliega und Ssug (Zug) kann er bereits wie ein Experte
unterscheiden. Wenn er Zeitungen (Billa - Bilder) anschaut,
ist jedes Wort "Guckemal da". Bei ihm ist das "Tumalda".
Wenn er auf etwas zeigt sagt er "itu", das ist malayisch
und heisst dies oder das. Den Lichtschalter bedient er mit
grosser Freude und unter lautem "tutup"-Geschrei, was auf
deutsch "ausmachen oder schliessen" heisst. Auch sonst
spricht er hauptsächlich malayisch.

Tomas hat sein Trotzaltzer jetzt endgültig überwunden.
Dafür ist er jetzt ein "Seelchen" geworden. Man muss sehr
aufpassen, dass man ihn nicht kränkt, dann klappert er mit
den Augendeckeln und wischt sich heimlich die Tränen ab.
Auch lautes Ansprechen liebt er nicht. Dann weint er
sofort. Ausserdem ist er jetzt in dem Alter der blühendsten
Pfantasie. Vorgestern kam er zu mir gelaufen und erzählte
mir ganz aufgeregt, dass oben auf der Syers Road der König
zu Fuss gehe und 605 Polizisten auf ihn aufpassen ! Wir
haben ihn heute morgen am Türrahmen gemessen, er ist seit 5
Monaten um 5 cm gewachsen und misst jetzt 1,11 m. Der
Kleine ist genau 84 cm gross. Tomas fragt mindestens 2 mal
täglich, wie oft er noch schlafen muss, bis wir zum Opa
fahren und ist lebhaft an der ganzen Reise beteiligt. Alles
was er zahlen- oder mengenmässig nicht übersehen kann, ist
100 oder mindestens 605. Wir haben bestimmt 100 Bananen im
Garten und der Papa hat 605 Schallplatten, bis zum Himmel !

Das neue Baby - Sabine oder Michael ? - wird doch
wahrscheinlich erst im Januar fällig sein. Dr. Wagner
meinte, die Gebärmutter sei schon höher oben, da ich
"aussergewöhnlich dünn" sei, wie er sich ausdrückte, er
fügte noch hinzu "very well shaped", gut gebaut und das
Kind halt irgendwohin muss. Aber ich fühle mich dieses Mal
viel, viel besser als beim Tim, besonders seit es mir nicht
mehr schlecht wird. Nur strampelt dieses Kind wieder
genauso lebhaft wie jenes. Was das Geschlecht betrifft, so
gibt es bei den Engländern eine ulkige Theorie, die logisch
nicht zu erklären ist : sie sagen, dass ein Mädchen höher
oben im Leib getragen wird und ein Bub tiefer unten. Also,
dass man es bereits von aussen sehen kann, wenn eine Frau
in der Taille dicker ist, wird es ein Mädchen und
umgekehrt. Nach eingehender Betrachtung vor dem Spiegel
haben wir uns schnell nach Bubennamen umgesehen.

Wir werden jetzt bald anfangen, die Tage zu zählen. Unsere
Gedanken sind fast immer in Darmstadt. Wir freuen uns schon
sehr darauf. Die geplante Reise nach Hongkong werden wir
nicht mehr machen können, da ich um die Zeit, die uns
passt, nicht mehr aufs Schiff darf. Das tut uns natürlich
leid, aber vielleicht gehören wir mal zu den
Grossverdienern und machen in 10 Jahren eine Weltreise, bis
zu den Affen in Japan.

Liebe Mutti, Du hattest mich einmal gefragt ob man die
chinesische Papierrolle dem offenen Licht aussetzen darf.
Ich habe immer vergessen zu antworten. Man darf. Ich habe
schon viele dieser Dinger hier offen hängen gesehen und wir
selbst haben auch so ein Bild an der Wand, ohne dass sich
auch nur der geringste Flecken darauf zeigen würde. Die
Fliegenpunkte bei Euch können nicht so schlimm sein, wenn
man bedenkt, dass bei uns Fliegen, Mosquitos, fliegende
Ameisen, Käfer aller Grössen und Eidechsen über solche
Wanddekorationen laufen und mal was fallen lassen...

Herzlichst Eure

Beate

344

31-10-59

Liebe Mutti und liebe Schwiegereltern,

endlich komme ich zum schreiben, wenn auch mit sehr
schlechtem Gewissen, aber Ihr dürft mir schon glauben,
leicht ist es nicht, sich zu konzentrieren, wenn man
ständig mit einem Auge auf ein anderthalbjähriges Balg
schauen muss, welches entweder gerade einen Indianertanz
auf dem Tisch aufführt oder Schränke, die die Amah nicht
richtig zumacht ausleert oder wenigstens versucht die
Finger seitlich in die Schreibmaschine zu bohren.

Vielen Dank für die Briefe vom Hölderlinweg. Lieber
Schwiegerpapa, da ist ein Missverständnis entstanden : wir
wollen die Waschmaschine nämlich gar nicht mehr verkaufen,
sondern es war ein Kauf, sozusagen auf Lebenszeit. Da der
ganze Transport ja doch bezahlt wird, haben wir uns gesagt,
warum sollten wir dann nicht alles mitbringen, was wir uns
hier angeschafft haben. Im Hinblick darauf wurden alle
Käufe bereits getätigt. In Darmstadt müssen wir ja dann
ganz andere Sachen, wie Möbel, kaufen und aus diesem Grund
werden wir nichts hierlassen. Was das Verpacken betrifft,
so brauchen wir uns damit nicht zu plagen. Die Regierung
bezahlt uns 2 Packer, die uns alles bis zum Löffel
fachkundig verpacken, wahrscheinlich viel besser als wir es
könnten.

Trotz aller Vorsichtsmassnahmen, die wir so allabendlich
gegen Einbrecher treffen, sind wir nun das erste Mal
beklaut worden. Und zwar meines Erachtens, so gegen 7 Uhr
abends, als C.W. sich im Schlafzimmer aufhielt, die Amah
die Kinder ins Bett brachte und ich in der Küche
beschäftigt war. Es kam jemand, der kurz vorher und auch
nachher in den Nachbarhäusern viel reichere Beute gefunden
hatte, herein, griff sich mein Rowenta Bügeleisen und einen
neuen malayischen Sarong. Über den Verlust des letzteren
bin ich besonders traurig, da das Kleid bereits zur Hälfte
zugeschnitten ist und das gestohlene Stück für den Rock
gedacht war und diese Batik bereits in allen Geschäften
ausverkauft ist. Wir meldeten den Verlust, als ich es am
nächsten Morgen bemerkte, sofort bei der Polizei. Es kamen
so 5-6 kleine Malayen in einem grossen Wagen, die alles
untersuchten und fragten und notierten. Tomas mit seiner
blühenden Phantasie behauptete, er habe den Mann gesehen,
was, da es gar nicht sein kann, Gott sei Dank niemand zur
Kenntnis nahm. Er erzählte nämlich auch gleich dazu, er
habe den Dieb totgeschossen. Einer der Polizisten erzählte
mir dann, dass zur gleichen Zeit eines der Nachbarhäuser
bestohlen worden sei, und zwar habe man dort 70 Dollar und
eine Omega-Armbanduhr mitgenommen. Das unser Dieb ein Depp
war, merkt man schon daran, dass er sich gar nicht richtig
umsah : neben dem Sarong stand C.W.'s Schreibmaschine, über
deren Verlust er gar nicht so traurig gewesen wäre. Wir
haben nämlich eine Hausratsversicherung abgeschlossen und

dann hätte er sich eine neue kaufen können.
Glücklicherweise war das Bügeleisen mit 50 Dollar
versichert. Wir bekamen von der Versicherung einen Brief in
dem es wörtlich heisst : sie wollten nun noch ein paar Tage
warten um der Polizei Gelegenheit zu geben, die Sachen
wiederzufinden. Sollte sie, die Polizei, aber kein Glück
haben, so werde sich die Versicherung glücklich schätzen,
uns einen Scheck über 35 Dollar zu senden. Habt Ihr jemals
einen solchen Brief von einer Versicherung bekommen ? Auch
von anderen Leuten, denen wertvollere Dinge, wie Juwelen,
gestohlen wurden, haben wir gehört, dass die Versicherung
sofort bezahlt.

Einige Tage später fuhren wir übers Wochenende nach Port
Dickson. Unsere alte Amah Zainab blieb, um das Haus zu
hüten und der Nachbar Norman Lehey bekam den Hausschlüssel.
Nun hatte Zainab in der Nacht einen Einbrechertraum und
hörte ein Geräusch. Sie nahm sich eine Taschenlampe und
geisterte durchs Haus. - Zurselben Zeit wachten im
Nachbarhaus Norman und seine Frau Audrey auf und hörten im
Garten ein Geräusch. Sie standen auf um nachzusehen. Als
sie nichts fanden, sahen sie vorsichtshalber noch einmal in
Richtung unseres Hauses und dort hinter den Fenstern ein
Licht auftauchen und verschwinden. Norman bewaffnete sich
mit einem Bleirohr und Audrey mit einem Besenstiel und so
schlichen sie zu unserem Haus. Nun stellt Euch vor, wie die
Amah von innen im Garten Schatten schleichen sah und Leheys
drinnen jemanden gehen. Sie versuchten an die Türe zu
kommen um die Polizei zu rufen, da sie selbst kein Telefon
haben. Schliesslich, ich weiss nicht, wie lange dieses
muntere Spiel dauerte, schlich Audrey zu den Amahquarters
und rief :"Amah?", worauf zu ihrem Erstaunen der
schleichende Einbrecher im Haus mit "Mem?" antwortete.

Wir selbst blieben 2 Tage in Si-Rusa. Da alle von den
diversen Krankheiten recht blass und mitgenommen waren, tat
uns die Sonne sehr gut und wir haben wieder Farbe. Am
besten verträgt sie der kleine "Malayan", der stundenlang
im und am Wasser hocken kann und schwarz wie ein Neger ist.
Tomas bekommt immer noch leicht einen Sonnenbrand. Er ist
dann sehr traurig und sagt immer wieder :"warum hat der Tim
eine andere Haut als ich ?". Bei Familie Chilliaie
herrschte grosse Freude, als wir kamen, wie immer, da ja
alle seine Stammgäste Freunde der Familie sind. Wir
besuchten natürlich auch seine kranke Frau. Als wir ihnen
erzählten, dass wir nach Weihnachten ein Baby bekommen
werden, liess sie uns übersetzen, sie sähe in meinem
Gesicht, dass es ein Bub würde und er fügte hinzu, sie habe
sich mit ihrer Diagnose noch nie getäuscht. Es ist ein
bisschen schwierig, sich mit ihr zu unterhalten, da sie nur
malayisch spricht, aber es macht ihr nicht viel aus, sie
fing dann an mit ihrer Enkelin Karten zu spielen und wir
unterhielten uns mit ihm. Einer seiner Hausboys war gerade
von einem halbjährigen Urlaub aus Indien zurückgekommen. Da
wir immer wieder in der Zeitung über solche Schiffe, die

von Port Swettenham oder Penang nach Madras in Indien
fahren, lesen, fragten wir Mr. Chilliaie, ob so etwas sehr
teuer sei. Er erzählte, so eine Überfahrt koste 70 Dollar.
Ob sich da nun alle Passagiere im Rumpf des Schiffes
befänden, bei so einem billigen Preis, wollten wir wissen.
O nein, sagte er, alle unter freiem Himmel auf dem
Oberdeck. Er selbst habe vor 40 Jahren einmal so eine Fahrt
nach Ceylon gemacht, seiner Heimat, und er möchte immer
wieder so fahren, obwohl er heute das Geld habe, erster
Klasse zu reisen. Das Ganze sei ein riesiges Picknick, die
Fahrt dauert etwa 3-4 Tage. Und während der ganzen Zeit
befinden sich die Leute an Deck. Sie bauen sich
Schlafstellen aus Decken und jeder bringt sich Reis und
Gemüse mit. Sie dürfen kochen und zu diesem Zweck finden
sich dann kleine Gruppen zusammen, die ihr Makanan
gemeinsam zubereiten. So wird die ganze Zeit gegessen und
geredet und gelacht, eine Riesengaudi. Auf einem Schiff
befinden sich etwa 2000 Passagiere. Auf unsere Frage, was
ist, wenn es regnet, sagte er, die Schiffe fahren nur wenn
kein Monsunregen zu erwarten sei. Es seien auch genug
Rettungsboote an Bord, nur würden diese keinesfalls
ausreichen, wenn es darauf ankäme.- Das Gesrpäch ging dann
weiter und wir kamen auf die neue Unabhängigkeit des Landes
zu sprechen. Er meinte, der zweite Weltkrieg habe ihnen
auch Gutes gebracht, nämlich ihr Merdeka - Freiheit. Ob sie
denn von den Engländern unterdrückt worden seien, fragten
wir. Nein, keinesfalls, wer nicht arbeiten wollte, brauchte
es nicht zu tun. Aber die Engländer seien doch sehr
egoistisch gewesen. Ein Asiate habe auf einem Posten eben
nur bis zu einem bestimmten Punkt kommen können, und jede
höhere Laufbahn sei ihm verschlossen gewesen. Alle hohen
Posten haben die Engländer eingenommen. Wir fragten, ob sie
die Engländer denn hassten. Keinesfalls, sagte er, wir
haben sie gerne (ich glaube, dass ist nur die Ansicht eines
Geschäftsmannes und Hoteliers), sehen Sie, sagte er weiter,
die Holländer in Indonesien sind unbeliebt, aber die
Engländer hier nicht. Wenn ich zu einem Engländer sage :
you bloody fool (auf deutsch : du beschissener Depp) dann
passiert gar nichts. Der Mann ist vielleicht beleidigt,
aber er sagt nichts. Und er freute sich so über seinen
Ausspruch, dass er noch ein paarmal wiederholte, "you
bloody fool, you bloody fool, I like fools". Er hatte zu
diesem Zeitpunkt allerdings schon einen erheblichen sitzen,
C.W. auch. Immer das gleiche in Si-Rusa, da muss dann ein
Drink nach dem anderen "on the House", auf Kosten des
Wirts, getrunken werden. Und der Wirt trinkt so gerne.-
Schliesslich verabschiedeten wir uns von ihnen, die
Japanerin legte immer die Hand an die Stirn und verbeugte
sich dabei und dann gingen wir schlafen. Wir hatten diesmal
ein airconditionierten Bungalow, es schlief sich sehr gut
und die Kinder waren sehr lieb. Ich brauchte keine Amah
mitzunehmen, Tim wird auch schon vernünftiger. Er ist nicht
mehr so ein schreckliches Ekel wenn man länger Auto fährt.
Nur in der Nacht wurde es ihm plötzlich kalt und so holte

ich ihn zu mir ins Bett, wo wir beide eng umschlungen, er
quer über mir, bis zum Morgen schliefen.

Jetzt sind es noch 156 Tage bis zu unserer Abfahrt. Die
Zeit vergeht schneller, als wir erwarten. Wahrscheinlich,
weil alle Tage so ausgefüllt sind.

Ich werde, beeinflusst durch Eure Ratschläge, in der
Privatklinik entbinden. C.W. fuhr vorige Woche mit mir hin,
um das Krankenhaus anzusehen. Es heisst Assunta Foundation
und ist von Karmeliterinnen geleitet und erst im vorigen
Jahr erbaut worden.
Dieses Krankenhaus ist nicht in Kuala Lumpur sondern in der
Satellitenstadt Petaling Jaya. Dies ist eine völlig neue
Stadt, etwa 20 Autominuten von K.L. entfernt, in der
bereits die Strassen angelegt sind. Zur Zeit befinden sich
dort ausser ein paar hässlichen Wohnhäusern, ein grosses
Regierungsgebäude und die Assunta Foundation allein auf
völlig unbebautem Gelände. Das Krankenhaus ist zwar noch
nicht ganz eingerichtet, nur die Entbindungsstation ist
ganz fertig. Auffallend für uns die europäischen Gesichter
der Schwestern, selbst die Ärztinnen sind Nonnen, alles
sehr, sehr sauber und spiegelblanke Fussböden. Das "Labour-
room" - das Entbindungszimmer -ist grösser als im Bungsar
Hospital und freundlicher. Die Zimmer selbst haben alle Bad
oder Dusche, gekachelt und sauber wie in einem Hotel.
Ausserdem kostet es hier auch nicht die Welt. 150 Dollar
die Entbindung in der ersten Klasse, wo der Ehemann
Händchen halten darf und 12 Dollar pro Tag für ein
Zweibettzimmer oder 18 Dollar für ein Einzelzimmer. Ich
fühle mich schon wieder viel ruhiger denn über den jungen
Inder im Bungsar habe ich mich jedes Mal geärgert.

Dr. Wagner, der mich auch weiterhin bis zum Schluss
betreuen wird, sagte beim letzten Mal, mein Blutdruck sei
so gut, dass mich jede werdende Mutter darum beneiden
könnte. Ausserdem ist alles in Ordnung. Also Kopf hoch,
Mutti, mach Dir keine Sorgen. Ich habe übrigens den besten
Ehemann der Welt, der sehr lieb und besorgt um mich ist.
Ich darf mich oft abends um 6 Uhr ins Bett legen und er
serviert mir mein Essen. Ich brauche mich dann um nichts
mehr zu kümmern.

Heute Abend tritt die gute, alte Nya wieder ihren Diesnt
an. Bei ihr geht dann alles im Haus ruhig vonstatten. Der
jetzigen Perle, die zwar recht gut ist, will so vieles
nicht in den Kopf. Sie kann kein Frühstück machen, und als
ich heute etwas länger schlafen wollte, fand ich unten
hungrige Kinder, weil ihre Amah nicht in der Lage ist,
daran zu denken, dass sie etwas essen möchten. Ausserdem
hat sie 2 Wochen gebraucht um zu begreifen, dass sie
morgens den Tisch decken soll. Aber, abgesehen von diesen
Dingen, ist sie sehr sauber und zuverlässig gewesen. Sie
redet nur so viel, und alles malayisch, dass ich immer froh
bin wenn ich wenigstens ein Wort davon verstehe, damit ich

mir einen Reim machen kann. Am besten unterhält sich C.W.
mit ihr, sie malayisch und er deutsch.

So, das wäre es für heute. Schreibt bald wieder und seid
alle herzlichst umarmt von Eurer

Beate

24-11-59

Liebe Eltern und Schwiegereltern,

unsere verschiedenen Karten werdet Ihr wohl erhalten haben
und wissen, dass wir in Singapore waren. Die Fahrt und der
Aufenthalt waren von Anfang bis Ende wunderschön und eine
feine Unterbrechung in dem ewigen tropischen Einerlei. Der
Botschafter meinte neulich zu C.W., dass der Arbeitskraft
hier in den Tropen doch Grenzen gesetzt seien und man am
Nachmittag besser ausruht. Worauf C.W. sagte :"Ja, meine
Frau sagt auch, dass man hier leicht blöd wird". Wie man es
nun nennen will, Blödheit oder Engergiemangel, die Malayen
haben für ihre Melancholie und den Stumpfsinn ein
wundervolles Wort, das sie bei jeder Gelegenheit anwenden :
"tidapa", was über setzt so viel heisst wie :"ist ja alles
egal, macht nichts". Diesem malayischen Tidapa verfallen
ebenfalls die Europäer, das bringen halt die Tropen so mit
sich. Ich verstehe jetzt auch die hektische Geschäftigkeit
der Engländerinnen in ihrem "social life", sie versuchen
verzeifelt gegen diese Melancholie anzukämpfen. Wir selbst
versuchen das auch schon seit einiger Zeit, aber ich
ertappe mich auch dabei, dass ich wie ein Malaye irgendwo
hocken kann und nur einfach vor mich hinschaue und darauf
warte, dass die Zeit vergeht. Aber ganz so schlimm sind wir
vom Tidapa noch nicht befallen, wie es jetzt klingen mag,
es sollte nur eine Entschuldigung sein dafür, dass ich
keine allzu langen Briefe mehr schreibe. Ich kann mich
leichter dazu aufraffen zu lesen oder einen Kuchen zu
backen.

Zurück zu unserem Ausflug. Da der Tomas immer noch in einem
etwas unzurechnungsfähigen Alter ist, beschlossen wir, ihn
mitzunehmen. Mit seiner Amah macht er was er will und vor
den Nachbarn hat er auch nicht viel Respekt. Ich hätte
keine ruhige Minute gehabt. Meine Eltern kennen das sicher
gar nicht, kleine Mädchern sind bestimmt anders. Man staunt
immer wieder, was in so Bubenköpfen vor sich geht. Einen
halben Tag lang sind sie völlig normal und lieb, und man
denkt, na, endlich ist das dumme Alter überwunden. Und auf
einmal, von einer Minute zur anderen, fangen sie an
verrückt zu spielen und halten die ganze Familie in Atem.
Unsere Beobachtungen wurden uns von allen Seiten bestätigt.
Na, kurz und gut, wir versprachen ihm, wenn er ganz lieb
ist und seinen Teller leerisst, usw. darf er mit. Bei jedem
Rückfall sah er mich treuherzig an und meinte : "wir
versuchen es noch mal mit mir, ja?". Den süssen Tim liessen
wir in der Obhut seiner Amah Nya, die mit ihm in seinem
Zimmer schlafen sollte und ausserdem übernahmen unsere
australischen Nachbarn die Aufsicht.

Wir fuhren also am Freitag früh um halb sechs von hier weg.
Es sind immerhin 250 Meilen und zum Mittagessen waren wir
bei Dr. Röhreke, dem Generalkonsul in Singapore eingeladen.
Wir dachten nie und nimmer, dass wir das schaffen könnten

aber die Strassen sind so gut, der Verkehr gering und wir
wechselten uns alle 2 Stunden am Steuer ab und kamen so
genau nach 7 Stunden in unserem Hotel in Singapore an. Die
Fahrt war sehr interessant. Wenn man etwas mehr durch das
Land gekommen ist, erkennt man schon leichte Unterschiede
in der Landschaft. Je weiter man gegen Singapore fährt,
umso flacher wird das Land, weniger Djungel, dafür riesige
Plantagen mit Ölpalmen. Das Wetter war kühl, es regnete
sogar ein bisschen. Die Verbindung zwischen dem malayischen
Festland und Singapore ist eine lange Brücke, oder vielmehr
ein Damm, von Johore Baru zur Insel, mit einer Fahrbahn und
einem Gleis daneben für die Eisenbahn. Auf der Insel selbst
kommt als erstes der Zoll aber bei der Einreise kümmern sie
sich noch nicht um einen, und dann führt ein zweispuriger,
ausgezeichneter Zubringer in die Stadt. Man fährt noch
ungefähr eine halbe bis dreiviertel Stunde bis man in
Singapore selbst ist. Wir hatten ein Zimmer im alten
Bahnhofshotel bestellt. Es war klimatisiert, mit Bad und
sehr geräumig. Nicht direkt im Zentrum und sehr ruhig. Von
nun an liessen wir unser Auto stehen und fuhren nur mehr
mit dem Taxi.

Dr. Röhreke ist erst vor ein paar Wochen von seinem
Heimaturlaub zurückgekommen und hat noch kein Haus
gefunden. So wohnt er jetzt mit seiner Familie im "Sea-view
Hotel", etwas ausserhalb, direkt am Wasser. Ein sehr
schönes, älteres Hotel mit einem berühmten Restaurant, dem
"Chicken-Inn". Röhrekes sind das ganze Gegenteil von Vogels
hier. So, wie man sich Diplomaten halt vorstellt und eher
wie Granows. Sie sind sehr fein, sehr kultiviert und sich
immer bewusst, was sie für gesellschaftliche
Verpflichtungen haben. Und immer bereit, diesen
Verpflichtungen nachzukommen. Er war wohl etwas seltsam
berührt von dem Verhalten der hiesigen Botschaft C.W.
gegenüber. Ich glaube, er mag Dr. Vogel nicht besonders
gern. Sie sind schrecklich nett, aber irgendwie warm werden
könnte ich mit ihnen auch nicht. Es ist einfach alles
einstudierte Pose. Sie ist überaus elegant und leider sehr
affektiert. Und er verpasst immer diese schrecklichen
preussischen Handküsse, die gar keine sind und an die ich
mich niemals gewöhnen werde. Sie hatten ausser uns noch ein
junges Ehepaar eingeladen, seinen neuen Konsulatssekretär,
der erst seit ein paar Monaten in Singapore ist. Beide sind
Rheinländer und sehr nett. Das Essen war ausgezeichnet.- So
gegen 4 Uhr waren wir wieder in unserem Hotel und nach
einer kurzen Rast fuhren wir zu einer Erkundungsfahrt in
die Stadt.

Die Stadt war für uns eine grosse Überraschung. Das Zentrum
um den Hafen herum ist sehr europäisch und grosstädtisch,
mit grossen Bankgebäuden und Geschäftshäusern. Dazwischen
aber wieder chinesische Läden, die so verwahrlost sind,
dass ganze Bäume und Sträucher auf den Mauern wachsen. Der
Verkehr ist sehr stark und die Bevölkerung vorwiegend
chinesisch. Die europäischen Geschäfte sind phantastisch

eingerichtet, es gibt dort einfach alles zu kaufen, und da
Singapore zollfreier Hafen ist, kauft man vieles natürlich
sehr billig. Die Europäer sind eleganter als in Malaya, da
sich hier internationales Publikum trifft. In Kuala Lumpur
ist alles englisch. Die kontinentalen Geschäfte, also
französische oder italienische oder wie in dem Fall des
neuen Supermarktes, australische, haben einen ausgesprcoen
europäisch kontinentalen Standard. Sauber, hell, freundlich
und elegant.

Den Samstag benutzten wir vormittags zum einkaufen. Wir
fuhren erst in ein chinesisches Warenhaus, indem man fast
alles kaufen kann. Wir wollten zunächst ja nur sehen wo man
überall am besten einkaufen kann, damit wir uns im März
zurechtfinden, wenn wir die Tage vor der Abreise zum
shopping benutzen. In diesem Warenhaus bekommt man
europäische, amerikanische, chinesische und japanische
Artikel. Wir kauften ein bisschen ein und gingen dann
direkt in den schon erwähnten australischen Supermarkt
"Fitzpatrick". Einfach toll, was die alles hatten.
Natürlich alle Lebensmittel die man überall bekommt, aber
darüberhinaus noch schweizer Schokoladen und Pralinen bis
zu internationalen Haushaltsgeräten. Natürlich alles
Selbstbedienung. Im ersten und zweiten Stock befinden sich
kleine Geschäfte im Boutiquestil. Von Kleidergeschäften
über Seiden und Sarongs bis zum Friseur und
Schönheitssalon. Ganz oben ein kleines Restaurant, welches
uns durch absolute Sauberkeit auffiel. Wir tranken etwas
und assen ganz tolle Kuchstücke dazu. Seit Europa haben wir
keinen solchen Kuchen mehr gesehen. Danach gingen wir in
den Cold Storage, aus dem wir sofort wieder rausgingen,
weil er uns zu sehr an K.L. erinnerte mit Fleisch, das
schmeckt wie ein alter Hund. Nun gingen wir in das Zentrum
der Stadt. Das Phantastischste, was ich je gesehen habe,
ist die "Change-Alley" - die Wechsel-Allee. Das ist eine
schmale, etwa 4 m breite Paasage zwischen zwei grossen
Geschäftshäusern, in der sich ein kleiner Händler neben dem
anderen befindet, etwa 150 m lang und wo man alles kaufen
kann, vom Druckknopf bis zur Waschmaschine. Man muss dort
handeln, denn der erste Preis, nachdem man fragt, ist
völlig willkürlich angesetzt. Ich hatte in meiner
Unkenntnis ein Paket holländische Windeln für 10 Dollar
gekauft. Einige Meter weiter lagen die gleichen Windeln und
als ich nach dem Preis fragte, sagte der Händler 9 Dollar.
Worauf ich mich, ärgerlich über mich selbst, abwandte und
sagte : na, so was. Da rannte mir der Händler nach, packte
mich am Armel und sagte :"how much you want to pay ?" -
Wieviel willst du zahlen ? - Von da an habe ich wie ein
Orientale gehandelt und auch immer den Preis bezahlt, den
ich selbst gesetzt hatte. Kinderhöschen für einen Dollar,
Baumwollgarnituren für Tomas für 2 Dollar. Ein Paar hübsche
weisse Sandalen für mich für 10 Dollar. Bei diesem letzten
Kauf war der Händler dann allerdings so schlecht aufgelegt,
oder tat wenigstens so, er wollte zuerst 13,50 Dollar
haben. Ich weiss nicht, wo die Ware herkommt, ob das

Strandgut ist oder was, jedenfalls hat man einen riesigen
Spass dabei. Und überall, wenn man fragt, was es kostet und
sagt dann, "zu viel" - die Antwort, wie aus der Pistole
geschossen :"how much you want to pay ?" -

Am Nachmittag machten wir eine Hafenrundfahrt mit einem so
alten Boot, dass C.W. es gar nicht nehmen wollte. Es
kostete aber nur 6 Dollar für eine Stunde und erwies sich
dann sogar als sehr gut. Es liegen immer eine ganze Menge
grosser und kleiner Schiffe im Hafen. Das heisst, sie
liegen im Hafenbecken. Die grossen Passagierschiffe legen
am Pier an und wir konnten die "Asia" von Lloyd Triestino
sehen, die kurz darauf wegfuhr. Es ist das Schiff, mit dem
wir beinahe gekommen wären.

Am nächsten Morgen um 8 Uhr kam die "Sydney" an. Wir
besorgten uns einen Passagierschein und fuhren zum Pier.
Ein bisschen schmutzig sieht sie ja aus, auch innen, die
Treppen sind so ein bisschen nicht ganz sauber, aber alles
sehr gemütlich. Und vor allem italienisch kitschig. Die
Kabine, die wir für unsere Heimreise gebucht haben ist sehr
nett, die Betten schön gross und breit. Als wir das Schiff
besichtigten, waren gerade drei chinesische Beamte vom Zoll
da, die die Bar und die Küche kontrollierten. Zuerst sahen
wir sie im Speisesaal wo sie sich in aller Gemütlichkeit
ein Frühstück mit Kaffee und Semmeln servieren liessen und
als wir später in der Bar einen Saft tranken, erschienen
sie hier. Der eine setzte sich sofort auf einem Barhocker
zurecht während der nächste sich mit uns unterhielt und der
dritte die Schränke durchstöberte. Dann liessen sie sich
ein paar Gläser italienischer Schnäpse servieren. Wir
verliessen dann das Schiff aber ich bin sicher, dass sie
dann noch in die Touristenklasse gingen und sich dort
weiter durchgefressen haben. Wir sahen uns alles sehr genau
an und freuen uns jetzt noch mehr auf die Reise. Die erste
Klasse schien nicht sehr voll zu sein, dafür war die
Touristenklasse so etwas wie ein Massentransport. Die
Überfahrt von Sydney nach Genua ist in der Touristenklasse
so billig, dass hauptsächlich Auswanderer sie benutzen, die
einen Urlaub zu Hause verbringen wollen. Da hat man schon
einige Gestalten gesehen. Am meisten habe ich mich über die
Winterkleidung der Damen amüsiert. Da kamen sie die Gangway
herunter mit langen Tweedhosen, Après-Ski Stiefeln,
Winterkostümen und fast alle hatten Mäntel über dem Arm.
Irgendwie hatte sich das nicht herumgesprochen, dass sie
knapp unter dem Äquator waren. - Wir fuhren dann nach der
Besichtigung direkt nach Hause.

Inzwischen hatte sich aber einiges ereignet. Wir riefen
Samstag Abend bei unseren Nachbarn an, um zu hören, was
unser Tim macht. Audrey sagte sofort am Telefon, der Tim
schläft in ihrem Zimmer und sei sehr lieb. Was passiert
war, war folgendes : die Amah bekam kurz nach unserer
Abfahrt ein Telegramm aus ihrem Djungel-kampong in Malakka,
dass ihr Vater schwer krank sei und sie sofort kommen

solle. Audrey, um Hilfe gefragt, liess sie gehen und
übernahm sofort unseren Tim mit einer selbstverständlichen
Grosszügigkeit. Hier, wo es nicht einmal Gartenzäune gibt,
und das ganze Land ein bisschen zur Grosszügigkeit erzieht
durch seine Weite, war es für sie selbstverständlich, dass
der Tim in ihrem Schlafzimmer schläft und von ihr gefüttert
und verpflegt wird. Er sei etwas "ernst" und lache nicht,
sei aber sehr lieb. C.W. machte mit ihr aus, sie solle der
Amah sagen, die am nächsten Tag anrufen wollte, wir würden
sie am Swimming Club von Malakka treffen auf unserer
Rückfahrt. Wir wussten ja nun nicht, wie lange sie dort
bleiben wollte und ich mich wieder mit einer fremden Amah
ärgern soll. Ihr seht also einmal mehr, es ist einfach mein
Schicksal und ich kann wirklich nichts dazu !

Wir fuhren vom Hafen zurück zu der bewussten Brücke. Im
Kleidersack versteckt waren zwei japanische Lampen und im
Fond unter den Decken und Kopfkissen für den Tomas, noch
vier japanische Lampenschirme. Tomas bekam den ernsten
Befehl, sich nicht auf die Decken zu legen, bevor wir
Singapore verlassen hätten, warum, hielten wir für besser,
ihm nicht zu sagen. Er kniete sich natürlich auch prompt
drauf, als er aus purer Hilfsbereitschaft etwas nach vorn
reichen wollte und war verständlicherweise schwer
beleidigt, als er dafür von den erschreckten Eltern
angebrüllt wurde. C.W. hatte die Sachen zuerst deklarieren
wollen, ich war aber so dagegen, dass er die geniale Idee
mit dem Autokleidersack fand. Und es war gut so. die
Zollkontrolle war schärfer als sie heutzutage an unseren
europäischen Grenzen ist. Alle Koffer mussten raus,
natürlich auch der Kleidersack, sogar geöffnet wurde er,
aber es ging alles gut. In Johore Baru befreiten wir Tomas
von den Lampenschirmen und erzählten ihm, warum wir sie
dahin gelegt hätten. Nach drei Stunden Fahrt erklärte er in
einem hellen Moment, der Papa habe aber gelogen, denn er
habe doch etwas Neues gekauft. Die Lampen seien doch neu.
Worauf er belehrt wurde, den Zoll dürfe man belügen, das
sei etwas anderes. - Ist das eine Erziehung !

Die Rückfahrt machten wir an der Westküste entlang. Erst
durch die Stadt Johore Baru, die fast europäische Anlagen
hat und ein Schloss, das aussieht wie eine mittelalterliche
spanische Festung. Der eben verstorbene Sultan von Johore,
der sich viel in Europa aufhielt, war mit einer Rumänin
verheiratet. Er war sehr europäisch eingestellt und das
zeigt sich eben im ganzen Stadtbild.

Wir fuhren wieder auf ausgezeichneten Strassen durch den
Djungel, rechts und links kilometerweit nur kleine
malayische Häuser zwischen den Bäumen. Zweimal mussten wir
mit einer vorsintflutlichen Fähre über Djungelflüsse, so
dass die ganze Fahrt aufregend und schön war. Nachmittags
kamen wir bei strömendem Regen in Malakka an. Wir assen im
Swimming Club, indem wir vor 2 Jahren schon einmal gewesen
waren, badeten und trafen dann Nya, die bei ihrer

Schwester, gleich ein paar Häuschen weiter war. Sie sagte, ihrem Vater ginge es ein bisschen besser und sie käme übermorgen früh. Wir brachten sie nach Hause und fuhren weiter.Durch den Djungel von Malakka mit seinen entzückenden, sauberen, malayischen Häusern. Dort gibt es noch nicht viel Verkehr aber man muss etwas langsamer fahren. Dazwischen kommen wieder Reisfelder mit weidenden Büffeln, manche werden an einer langen Schnur spazieren geführt. Wir mussten sehr lachen über die Schosshunde. Um 8 Uhr kamen wir dann zu Hause an. Den schlafenden Putzi trugen wir zu uns hinüber, wo er kaum aufwachte und alles mit sich geschehen liess. Die Nachbarin versicherte uns wieder, er sei ein vollkommener "Pet" -Schatz - gewesen, nur morgens war er immer etwas ernst und ruhig.

Am nächsten Morgen holte ich ihn dann gleich in mein Bett und er war den ganzen Vormittag so aufgeregt und beschäftigt mit schmusen, spielen und helfen, dass er sich um 11 Uhr auf den Boden legte und einschlief.

Heute morgen kam pünktlich unsere Nya wieder und brachte morning tea und Timmys Fläschchen. Sie ist halt doch die Beste.

Michael ist sehr schwer zu tragen, ich habe den Eindruck, er muss riesengross sein ! Tomas meinte gestern, wenn das "Schwesterchen" kommt, geht er diesmal mit mir ins Hospital, damit ich nicht so alleine bin. Er ist sehr interessiert an dem anatomischen Vorgang und möchte noch 100 Geschwister, das sei zu viel, na ja, aber 5 geht doch, oder nicht, Mutti ?

So langsam kommen alle nach Hause zum Abfüttern und Tim spielt am Radio, ich kann beim besten Willen nicht mehr weiterschreiben.

Herzlichst

Beate

21-12-59

Liebste Eltern und Schwiegereltern,

bei Euch sind nun schon grosse Weihnachtsvorbereitungen im
Gange und vor allem, sicher schon mehr Weihnachtsstimmung
als bei uns. Das heisst, Tomas ist natürlich mächtig
aufgeregt. Ich glaube, was die Geschenke betrifft, so
werden sie diesmal toll sein, wir haben nämlich nur grosse,
unzerstörbare Sachen gekauft, ein Zweirad für Tomas und ein
grosses Schaukelpferd (im Gefängnis von Seremban
hergestellt) für den Tim. Dies sind die Hauptgeschenke
unter Mitwirkung der Grosseltern am Hölderlinweg.

Wann wir unseren Heiligabend feiern, ist noch nicht ganz
sicher, da das Baby allen Anschein nach "kommen will". Ich
habe seit einigen Tagen zeitweise Wehen, aber bis jetzt nur
unregelmässig. Dr. Wagner schickte mich ins Hospital, wo
sie ebenfalls damit rechnen, dass es jeden Augenblick
passieren kann. Es wäre zwar fast genau einen Monat früher
als errechnet und das arme Kind würde mir immer böse sein,
dass es gerade zu Weihnachten Geburtstag hat !

Vorige Woche war bei Botschafters Weihnachtsfeier. Wenn
diese auch nicht so reichhaltig im Programm und
Gastlichkeit war, so entbehrte sie doch nicht einiger
Komik. Der Botschafter, der bekanntlich ein miserables
englisch spricht, wollte sich scheinbar vor einer
englischen Ansprache drücken und lud deshalb nur "Deutsche"
ein, "...damit wir ganz unter uns sind, nöööch ?" Es waren
nur Botschaftsmitglieder, der Lehrer vom Goethe-Institut
und wir da. Es gab eine grosse Kaffeetafel mit echtem
Stollen und Spekulatius. Hinterher wurden die Lichter am
Weihnachtsbaum angezündet, Excellenz spielte
Weihnachtsplatten - keine Spur von einer Ansprache - und
die Kinder bekamen Geschenke. Dann ging er auf C.W. zu und
sagte :"na, Sie wollen ja wohl jetzt auch nach Hause gehen
mit dem Kind". - Als wir uns von Frau Vogel
verabschiedeten, bemerkte C.W. wie gut ihm der Stollen
geschmeckt habe. Da meinte sie :" wo ich ihn nun schon mal
gehabt habe, habe ich ihn eben aufgeschnitten". (Haha)
Irgendjemand von den Deutschen hat neulich mal zu mir
gesagt :"wissen Sie, das ist ja bloss ein Botschafter 2.
Klasse". - Wie dem auch sei, meinem Spott ist wieder mal
reichlich Nahrung gegeben worden.

Ich habe zwei Früchtebrote gebacken und zwei Nussputzen.
Fragt mich Julius, als ich ihm gestern davon anbot, wo ich
die gekauft habe ! Seine Frau hat im ganzen Zimmer
elektrische bunte Lichter angebracht, die ständig an und
ausgehen ! Dort ist wieder die reinste Fastnacht im Gange.
Julius sagt zwar, es gefiele ihm gar nicht, aber was will
er machen. Er ist ganz selig, wenn er mal bei uns zu Mittag
essen kann, zu Hause bekommt er ja nur englischen Frass
vorgesetzt. Und neulich sagte er ganz traurig :"Wissen Sie,

Charmian denkt nie daran, dass ich ja aus einem anderen
Land bin", und steckte sich dabei ein Riesenstück
Knackwurst in den Mund.

So, und jetzt wünschen wir Euch allen ein recht, recht
frohes Weihnachtsfest, das letzte ohne uns. Die Zeit
vergeht so schnell, jetzt sind es noch 107 Tage bis zu
unserer Abreise. Nochmals fröhliche Weihnachten und alles
Liebe von Euren

Beate/C.W./Tomas/Timmy (und vielleicht Michael / Sabine?)

29-12-59

Meine lieben Eltern und Schwiegereltern,

jetzt, wo der grösste Weihnachtstrubel hinter uns liegt,
komme ich auch zum schreiben. Inzwischen sind aus Eberstadt
die Briefe vom 19.12. und 21.12., sowie das
Fieberthermometer angekommen, vielen Dank dafür. Und als
schönste Weihnachtsüberraschung, es wird der Mutti Freude
machen, kam am 24.12. noch ihr Weihnachtspaket an. Mein
Gott, hast Du uns allen wieder grosse Freude gemacht, liebe
Mutti. Die Jacke ist einfach eine Wucht und über das Parfum
habe ich mich auch riesig gefreut. Mit C.W. kann man keine
richtige Unterhaltung mehr führen, weil er ganz und gar zu
Fuss durch die Schweiz wandert. Alles andere bleibt liegen.

Wir haben Weihnachten in diesem Jahr etwas vernünftiger
gestaltet. Das heisst, wir haben mehr Rücksicht auf das
Klima genommen. Es war aber trotzdem immer noch Weihnachten
im Hochsommer. Aus Cameron Highlands haben wir diesmal
einen Baum kommen lassen, eine tropische Zypresse, die noch
am meisten Ähnlichkeit mit einer Tanne hat. An ihr konnte
man sogar Kerzen anbringen. Diesen Baum haben wir schon am
Vortag hingestellt und geschmückt, so dass wir nicht alles
am Heiligabend zu machen hatten. Am 24. gegen 7 Uhr klappte
dann schliesslich alles nach Wunsch mit der Bescherung. Wir
wollten gerne stimmungsvoll ein Weihnachtslied aus dem
Radio hören, bevor man die Kinder an ihre Geschenke lässt,
aber dies scheiterte eben an diesen Kindern. Tomas stürzte
die Treppe herunter und sofort auf Tims Schaukelpferd mit
dem Schrei : das is meins ! und der Tim mit demselben
Temperament auf Tomas' Fahrrad unter lautem "Sitzäää"-
Gebrüll. Wir hatten uns dieses Jahr entschlossen, den
Kindern nur grosse Spielsachen zu schenken, und ich glaube,
es war richtig. Die vernichtbaren Spielsachen, wie
Bilderbücher und schwarzer Peter (Tomas ist begeistert
davon) und ein Matadorbaukasten, werden nur unter Aufsicht
zum spielen ausgegeben. Der einzige Kompromiss, nämlich
gross, billig und zum kaputtmachen ist ein japanisches
Kinderklavier, dessen Töne überhaupt nicht stimmen. Es
stand ursprünglich auf drei Beinen, wie ein richtiger
kleiner Flügel, etwa 20 cm hoch. Tim nahm sich seinen neuen
Bambus-Autositz, rief "sitzäää", hockte sich vor das
Klavier und spielte vierhändig, bzw. füssig. Aber immer nur
dann, wenn wir selbst eine der neuen Schallplatten hören
wollten. Er wurde daraufhin einstimmig zum "Musikschwein"
erklärt. Sein vierhändiges Spiel ging solange, bis die
Beine des Flügels ächzend zusammenbrachen. Er spielt auch
jetzt noch gerne drauf, meistens hat er es aber wie ein
Möbeltransporteur unter den Arm geklemmt und schmeisst es
schwungvoll in irgendeine Ecke.

Gestern kamen Kikis Karten an für die Herren. Grosse Freude
allerseits. Dass sie allerdings - ohne Strassenangabe -
angekommen sind, ist fast ein Wunder. K.L. hat immerhin

offiziell 350 000 Einwohner. Dass die Karten dann doch
ankamen ist nur dem intelligenten Geistesblitz des
Postbeamten - und dies ist eine beachtliche Leistung für
einen Malayen - zu verdanken, der die Karten, weil sie aus
Germany kamen, an die deutsche Botschaft weiterleitete.
Beide Kinder haben sich jedenfalls riesig gefreut und waren
sehr stolz über ihre Post.

Die Alarmstimmung wegen des Babys kann bis auf weiteres
verschoben werden. Dr. Wagner ist zwar jetzt mit seinen
Prognosen vorsichtig geworden, nachdem er uns ein
Christkind prophezeit hat, meint aber, wie die Ärztin im
Hospital, es dauert mindestens noch 2 bis 3 Wochen. Das
Baby hat jetzt die richtige Lage eingenommen, und von dem
Zwitpunkt an könne man mit 14 bis 16 Tagen rechnen. Im
Hospital sind sie sehr, sehr nett. Die meisten Sschwestern
sind Französinnen, ebenso die Ärztin. Es ist ein so
beruhigendes Gefühl von den katholischen Schwestern
behandelt zu werden. Ihr wisst ja selbst, wieviel
Freundlichkeit und Vertrauen sie auströmen können. Während
sie mich untersuchte, meinte die "Mother Dr." mit viel
Freundlichkeit, dass die zweite Entbindung immer viel
leichter und schneller ginge, und man brauche gar keine
Spritzen mehr, und da es das erste Mal schon so leicht
gewesen sei, ginge es diesmal noch viel einfacher. Wenn ich
an die schwarzen Ärzte im Bungsar denke oder an die
chinesische Hebamme, die mich vom Tim entbunden hat und die
mir mit aller nur zur Verfügung stehenden chinesischen
Gefühllosigkeit nicht einmal eine Antwort gegeben hat, als
ich sie fragte, ob alles in Ordnung sei. Oder die einfach
das Licht ausgedreht hat im Entbindungszimmer und mich
völlig mir selbst überlassen hat. -Das Dumme an der
falschen Voraussage ist nur, dass C.W. jetzt Angst bekommen
hat, nach Port Dickson zu fahren und abgesagt hat. Wir
werden dann im Februar mit Kindern und Kegel hinfahren. Die
letzten Wochen sind schon eine harte Geduldsprobe und ich
nähe mir schon Kleider für nachher. Das hebt die Laune
wieder.

Wir wünschen Euch nun einen guten "Rutsch" ins neue Jahr,
bei uns passiert das 6 Stunden früher (haha) und freuen uns
und zählen weiter : noch 98 Tage bis zur Abreise !!!

Seid herzlichst umarmt und geküsst von Euren

Beate + C.W.

ENGAGEMENT
20 words $8 (Minimum)

THE engagement is announced and the marriage will take place shortly of Jorgen Nielsen and Brenda, daughter of Mr. and Mrs. A. L. De Silva of Kenny Hill.

BIRTHS
20 words $8 (Minimum)

VOLTZ: To Beate and Carl, a son, Michael, on 19th January at Assunta Petaling Jaya. Both well.

SEKHON at Kandang Kerbau Hospital Singapore on 19.1.60 to Gurdev Inderjeet a son. A grandson for Jangir Singh. Both well.

IN MEMORIAM
20 words $8 (Minimum)

GILBERT MANUEL: Our beloved son died on 20-1-57. May God grant him eternal happiness. He is gone but not forgotten.

ANNOUNCEMENT
20 words $8 (Minimum)

ASK FOR "Foster's" Australian Lager Beer in can. Obtainable from Good Restaurants, Clubs, and Shops. Hock Lee Mountbatten Road, Kuala Lumpur.

SITUATIONS VACANT
20 words $4 (Minimum)
Box No. 50 cts. extra.

WANTED chief clerk for Asian import export shipping firm in Malacca. Only those with knowledge of import export and shipping

SHOPPING
20 words $4
Box No. 50

ELIMINATE using I.C.I. C Shampoo. Av dispensaries an

VEHICLE
20 words $4
Box No. 50

JAGUAR XK coupe, late mod see or XK 15(ment. Apply B Mail.

VEHICLES
20 words $4
Box No. 50

FIAT 600 co reg. July 1959 insured June, $3,400. Ring 88?

STANDARD 1956 in excelle 20,000 miles, viced. One Eu Best offer. Tel

BOATS F
20 words $4
Box No. 50

"HERON" s and roadtraile ed. Excellent o kells proofed sa ancy can use $450 o.n.o. Box Mail.

DOGS, PI
20 words $4
Box No. 50

PHOTOGRAP

360

Und das war der letzte Brief, der aufgehoben wurde. Ich nehme an, dass meine Mutter, aus Vorfreude über unser baldiges Kommen, das Interesse am Sammeln der Briefe verloren hatte. Sicher habe ich auch nicht mehr so viel geschrieben. Leid tut es mir vor allem um den Bericht von Michaels Geburt, den ich handschriftlich nach Eberstadt geschickt hatte. Ich will versuchen, dieses Erlebnis aus dem Gedächtnis zu rekonstruieren und eine kurze Schilderung bis zu unserer Abreise zu geben.

Am 5. Januar abends setzten die Wehen ein und C.W. brachte mich nach Petaling Jaya. Dort nahm mich Mother Provinciale, die Hebamme in Empfang. Sie brachte mich ins "labour room" und ging meine Unterlagen holen. Lachend kam sie zurück und sagte :"Sie sind ja Deutsche !". Sie selbst kam aus Schwäbisch Gmünd und war als ganz junges Mädchen in den Orden eingetreten und nach China geschickt worden. Sie erzählte mir von all den Abenteuern, die sie im alten China erlebt hatte. Der Orden hatte irgendwo, ich weiss nicht mehr in welcher Provinz, ein Missionshospital gehabt und jahrelang gute Arbeit geleistet. Während der Revolution wurden sie und ihre Mitschwestern und einige Geistliche ihres Ordens zum Tode verurteilt. Man traute sich aber doch nicht, dieses Urteil zu vollstrecken und schob sie alle über Hongkong in den Westen ab. Nach einem Heimaturlaub in Deutschland, den man ihr gab, nach all dem Schrecklichen, das sie erlebt hatte, wurde sie jetzt hier in Petaling Jaya eingesetzt um die Assunta Foundation mitaufzubauen. Über all den Erzählungen schlief ich ein und als ich am Morgen aufwachte, waren die Wehen weg und nichts hatte sich getan. Noch immer kein Baby. Ich weinte bitterlich über diese Enttäuschung. Mother Dr. tröstete mich, es sei Vollmond gewesen, und sie hätte es schon oft beobachtet, dass dann Wehen einsetzten, aber nicht stark genug seien, um die Geburt einzuleiten. C.W. nahm mich wieder mit nach Hause, wo der Alltag weiter ging. Am 18. Januar gegen 11 Uhr abends setzten die Wehen wieder ein und diesmal sehr deutlich. C.W. lieferte mich wieder im Assunta ab und fuhr nach Hause. Mother Provinciale hatte einen schweren Tag hinter sich und deshalb liess man sie schlafen. Sie war allerdings am nächsten Morgen sehr enttäuscht, dass man sie nicht geweckt hatte, dies sei doch "ihr" Fall gewesen ! Dienst hatte eine Mother Dr. aus Australien, die mir ebenfalls mit all ihrer Liebe zur Seite stand. Es ging alles sehr schnell und einfach für mich. Plötzlich sagte sie :" Achtung, ich muss schneiden". Ein schmerzhafter Schnitt, sie handelte ganz schnell und holte das Baby, das die Nabelschnur um den Hals hatte mit einem Griff heraus. Es war ein Bub und er war am ganzen Körper blau. Sie legte ihn sofort unter das Sauerstoffzelt wo er eine Stunde blieb, ging dann ans Telefon und rief C.W. an. Während wir auf ihn warteten, versorgte sie mich und wir unterhielten uns über alles mögliche. Sie wunderte sich, dass er nicht kam. Mein armer C.W. war so enttäuscht darüber, dass es schon wieder ein Sohn war. Er sah vor sich all die

zerrissenen Schuhe, schmutzigen Hosen und zerbrochenen
Spielsachen, dass er wieder ins Bett ging und einschlief.
Als er dann allerdings dieses bezaubernde, süsse
Gesichtchen sah, war alles vergessen. Michael lag den
ganzen Tag mit seinem Körbchen in meinem Zimmer und ich
durfte ihn selbst versorgen. Nachts kam er ins
Kinderzimmer. Und wenn Mother Provinciale morgens mit dem
laut brüllenden, neun einhalb pfündigen Bündel kam, wiegte
sie ihn in den Armen und sagte :"bisch e guete Bub, bisch e
Darling !"

Da der Tim trotz all der liebevollen Zuwendung seiner Amah
trauerte, durfte ich nach wenigen Tagen wieder nach Hause.
Als das Auto vor dem Haus vorfuhr, stand mein Timmy im
Treppenhaus in eine Ecke gedrückt, das Gesicht zur Wand.
Ein Häufchen Elend ! Ich nahm in fest in die Arme und
danach war die Welt wieder in Ordnung. Ich habe ihn für die
nächsten 2 Jahre nicht mehr allein gelassen, bis er von
selbst die Welt entdecken wollte.

Unser Leben lief, trotz Reisevorbereitungen normal weiter.
Tomas überschlug sich mit seinem Fahrrad und musste an der
Lippe genäht werden, wir lernten noch nette Leute kennen,
am 1. Februar wurde Tomas Geburtstag mit vielen Kindern
gefeiert. Natürlich wurde zu diesem Anlass die "Party"
bestellt, das heisst, die Rutsche, die Schaukeln und die
Wippe. Wir fuhren noch einmal nach Fraser's Hill und
natürlich nach Si-Rusa. Wenige Tage vor unserem Auszug fiel
während eines Orkans ein 30 m hoher "Regenbaum" in unserer
Einfahrt um, blockierte die Strasse und legte so für
Stunden die gesamte Elektrizität lahm. Es gab ein
romatisches Abendessen, mit Kerzen und lauwarmem Bier.

Irgendwann im Dezember verliess uns Nya endgültig um in ihr
Kampong zurückzugehen. Ich weiss nicht mehr, wann genau das
war und wie oder durch wen unsere neue und letzte Amah zu
uns kam. Ich weiss nur mehr, dass diese Amah die
Entschädigung für all den Kummer und die Aufregungen, die
ich in den vergangenen zwei Jahren hatte, war. Sainon war
jung, schön, liebenswert, freundlich, ruhig, fleissig,
diskret - so etwas wie ein malayischer Engel. Sie kam zu
uns mit ihrem Mann, der genauso freundlich war und tagsüber
irgendwo arbeitete. Sie blieben bei uns bis zu unserer
Abreise. Sainon zeigte mir wie die Malayen den Reis kochen
und wie man die Gewürze zusammenstellt damit ein Curry
nicht so scharf ist, dass einem beim essen die Augen aus
dem Kopf fallen. Sie erklärte mir, dass das uns
unverständliche Gebabbel unseres zweiten Sohnes malayisch
sei und führte lange ernsthafte Gespräche mit ihm. Sie
prägte den noch heute in unserer Familie gebräuchlichen
Ausdruck "Tutup mata" - Augen zu - für das Tuch, das C.W.
sich zum schlafen über die Augen legt.

In den ersten Apriltagen verliessen wir das Haus in der
Syers Road. Die Amahs Zaripa, Mariam, Zainab und wie sie

alle hiessen, kamen um Lebwohl zu sagen und plötzlich stand
auch ruhig und würdevoll unsere Musteramah Nya da, um sich
von uns zu verabschieden. Unser Aufenthalt in Malaya endete
dort wo er begonnen hatte : im Hotel Majestic. Wir wohnten
einige Tage dort, eilten von Party zu Party und luden
selbst all unsere Freunde und Bekannten zu einem kleinen
Abschiedsempfang ins Hotel. Sainons Mann kam am Abend
unserer Abreise in unser Zimmer um die drei Kinder noch
einmal zu sehen. Nach mohammedanischer Sitte legte er die
Hand an die Stirn, den Mund und das Herz, drehte sich ruhig
um und ging. Sainon fuhr am nächsten Morgen mit uns in
unserem Auto, das im Schiff verladen werden sollte, nach
Singapore. Dort wohnten wir bis zur Abfahrt im
Bahnhofshotel. Auch hier verlebten wir noch ein paar schöne
Tage. Der Konsul schickte seinen Mercedes mit Chauffeur um
uns an den Pier im Hafen zu fahren. Sainon begleitete uns
bis aufs Schiff und als sie Gangway hinunterlief, brach
Tomas in herzzerreissendes Schluchzen aus und war kaum mehr
zu beruhigen :"ich hab' die Sainon so lieb ! Warum kann sie
nicht mitkommen ?" Genauso schluchzte Sainon am Pier und
das war eigentlich der traurigste Moment. Aber dann ging es
doch schnell vorbei und wir freuten uns auf all das Neue,
was uns in der Zukunft erwarten würde.

Mit dem langsamen Auslaufen des Schiffes aus dem Hafen,
ging für uns ein wunderschöner und aufregender
Lebensabschnitt zu Ende.

'EXPERT' AT TECHNICAL COLLEGE WAS SENT AS A 'GIFT' TO MALAYA

Mr. Carl Wilhelm Voltz, who had been teaching architecture at the Technical College for the better part of three academic years, is going to leave shortly.

He came to this country in November, 1957, with his wife and only child—a boy; he is leaving with two more boys born in the Federation and with a wealth of experience.

He has grown fond of Malaya, and people here have learned to grow fond of Carl Voltz, I say "learned" for Carl Voltz did not have, in the beginning commonly called engaging ways.

Being a firm believer in certain principles — very good principles, to be sure —he had a way of saying "no" when asked to do anything he suspected or not quite tallying with his beliefs which sounded a trifle definite, a tride unyielding.

But, as I said, he does leave this country with a wealth of experience, and he has decidedly mellowed.

The story of his coming here is is unusual as most things about him. A course of professional training for architects had been started at the Technical College, Kuala Lumpur, which was meant to lead students, within three years to the Intermediate Exam of the better Royal Institute of British Architects.

In fact, it has been done. The first "R.I.B.A. Inter" was held here last year.

But by some strange inversion of Parkinson's Law, only one teacher was provided. This was the state of affairs in 1956 and it might well have remained the state of affairs all along, had not, early in 1957 the Consul General of the German Federal Republic (this was before Merdeka) mentioned teachers from Germany to the Principal of the College.

It was not long before there was growing, at the Technical College, a list of applicants from West Germany from which Carl Voltz was selected because he had been an associate of Max Bill, probably the greatest European teacher of design since Gropius left the "Bauhaus".

The question under which conditions he could be brought here was solved by the offer from Bonn to send him as a gift, or mainly a gift.

He is working under conditions similar to those for a teacher under the Colombo Plan. The experiment proved so successful that the German Federal Government is ready to replace Mr. Voltz and again a list of applicants is growing at the technical College.

However, "replace" more than an official meaning, "to send someone else instead". It may not prove altogether easy to replace Carl Voltz who has the knack of teaching, a thing not often met with among architects.

Anyhow, with Mr. Voltz's arrival, the young course of architecture at the College was given a new lease of life.

It really is the moment of his arrival that for if the College has been lucky in finding Voltz, it is only fair to say that Carl Voltz has been lucky in arriving just when he did.

There is nothing like helping to start something, taking a hand in some enterprise which has just begun to grow, when every step, even a step in the wrong direction, feels like a step forward.

The students are not going to forget Carl Voltz, nor is he likely to forget the students. In fact, he has been playing with the idea of importing a few promising youngsters from Malaya into Germany and taking them into his own office, but this, perhaps, would have been a little premature.

—TECHCOL.

Genau 20 Jahre später, im Frühjahr 1980, unterbrachen wir auf unserem Rückflug von Australien in Singapore die Reise, um dort und in Kuala Lumpur für zwei Tage auf den Spuren unserer Vergangenheit zu wandeln.

1963 war durch den Zusammenschluss der malayischen Föderation, Singapore und der englischen Protektorate Sabah und Sarawak auf Borneo, der Staatenbund Malaysia gegründet worden. Zwei Jahre später trennte sich Singapore wieder aus diesem Bund. Aus Zeitungsartikeln und Berichten wussten wir, dass Malaysia eine aufstrebende Wirtschaftsmacht war, vom Tourismus entdeckt, und dass die Spannungen zwischen Malayen und Chinesen noch lange nicht beigelegt waren.

In Singapore erwartete uns die erste Überraschung. Leider bekamen wir keine Zimmer im alten Raffels Hotel, wir wussten nicht, dass dieses Haus heute ständig auf Monate hinaus ausgebucht ist, und so hatte man uns von Sydney aus, ein Zimmer in einem grossen amerikanischen Hotel gebucht. Es war so ein internationales Hotel, wie es überall auf der Welt stehen könnte, mit amerikanischer Zimmereinrichtung und Klimaanlage, die die chinesischen Zimmermädchen immer wieder auf die kälteste Stufe einstellten, kaum hatte man das Zimmer verlassen. Singapore war eine internationale Grosstadt nach westlichem Muster geworden, mit riesigen Gebäudekomplexen, noch schöneren Geschäften als vor 20 Jahren, breiten Strassen und wunderschönen Grünanlagen. Seltsam mutete uns der "Wiener Wald" mit chinesischer Bedienung im Dirndl an. Es war alles sehr interessant, aber nicht mehr das Singapore, das wir kannten.

In der Abflughalle der Malaysian Airways, in der wir auf den Abflug nach K.L. warteten, befanden sich viele, junge Chinesen, poppig bunt gekleidet, fröhlich laut und selbstbewusst. Dies war eine neue Generation die da herangewachsen war. Nichts mehr von den einheitlich weissgekleideten verschüchterten jungen Chinesen, die ein bisschen überwältigt die ersten Schritte aus der Kolonisation in die Unabhängigkeit machten und noch gar nicht richtig mit der Verantwortung für die Entwicklung des Landes fertig wurden. Im Flugzeug neben mir sass eine bildhübsche junge Malayin, ganz westlich in einem grünen Seidenkleid, die mir in fliessendem und fehlerfreiem englisch von ihren englischen Freunden erzählte, die sie überallhin mitnehmen und sie am gesellschaftlichen Leben teilnehmen lassen. Sie erzählte es ein bisschen zu eifrig, als wolle sie damit verbergen, dass ihre Mutter noch eine Amah gewesen war.

Kuala Lumpur hat jetzt einen internationalen Flughafen mit grossem Gebäude, dem unser kleiner intimer Airport weichen musste. Wir nahmen ein Taxi in die Stadt und fuhren ins Holiday Inn, wo wir ein Zimmer gebucht hatten. Obwohl das Hotel ein bisschen fernöstlichen Charakter durch einige Dekorationen hatte, war es doch ein modernes

internationales Hotel. Keine chinesischen Boys und Amahs
mit Teetablett auf den verschiedenen Etagen, sondern
europäisch geschulte Zimmermädchen, die auch hier die
Klimaanlagen zu kalt stellten. Am nächsten Morgen
schalteten wir als erstes die Anlage aus, öffneten die
Fenster, die auf den Race Course führten, und im
wechselnden Farbenspiel des Sonnenaufgangs und dem feucht-
modrigen Geruch fanden wir endlich unser altes Malaya
wieder.

Die Stadt hatte sich unendlich verändert. Riesige
Bürohäuser dominierten in der City, breite Strassen und
Überführungen hatten das Stadtbild vollkommen verändert.
Die ganze Innenstadt erschien uns als eine grosse
Baustelle. Nur wenn man zu Fuss in der Ampang Road oder in
die Nebenstrassen ging, konnte man noch Überbleibsel des
alten, etwas provinziellen Kuala Lumpur finden.

Wir suchten zwei ehemalige Studenten von C.W. auf, Kam Pak
Chong und Lee Wee Kee, heute arrivierte Architekten des
Landes. Sie führten uns stolz ihr Büro vor und fuhren uns
im Auto herum. Sie fuhren mit uns ins Forest Department, um
die Häuser, die sie mit C.W. in ihrem ersten Semester bei
ihm entworfen und geplant hatten, zu besichtigen. Sie sind
immer noch schön, auch nach 20 Jahren. Wir fuhren mit ihnen
ins Technical College, das so umgebaut und vergrössert
wurde, dass man die alten Gebäudekomplexe kaum mehr
erkennt. Wir fuhren auch durch Petaling Jaya, das so
zugebaut von tausenden kleiner Häuser ist, dass wir die
Assunta Foundation nur mit Mühe fanden und wiedererkannten.
Das Bungsar Hospital war verlassen und zum Abbruch
freigegeben. Ich ging noch einmal über die Veranda bis zum
"labour-room" wo mein Timmy dieses Leben begonnen hatte. In
der Syers Road fanden wir uns zunächst überhaupt nicht
zurecht, neue Strassen hatten das Bild verändert. Im Haus
Nr. 1519, unserem Haus, wohnten jetzt malayische Beamte, es
sah etwas verwahrlost aus, Gitter vor den Fenstern,
wahrscheinlich ist die Gegend nicht sicherer geworden.

Am Abend gingen wir mit Kam Pak Chong und Lee Wee Kee und
deren Familien in ein chinesisches Restaurant zum Essen. Es
war eine fröhliche Gesellschaft, ein richtiges chinesisches
Dinner, wo jeder von jeder Schüssel probiert und der
Gastgeber seinem Gast die besten Stücke mit seinen Stäbchen
auf den Teller legt. Plötzlich ging die Türe auf und der
König kam herein, hinter ihm im Gänsemarsch seine Familie,
etwa 15 Personen, und alle nahmen ganz informell am
Nebentisch Platz.

Wenn der malayische König in einem chinesischen Restaurant
ganz privat essen geht, gibt es vielleicht doch noch
Hoffnung, dass die beiden so verschiedenen Rassen eines
Tages zu einer wirklichen malaysischen Bevölkerung
zusammenwachsen.